第14辑

中国盐文化

Zhongguo
Yan Wenhua

曾凡英 ◎ 主 编

西南交通大学出版社
·成 都·

图书在版编目（CIP）数据

中国盐文化. 第14辑 / 曾凡英主编. —成都：西南交通大学出版社，2021.12
ISBN 978-7-5643-8561-3

Ⅰ. ①中… Ⅱ. ①曾… Ⅲ. ①盐业史－研究－中国 Ⅳ. ①F426.82

中国版本图书馆CIP数据核字（2021）第274801号

Zhongguo Yan Wenhua
中国盐文化（第14辑）
曾凡英　主编

责任编辑	居碧娟
助理编辑	徐茂嘉
封面设计	曹天擎
出版发行	西南交通大学出版社 （四川省成都市金牛区二环路北一段111号 西南交通大学创新大厦21楼）
邮政编码	610031
发行部电话	028-87600564　028-87600533
网址	http://www.xnjdcbs.com
印刷	四川煤田地质制图印刷厂
成品尺寸	185 mm × 260 mm
印张	16.5
字数	363千
版次	2021年12月第1版
印次	2021年12月第1次
定价	58.00元
书号	ISBN 978-7-5643-8561-3

《中国盐文化》（第14辑）编委会

目　录

盐业历史

盐政·盐务·盐法

盐文化

盐文化与旅游发展

盐与文学艺术

盐业教育

盐业历史

清代赤水河航运开辟与川盐入黔考述

赵永康[①]

摘　要： 乾隆十年张广泗开通河道，赤水河分段通航，上、下物流剧增。仁岸川盐循此入黔，至二郎滩起岸剥运，陆行 30 里，重新装船上运茅村。沿线埠头市集相应繁荣，地方经济、社会因之而更好发展。

关键词： 赤水河；航道；张广泗；牯牛船；川盐入黔

赤水河发源于云南省镇雄，穿过贵州毕节、仁怀、金沙、习水，赤水和四川的叙永、古蔺诸县（市），在合江城下的石盘角汇入长江，全长 523 千米，流域面积 2 万平方千米。茅台、郎酒两大国家金奖名酒产于河上，是蜀中长江一级支流中至今还在通航、自然生态未遭严重破坏的唯一河流。

早在先秦时期，古巴国去夜郎的商道，就是从赤水河口上行，经平夷（今叙永县赤水镇）至朱提（今云南昭通），以向夜郎和滇国。又可从此入鳛水河（小溪、高洞河）水道通以达于鳖邑（今贵州省遵义市西）。巴王因设关于赤水河之口，稽查货物、行人，收取商税，验符而后放行，称“巴苻关”。任乃强先生认为：张仪、司马错伐楚取黔中地之役，实从“巴苻水”（赤水河）进军。[②]

苻关，即今合江县城“南关上”。汉武帝建元六年（前 135），“拜（唐）蒙为郎中将，将千人，食重（运输队）万余人，从巴苻关入，遂见夜郎侯多同，蒙厚赐，喻以威德，约为置吏。使其子为令。夜郎旁小邑皆贪汉缯、帛，以为汉道险，终不能有也。乃且听蒙约。还报，乃以为犍为郡。发巴、蜀卒治道，自僰道指牂牁江。”[③]便是从合江县城（苻关）溯赤水河进入贵州。

当代有人著书，说在鳛水河（小溪、高洞河）上发现了刻于蜀汉章武三年（223）的船舶图象的摩崖，是我国最早的船舶。以致学术界渐成定论。实际考察其地，摩崖刊刻的只是小小的一叶渔舟，并非载运货物的航船。所谓“蜀汉章武三年”的铭文，其实刻在距离这方摩崖附近一穴崖墓的墓门上，与该“渔舟”根本无关。

---

① 作者简介：赵永康（1939—　），男，西南大学历史地理研究所教授，研究方向为历史地理学和西南地方史。

② 见任乃强《华阳国志校补图注》，上海：上海古籍出版社，1987 年第 1 版（2011 年第 5 次印刷本），第 13 页。

③《史记》卷 116《西南夷列传》，中华书局标点本，第 2993 页。

图 1　习水县三岔河蜀汉章武三年崖墓
（着帽者：赵永康。董代富摄）

一、张广泗重开赤水河

清代初年，赤水河航船运货上行，最多只能到达猿猴（今赤水市元厚镇）。其时，黔西北威宁、水城、大定（今大方县）、赫章诸地的铅矿大量开采，用来铸造钱币和枪、炮的弹丸，额定每年运解京都及各省 470 万斤，陆运经毕节运至永宁（今四川省叙永县）下船出长江，在泸州转口。这条线路，同时又是滇铜入京的主要通道，每年运铜也在三四百万斤上。从产地到永宁，一路崇山峻岭，全靠人背马驮，大量铅、铜积压。乾隆九年（1744）贵州总督张广泗报告朝廷，请求疏凿赤水河以通航运：

> 黔省威宁、大定等府、州、县，崇山峻岭，不通舟楫，所产铜、铅，陆运维艰，合之滇省运京铜，每年千万斤，皆取道于威宁、毕节，驮马短少，趱运不前。查有大定府毕节县属之赤水河，下接遵义府仁怀县属之猿猴地方，若将此河开凿通舟，直可沿流直达四川重庆水次。委员勘估，水程五百里，计应开修大小六十八滩，约需银四万七千余两。此河开通，每年可省脚价银一万三四千两。以三年余之节省，即可抵补开河工费。
>
> 再，黔省食盐例销川引（须从川地肩挑运至猿猴发贩），若开修赤水河，盐船亦可通行，盐价立见平减。大定、威宁等处，即遇丰歉不济，川米可以运济，实为黔省无穷之利。[①]

①《清高宗实录》卷 239。

经朝廷批准，“动用帑金38 042两有奇，疏开河道上下游68滩。上游自天鼓崖（今叙永县赤水镇境）至新龙滩（今古蔺县二郎镇上游30华里，对岸即贵州省仁怀市的马桑坪）27滩，遣大定知府王允浩治之（办理）；下游自盐井滩（今习水县习酒镇境）至鸡心滩（在今赤水市元厚镇）41滩，遣遵义府知府陈玉璧治之”。[①]仁怀县两河口庶民吴登举，积极参与，捐金、献计、出力。

乾隆十年（1745）十月初一日兴工，至十一年闰三月初一日竣工。30吨的船舟，可以从赤水河与长江汇口处的合江县城，直航古蔺县的二郎滩。

吴登举襄赞修河有功，张广泗安排他作官，吴登举婉谢，张广泗亲笔书写“忠耿过人”四字相赠，并把二郎滩上方的刘公岩更名为“吴公岩”，以资表彰。

参与开河的26名执事官员，联名撰就《新开赤水河道碑记》，摩崖刊刻吴公岩上。

关于开河的情况、经过、意义和效果，乾隆十四年（1749），贵州大定府知府爱新觉罗四十七，奉命进行复勘，所撰《开赤水河道说》记之甚详，全文如下：

> 赤水河自万山中一线溪流，由毕节直通仁怀（厅之）猿猴。旧河达川江，第自赤水之天鼓岩至猿猴之鸡心滩，共六十八滩。巨石巉岩，耸峙中流，万仞之山，壁立两岸。滩高浪激，势险路迂。乾隆十年，督部院张[②]，因滇黔铜、铅每岁由陆路转输，节节皆崇山竣岭，鸟道羊肠，驼载艰难，脚费浩大，且黔省不产盐，须从川肩挑背负，运至猿猴转贩。议将赤水河道疏凿开通，使入京之铜、铅，客商之盐、货，俱由水运。上可节省国帑，下亦利济民生。具疏入告，经部议：准。随即勘估具题，借动闲款三万八千六百四十二两零，上游自天鼓岩至新龙滩二十七滩，委大定府知府王允浩分办；下游自盐井滩至鸡心滩四十一滩，委遵义府知府陈玉壁分办。于乾隆十年（1745）十月初一日兴工，至十一年闰三月初一日工竣。经督部院张亲行勘查，题报。
>
> 续因河道初开，商船畏缩不前，官为试运，节省无多。乾隆十四年十一月，抚部院爱[③]委予率同毕节县凌均往勘。即于是月十九日亲往会勘，自天鼓岩至白沙河六十余里，有张会、新亮、长滩、老虎等滩，水高石大，吊放艰险。虽老虎滩下瓦窑、大河口、王家、野猪等滩舟可通行，第毕节至老虎滩无陆路可通，须以白沙河为口岸，货皆[④]于此上船。自白沙河至鱼塘河，河身稍窄，红石梁、猪柰门、庙儿、碓窝等滩，乱石堆积，水势陡险，船户轮流吊放，一日只行二、三十里。自鱼塘河至新龙滩三百余里，河宽水平，舟行无碍。新龙滩虽名一滩，实则连接六滩，每滩相距只一、二丈，下又紧连上长、中长、下长三滩，九滩相接，中间并无停桡之所，每多失事。下又有殷胡子沱、大白汾、小白汾、文公下滩、上滩、螺狮等滩。虽殷胡子、大白汾、

① 道光《直隶仁怀厅志》卷2。

② “张”指张广泗。

③ “爱”指爱必达。

④ 皆，光绪《续修叙永永宁厅县合志》作“背”。

小白汾、文公上滩水涸可行，然文公大滩黔岸形如刀削，蜀岸文公庙一所，溶口狭窄，巨石屹立河中，水大则浪高难行，动经累月守候；水小则岸无纤路，每船须四、五十人方得吊过。螺狮滩亦甚危险。历台盘子、虎跳石、磁湾洞、黄连、大洪，直至二郎滩，始觉宽平。故发运京铅，宜于新龙滩起岸，从陆路运至[①]二十里至二郎滩下船。自二郎滩抵猿猴之[②]鸡心滩，一百六十里，如游洪、罗妹、虎脑、黄泥等滩，虽稍陡峻，但河宽水平，舟行无虞。总之，极险之处，须行盘运；次险及不险之地，仍用舟载。

自乾隆十一年至十四年三月底，经运铅三百四十七万斤，每百斤节省银二钱一厘四毫，计节省银六千九百八十八两零。业咨户部，盐价亦觉渐平，现在详请增购盐引者多。于贫民不无裨益。

河中客船名鳅船，约一百零艘，每艘可载铅一千余斤，自鱼塘顺水至新龙滩，水脚银四两二钱二分；自二郎滩至猿猴，每千斤水脚银四钱。若载盐，每艘可载九千六百斤，自猿猴上水至新龙滩，每包脚银二钱，新龙滩上水至茅台村，每包脚银三钱五分。揆此日情形，似于国于民俱有成效。

但他处之山，石皆坚确，此河两岸 ，石独破碎而松动；他处之土，黄泥凝结，此河一带，尽是黑灰沙土，土松。则石易坠，兼有居民耕种山土，人牛垦挖，石即滚下。有滩之处，旁有山溪山沟，山水陡发，冲激沙石，填积滩路，难保开者不复壅，通者不仍塞也。是必定岁修之法，每年水涸之时，饬该地方查有淤塞之处，即细勘估详，于节省项下动支，雇夫检修，工完报销。立定章程。庶前功不致废弃，而利赖及万世矣。[③]

乾隆十二年（1747）张广泗调任川陕总督，十四年获罪处死。其时，金沙江上游疏河失败，朝廷责令原办督臣等分赔款项，继任巡抚爱必达立即停止了对赤水河的养护维修，航道淤塞，铜、铅和川盐停运。而张广泗开河的功绩，永远记在了赤水河两岸人民心中。道光《直隶仁怀厅志》中肯地评价说：“川盐每岁由船运至仁怀茅台村（今茅台镇）登陆贩卖，源源接济。至今盐价较平。开河之力也。”[④]

二、疏凿后的航船和航道

疏凿后的赤水河，分段通航：[⑤]

---

① “至”字，据光绪《续修叙永永宁厅县合志》删。
② “之”字，据光绪《续修叙永永宁厅县合志》补。
③ 道光《直隶仁怀厅志》卷 20。
④ 道光《直隶仁怀厅志》卷 10。
⑤ 赤水河分段通航的情况，感承合江县学人吴鹏权先生以其身经目验惠予提供，并且参考了贵州仁怀学人龙先绪先生《赤水河航道考述》的考证。谨此致谢。

第一段、从河口的合江县城到直隶仁怀厅（厅在南岸。今为贵州省赤水市。其北岸为九支，今合江县九支镇）。[①]常年可以通行载重80吨以下的机驳和木船。航行这段河道的船舶，一是四川的“盐船”，包括中圆棒、五舨船、黄瓜皮（炭花船）、麻叶鳅等等；二是贵州的牯牛船。载重量大小不一。上水主要载盐，运到仁怀厅卸载。下水装运其他货物。

第二段、从仁怀厅到二郎滩。航行这段河道的船舶，主要是牯牛船和鳅船（麻叶鳅）。

牯牛船亦名梭耳船、艄船。底皆夹板（双层），结构坚实，干舷较高，能经受急浪冲击。“有大、小之分，大者拖纤不用桅杆，余同。”[②]仁怀厅（今贵州省赤水市）至猿猴（今赤水市元厚镇）用“大牯牛”，再上二郎滩，用“小牯牛”。牯牛船不用舵，船头船尾，都是用艄。船中小台，高约五尺（约1.7米），司舵者居其上，作为后驾长（后领江）驾船的蹲板，这个操作大艄的平台，远比用舵船舶的蹲板要高，站在这个高高的平台上，从滩的上方，就看得见滩下，正确操作，安全过滩。赤水河河面狭窄，水急滩陡，放船下滩，船只必须操纵自如，，稍一迟缓，便会糜碎土沉。为了保证安全，牯牛船结构特殊，船尾歪侧，遇到紧急情况，船头掉向特别灵活。因又称作“歪屁股船”。与航行乌江的歪屁股船，颇相近似。

图2　赤水河上牯牛船
（华中师范大学硕士生陈伟平提供）

道光中直隶仁怀厅同知陈熙晋，以其亲历闻见，撰为《牯牛船谣》云：“牯牛船每船水手16人，载盐可180包（每包210斤），蜀盐以50包为一引，计3引余。其船朴而坚，自仁怀直隶厅城下至猿猴镇载盐者，皆此船也。怪石砺牛角，恶浪横牛腰。船前牛尾执，船后牛尾操。小滩四五尺，大滩三丈高。帆樯艑舰俱不设，但凭梢舵橹与篙。”[③]清代黔中大儒郑珍《牯牛船歌》亦云：“猿猴滩西凶滩多，船非牯牛不敢过。人

① 赤水河自南向北流，故其江岸不以“南、北”而以“东、西”命名。与长江船家一样，赤水河船家约定俗成，以面向下游时左侧的一岸为“西岸”，即“左岸”；右侧的一岸为“东岸”，即“右岸”。

② 龙先绪注释：郑珍《巢经巢诗抄》，西安：三秦出版社，2002年，第547页。

③ 道光《直隶仁怀厅志》卷20《艺文》。

言盐两四两力，牛腹受盐五十石，力厚故足与滩敌。人言硬莫与石斗，一纵往往不緍后，上滩不覆下滩覆。俯汝头，昂汝尾，歌我歌，坐汝背。长年养汝一舵水，牛兮送我下赤虺。”①

关于鳅船，陈熙晋《鳅船曲》说：“鳅船每船载盐可 90 包，乌篷画橹，坚固则不如牯牛船。船须水手 6 人，论单行船。每单或 20 余船，或 30 余船。上滩险，必并众船水手牵挽，始行（名曰“换中”）。稍遇暴涨，舟子难之”。②

下水航行，主要装载生铅、硫黄、煤炭、毛铁（生铁）等土产，直达合江。上水，主要是运载川盐。赤水河滩陡水急，舟行维艰。船工水手的配置，一般是每载重量 5 吨，配置船工 1 人。陡急滩前，同行船舶船工合力同拉一船，依次上滩，名曰“换中”。无船“换中”，则另雇当地农人协助拉纤，“拉腰滩”过滩。上水牵挽困难，下水航行，更为凶险，陈熙晋亲眼目见船舟糜碎土沉，下饱鱼鳖，其《下丙滩》诗云：“赤虺吞前舟，舳舻乍无有。须臾浪花中，忽复出鹢首。穹石束怒涛，喷薄十丈陡。一线迫隘要，晴昼雷霆吼。扁舟恣一掷，篙楫俱束手。撇梢捩危舵，拼力在前后。不知水与飞，但觉山尽走。”③

图 3　考察二郎滩上新龙滩
（山脚旧屋为清末集大成盐号。龙周富摄。
左起：罗树、当地村支书、村委会主任、赵永康、王明洪、当地大学生村干部）

上水船到二郎滩（今古蔺县二郎镇），一连串险恶凶滩拦断江路，船舟无法继续上行，须将船上所载货物（主要是运往贵州的川盐）卸载下来，人力背运，沿川岸（右岸）上行 30 里经吴公岩运到上游的新龙滩，或者渡河沿黔岸（左岸）翻山 30 里运到马桑坪，改装专门航行该河段的茅村船，溯流上运茅村。

① 郑珍《茅台村》诗，前引龙先绪注释《巢经巢诗抄》，第 547 页。
② 道光《直隶仁怀厅志》卷 20《艺文》。
③ 道光《仁怀直隶厅志》卷 20《艺文》。

川盐在二郎滩起剥中转，由此而形成的巨大人员聚集和消费，直接促进了二郎滩场镇的兴旺与繁荣，四面八方的商人，前来经营贩运盐、酒、布匹、百货、木材、山货土产生意，二郎滩这处小小的河滨码头，渐次发展成为人烟稠密的大集镇。闻名全国的郎酒，也就在这种背景之下出现和发展起来。

穿过古蔺县城流来的古蔺河，在太平渡（今太平镇）汇入赤水河，是古蔺另一个重要的港口。历史上进出古蔺的货物，多于其处下船。镇上，也有盐号若干。

第三段、从二郎滩到马桑坪沙湾码头到茅村。航行这段河道的船舶，形若木梭，前后都用艄，①叫作“茅村船”，前艄似“关刀”，又称关刀船。载重 2～12 吨。

第四段、茅村上游。从茅村到天鼓岩，航道极浅，河上只有阔而且平、状如鸭舌，载重 2.5 吨的“鸭子船”航行。鸭子船只有后艄，上水航行，听任后稍拖在水里，领江在船头操作篙竿。河道水流陡急，纤夫一般要配 3～5 人。②

光绪三年（1877）四川总督丁宝桢饬令盐商出资，再次招雇民工治理赤水河，“就地分修”，动用白银二万余两，历时三年，对茅台至合江河口 73 处险滩以及多处零星沙碛进行了整治。竣工后，在吴公岩举行通船典礼，象征性地将 3 只木船拖过吴公岩滩。而此滩实际上依旧不能通航。川盐运输至此，仍需剥运到上游的新龙滩和马桑坪，重新船上运。

三、川盐入黔

盐是人民生活之必需；盐利至丰，历史上，是国家财政收入的重要来源。事关国计民生，代由政府专卖。贵州不产盐，民人食盐，主要仰给四川。川盐入黔，始于元文宗至顺二年（1331）。明太祖洪武三年（1370），“立《开中盐法》。从山西行省（之）请，诏商输米而与之盐，谓之‘开中’。其后，各行省多召商中盐，以实边储。”③ “洪武十五年（1382）二月乙亥，户部奏定商人纳米给盐之例。凡普安纳米六斗者，给淮、浙盐二百斤，二石五斗者，给川盐二百斤；普定纳米五斗者，给淮盐二百斤，米四斗者，给浙盐二百斤，川盐如普安之例；乌撒纳米二斗者，给淮、浙盐皆二百斤，川盐亦如普安之例。”④其后，明王朝划地行盐，规定贵州为川盐的行销地区。⑤川盐产于四

① 与牯牛船一样，随着航道得到整治，茅村船在解放后也已改为前艄后舵。

② 感谢合江宿学吴鹏权先生以其身经目验惠予提供鳅船、牯牛船、茅村船及其载货、航行的相关情况，谨此敬表谢忱。

③《明史》卷 2《太祖本纪二》，四库全书文渊阁本。按：中华书局标点本以乾隆四年武英殿本为底本，无此记载。《明实录》卷 53 对于此事的记载则是：“山西行省言：‘大同储粮，自陵县长卢运至太和岭，路远费重。若令商人于大同仓入米一石，太原仓入米一石三斗者，给淮盐一引。引二百斤。商人鬻毕，即以原给引目，赴所在官司缴之。如此，则转输之费省，而军储之用充矣。’从之。”

④《明太祖实录》卷 142。

⑤《明史》卷 161《应履平传》：“正统二年（1437.贵州巡抚）应履平上书，言：镇远六府自湖广改属贵州当食川盐”可证。中华书局标点本 4377 页。

川的自流井与五通桥，运向贵州，道路险远，马驼人负，极其困难，运输成本极高，盐价因之特别昂贵。食盐成为黔省民生最为艰难的问题。

清代“计口授盐”，官家在严禁“私盐”（走私贩卖）的同时，按照各地人口多少，规定销售总额，由盐商持官府发给的盐引，在指定的盐场定额买盐，运往指定的地方进行销售，不准越地行销，如果越地行销，便按“私盐”严加究处。雍正七年（1729），把行盐地区分为“计岸”和“边岸”，计岸销行川内，边岸销行外省。

销行贵州的川盐，分为永、仁、綦、涪四岸。[①]其中：

永岸由嘉定府（今乐山市）五通桥、犍为县等处起运，在纳溪转永宁河上运叙永起岸，人背马驼，经滴水、双井（今叙永县震东镇）、普市、营盘山（今叙永县营山镇）、雪山关，在今叙永县赤水镇渡过赤水河，分道入黔。一路运往瓢儿井（今贵州省大方县瓢井镇），行销大方、金沙、黔西；一路运往毕节。

仁岸由自流井起运，经泸州至合江，换船转赤水河，上运仁怀厅（今赤水市），再换牯牛船经丙滩、猿猴（今赤水市元厚镇）土城（今习水县土城镇），沿途起卸行销。

道路险远、沿途苛捐杂税、吏役勒索和匪患，导致盐价不断飙升，百姓无力购买，官家定额，盐商销售不完。迨至光绪初年，盐商逋欠的引税，累计已达白银二百余万两。光绪三年（1877），四川总督丁宝桢改革盐政，设川盐官运总局于泸州，实行官运商销。同时通过向云、贵二省提供补贴，将加征盐税的关卡全部撤除，从而较好地扭转了盐价高昂、销行不畅的局面。

其时，永岸盐“叙永直隶厅每年行黔边引 1 908 张，系犍为县边商由五通厂采配运（叙）永住店，由永宁县截换引纸，转运黔省销售。每引 1 张，载盐 50 包。以盐 2 500 斤作马盐 10 驼，征过道税银一两三钱；以 2 500 斤作牛盐 10 驼，征过道税银一两三钱；以 2 500 斤作引盐，征落地税银一两四钱，共合征银四两八钱。每年约行一千一二百张，八九百张不等。”[②]按销引 1 000 张（每引 7 500 斤）计算，每年销盐在 3 800 吨左右。

仁岸边盐每年额定销行巴盐 23 载，“每载 600 包，每包 210 斤，实重 126 000 斤（63 吨）”，[③]总计额定销盐 1 300 吨。

“汉家符节古江邮，一水行商出贵州。未到县门先入画，少岷山翠落船头。”[④]清人赵熙船过合江看到的这般美景，就是赤水河通航带动沿线城乡繁荣的真实写照。

---

① 綦岸从自流井经泸州运至江津的仁沱（江口），转綦江至桐梓入黔；涪岸从自流井经泸州运至涪陵，转乌江入黔。

② 光绪《续修叙永永宁厅县合志》卷 40《食货志四 · 盐引》。

③ 每载盐的重量，数据感承四川轻化工大学曾凡英教授提供。谨此敬表谢忱。

④ 赵熙《合江县》诗，《香宋诗前集》，郭沫若、周善培自费代刻本。并见王仲镛主编《赵熙集》，成都：巴蜀书社，1996 年，第 105 页。

论杭州湾沿岸海盐产地变迁

吉成名[①]

摘　要：杭州湾沿岸海盐生产历史悠久。历史时期，杭州湾海盐产地发生了很大的变化。无论南岸还是北岸，都在经历长期繁荣以后全面衰落，最终消失。影响杭州湾沿岸海盐产地变化的自然因素有海岸线变迁、钱塘江改道、海水变淡等，社会因素有人口数量、水利工程、经济效益等。原来杭州湾沿岸生产的海盐不仅可以满足本地的需要，而且可以运销其他地方，现在就连本地的食盐供应都无法解决，需要从其他地区调入食盐。因此，统筹解决上海市和浙江省北部的食盐供应问题，也是长江三角洲地区经济一体化应该考虑的重要问题。

关键词：杭州湾；海盐产地；变迁；钱塘江；海岸线

杭州湾位于浙江省东北部、上海市南部。上海市与浙江省紧密相连，唇齿相依。杭州湾沿岸海盐生产历史悠久。历史时期，杭州湾沿岸海盐产地发生了很大的变化。引起这种变化的因素既有自然因素，也有社会因素。本文对此探讨，就教于学界。

一、杭州湾沿岸海盐产地的变化

钱塘江河水是从杭州湾入海的。以钱塘江入海口为界，可以将杭州湾沿岸划分为北岸和南岸。

为了便于论述，本文将上海市境内的杭州湾北岸称为“北岸东部”，浙江省境内杭州湾北岸称为“北岸西部”。拙作《论浙江海盐产地变迁》对历史时期浙江地区海盐产地的分布和变迁进行了较为全面、系统的探讨。[②]从该文所述杭州湾沿岸海盐产地分布和变迁情况来看，历史时期，杭州湾沿岸海盐产地主要有以下变化：

① 作者简介：吉成名（1963—　），男，湖南浏阳人，湘潭大学碧泉书院教授、博士生导师，中国盐文化研究中心特约研究员，主要从事中国盐业史研究。

② 吉成名：《论浙江海盐产地变迁》，曾凡英主编：《中国盐文化》（第12辑），成都：西南交通大学出版社，2019年。

（一）杭州湾北岸海盐产地在经历长期繁荣以后全面衰落，20 世纪 80 年代最终消失

先秦时期杭州湾沿岸已有海盐生产。公元前 223 年，秦国灭楚国后，在这里设置了海盐县，隶属于会稽郡。根据县名推测，当时这里海盐生产比较发达，并且由来已久。

秦汉时期，海盐县是杭州湾地区海盐生产重镇。秦代海盐县治所位于今上海市金山区张堰镇南，西汉末年徙治武原乡（今浙江省平湖市东），东汉永建二年（127）徙治故邑城（今浙江省平湖市乍浦镇东南海中）。永建四年（129），海盐县隶属于吴郡。

魏晋南北朝时期，吴郡海盐、盐官二县的海盐生产也是比较繁荣的。东晋咸康七年（341），海盐县治所迁至马嗥城（今浙江省海盐县城东南隅）。此时盐官县治所位于今浙江省海宁市盐官镇以南的杭州湾中。

唐代杭州湾北岸的海盐产地有苏州嘉兴、华亭、海盐三县和杭州盐官县。华亭县是天宝十年（751）由崑山、嘉兴、海盐三县分别割取一部分土地设置的。该县白沙乡徐浦场就在原海盐县境内，属嘉兴监管辖。唐朝政府在嘉兴县（治所在今浙江省嘉兴市南）设置了嘉兴监，在盐官县设置了临平监，管理海盐生产和销售。嘉兴监海盐产量很大，位列全国盐监产量第三，经济地位比较重要。

五代十国时期，杭州湾北岸海盐产地有秀洲海盐县。此时为分裂割据时期，海盐生产也遭到一定的破坏。

宋代杭州湾北岸有临安府钱塘、仁和、盐官三县，嘉兴府嘉兴、华亭、海盐三县，平江府昆山县。钱塘县有钱塘场，仁和县不仅有仁和监，而且有汤村场、仁和场、茶槽场。盐官县有许村场、盐官场、南路场、蜀山场、岩门场、上管场、下管场、新兴场、袁花场、黄湾场、大朱桥场。嘉兴县有嘉兴监。北宋时期，华亭县不仅有华亭监，而且有浦东场（今上海市金山区张堰镇）、袁部场（今上海市奉贤区柘林镇）、青墩场（今上海市奉贤区奉城镇）。南宋时期，华亭监辖有浦东场、袁部场、青村场、下砂场（今上海市南汇区下沙镇）、大场（今上海市宝山区大场镇）。其中，浦东场、袁部场、青村场、下砂场各有子场。青村盐场即原青墩盐场。可见，宋代华亭县盐场得到了较大发展，盐场增加较多。这与海岸线东移有很大的关系，宋代海岸线东移较多。海盐县不仅有盐监，而且有海盐场（今浙江省海盐县海塘乡）、沙腰场（今浙江省海盐县海盐乡）、芦沥场（今浙江省平湖市新仓镇）、鲍郎场（今浙江省海盐县澉浦镇）、独山场（今浙江省平湖市独山港镇）。昆山县有江湾场（今上海市虹口区江湾镇）、南跄场（今上海市浦东区顾路镇）、黄姚场（大致位于今上海市宝山区月浦镇北，清初坍入江中）。

元代杭州湾北岸有钱塘场、仁和场、许村场、西路场、茶槽场、北栅场、南路场、下砂场、青村场、袁部场、浦东场、横浦场、芦沥场、海沙场、鲍郎场、江湾场、黄窑场、沙腰场等盐场。

明代杭州湾北岸有许村场、仁和场、西路场、鲍郎场、芦沥场、海沙场、横浦场、浦东场、袁浦场、青村场、下砂场、下砂二场（正统五年添置）、下砂三场（正统五年

添置）、青浦场等盐场。

清代杭州湾北岸有仁和场、许村场、黄湾场、西路场、鲍郎场、海沙场、芦沥场、横浦场、浦东场、袁浦场、青村场、下砂头场、下砂二三场。乾隆五年（1740），西路场析置黄湾场（今浙江省海宁市硖石镇）。宣统三年（1911），西路场并入黄湾场。由于长江泥沙淤积，海岸线向外延伸，海水含盐量降低，东部各场（上海盐区）产量逐年下降。清朝末年，下砂诸场已不产盐。[①]

民国时期，杭州湾北岸有仁和场、许村场、黄湾场、海沙场、鲍郎场、芦沥场、横浦场、浦东场、袁浦场、青村场、下砂头场、下砂二三场。民国3年（1914），裁废下砂诸场，浦东、横浦二场合并为两浦场。民国18年（1929），仁和场裁废。民国20年（1931），许村场并入黄湾场，海沙场并入鲍郎场。民国22年（1933），两浦场由于产量较少，并入袁浦场。至此，杭州湾北岸东部地区（上海产区）盐场仅剩袁浦场。[②]民国36年（1947），黄湾场、鲍郎场和海沙场因产低本高，且管理不便，分期裁废。[③]

中华人民共和国成立后，芦沥场划归袁浦场，袁浦盐场继续从事海盐生产，1959年12月改为奉贤盐场。1982年，奉贤盐场利用荒废盐滩试养对虾成功，迅速推广开来，海盐生产急剧萎缩。1984年2月，由于海盐产量锐减，奉贤盐场撤销，并入柘林乡，盐民全部转业，杭州湾北岸东部地区的海盐生产历史从此结束。西部地区平湖、海盐、海宁三县海盐生产也在1980年代结束了。

（二）杭州湾南岸海盐产地逐渐向东部地区转移

杭州湾南岸海盐生产历史也很悠久。先秦时期，越国已有海盐生产。《越绝书》卷8《外传记地传》曰："朱余者，越盐官也。越人谓盐曰余。去县三十五里。"[④]有人考证，今浙江省绍兴市柯桥区齐贤街道朱储村就是当时的朱余。[⑤]浙江东部很多古地名带有"余"字，如余姚、余暨（今浙江省杭州市萧山区）、余杭等。有人推测，这些地名都与越国的盐业生产有关[⑥]，其依据便是"越人谓盐曰余"。这种说法确有一定的道理。

魏晋南北朝时期海盐产地有会稽郡钱唐县和上虞县。钱唐县治所即今浙江省杭州市。上虞县治所即今浙江省绍兴市上虞区。

唐代海盐产地有越州会稽县和余姚县。会稽县治所即今浙江省绍兴市。余姚县治所位于今浙江省余姚市姚江北岸。越州兰亭监管辖的盐场有会稽东场、会稽西场、余姚场、怀远场和地心场。

五代十国时期有明州定海县。定海县治所位于今浙江省宁波市镇海区。

---

① 唐仁粤主编：《中国盐业史》（地方编），北京：人民出版社，1997年，第254页。
② 唐仁粤主编：《中国盐业史》（地方编），北京：人民出版社，1997年，第255页。
③ 浙江省盐业志编纂委员会编：《浙江省盐业志》，北京：中华书局，1996年，第20页。
④《越绝书》撰于战国时期，东汉袁康整理成书。
⑤ 陈桥驿主编：《浙江古今地名词典·前言》及该书第262页，杭州：浙江教育出版社，1991年。
⑥ 陈桥驿主编：《浙江古今地名词典·前言》，杭州：浙江教育出版社，1991年。

宋代海盐产地有绍兴府会稽、山阴、余姚、萧山四县，庆元府慈溪、定海二县。北宋前期，越州有盐润监（监署位于今浙江省绍兴市越城区）。北宋中期，越州有钱清场和石堰场。钱清场位于山阴县，今浙江省绍兴市钱清镇。石堰场位于余姚县，今浙江省慈溪市横河镇石堰村。慈溪县有鸣鹤场，位于今浙江省慈溪市鸣鹤镇。南宋时期，绍兴府增置曹娥场、三江场和西兴场，石堰场析置东、西二场，鸣鹤场析置东、西二场。其中，曹娥场位于会稽县，今浙江省绍兴市上虞区百官街道曹娥村；三江场位于山阴县，今浙江省绍兴市斗门镇三江村；西兴场位于萧山县，今浙江省杭州市滨江区西兴镇。南宋时期，庆元府慈溪县还有周家塘盐场，位于今浙江省慈溪市掌起镇周家段，定海县有清泉场、龙头场、穿山场、长山场。清泉场位于今浙江省宁波市北仑区小港街道衙前村。龙头场位于今浙江省慈溪市龙山镇龙头村。穿山场位于今浙江省宁波市北仑区柴桥街道穿山村。长山场位于今浙江省宁波市北仑区大碶街道芦山社区。

元代杭州湾南岸有西兴场、钱清场、三江场、曹娥场、石堰东场、石堰西场、龙头场、东江场、鸣鹤东场、鸣鹤西场、清泉场、穿山场、长山玉泉场等盐场。

明代杭州湾南岸有西兴场、钱清场、三江场、曹娥场、石堰场、鸣鹤场、龙头场、清泉场、长山场、穿山场等盐场。

清代杭州湾南岸有西兴场、钱清场、曹娥场、三江场、东江场、金山场、石堰场、鸣鹤场、龙头场、清泉场、穿长场等盐场。乾隆五年（1740），曹娥场析置金山场（今浙江省上虞市百官镇），三江场析置东江场（今浙江绍兴市越城区马家镇姚家埭村）。清朝末年，龙头场、鸣鹤场逐渐废盐改农，石堰场随着滩涂淤涨而逐渐转移。宣统三年（1911），石堰场改名为余姚场。

民国时期，杭州湾南岸盐场发生了很大的变化。民国4年（1915），曹娥场并入金山场。民国5年（1916），余姚场场署迁至庵东镇（今浙江省慈溪市庵东镇），庵东盐区得到较大的发展，成为浙江省最大盐场。民国20年（1931），金山场并入三江场，大嵩、穿长二场并入清泉场，鸣鹤场并入余姚场。1945年，两浙盐务管理局辖有余姚场、钱清场、玉泉场等盐场。另设浙西、宁属两个分局。浙西分局位于平湖市乍浦镇，下辖黄湾、鲍郎、仁和三个办事处。宁属分局位于宁波，下辖穿长、大嵩、镇海三个办事处。1947年5月，钱清场坍入杭州湾中，盐户迁入仁和场已废场区晒盐。[①]

中华人民共和国成立后，直到20世纪80年代，庵东盐区一直是浙江省主要产盐区，有盐田5 500余公顷。由于从事海盐生产的经济效益不如种棉、养虾，加上自然条件变化，盐田大量转产，1993年仅剩盐田517.81公顷，产量仅占全省1.82%。[②]2001年11月，盐田全部消失。

不过，地方政府正在研究在新涨滩涂开辟盐田，重新进行海盐生产。

总之，上海市各区县盐田和浙江省嘉兴地区、杭州市和绍兴地区的1 558.05公顷

① 浙江省盐业志编纂委员会编：《浙江省盐业志》，北京：中华书局，1996年，第20页。
② 浙江省盐业志编纂委员会编：《浙江省盐业志》，北京：中华书局，1996年，第459-461页。

盐田均位于杭州湾沿岸。由于自然条件变化，这些盐田在 1980 年前后全部废场改农。[①] 20 世纪杭州湾南岸成为杭州湾地区海盐生产的主要地区，80 年代以后全面衰落，21 世纪初彻底停产。

二、影响杭州湾沿岸海盐产地变化的因素

从数千年以来杭州湾沿岸海盐产地分布和变迁的情况来看，影响海盐产地变化的因素很多，既有自然因素，又有社会因素。

（一）自然因素

杭州湾沿岸海盐产地变化受到一些自然因素的制约，如海岸线变迁、钱塘江改道、海水变淡等。

1. 海岸线变迁

历史时期，杭州湾海岸线发生了较大的变化。从唐宋时期到明清时期，东部地区海岸线向东迁移了数十公里，盐场随之东移。例如南宋时期，由于北岸的海岸线东移，原来建于鲍郎浦的鲍郎盐场只好改在东浦建场。又如晚清民国时期，由于南岸的海岸线东移，东部地区不断地淤涨，盐场也随之东移，庵东盐区发展为杭州湾沿岸最大的海盐生产基地。杭州湾地区海岸线不仅东移，而且内缩。由于海水冲刷，北岸海岸线内缩较多，有些盐场坍入杭州湾中，如宋代的大朱桥场、黄姚场等。南岸海岸线也是如此。民国时期，钱清场坍入杭州湾中，盐户只好迁至仁和场晒盐。

2. 钱塘江改道

历史时期，钱塘江多次改道。宋代杭州湾地区主要海盐产地是北岸。元代以后，由于钱塘江水系流向改变和杭州湾海岸淤涨冲刷，芦沥、鲍郎、黄湾、盐官、许村、仁和等场逐渐衰退。乾隆十二年（1747），钱塘江水系流向北移改道，沿海宁塘入海，北岸海水逐渐变淡，南、北两岸滩涂演变趋势为北冲南淤，浙西诸场更趋萎缩，而余姚“三北浅滩”则不断地向北淤涨[②]，原属海宁县的稻山、南阳、河庄、乐园一带改隶萧山县，成为钱清场的一部分。清朝末年，龙头、鸣鹤二场废盐改农，石堰场随海涂淤涨而逐渐转移，宣统三年（1911）改称“余姚场”，是当时浙江省面积最大的盐场。民国 5 年（1916），场署迁至庵东镇（今浙江省慈溪市庵东镇）。[③]民国 30 年（1941）以后，南沙大堤外围大面积“坍江”，钱清场产量锐减。解放初，撤销钱清场。后设赵家湾、十二埭、头蓬三个盐场，由于赵家湾、十二埭坍入钱塘江，头蓬盐场（今浙江

---

① 浙江省盐业志编纂委员会编《浙江省盐业志》，北京：中华书局，1996 年，第 206 页。
② 浙江省盐业志编纂委员会编《浙江省盐业志》，北京：中华书局，1996 年，第 70 页。
③ 浙江省盐业志编纂委员会编《浙江省盐业志》，北京：中华书局，1996 年，第 459 页。

省杭州市萧山区义蓬镇南沙村）成为主要产地。20 世纪 60 年代初，头蓬盐场“坍江”严重，盐场面积逐步缩小。1969 年 4 月，头蓬盐场由盐转农，改为“五七”农场，新湾公社的东升盐场也转营农业，海盐生产从此结束。可见，钱塘江改道对海宁、萧山二县区盐场产生了很大的影响。

3. 海水变淡

海水含盐量对于海盐生产有直接的影响。含盐量高则产量高，含盐量低则产量低。晚清时期，由于海水含盐量降低，杭州湾北岸东部各场产量逐年下降。清朝末年，下砂诸场的海盐生产停止。1950 年，海盐县的海盐生产基本停止。1958 年，当地政府试图恢复海盐生产，由于海水含盐量过低，被迫放弃。1970 年，庵东盐区开始将西三陈家路以西逐渐淡化、纳潮困难的 720 公顷盐田开垦为农田。[①]这些盐场之所以废弃或者改营农业，都是由于海水变淡的缘故。

此外，台风、暴雨等自然灾害对杭州湾海盐产地也有很大的破坏作用。

（二）社会因素

杭州湾海盐产地变化受到一些社会因素的制约，如人口数量、水利工程、经济效益等。

1. 人口数量

食盐产地的变化与人口数量的变化有很大的关系。一个地区人口多，食盐需求量就大，要求增加食盐供应，食盐产地（盐场等）就会增加。南宋时期两浙东路和两浙西路成为全国盐场最多的地区，临安府、绍兴府、庆元府和嘉兴府都涌现了很多盐场。两浙地区盐场剧增与南宋政府以临安府作为首都、两浙地区人口增加较多密切相关。崇宁年间（1102—1106），两浙路共有 1 975 041 户；绍兴三十二年（1162），两浙东路和两浙西路共有 2 243 548 户，[②]增加了 13.6%。这是居民户数增加情况。南宋时期，临安附近军队驻防人数也大大增加。人口增加导致食盐需求量增大，这就在客观上刺激了海盐产地的增加，促进了盐业生产的发展。

2. 水利工程

水利工程对海盐产地有较大的影响。海盐生产离不开海潮，但是，如果海潮过大，就会侵蚀海岸、损毁盐田。嘉定十一年（1218），盐官县海潮侵蚀海岸十分严重。史称：“盐官去海三十余里，旧无海患，县以盐灶颇盛，课利易登。去岁[③]海水泛涨，湍激横冲，沙岸每一溃裂，常数十丈。日复一日，浸入卤地；芦洲港渎，荡为一壑。”[④]为了

① 浙江省盐业志编纂委员会编《浙江省盐业志》，北京：中华书局，1996 年，第 30 页。

② 脱脱等撰《宋史》卷 88《地理四》，北京：中华书局，1977 年，第 2173-2177 页。崇宁年间户数系笔者根据该书所载各州户数统计所得，绍兴三十二年户数系该书所载。

③ 指嘉定十一年（1218）。

④ 脱脱等撰《宋史》卷 97《河渠七》，北京：中华书局，1977 年，第 2401 页。

防止海潮侵蚀，于是修筑海塘。庵东盐区也是如此。1955 年，庵东盐区东三乡围筑海塘 8 千米。1958 年，围筑海塘 25 千米。①

3. 经济效益

经济效益对海盐产地也有很大的影响。有些地方从事盐业生产的利润比不上养虾、养鱼、种棉等，于是放弃盐业生产，改为其他产业。例如，位于慈溪市北部的庵东盐区，民国时期已经成为浙江省第一大盐场，1950 年代至 1980 年代一直是浙江省主要盐区，盐田面积 5 500 余顷。由于从事海盐生产的经济效益不如种棉、养鱼，加上自然条件变化，庵东盐区从 1979 年开始，大规模转营农业。到 1984 年，累计减少盐田面积 4 661 公顷，占该盐区 1978 年盐田面积的 84.3%。②可见，经济效益对海盐产地的影响也是很大的。

总之，历史时期杭州湾沿岸海盐产地变化很大。宋元明清时期，杭州湾北岸和南岸都有很多盐场（见“南宋时期两浙东路和两浙西路分布图”），从东到西，广泛分布。然而，由于各种自然因素和社会因素影响，到 21 世纪初，杭州湾沿岸的盐场已经全部消失。原来杭州湾沿岸生产的海盐不仅可以满足本地区的需要，而且可以运销其他地方，现在就连本地区的食盐供应也无法解决，需要从其他地区调入食盐。这样，上海市和浙江省北部对其他地方盐业生产的依赖性就形成了。因此，统筹解决上海市和浙江省北部的食盐供应问题，也是长江三角洲地区经济一体化应该考虑的重要问题。

南宋时期两浙东路和两浙西路盐场分布图

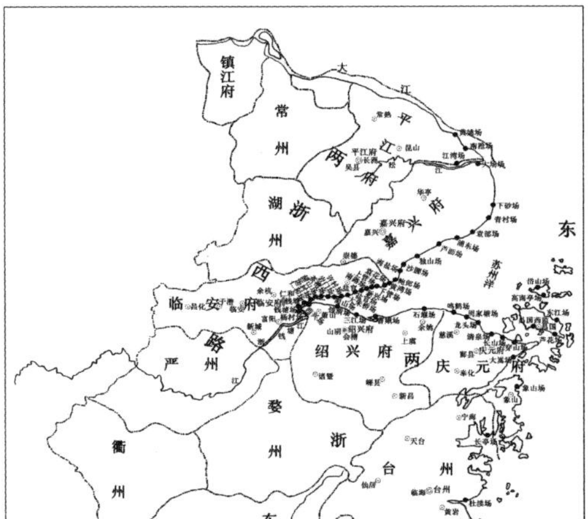

说明：本图以谭其骧主编《中国历史地图集》第六册第59-60页所载嘉定元年（1208）两浙东路和两浙西路行政区划图为底图绘制，为南宋两浙东路和两浙西路海盐催煎场分布示意图。

图 1　南宋时期两浙东路和两浙西路分布图

① 浙江省盐业志编纂委员会编《浙江省盐业志》，北京：中华书局，1996 年，第 24-25 页。

② 浙江省盐业志编纂委员会编《浙江省盐业志》，北京：中华书局，1996 年，第 35 页。

◇参考文献◇

[1] 唐仁粤. 中国盐业史（地方编）[M]. 北京：人民出版社，1997.
[2] 浙江省盐业志编纂委员会. 浙江省盐业志[M]. 北京：中华书局，1996.
[3] 陈桥驿. 浙江古今地名词典[M]. 杭州：浙江教育出版社，1991.
[4] 脱脱，等. 宋史[M]. 北京：中华书局，1977.

莱州湾沿岸盐业的历史地位

于云汉[①]

莱州湾，西起黄河口，东至虎头崖，岸线全长 120 多千米，是山东最大的海湾，其南岸一线主要包括了莱州、昌邑、寒亭、寿光、广饶五县市的西北和北部地区，并以地势低平、岸线平直、潮滩宽阔均匀为其特色。莱州湾沿岸盐业开发历史悠久，自宿沙氏煮海为盐到当代的海盐生产，五千年绵延不绝，并在相当长的时间里成为中国海盐生产的中心，堪称中国盐业发展，尤其是海盐发展史的范本。魏晋以降，随着中国古代经济重心的南移，莱州湾沿岸海盐业经历了由全国制盐中心到区域制盐中心的转变，地位有所下降，但依然是当时民之所给、国之所仰的重要盐产区。时至当代，莱州湾沿岸仍然是全国最大的盐场和海盐化工基地，原盐产量约占全国产量 1/6 强，海盐产量约占全国的 75%，可见其盐业地位之重要。

一、莱州湾沿岸地区是中国海盐业的主要发源地

宿沙氏煮海为盐，是人们公认的海盐业的发明者。宿沙氏煮海为盐，不仅开创了中国古代海盐生产的先河，而且也成为人们认识海洋、利用海洋、开发海洋的起点。在古代文献中，有许多关于宿沙氏煮海为盐的记述：

> 夙沙作煮盐。(《世本·作篇》)
>
> 时诸侯夙沙氏叛，不用帝命，其臣箕文谏而被杀。炎帝益修厥德，夙沙之民自攻其君，而来归其地。于是，南至交阯，北至幽都，东至旸谷，西至三危，莫不服从其化。(《竹书纪年》)
>
> 夙沙氏之民，自攻其君而归神农。(《吕氏春秋·用民篇》)
>
> 昔夏商之臣，反仇桀纣而臣汤武；宿沙之民，皆自攻其君而归神农。高诱注："伏羲、神农之间，有共工、宿沙霸天下者也。"(《淮南子·道应训》)
>
> 古者宿沙初作煮海盐。(《说文解字·盐条》)
>
> 时诸侯夙沙氏叛，不用命，炎帝退而修德；夙沙之民自攻其君而归炎帝。

① 作者简介：于云汉（1963—　），男，潍坊学院历史文化与旅游学院党总支书记、文博研究院院长，教授，山东省海盐文化研究基地首席专家。

（《帝王世纪·自开辟至三皇》）

（夙沙）炎帝时侯国，始煮海为盐，为炎帝所灭。（南朝梁贾执《英贤传》）

从这些文献的记载中可知，宿沙氏（夙沙氏）是史前的一个古老氏族，是海水煮盐的发明者，并以善于煮盐而著称。宿沙氏煮海为盐的传说在先秦时期广为流传，宿沙氏这一部族存续的时间也很长。其部灭亡大致在炎帝末期，但其氏族仍存，直至春秋战国以至秦汉仍然存在。

中国地域辽阔，适合海盐生产的区域众多，海盐生产的起源也应是多元的，是远古时代生活在海边的劳动人民在长期的生产生活中发现的，宿沙氏可能是其中的一个代表人物或氏族，或者说是先人把盐业生产的开创之功赋予了宿沙氏，使其成为海盐业的开创者。但从先秦文献记载看，宿沙或宿沙氏其实很可能是最早发现海盐并进行规模化生产的真实的人物或氏族，其世代生活的地方，则可能是中国海盐生产的源头。

由于文献记载简略，年代久远，其活动踪迹已难辨究竟，故关于宿沙氏的地望，众说纷纭，计有山西运城说、苏北盐城说、四川岷山以南说、莱州湾沿岸说等。各说虽然各有依据，但要究其要者，弄清宿沙氏的地望，应基于如下的事实判断：一是宿沙氏的活动区域拥有丰富的盐业资源，便于规模化海盐生产，又有方便的水陆交通与中原地区相联系；二是有相应的文献资料或民间传说可资借鉴；三是有历史遗迹或考古资料可资推证；四是宿沙氏在当时的诸侯万国中势力强盛，其后世子孙繁衍生息，自成一脉，在先秦文献中必有反映。就其四者察之，山西和四川因位处内陆而不符合煮海为盐的前提，而就苏北和莱州湾沿岸考察，则莱州湾沿岸与宿沙氏煮海为盐的历史地理场景较为接近，应是宿沙氏煮海为盐的发生地。

首先，莱州湾沿岸的海盐生产环境得天独厚，海岸低平，潮滩宽阔均匀，淤泥粉砂土结构细密，渗透率小，便于盐业生产。同时地下卤水储量丰富，盐度高，易开采。再是莱州湾沿岸腹地广阔，附近平原和低山丘陵可为大规模盐业生产提供丰富的粮食、木材等生产和生活物资，尤其重要的是这里交通便利，盐制品外运方便。众多发达的水系和宽平的平原也便于生活、生产物资及盐制品的短途和长途流动，沿古黄河支津、淄水、济水等河流溯流向上也可直达中原腹地。

其次，青州“海盐产地”文献记载最早。史载：“海岱惟青州。嵎夷既略，潍、淄其道。厥土白坟，海滨广斥。厥田为上下，厥赋中上。厥贡盐、絺，海物维错。岱畎丝、枲、铅、松、怪石，莱夷作牧，厥篚檿丝。浮于汶，达于济。”[①]“盐”被列为青州的第一项产物纳入贡品名单，可见青州地区盐业生产历史之悠久。吉成名曾称：“先秦时期最重要的海盐产地可能要数青州。”青州的海盐生产主要应“在今莱州湾沿海地区”[②]。值得注意的是，齐地“宿沙氏一族”绵延不绝。《鲁连子》载，宿沙氏善渔、煮盐，当滨于海。其后裔仕宦于齐，故知其国当在青齐境内。自后齐国承其遗业，擅

①《尚书·禹贡》。

② 吉成名：《先秦时期食盐产地》，《盐业史研究》，2008年第1期。

鱼盐之利，凭借既厚，故能称雄于春秋战国时代。《左传》一书中的鲁襄公二、十七、十八、十九年，屡屡提及夙沙卫，载称："齐有夙沙卫，神农时夙沙氏之后"；"夙沙卫以国为姓，仕宦于齐，子姓蕃衍，汉代犹存。是其遗民同化于中夏"等，说明齐国不仅有宿沙族群的存在，而且他们还可能是世世代代的煮盐专业高手。考虑宿沙氏与炎黄二帝以及后来齐国的密切关系，就海盐规模化生产、运输和管理的可能性而言，莱州湾沿岸地区更符合宿沙氏的地望。

再者，考古发掘资料显示莱州湾沿岸最有可能是宿沙氏活动的区域。盐业考古资料显示，在寿光、广饶、寒亭、昌邑等地发现了大量商周及宋元等不同时期的 700 余处盐业遗址。其中，寿光市双王城盐场遗址群，被确认为是国内面积最大、保存最完好的商周时期的盐场遗址，在 30 平方千米左右的范围内，发现 80 余处制盐遗址。这也是目前国内发现最早的海盐生产遗址，最早的海水制盐沉淀和蒸发池，规模最大的盐井、盐池群和盐灶等制盐设施。这些大规模、密集分布的商周盐业遗址群，说明这里应是殷墟文化至西周早期的盐业生产中心。有学者据大量发掘的盐业遗址推论寿光滨海地区双王城大型商周时代盐业遗址很可能就是宿沙氏之国。宿沙国因内乱，人民投靠神农氏。商周煮盐者应是宿沙氏的后裔，而宿沙氏内乱之所以成为著名的历史事件，概与他们的制盐卖盐有关①。亦有学者推论，从考古学上看，宿沙氏制盐应是在距今 5500—5000 年前后的大汶口文化中期或略早，制盐地域应在现今的山东北部寿光至广饶一带。在稍后的距今 4300—3900 年龙山文化晚期，鲁西北的阳信至滨州一带也兴起海盐生产，使海盐生产地域有所扩大②。

从利用海洋文明的发展过程看，人类已经历了靠海吃海—渔盐之利—舟楫之便—耕海牧渔—探洋登极五个阶段。第一阶段靠海吃海出于人的生物本能。人类捕鱼捉蟹，借助海水浮力行船是一种利用，但尚未达到对海洋资源开发的程度。第二个阶段才是海洋开发和利用的开始。煮海为盐的方法让水分蒸发以使盐粒结晶，开启了开发海洋资源、发掘海洋渔盐之利的新时代③。早期海盐生产条件虽显简陋，但其制盐技术和生产过程都达到了复杂的程度。从制盐工具的选择，到海水制卤技术，再到卤水制盐，到协作分工等，无不是以宿沙氏为代表的古代先民长期艰苦探索和创造的结果。据一些学者考证，莱州湾沿岸早期的"煮海为盐"，并非由海水直接煮成盐，而是先制卤而后再煎煮成盐。因为如果直接以海水煎煮，使之饱和结晶，则所费燃料甚多，极不经济，故必先有制卤之法。据后世制盐工艺推论，系先采用易于吸卤之物质，或用细沙、或用草灰，摊晒于地面上，洒以海水，借日光之热力，使卤质凝聚于其内。反复为之，俟卤质吸收充分后，即收集挑入坑内，坑底垫以竹管，直通卤缸，然后再以海水浇灌，成为浓卤。注卤于锅，置锅于灶，再以火煎熬成盐。大概当时煮盐主要利用就地取材之海沙为吸卤之物，煮盐的氏族命名为"宿沙"，可能就是因常年利用海沙吸卤这一主

① 景以恩：《寿光盐业遗址与宿沙氏之国》，《管子学刊》，2009 年第 2 期。
② 李慧竹，王青：《山东北部海盐业起源的历史与考古学探索》，《管子学刊》，2007 年第 2 期。
③ 李乃胜，胡建廷等：《试论"盐圣"夙沙氏的历史地位和作用》，《太平洋学报》，2013 年第 3 期。

要制盐工艺而产生的。[①]马新亦考证认为宿沙氏“初作煮海为盐”并非说是直接煮海水为盐，而是通过积沙汲卤，然后煮而成盐；他积沙汲卤，一宿可成，那些经过十宿反复积沙汲卤的制盐人，也不及他产盐丰厚[②]。这种“积沙汲卤，一宿可成”的方法，正是基于莱州湾沿岸特殊的地理环境，这也进一步说明莱州湾沿岸是海盐生产的发源地。

由上观之，无论是文献记载、民间传说，还是考古发掘都显示，莱州湾沿岸一带正是宿沙氏煮海为盐的地方，也是中国海盐生产的起源地。

二、莱州湾沿岸地区是夏商周三代的制盐中心

煮海为盐开启了海盐生产的新时代，莱州湾沿岸地区由此成为最早的全国性盐业生产基地。莱州湾沿岸古属青州，这里的盐业生产规模占据了夏王朝食盐供应中的主导地位。《尚书·禹贡》载：“海岱惟青州……厥贡盐、絺。”表明青州上缴夏王朝的贡品是盐和絺。[③]也是九州中唯一以盐作为贡品的地方，说明青州所产海盐在龙山时代以至于夏朝就是当时天下最著名最珍贵的特产。所谓“贡盐”，实际上是当时中央王朝向该地区从事海盐生产的部族征收的食盐，并被视为该地区的“贡品”，亦即征税的原始形态[④]。青州贡盐出自青州北境的莱州湾沿岸地区，即古宿沙国所在的地域。《尸子》云：“昔者桀、纣，纵欲长乐，以苦百姓，珍怪远味，必南海之荤，北海之盐，西海之菁，东海之鲸。”北海之盐即为莱州湾沿岸所产之盐，人们把桀、纣食用北海之盐作为他们生活奢侈腐化、劳役百姓的证据。这表明“北海之盐”在当时不仅闻名天下，而且作为贡品被源源不断地运往都城供统治者享用。也说明莱州湾沿岸地区容易利用煮卤的办法获取高质量的海盐[⑤]。青州海盐能够大量、稳定地生产，能够供应都城地区官民的需要，且有水路交通直通都城。

商代青州依然作为王朝的贡盐基地。北海之盐依然作为贡品运往殷商都城供统治者享用。史载殷纣王“征夷方”及“封克东夷”，地点大部都是在山东，其主要目的是控制青州等地的产盐区。商代人还认识到了食盐在饮食中的重要性，《商书·说命下》载“若作和羹，尔惟盐梅”。至西周之时，周王朝重视盐业发展和青州盐业的开发，并设置专人掌管盐务之事，《周礼·天官·盐人》载：“盐人掌盐之政令，以共百事之盐。祭祀，共其苦盐散盐。宾客，共其形盐散盐。王之膳馐，共饴盐。后及世子亦如之。”“盐人”即为该时盐官，掌盐的供应和分配。又封太公姜尚至齐地，以期稳定东方。《史记·齐太公世家》载：“太公至国，修政，因其俗，简其礼，通商工之业，便鱼盐之利，

① 陈振中：《先秦手工业史》，福州：福建人民出版社，2008 年，第 755 页。
② 马新：《汉唐时代的海盐生产》，《盐业史研究》，1997 年第 2 期。
③ 即细葛布。
④ 任桂园：《从远古走向现代：长江三峡地区盐业发展史研究》，成都：巴蜀书社，2006 年，第 110 页。
⑤ 周光华：《远古华夏族群的融合：“禹贡”新解》，深圳：海天出版社，2013 年，第 76-77 页。

而人民多归齐，齐为大国。”《史记·货殖列传》又载：“故太公望封于营丘，地泻卤，人民寡，于是太公劝其女功，极技巧，通鱼盐，则人物归之，缀至而辐凑。故齐冠带衣履天下，海岱之间敛袂而往朝焉。”齐国因地制宜，着重发展鱼盐业等。海盐业成为了齐国的立国之本，齐国所在的青州之地亦是西周的贡盐中心。

贡盐不仅质量高，供应稳定，运道畅通，而且还是规模化生产。从这一意义上说，贡盐中心也必然是制盐中心。因为只有大规模的海盐生产，才能满足王朝都城官民日常生活的需要。莱州湾沿岸商周王朝盐业生产中心的地位可从如下三个方面得以证实：

一是商周盐业遗址分布密集且规模巨大。近年来盐业考古发掘显示，在东至昌邑西至无棣的莱州湾沿岸地区发现了 700 余处盐业生产遗址，以寿光双王城水库盐场遗址规模最大。双王城水库盐场遗址位于寿光市北约 30 千米处的羊口镇，在 30 平方千米的范围内发掘盐业遗址 87 处。其中，商末至西周时期盐业遗址 76 处，东周时期 4 处①。学界认为“这是渤海南岸商周时期规模最大的制盐业遗址群，也是到目前为止我国发现的商周时期最大的制盐业遗址群。”燕生东先生指出：“通过对遗址群进行勘察、钻探和小规模试掘工作，考古专家们进一步明确了双王城盐业遗址群就是商朝的制盐中心这一看法。专家们还认为，寿光双王城盐业遗址群的年代从商朝中后期一直延续至西周早期前段。大约在西周早期前段，双王城遗址群作为一个整体开始消失。”②另有研究表明，“与大规模盐业遗址群出现同时，渤海南岸内陆地区殷商文化、经济突然繁荣起来，聚落与人口数量也急剧增加，并形成了不同功能区的聚落群分布格局，因而可认定该地区属于殷墟时期的商王朝盐业生产中心”③。

二是莱州湾沿岸制盐规模庞大且产量惊人。据燕生东考证，在众多制盐遗址中，每处遗址就是一个制盐单元作坊。“经初步计算，每处制盐作坊单元一次举火就能获盐上千斤。殷墟时期，双王城就有同时共存制盐单元约 50 处，东北坞也有 20 多处。仅双王城每年制盐可达四五万斤，整个莱州湾沿岸地区，不下 10 余处大规模的盐业遗址群，年产量至少几十万斤，数量也是相当惊人的。如果每一制盐单位有盐工 10 人，仅双王城就有盐工四五百人，而整个渤海南岸地区，直接参与盐业生产的人数应在数千人以上。”④

三是制盐技术日趋成熟，显示出巨大的生产能力。在双王城制盐遗址中发现有大量的卤水坑井、卤水沟、沉淀过滤池、蒸发池、储卤坑、大型盐灶、灶棚、烧火煮盐的工作间、生活用蓄淡水坑、储藏生活用品的窖穴等。学者认为这一时期的制盐方法为煎盐法。其制盐流程主要取卤—制卤—煮盐三工序。具体而言，就是开沟或打井取

---

① 山东省文物考古研究所、北京大学中国考古学研究中心、寿光市文化局：《山东寿光双王城盐业遗址 2008 年的发掘》，《考古》，2010 年第 3 期。

② 高振庆：《中国最大古盐场露真容》，《人民日报》（海外版），2008 年 7 月 25 日，第 015 版。

③ 燕生东，田永德，赵金等：《渤海南岸地区发现的东周时期盐业遗存》，《中国国家博物馆馆刊》，2011 年第 9 期。

④ 燕生东：《渤海南岸地区商周时期盐业考古发现与研究》，《齐鲁文化研究》（第 8 辑），泰山出版社，2009 年版。

卤水，将卤水泼撒到摊场上，摊上草木灰，经日晒蒸发浓缩，析出的盐花附于草木灰表面，再取盐土放入坑中，再淋上海水使之成为高浓度的卤水，反复多次来提纯卤水浓度。然后设盐灶，以盔形器进行煎卤，最后破器取盐[①]。

《管子》一书中多次提到“渠展之盐”是当时名闻天下的三大财源之一[②]，“渠展之盐”对齐国起着财力支撑的巨大作用。公元前 685 年，管仲相齐，他根据齐国海盐资源丰富的优势，制定和提出了“食盐官营”政策，即听民自产，放开盐业生产，实行民产、官收、官运、官销，尽收财用于国家。《管子》称：“今齐有渠展之盐，请君伐菹薪，煮沸水为盐，正（征）而积之……聚庸（佣）而煮盐。”[③]在管仲主持下，放开海盐民产，统一由政府征收，并采用雇佣方式，集中大批劳动力从事盐业生产。然后实行官收、官运、官卖。齐国之盐“以四什之贾（价），循河、济之流，南输梁、赵、宋、卫、濮阳”等无盐之国。管仲通过控制食盐的价格和流通量来增强齐国，削弱他国。管仲是春秋战国期间第一个提出“食盐官营”的政治家，齐国的盐业由此得到空前开发，每年征收食盐达“三万六千钟”，从盐业中获利以斤计达 1.1 万余斤。凭借其渔盐之利，齐国逐步走上强国之路，齐桓公也成为“九合诸侯，一匡天下”的春秋第一霸。管仲也因其在盐业管理史上的杰出贡献而与宿沙氏和胶鬲同列“盐宗”之席，世受敬奉。

三、由全国性生产中心到区域中心的曲折发展

迨至秦汉，莱州湾沿岸盐业在先秦基础上持续发展，领先全国并成为全国海盐生产之重镇。西汉时在全国置盐官 37 个，山东占 11 个，其中莱州湾沿岸独占 7 个，当为全国名副其实的制盐中心。魏晋以后，莱州湾沿岸盐业发展渐趋衰落，虽仍不失为全国重要产盐区，但地位已难与往昔同日而语。其原因在于，从某种意义上说，莱州湾沿岸地区全国性海盐业生产中心地位的形成与确立，是以大一统国家政权的稳固为前提的。伴随着魏晋南北朝时期各民族政权的纷纷建立，旧有的全国性经济体系被打破，以地域资源为基础，生产技术含量不高而具有重大经济利益的盐业，成为整合的首要目标。

首先，古代盐税是政府相对可靠的税源，为各个割据政权所重视。盐是古代人不能自给的生活必需品之一，人不论男女老幼，都必须每天吃盐，而且每年盐的消费量大致可以预测，所以盐税在某种程度上成为古代变相的人头税，为历朝所重视，相应的盐业生产也为朝廷所关注。从统计资料来看，唐朝以前基本没有与税收相关的系统的统计资料，很难确切地知晓盐税在政府财政税收中所占的比重。唐朝以后的有关资

① 王青，朱继平：《山东北部商周时期海盐生产的几个问题》，《文物》，2006 年第 4 期。
② 另两者是楚国的“汝汉之金”和燕国的“辽东之煮”。
③《管子·轻重甲》。

料显示，从唐代到明代的一千余年中，盐税大约占国家财政收入的一半到 80%。[①]尽管这一统计数字是否准确或其准确程度如何，有待进一步的小心解释，但说明盐税是古代朝廷财政收入的重要来源是完全没有问题的。以此为前提，魏晋南北朝时期不断更迭相替的各个政权，为保证朝廷财政和军资，加强对盐业的控制乃至竭力保障盐业在其政权境内的生产，就成为必然。

其次，中国盐业资源相对丰富，为盐业在古代的全面发展提供了现实的可能性。中国盐业资源分布相当广泛，在包括台湾在内的各个省域内，大致上只有广西、江西和安徽因资源太少而不具备生产价值。由于原料的不同和天然环境的差异，古代各地计有 16 种不同的生产方法。古代中国文化在黄河中游的发展，齐国在沿着莱州湾沿岸一线的兴起，以及秦国的扩张，都与食盐资源有着密切的关系。有的学者指出，一个区域能够脱离中央政府的控制，保持政治上的独立，盐的有无是一个重要的因素。自秦朝统一中国以降，凡是能够保持相对独立的区域，都拥有自己的盐业资源。西南的云南和东南的福建是两个经常在政治上保持相对独立的区域，两者都以产盐著名，而在中国历史上政治混乱的时期，四川要比其他区域更占优势，一个重要的原因就在于四川盛产盐和茶。[②]各个政权为了可靠的税源要控制盐业，为了政权的稳定同样要控制并发展盐业。

第三，盐业生产以地域资源为基础，生产技术含量整体不高，伴随着魏晋南北朝时期北方人口的大量南迁，江淮以南的盐业迅速发展起来，并在很大程度上超越了北方。南方自孙吴政权历经东晋及宋齐梁陈，相对于北方战乱不定的局面一直是稳定的。众多的北方汉民纷纷南迁，史称："洛京倾覆，中州仕女避乱江左者十六七。"[③]大量北方人口的南迁，带去了中原相对先进的生产技术与文化，大大加速了江南开发的进程，使南方的农业及工商业有了迅速的发展。就盐业发展而言，汉代置盐官 37 处，整个江南沿海地区只有会稽郡海盐、南海郡番禺和苍梧郡高要共计 3 处，加上内陆地区的盐产地，整个江南地区总计也不过 8 处，明显是北多南少的局面。东晋南迁之后，迅速发展盐业生产，并以浙东诸郡县为海盐生产基地，恰如《吴郡缘海四县记》所载："已分海滨，盐田相望，吴煮为盐，即此典之。"[④]这一情形发展到唐代就出现了根本性的变化，唐代长江以南的海盐产地有 23 个县，长江以北海盐产地只有 15 个县[⑤]。在海盐生产多地齐头并进的情形下，莱州湾沿岸地区事实上已经难以保持其固有的优势。

第四，就生产技术而言，伴随着制卤技术的发现与逐步普及，莱州湾沿岸地区所具有的浅表性卤水优势不再明显。有证据表明，在隋唐甚至更早的历史时期，在东部沿海地区诸盐场就已经出现了较为成熟的制卤技术。尽管这些制卤方法因与各地的物

① 姜建章著：《历史地理学》，台北：三民书局，2004 年，第 259 页。
② 姜建章著：《历史地理学》，台北：三民书局，2004 年，第 264 页。
③《资治通鉴》卷八十九。
④《北堂书钞》卷 146，"盐 · 海滨田"条注引。
⑤ 吉成名：《中国古代食盐产地分布和变迁研究》，北京：中国书籍出版社，2013 年，第六章"总论"。

候条件相适应而呈现出不同的特征，但就整体而言已经体现出了生产工序健全化、生产分工系列化的趋势，生产者之间的组织配合也比较密切合理。更为重要的是，从史料分析看，隋唐时期的制卤方法成本不高，其基本操作妇女儿童即可胜任，考虑到古代运输条件的低下，这种成本较低的制卤技术，足以抵消莱州湾沿岸地区浅表性卤水的优势。

秦汉时期，莱州湾沿岸海盐业基本保持了全国制盐中心的地位，主要表现为盐官设置多，盐灶多，盐税收入多。进入魏晋时期，莱州湾沿岸盐业生产仍较为繁盛，其盐灶设置以及食盐产量次于沧州，为北方第二大产盐区。隋唐五代时期，长芦、淮、浙、闽、粤等地盐业渐兴，莱州湾沿岸盐业在全国盐业生产中的地位持续下降，但仍不失全国重要的海盐产区，与长芦盐区并称北方两大海盐产区，产盐源源不绝[①]，青州则被列为“盐价市轻货”[②]的七州之首。宋元时期莱州湾沿岸产盐区出现了大量专门从事盐业生产的盐民，他们大多放弃了农业生产而专致于盐业煎制，专业化程度很高。因此可以说，自秦汉以至元明，莱州湾沿岸海盐生产虽经历了由全国性生产中心到区域中心的曲折发展，但作为北方海盐生产重要支柱的地位未曾改变。

四、莱州湾沿岸重新成全国性海盐生产中心

莱州湾沿岸海盐生产的再次腾飞是与晒盐法的出现相伴随的。郭正忠的研究表明，海盐晒法可以上溯到宋金时期，并有确切的史料证明海盐晒制法在金代就已在莱州湾沿岸出现。[③]但更多的学者认为，山东海盐生产中，包括莱州湾沿岸盐场在内，晒盐法出现并加以应用始于明清时期[④]。

海盐晒法与煎煮成盐法相比较，其优势明显：一是生产成本降低，工序大幅减少，并省却了盐民的煎熬之苦。煎煮成盐法工序相对复杂，并需要大量的人力物力准备柴薪进行煎熬，生产效率却不高，一盘每次只能成盐百斤。晒盐法由于不用煎制卤水，制盐过程中就不需柴薪和煎盐之盘，既节省工时、降低成本，又提高了效率。更重要的是，晒盐法利用阳光这一自然力，让卤水经日光曝晒，自然结晶成盐，省却了盐民的煎熬之苦。二是晒盐法提高了成盐的质量。煎盐法所制成的盐品质量低，煎制的盐，味苦性燥，已难以适应人民生活的需要。正如光绪《增修登州府志·盐法》所述：“各滩灶户向皆煎盐，薪刍不给，价常昂贵。居民又以煎盐味苦性燥，春夏腌鱼，秋冬腌菜，不能持久。”煎盐改为晒盐，既方便了沿海居民的生活，在某些方面上可以说，还提高了盐民的生活质量：“各滩灶户向皆煎盐……居民又以煎盐味苦性燥，春夏腌鱼，

① 逄振镐，江奔东：《山东经济史（古代卷）》，济南：济南出版社，1998年，第296页。
②《新唐书·食货志》。
③ 郭正忠：《我国海盐晒法究竟始于何时》，《福建论坛》，1990年第1期。
④ 纪丽真著：《明清山东盐业研究》，济南：齐鲁书社，2009年，第117页。

秋冬腌菜，不能持久。近来各滩渐请晒盐，盐价稍平，民甚便之。”①

晒盐法自出现到普及推广，历经了相当长的历史时期。之所以出现这一情形，其原因是复杂的，表现在：

其一，晒盐法对自然气候条件的依赖性很大，盐产量的稳定性较差。晒盐法较早出现于东南沿海一带，并逐步向各盐区推广。然而直至清末，沿海诸盐区仍然是煎煮法与日晒法并行，原因在于晒盐法受到日晒和降雨双方面的影响，产量的稳定性较差。东南沿海气温较高，蒸发量大，因而有利于晒法制盐，但晒盐法又受降水的影响，气候越干燥，蒸发越快，制盐越容易。从前者看，莱州湾沿岸一线所处的华北地区，最利于产盐的夏季约 3～4 个月，最不利于成盐的结冰期约 1～2 个月，而东南沿海气温较高，全年不结冰，均可成盐。从降雨方面看，我国降雨主要来自太平洋，雨量自东南向西北逐渐减少，而全年平均阴雨日长江以南普遍多于 100 天，东南沿海更多，位处渤海湾的河北、山东一带全年阴雨日则少于 75 天。②另外影响海盐生产的重要因素还有飓风，福建、广东的盐场常受飓风的破坏，导致盐场完全毁坏，而莱州湾一线基本不受飓风的影响。

其二，晒盐法不能直接用海水曝晒，仍然需要灶民取卤，而为了获取大量的盐卤，盐民须付出辛苦的劳作。东南沿海各盐区主要用灰淋法与土淋法取得卤水，然后晒盐。而莱州湾沿岸地区存在大量的浅表性卤水，可以直接从地下打井取卤晒盐。由于各地降水量、阴雨天数量及飓风频率等方面的差异与影响，沿海各地的晒盐方法也不尽相同。莱州湾沿岸所在华北地区主要采用大盐池晒盐，两浙地区采用板晒法，闽粤及浙南则多采用埕晒法。相比较而言，板晒法和埕晒法简便易行，但出盐量少，生产率低下，这也是为适应东南沿海地区的气候条件不得已采取的必要改变。莱州湾沿岸地区所采用的大盐池晒法，省工省力，出盐量大，很多情况下，一池盐几天即可生产数千斤。

其三，晒盐法最终取代煎盐法，除了晒盐法自身的优势外，还在于伴随着明清时期人口的急剧增长而导致的食盐需求量大增及煎盐燃料的相对短缺。晒盐法对气候条件有较强的依赖性，进而导致产量稳定性较差。煎盐法则不然，有了卤水，加燃料煎煮，即可成盐，产量是可以预期的。然而伴随着明清时期中国人口的急剧增长，盐民灶户所占有的专门生长芦苇的荡地越来越少，燃料供应明显不足。乾隆年间的一份奏折表明，福建盐民过去买一斤薪柴约需 30 钱，而在乾隆四十三年则要 90 至 100 钱。③这意味着制盐成本仅此一项即涨了三倍，而这一时期的盐价并无大的变化，盐民显然难以承受，进而不得不寻求新的制盐方法。在此情形下晒盐法取代煎盐法已成大势所趋。

晒盐法的出现并逐步推广，为莱州湾沿岸的海盐生产增添了新的活力，一方面莱州湾沿岸具有浅表性卤水的天然优势由此得以充分展现；另一方面这里又有大盐池晒盐的气候优势，这就为莱州湾沿岸海盐业的大规模扩展提供了良好的前提。

---

① 光绪《增修登州府志》卷之二十一《盐法》。

② 袁见齐：《盐区气象之初步研究》，《盐务月报》第 6 卷第 12 期（1947），第 5-8 页。

③《福建盐法志》卷二。

伴随着晒盐法的渐次推广，莱州湾沿岸海盐产量迅速提高，其在全国海盐业中的地位稳步回升。在明代及清代前期，莱州湾沿岸的盐场屡有变迁，但境内的盐场如寿光官台场、潍县固堤场、昌邑富国等场的盐产量在稳定中皆有显著回升。明弘治时期，山东有灶户 13 571 户，灶丁 45 226 人。洪武时期，山东灶丁“每丁岁办盐四引，地每亩办盐 16 斤，车一辆办盐 200 斤，牛、驴每头办盐 100 斤”。山东灶丁每丁生产能力为岁办盐 814 斤。山东盐区行盐（销区）疆界为鲁、皖、苏、豫 16 府 2 州。总产在全国六转运使司、八盐课提举司（卫）中列第四，排在两淮、两浙、长芦之后。明末清初，战乱频仍，人口锐减，盐业经济遭到极大破坏。据《清盐法志・山东》记：清顺治十一年（1654）以前，逃亡灶丁多达 24 213 人，超过灶丁原额的一半。垄断食盐运输的纲商亦因“连年荒乱，商民资本荡尽”，残存各商，“苦难万状，束手待毙”。在此情况下，以山东巡抚方大猷和巡盐御史吴邦臣联衔上书作“欲招商先须惠商”之议，为顺治帝采纳，成为清初恢复盐政的中心思想。在这一政策下，莱州湾沿岸盐业渐得复兴。但在盐区分销制下，山东盐业生产尽管有巨大的优势和发展潜力，产量却难以获得大的提高。

尤其需要指出的是，利用地下卤水制盐与利用阳光完成取卤、成盐工序两项关键技术均源于今莱州湾沿岸一带，这些先进技术的运用与普及，至明朝时期，其他地区犹不及山东。据《盐法议略》记载，明末清初山东官台、王家冈等十盐场已全部采用晒制技术，而同时期两淮及其以南地区则仍处于“溜井”构造晒盐阶段，还落后于山东。道光年间，寿光盐区已彻底摒弃了前晒后煎法，完全采用晒盐法，盐由滩晒而成。《清盐法志》记官台场的晒盐方法“该场系择地开滩，或井或沟，形式不一，取水曝晒。若水咸卤浓，七八日即可成盐。”所产盐品的特点是“盐色次白，粒大小适中，其味厚”。基于生产技术的改进，清代中后期，官台场、王冈场、富国场逐渐发展成为莱州湾沿岸的连片盐场，其中乾隆年间兴建的“富国盐场”，是当时全国十二大盐场之一。光绪二十年（1894）以后，官台盐场发展迅速。至光绪二十七年（1901），官台场开辟新滩已达 348 副，年产量达 1.7 万吨，逐渐成为山东第一大盐场，寿光官台和潍坊寒亭固堤盐场也属山东前几位的大盐场。迨至民国时期，莱州湾海盐生产得到进一步发展，海盐生产跃居全国第一位。迨至近代，随着盐政变革、制盐技术发展和现代制盐企业的兴起，莱州湾沿岸盐业的资源优势及地域优势得以充分展现。民国 2 年（1913），山东设盐运使署，并辖有盐场 7 处，当年山东盐税收入 419 万元，占全国盐税收入的 22%。1933 年，山东产盐 937 万担，占全国产量的 21.6%，稳居全国首位。

新中国建立后，莱州湾沿岸盐业迎来新的发展时期。1957 年，莱州湾沿岸盐区成立了复滩委员会，重点复建寿光、昌邑和潍县的民营盐滩，采用民办公助的方式，复建了潍县泊子盐场，昌邑灶户盐场、利渔盐场等，新增面积达 5 680 公亩，新增产能 1.8 万吨。同时大力发展山东羊口盐场、菜央子盐场。至 1988 年，莱州湾盐区作为山东省海盐的主要产地，拥有 17 个盐场，盐田总面积约 400 平方千米，海盐生产量为 293.9 万吨。从技术装备水平、产品质量以及企业经济效益来看，在国内各盐区中均处于先进地位。2017 年，山东盐产量占全国的 1/3，是名副其实的盐业大省，而以莱州湾沿岸为代表的山东海盐，产量占全国海盐产量的 75%以上。

总之，潍坊作为海盐业的起源地之一，有“宿沙氏煮海为盐”的盐神传说，有三代的贡盐中心，又有商周时期的制盐中心，有国内规模最大的制盐遗址，还是最早实行食盐专卖政策的发源地。魏晋以降，伴随着中国古代经济人口重心的南移，山东盐业也经历了由全国制盐中心到区域制盐中心的转变，地位有所衰落，但莱州湾沿岸地区的盐业依然是中国古代民之所给、国之所仰的重要盐产区。时至现代，有“中国盐业看山东，而山东盐业则看潍坊”之说，这应是潍坊制盐中心的复兴。作为莱州湾产盐区的重要组成部分，莱州湾沿岸地区的盐业在盐业发展史上扮演了重要角色，在当代依然发挥着历史赋予她的光荣使命。

清代川盐边销视野下的井盐聚落演变研究

赵　逵　方婉婷[①]

摘　要：清代川盐边销的实施不仅大力推动了四川盐业经济，而且影响了井盐聚落的形成与发展。本文经过实地调研，结合大量历史地图和县志记载，首先从宏观角度建立了川盐边销与四川井盐聚落空间演变的关联性。其次从中观角度分析在销区范围因素作用下，井盐聚落整体重心偏移，呈现主要边销运输线路特点。最后从微观层面对聚落内部空间形态演变展开研究，以期为当代川渝聚落的可持续发展提供新思路。

关键词：川盐边销；盐运线路；聚落格局演变；聚落现状

清代四川井盐产区主要位于今四川省和重庆直辖市境内，以及川与鄂、湘、黔、滇、陇的交界地区，涵盖范围甚广，是我国古代最为重要的盐区之一（图 1）。在清代以前，川盐只局限在四川本地销售，清中期实行的川盐边销政策，扩大了川盐产销区至多个邻省区域，使四川盐业经济蓬勃兴起，盐产区快速发展、稳定，形成自身的特征，并延续至今成为当代川渝地区众多聚落发展的基础。

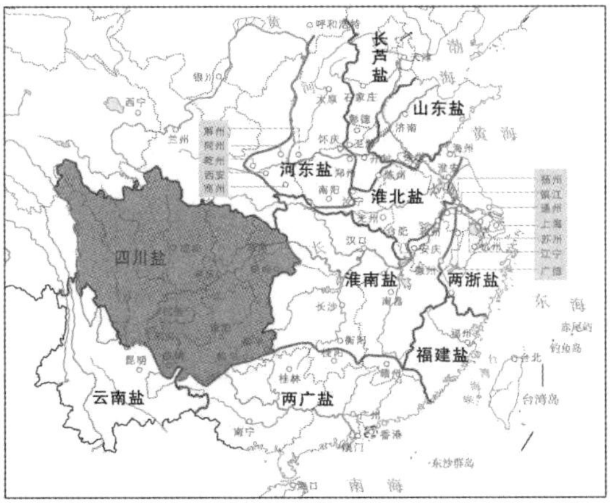

图 1　清代四川盐区分布
（底图来源：赵逵、张晓莉《中国古代盐道》）

① 作者简介：赵逵（1969—　），男，华中科技大学建筑与城市规划学院教授，博士生导师，主要从事建筑历史与遗产保护研究。
方婉婷，华中科技大学建筑与城市规划学院，硕士研究生。

一、川盐边销与井盐聚落演变的关联性

四川井盐聚落主要由盐业经济作用而形成，经济发展模式又由盐业政策决定。边销政策实施以前，四川井盐是自产自销的，产区分布范围有限，使井盐聚落自然环境、社会环境相对单一，所以发展得也极为缓慢。清中期川盐边销政策的正式颁布，再加上开国一直以来赋税减免的优待条件，不仅促使本地人重拾盐业，而且吸引了大批量的外省商人迁入四川经营盐业生意。

四川的井盐与沿海的晒盐不同，不仅要挖掘盐井，还要通过煎熬的方式出盐。又因盐井多在山区，需人力将制成的井盐背出产区销售，所需的人力远甚于沿海一带。盐业一旦发展，盐井激增，所需人力也大大增加。古人云“因利所以聚人，因人所以成邑”，人口增加了社会环境也变得复杂，为保证井盐生产和盐业各级人员生活的正常运转，井盐聚落自然需要扩张发展，并逐渐向法理社会转化。

二、清代川盐边销与主要运输线路

（一）边销政策与“济楚”——川盐产销区扩大

“销界制”——食盐销区的划分，是唐代盐专卖制实行后而生，各地军民只能按照规定食相应产区的盐。清代以前由于井盐的开采技术还不成熟而井盐供应不足，四川盐只在本地自产自销。明末清初，因长达数十年的战乱，四川地区的盐场惨遭破坏，富饶的井盐产区沦为战乱的“重灾区”，“盐场政务荒废已极”，“井圮灶废”，“百不存一”[①]，盐业经济遭到毁灭性打击。清政府为了使其恢复发展，鼓励自由运销，这就吸引了各邻省边界的商人来此。到清代乾隆年大臣姚棻提出产销区划分不合理的问题，比如鄂西地区例食淮盐，但食盐运输里程过远又不许从邻近盐区贩销，导致“穷民度日不给，无力买盐，致多淡食”[②]，所以经过各地督抚的商讨和朝廷的批准，将盐销区以距离远近正式重新划分，与前朝相比变化最大的便是四川盐区（表 1）。随着盐销区大幅度的扩张，盐井数量迅速恢复前朝数并反超，据史料记载，康熙五十九年到嘉庆十七年，犍为一地盐井数量就由 529 眼激增到 2 080 眼。

表 1　明清盐产销区

盐产区	明代盐销区	清代盐销区
长芦	北直隶、河南	直隶、河南
山东	山东、河南、南直隶	山东、河南、江苏、安徽

① 参见清代档案《顺治六年六月初二日巡按四川兼管盐法监察御史赵班玺题》。

② 参见雍正十一年四月十三日佛保奏《归州巴东盐引请改拨川省行销疏》。

续表

盐产区	明代盐销区	清代盐销区
两淮	南直隶、江西、湖广、河南	江苏、安徽、江西、湖北、湖南、河南
浙江	浙江、南直隶、江西	浙江、江苏、安徽、江西
广东	广东、广西、湖广	广东、广西、福建、江西、湖南、云南、贵州
福建	福建	福建、浙江
河东	山西、陕西、河南	山西、陕西、河南
陕甘	陕西、甘肃	陕西、甘肃
四川	四川	四川、湖南、湖北、贵州、云南、甘肃、西藏
云南	云南	云南
奉天	——	奉天、吉林、黑龙江

注：据《明史·食货四》《清史稿·食货四》绘制。

清代四川盐政史中还出现了“川盐济楚”这一重要措施，使四川的井盐业得到空前的发展。咸丰三年至同治三年的太平天国革命使得长江航路受阻，运销湖北省的淮盐阻滞，清政府因“川盐转运既易，成本亦轻”[①]准湖北省借销川盐，并且准许商民自行贩盐，不必由官借运。这样一来不仅解决了湖北吃盐的问题，私盐盛行的现象也大有改善，“湖北宜昌一带，未经兵乱以前，向为川私充斥……自咸丰初年设局收税，化私为官，商民称便，悉就范围”[②]。正是由于“川盐济楚”和“化私为官”的政策使得川盐源源不断地运往湖北市场，靠近湖北省边界的产盐聚落如大宁、云阳等因此愈加兴盛，四川的盐业经济重心更是往东部偏移。

（二）井盐聚落重心偏移

由明至清，随着产销区从本省扩展到周边邻省，以南边的贵州和东边的湖北为主要销地，四川的盐业经济重心不断向东南部偏移。贵州素不产盐，向来吃滇盐、川盐、淮盐和粤盐。而食川盐始于元代，在清代以前都是销量较低的，在正式划分了销界后，川盐行销黔省八府，占了贵州一大半的市场；而湖北同贵州类似，虽产盐但量少，根据之前的销界制只能食淮盐（但湖北多地私贩川盐），川盐边销政策和“川盐济楚”颁布后，湖北八州可以正当买卖川盐，鄂西一带的盐业生意彻底被川盐占据。川盐的大买家在东南两地，自然产盐地逐渐往东南方向发展，对比明代和清代的产盐地就能证实这一点（图 2）：由明至清代新增的 14 处产盐地，存在向四川盆地东部、南部倾斜的趋势。

---

① 丁宝桢：《〈四川盐法志〉整理校注》，曾凡英等校注，成都：西南交通大学出版社，2019 年，“咸丰三年奉上谕”。

② 李鸿章：《李文忠公全书》卷 15《川盐分成派销折》，《续修四库全书》，史部第 506 册，第 326 页。

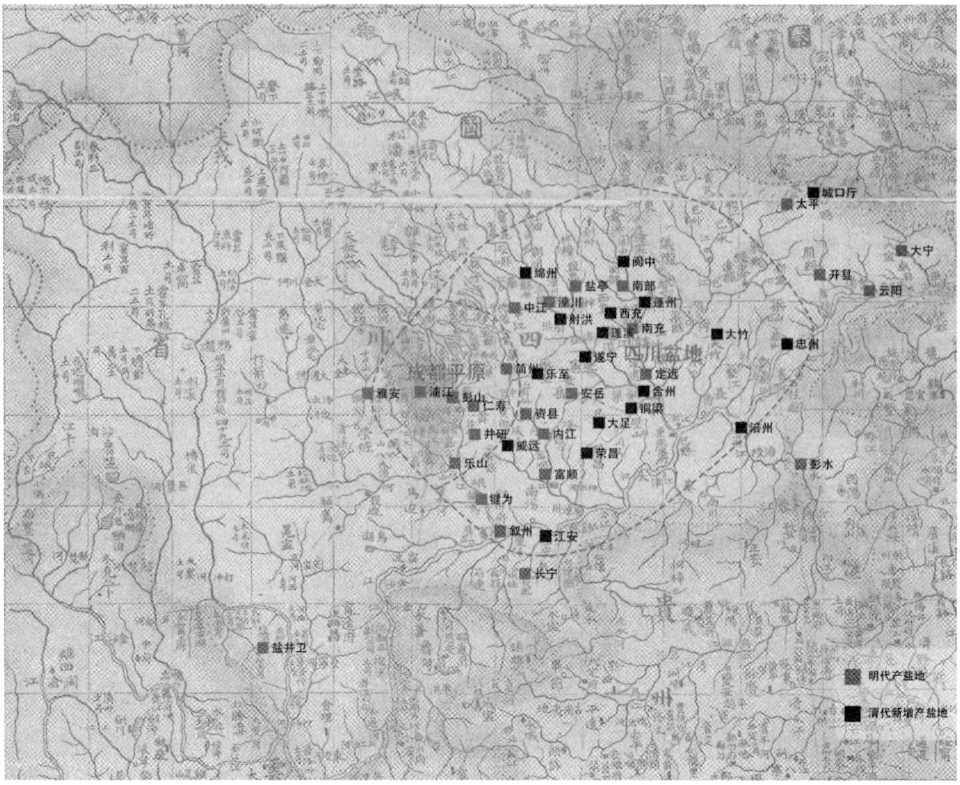

图 2　明清西南产盐地

（据《四川盐法志》绘制，底图来源:《1882 年大清十八省舆图》）

（三）川盐边销主要运输路线

清代川盐的运销由官府和盐商共同完成，官府负责由盐场发往提拔卡的盐，经提拔卡截验后，转为盐商运输，但官府明文规定，盐商只能按其制定的路线运送到规定的口岸行销，如不按规定执行则以私盐论处。所以根据民国初年编撰的《清史稿》内容，虽然显示清代川盐销区有湖南、湖北、贵州、云南、甘肃、西藏等地，但真正由官府规定的边销区只有湖北、云南、贵州这三省，可见《四川盐法志》中记载（图 3）。荣县、富顺、犍为、彭水、云阳和大宁这六场，负责供应销往这三省的盐，这些盐场在历史上一直是产盐重镇，所以盐产量供销本省之余还能边销外省。各盐场所产盐运往规定引岸，由引岸所设盐局检查无误后，方可将盐包入船只，顺水而下到各省边界，再利用鄂、滇、黔内部的主要水运河流进行转运分销。

（1）川鄂运输线路。湖北八州县（今鹤峰、宣恩、来凤、咸丰、利川等地）是川盐销楚的主要通道，采配于犍为、云阳、大宁和彭水四厂，除彭水因产盐少由盐商直接运输，其他三厂分别由官运至万县、云阳、巫山引岸转商发。由于古时长江三峡航运时断时续，运输川盐一般先横跨过长江进入湖北，再借鄂西内部的河水支流和群山峻岭，分销至八州县各地。

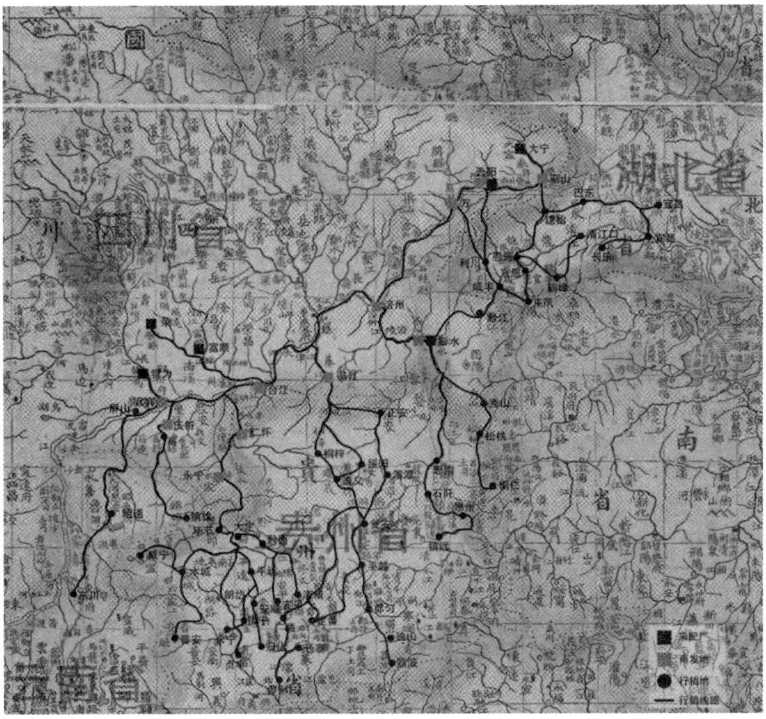

图 3　川盐鄂、滇、黔三省边销行盐线路

（据《四川盐法志・转运》绘制，底图来源:《1882 年大清十八省舆图》）

（2）川滇运输线路。云南本地自身产盐，且是与四川同类的井盐，但“一以盐拙故，一以改隶故”[①]云南还需借邻省盐。云南二府（东川、昭通）及一州（镇雄）是川盐销滇的主要通道，采配于犍为厂，在宜宾和南广引岸转商发。

（3）川黔运输线路。贵州向无盐，又因川盐销区几乎遍布贵州全省，所以其川盐采配于规模最大的犍为、富顺和荣县三厂。引岸也与其他两省不同，川黔运输线路上，有四大边岸，规模颇大：永岸（由纳溪转江，自叙永入黔）、仁岸（由合江转江，自仁怀厅入黔）、綦岸（由江津之江口转江，自綦江入黔）、涪岸（由涪转江，自酉阳之龚滩入黔），都设置在大江大河的岸口，以便更快速度将盐运往外省。

三、清代井盐聚落空间形态演变

川盐边销和“济楚”政策实施后，各地盐商资本踊跃转向产盐区，产区内聚落自给自足的平衡被打破，生活在这里的官吏和灶民需求变大，“盐商抓住这一商机投资土地、工业、商业等，在经济上形成一套完整体系”[②]，因而聚落内产区空间、管理空间、

① 丁宝桢:《〈四川盐法志〉整理校注》，曾凡英等校注，成都：西南交通大学出版社，2019 年，第 228 页。

② 罗筱元:《自流井王三畏堂兴亡纪要》，载《四川文史资料选辑》第 8 辑，中国人民政治协商会议四川省委员会、四川省省志编纂委员会编纂，1979 年，内部发行。

商业空间甚至祭祀空间紧邻并融合发展，以便获得最大的利益。在多功能空间互嵌后，因井盐聚落整体空间的位置关系不同，而形成不同的空间形态，但总体有以下特征。

（一）以生活区为聚落中心

四川井盐聚落的功能组成包括产盐区、管理区、祭祀区、商业居住组团等。其中产盐区是场镇主要功能片区，紧邻河流边，由人工开辟的大量盐井、一定数量的井架与灶舍组成；管理区为盐场中枢，位于中心位置，与商业居住组团以及祭祀区紧邻并融合成生活区。大致形成以生活区为中心，产盐区沿水系环绕的聚落内部格局。以富顺自流井小溪场和邓井关为例（图4、5）：

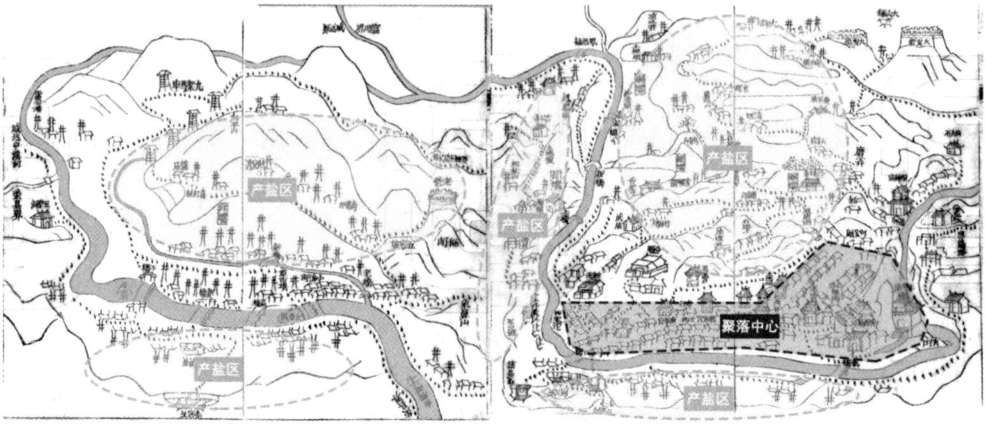

图4　自流井小溪场空间关系

（底图来源：清代《富顺县志》自流井小溪图考）

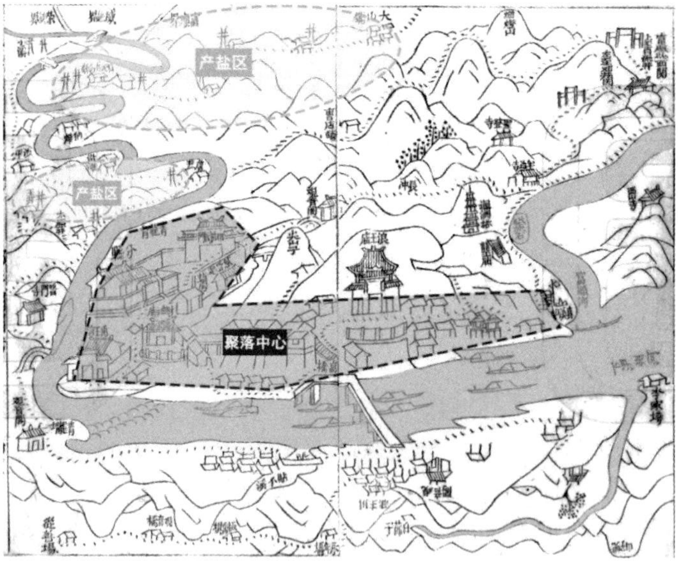

图5　邓井关空间关系

（底图来源：清代《富顺县志》“邓井关图考”）

（二）聚落中心以官署建筑为核心，商业街为线

聚落中心多沿水而建，商业街平行于河水称为“正街”，是聚落的主街道；官署建筑设于街头，是建筑组团的核心，包括分县、盐房等；寺庙、宫观沿街兴建，这些祭祀建筑与盐业相关，主要分为两类：一类是祈求风调雨顺，盐业生产顺利的浪王庙、禹王宫等庙宇建筑；一类是由外省盐业商人兴建的会馆建筑，以举办同乡活动之用，如万寿宫、南华宫等。以富顺自流井小溪场和邓井关为例（图 6、7）：

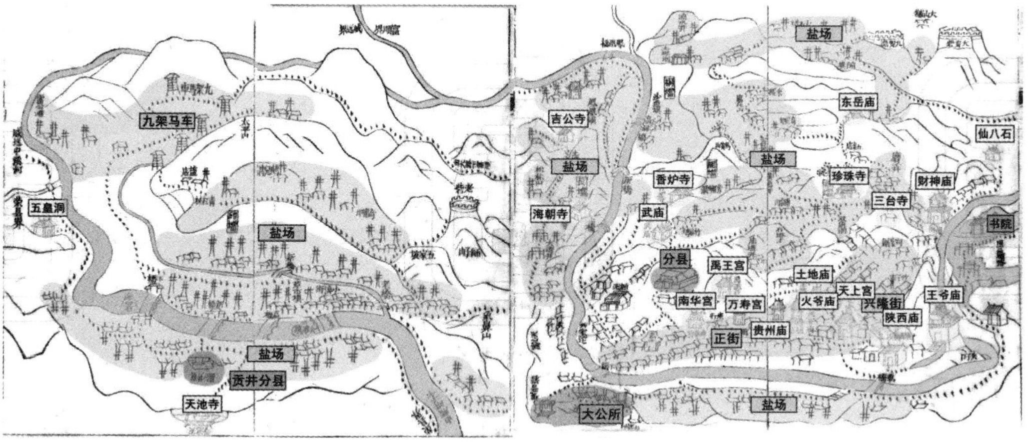

图 6　自流井小溪场功能分布

（底图来源：清代《富顺县志》“自流井小溪图考”）

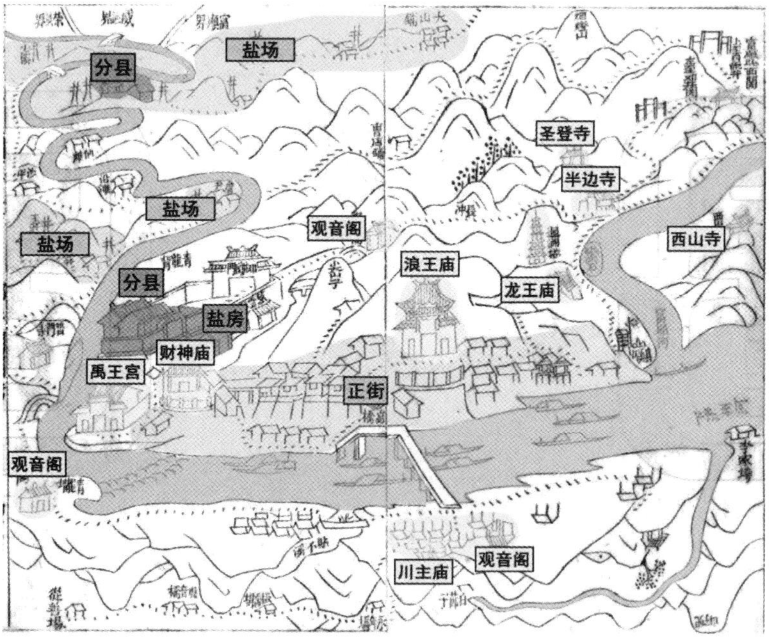

图 7　邓井关功能分布

（底图来源：清代《富顺县志》“邓井关图考”）

（三）外省盐商在聚落兴建

前文有写道，外省盐商靠在产盐区转卖盐赚取的利润富甲一方，同时还投资了不少土地资产，所以在盐场的历史地图中可以很容易找到盐商留下的印迹：陕西街、贵州庙、天后宫……（表2）

表2　井盐聚落内的外省盐商建筑

井厂	局部图	与外省盐商有关的建筑
大宁		陕西街 （陕西商人）
富顺		贵州庙、陕西庙、南华宫、万寿宫 （贵州、陕西、广东、江西商人）
犍为	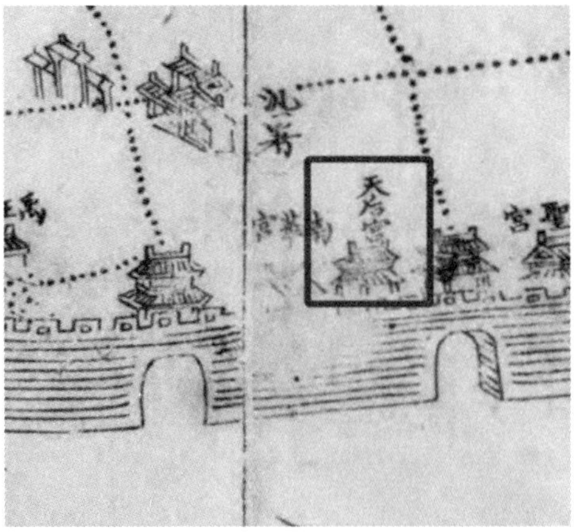	天后宫 （福建商人）

续表

井厂	局部图	与外省盐商有关的建筑
彭水	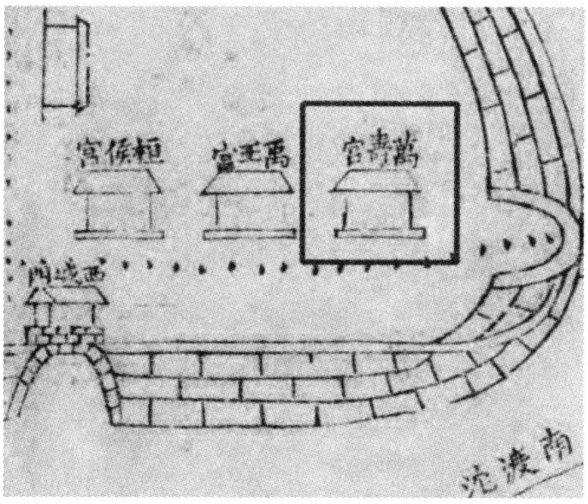	万寿宫（江西商人）

底图来源：《大宁县志》《富顺县志》《犍为县志》《彭水县志》。

除了投资兴建商业街、祭祀建筑，外省盐商对于当地教育也予以支持。民国《富顺县志》卷六记载："三台书院，在自流井，清同治年间井绅王余照等捐赀"。王余照是富顺有名的大盐商，家族是盐业世家"王三畏堂"，是从湖广麻城县迁来蜀地的。对照《自流井小溪图考》上的确有一间书院，而三台书院现在还有遗存（图 8）。除捐建学校以外，对学校捐资也是盐商支持教育的一种形式。光绪《补纂仁寿县志》卷三记载："何家场义学一所，每年束修薪水钱七十千文，在场斗称息内拨支。咸丰二年，盐商请每年捐佃租钱十千文作经费"，可以看到商学的建立与盐商关系密切。

图 8　古今三台书院
（底图来源：清代《富顺县志》"自流井小溪图考"）

四、井盐聚落现状及遗存

清代井盐聚落的形态布局和功能组成是为恢复和促进四川盐业生产而形成的，到了民国又因生产能力低下被裁并。部分盐场原有的产盐功能已不再被需要，旧盐场逐渐转化为产销服务、供往来人员居住贸易的商业集镇。在实地调研中，我们发现曾经的四川产盐地呈现出三种不同的情况：

其一是不再产盐且无遗存，消失在历史洪流之中。如云阳的云安古镇，建镇 1 700 多年，其凿井煮盐的历史可以追溯到 2 600 多年前，是三峡库区重要的盐业文化代表地之一，小镇之上，曾经宫殿会馆云集，盐业文化、地域文化、宗教文化在这里呈现多元化发展，形成了独具特色的“峡江古镇”，可惜随着长江水位的提高，被淹于江底。

其二是不再产盐，但有遗存，这些场镇虽已发展成现代化城镇，但仍保留有一些盐业遗迹、与盐业生产和运输有关的节会及民俗等。如以产盐而闻名天下的四川资中罗泉镇，其悠久的历史可追溯到秦代，至清朝时盐业开发已达到顶峰，民国以后就停止产盐，以白石开采为主业，但古镇完好地保存下来，其中的盐神庙是国内为数不多的保存下来的祭祀盐神建筑（图 9）。

图 9　罗泉古镇盐神庙
（图片来源：自摄）

其三是仍在产盐，这类场镇多是清晚期至民国仍持续生产的盐场，要么转型为工业化大量生产，要么成渐渐式微的民营传统制盐场。比如自贡富顺，现为“久大盐业”的三大产盐基地之一，现在仍存有西秦会馆（陕西盐商会馆，现为盐业博物馆）、王爷庙（船工行帮会馆）、桓侯宫（屠沽行帮会馆）以及众多的井架、盐井、古盐道等盐业遗存（图 10）。

图 10　自贡盐场现状
（图片来源：自摄）

虽然绝大多数盐场如今已经转变为现代化城镇，但不论是曾经的地理规划格局，还是街道建筑分布，或多或少有传承下来映射在今。现在的自流井区，釜溪河两岸的自流井老街和解放路，正是清代自流井小溪场内的正街和兴隆街演变而成；何家厂经几代更迭被改造成彩灯公园；陕西庙、王爷庙、张爷庙、三台书院、三台寺皆有遗存保留下来……（图 11）。

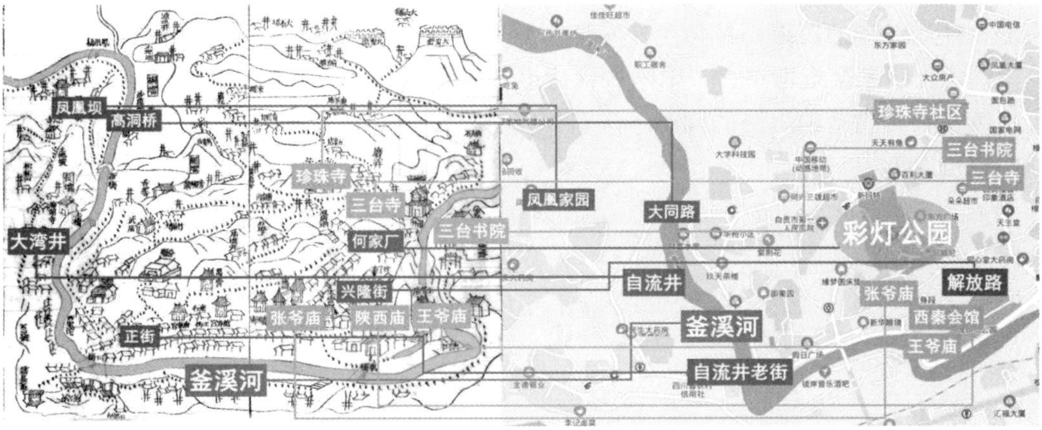

图 11　自流井小溪场古今对比
（底图来源：清代《富顺县志》“自流井小溪图考”、百度地图）

再比如现在的巫溪县溪口，延续清晚期大宁盐场的格局，两河交汇处群山环绕，曾经的王家滩盐场和盐厂房，作为第八批全国重点文物保护单位被保留下来；配套盐场水运建设的祭祀建筑——龙君庙和观音阁，同样保存完好；一些村坝像李家坝、麻柳树等，延续了原有的名字继续发展……（图 12）。

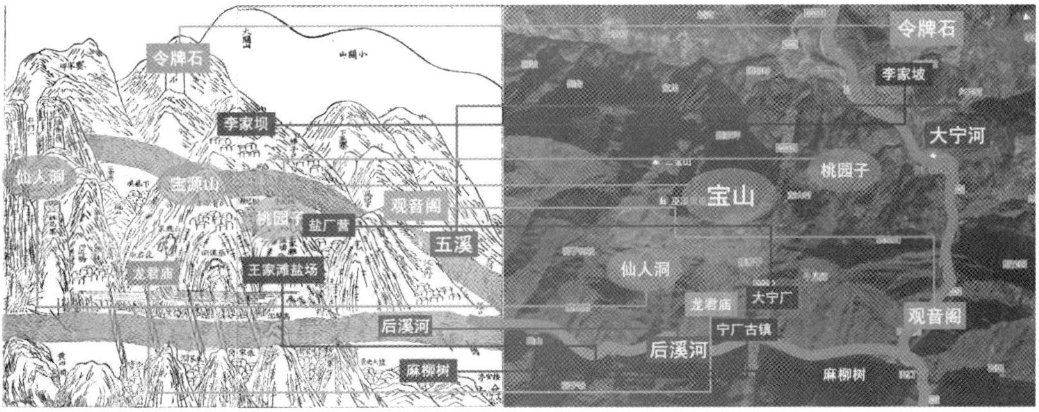

图 12　大宁盐场古今对比
（底图来源：清代《大宁县志》“盐场图”、百度地图）

五、结语

川盐边销政策下的清代四川井盐聚落格局、空间演变，是一种自上而下的外部干预式发展模式，由此形成的聚落格局成为现代四川部分聚落发展的基础；同时边销政策的实施对于四川与外省经济、文化交融起着至关重要的作用。只是随着历史的浪潮更迭，井盐经济的萎缩，井盐生产对四川聚落发展的决定性作用逐渐衰退。本文借助编写国家出版基金资助项目“中国古代盐道”，以期为当代井盐聚落体系的特色规划与可持续发展提供新的思路的同时，丰富四川传统聚落与建筑的内涵，为后续研究提供新的视角。

清代仪征的盐业与社会经济[①]

路　遥　叶　舒　宋桂杰[②]

摘　要：仪征位于大运河与长江北岸的交汇处，唐、宋年间它依托便利的交通地位，在经济上获得了很大的发展。明清时期，仪征的盐业在其经济结构中非常重要，它主要包括淮南食盐的掣盐以及与之对应的运输、存储制度等方面。但是清代仪征地区的经济过于依赖掣盐事务，也埋下了很大的隐患，一旦其有所变更，整个社会经济结构都会受到冲击，影响民众生计，容易引起社会的动荡。

关键词：仪征；盐业；社会；清代

目前学术界已经涌现出一批与古代仪征相关的研究成果，如朱季康的《论唐宋时期仪征交通的地位与价值》[③]、张勇的《"承上制下"与"从左转右"：北宋物资转输区域的互动——以东南地区为中心》[④]、高盛容的《两宋时代江淮地区的水上物资转输》[⑤]。这些文章都无一例外地都以漕运、盐业等为主要因素来剖析仪征经济发展的过程与状况。但是从其断代来说，研究的年代较为靠前，明清时期的研究较少，并且以仪征地区盐业为主要研究内容的更是少有。

实际上仪征地区的盐业在整个两淮盐业中占据了非常重要的位置，由薛平、朱宙宗等作者发表于《盐文化研究论丛》第二辑的《仪征十二坪调查考察纪实》，较早地关注到了仪征地区的盐业[⑥]。南京大学的夏强在《意图相济，实归掣肘——明代仪真掣盐

---

① 基金项目：教育部人文社会科学研究规划基金项目"场域理论视野下的江南佛寺空间演进及当代建构研究"（17YJAZH070）；2021 江苏省研究生科研创新计划资助项目"清代两淮盐业市镇研究——以仪征天池为例"（编号 KYCX21_3176）的阶段性成果。

② 作者简介：路遥（1997—　），男，江苏阜宁人，扬州大学社会发展学院硕士研究生，主要研究方向为清代两淮盐业。

叶舒（1992—　），男，扬州大学苏中发展研究院助理研究员，研究方向为中国近代史、交通及盐业史。

宋桂杰（1968—　），女，扬州大学苏中发展研究院教授，研究方向：传统建筑及文化、建筑遗产保护。

③ 朱季康：《论唐宋时期仪征交通的地位与价值》，载《扬州职业大学学报》，2016 年 3 月第 1 期，第 6-9 页。

④ 张勇：《"承上制下"与"从左转右"：北宋物资转输区域的互动——以东南地区为中心》，载《安徽史学》，2021 年第 1 期，第 135-141 页。

⑤ 高盛容：《两宋时代江淮地区的水上物资转输》，载《江苏社会科学》，2003 年第 1 期，第 192-197 页。

⑥ 薛平、朱宗宙、黄继林：《仪征十二圩调查考察纪实》，《盐文化研究论丛》（第二辑），2007 年第 7 期，第 114-120 页。

与京掣的纠葛》中对淮南掣盐制度进行了探究[①]。张鹏程在《近代两淮盐业市镇的因袭与变迁——以仪征十二圩为例》中从多个方面入手对清代后期以及民国年间的仪征十二圩的盐业市镇的发展做了深入的研究[②]。方晓伟的《仪征·天池·曹寅》，对清初仪征的盐业做了一定的介绍[③]。

上述学者们都对仪征地区的研究做出了贡献，然而明清时期的仪征在盐业史中的价值并没有被很好地发掘出来，依然存在很大的空缺。所以本文拟对清代的仪征地区的盐业与社会之间的关系做一个简单的研究，体现出在清代大的背景下，在盐政等制度的影响下的清代仪征地区社会的独特性。

一、仪征地区盐务的发展与管理机构的设置

两淮盐税自唐始就成为政府财政收入的重要来源，淮南食盐的转运则需要先借助于运河运至长江其他中下游地区[④]，唐代今仪征地区为白沙村，到宋代已为真州（初为建安军），成为当时重要的货物集散地。作为长江与运河的交汇处之一，其依托于食盐与其他运河上的贸易，在市镇经济上得到了很大的发展[⑤]。清代仪征地区的盐务主要就是食盐的掣验环节[⑥]。掣验就是指在食盐售往他省前，在仪征盐引批验所经过统一的检查，看有无多带的情况，如果有多带的食盐就要予以没收，并且处以罚金。同时经过掣验后的食盐才具有合法的地位，受到法律的保护，没有掣验过的食盐则大多是私盐，要受到政府的控制与打击。清代淮南食盐则只需在仪征掣验即可，每年运往其他省份的食盐都汇聚于仪征等待掣挚、装运，养活了一大批的码头工人，这些码头工人以及依靠盐业附生的贫民是当时仪征社会的最底层，经济的发展只是对他们的生活有了基本的保障，而一旦掣盐等盐务取消以后，他们的生计就无法得以保证，就会对社会治安等方面产生很大的影响。同时也有很多诗辞描述了仪征地区的作为运河市镇的独特风貌。

---

① 夏强：《意图相济，实归掣肘——明代仪真掣盐与京掣的纠葛》，载《安徽史学》，2019第3期，第20-30页。

② 张鹏程：《近代两淮盐业市镇的因袭与变迁——以仪征十二圩为例》，载《盐业史研究》，2020年第4期，第14-25页。

③ 方晓伟：《仪征·天池·曹寅》，载《曹雪芹研究》，2011第1期：第37-48页。

④ 郭正忠：《中国盐业史·古代编》，北京：人民出版社，1997年，第172-176页。

⑤ 详见张勇：《"承上制下"与"从左转右"：北宋物资转输区域的互动——以东南地区为中心》，《安徽史学》，2021年第1期，第135-141页；朱季康：《论唐宋时期仪征交通的地位与价值》，《扬州职业大学学报》，2016年3月第1期第20卷，第6-9页。

⑥ 清代仪征地区的掣盐共有两部分，一是桥掣，二是江掣。桥掣在先，桥掣完毕后，才能进行江掣，江掣既是明代之京掣，是淮南食盐出江售卖前最后一次掣验。详见陈锋：《清代食盐的运销体制》，《盐业史研究》，2014年第3期，第61-71页。

（一）仪征盐务的发展过程

早在唐代，仪征地区就已经有了盐务管理机构，宋元时期进一步发展，至明代其制度基本成熟[①]。而为何把盐掣这项重要的事物放在仪征，其便利的地理交通位置占据了主要的因素，仪征地处京杭大运河与长江北岸的交汇处，拥有便利的水运条件[②]，并且距离盐场较近。如宋明道三年，参知政事王随言淮盐五利“愿权听通商三五年，使商人入钱京师，又置折博务于扬子，使输钱及粟帛计直子盐一石，约售钱二千则一千五百万石可得缗钱三十万以资国用，一利也。江湖远近，皆食白盐，二利也。岁罢漕运縻费、水覆溺舟，人不陷邢劈，三利也。商人入钱可取以偿亭户，四利也。昔食漕盐舟可以漕米，五利也。”[③]今仪征地区即属于当时扬子范围，不仅对两淮以及仪征的经济发展有利，更是对国家财政、售卖食盐地区的民众有利。第一利中的置折博务于扬子，每年可得缗钱三十万，当是对政府与地方直接的经济利益。淮盐散于江、浙、荆、湖六路，都需要通过运河运往仪征，然后才能分运往他处，仪征地区依靠这样的有利地位，到了明清时期进一步的发展，盐法也逐步地完善。如道光《重修仪征县志》卷十五记载“既无边塞屯种之劳，亦无关支坐守之久，年运年销。而转输优裕，法至善也，诸凡例不尽载惟，即经历于仪者详之，见通商裕国，斯为重地焉[④]”，可见其在淮南盐业发展中的重要性。清代仪征地区的盐掣，亦对当地的经济的发展起到了积极的影响。盐掣即掣验盐引，清代的食盐掣验之法溯于明，抄录《道光仪征县志·盐法》：“明朝洪武年间诏商人屯种塞下，入粟给勘合，赴北户部倒文关，南户部给引支盐，至仪真批验所掣挚，上垣听商自行转运。”批验盐引所最早设置于元代，其制度本是宋代设置的沿江秤盘局与“批凿验引法”[⑤]，明代保留了这项制度，清代只是因袭明代之法。盐掣就是每年盐院在淮盐运往各省前，集中进行一次检查，以防商人私自夹带。按规定盐掣时，商盐从东边入秤，秤完后从西边出来。盐引即官方发放的载明食盐信息的单子[⑥]。每年盐掣，由盐院亲临开掣，检查有无多带，多一斤罚银一分。掣验完毕后，需堆贮在垣内后，盐掣官吏需截取盐引上的字脚，并且将之分成若干小包转运至船上，再将若干信息填注于盐引之上，从中间用绳子贯穿起来厚，送至仪征县查验盖印[⑦]。明

---

① 嘉庆《两淮盐法志》卷三十二《职官一：历代官制表》，同治九年扬州书局重刻影印本，扬州文库第1辑第33册，扬州：广陵书社，2015年，第652-657页。

② 道光《重修仪征县志》卷十《河渠志：水利》，光绪十六年影印本，扬州文库第一辑第18册，扬州：广陵书社，2015年，第127页。

③ 道光《重修仪征县志》卷十五《食货志：盐法》，光绪十六年影印本，扬州文库第一辑第18册，扬州：广陵书社，2015年，第185-186页。

④ 道光《重修仪征县志》卷十五《食货志：盐法》，光绪十六年影印本，扬州文库第一辑第18册，扬州：广陵书社，2015年，第186页。

⑤ 郭正忠：《宋代盐业经济史》，北京：人民出版社，1990年，第526-527页。

⑥ 道光《重修仪征县志》卷十五《食货志：盐法》，光绪十六年影印本，扬州文库第一辑第18册，扬州：广陵书社，2015年，第185页。

⑦ 道光《重修仪征县志》卷十五《食货志：盐法》，光绪十六年影印本，扬州文库第一辑第18册，扬州：广陵书社，2015年，第186页。

初是南京户部委司官处理盐掣事物，万历年间改为盐院统领，掣验之地最初设置于南京浦口，故名京掣，后因风浪导致盐船发生事故，产生了种种弊端，影响了盐业的正常发展，后对此法进行了改制，只是在名义上对京掣进行了保留①，改在仪征旧港掣挚②。明代的淮盐在进入长江运往他省前不仅要经受仪征的掣盐，还要奔赴南京再掣，所以称为京掣，因为清朝盐法承袭于明，并将京掣之名改为江掣③。

（二）盐务管理机构的设置

依据史料记载，仪征地区最早在唐代宗宝应年间就设置了巡院。当时此地名为白沙，宪宗元和年间于扬子（仪征）设盐铁留后④。宋初，此地为建安军，有盐仓，各地发运使将米转运至此后，回船可载食盐贩卖。后建安军为真州，天圣七年（1029）在此地设置转般仓接收淮南各地运来的食盐⑤。元代在此地设置有盐引批验所检查夹带，明代行钞法后，依然要到批验所进行掣挚，完毕后方能出江⑥。清朝设置在仪征的盐政管理机构为淮南批验盐引所，附属于盐院。因为设置在仪征，所以也称为仪所。仪所负责的主要任务就是掣验盐引，最初设置于元代，明代因袭之，清顺治年间复设⑦。

仪所的最高官员为盐掣同知，正五品，负责盐掣以及淮南盐引相关的政令，如准权衡割余斤，分拆引目，稽督报运，掣挚、秤盘、引目、切角等事务，养廉两千四百辆（乾隆元年即1736年题定），俸薪银八十两，此外还配有典吏二人⑧。盐掣同知原由通判一职改制，最初乃择其他府吏调任，事务完毕后归其原职，乾隆年间改通判为盐掣同知。仪所除盐掣同知外，另有淮南批验所大使一人，雍正六年，定为正八品，每年额支俸银四十两，负责协助盐掣同知（通判）掣挚等事务，有攒典一人，养廉银七百两⑨。除此外还有雍正十一年（1733）设置的子盐委员两位负责在黄泥滩、铁鹞子二

① 夏强：《意图相济，实归掣肘——明代仪真掣盐与京掣的纠葛》，载《安徽史学》，2019年第3期，第20-30页。

② 道光《重修仪征县志》卷十五《食货志：盐法》，光绪十六年影印本，扬州文库第一辑第18册，扬州：广陵书社，2015年，第186页。

③ 道光《重修仪征县志》卷十五《食货志：盐法》，光绪十六年影印本，扬州文库第一辑第18册，扬州：广陵书社，2015年，第186页。

④ 道光《重修仪征县志》卷十五《食货志：盐法》，光绪十六年影印本，扬州文库第一辑第18册，扬州：广陵书社，2015年，第186页。

⑤ 道光《重修仪征县志》卷十五《食货志：盐法》，光绪十六年影印本，扬州文库第一辑第18册，扬州：广陵书社，2015年，第186页。

⑥ 道光《重修仪征县志》卷十五《食货志：盐法》，光绪十六年影印本，扬州文库第一辑第18册，扬州：广陵书社，2015年，第186页。

⑦ 嘉庆《两淮盐法志》卷三十二《职官一：历代官制表》，同治九年扬州书局重刻影印本，扬州文库第1辑第33册，扬州：广陵书社，2015年，第652-657页。

⑧ 嘉庆《两淮盐法志》卷三十二《职官一：官制》，同治九年扬州书局重刻影印本，扬州文库第1辑第33册，扬州：广陵书社，2015年，第664页。

⑨ 嘉庆《两淮盐法志》卷三十二《职官一：官制》，同治九年扬州书局重刻影印本，扬州文库第1辑第33册，扬州：广陵书社，2015年，第664页。

处关卡盘查夹带等事务，也要协助大使处理盐掣等事务，其工作繁琐且重要[①]。乾隆五年时，子盐委员止设一人。同年，因为商人引盐入垣时，常有百姓破坏以牟私利，所以其自愿捐钱为朝廷委派来管理的专员的薪水、巡役、工食之费。请求与仪水衙门添设巡役十二名，木管委员设立巡役十二名[②]。仪征县典史设立巡役四名，每名月给工食银一两二钱。又在盐所至垣沿途设立代巡人役十六名，每人月给工食银七钱五分，仪所督巡薪水每年三百两，房租银四十八两，仪征县典史，每年贩食银一百二十两，由各商在订封引目时交纳所官，得到了当地管理者的认可[③]。

二、盐业与仪征地区的社会经济

（一）盐业对社会的渗透

每年都有大量的食盐经过仪所的掣验，来往的商旅对仪征的经济发展起到了很大的促进作用。同时还为仪征社会带来了一些其他的利益，《道光仪征县志·盐法》有载：

> 每年过所盐斤多达一百三十四万引，居民皆籍抛洒泥盐食用，贫赖小民又赖扫盐资生，今若同高宝等州县。行运食引皆抛撒泥盐，无从销售，必致透漏私贩，即每年所获功绩盐斤，亦难售价，该县烟户每年需盐九十万斤，应将秤掣、拆包、剥运等处贫难男妇所扫泥盐分设商店收买，并同功绩盐一例售食，已免行引。嗣经覆部令将做和收买，作何同功绩盐店一例销售，并有无完课之处。[④]

每年过所的盐引达到了一百三十四万引，周围的居民会收集那些抛洒的泥盐，并且在秤掣、拆包、剥运等处的贫困民户又依赖于扫地上的泥盐以谋生，然而这种现象不仅仅只是在仪征地区才有的，高邮、宝应等州县亦相类似的情况，说明在淮南地区这种情况是普遍存在的，也证明了当时贫困百姓生活的艰难，一旦失去了与盐业相关的活动，他们的生活就会受到影响。食盐在运输中，皆抛洒泥盐，这些被抛下的泥盐，无处销售，必然会影响正常的盐业市场。而当时仪征的烟户每年需要盐九十万斤，为了防止这些泥盐被私贩，盐法被破坏，官方便设商店收买那些被收集起来的泥盐，与功绩盐一起售卖给那些烟户，既增加了小民的收入，也保护了盐法，也为官府增加了

① 嘉庆《两淮盐法志》卷三十二《职官一：官制》，同治九年扬州书局重刻影印本，扬州文库第1辑第33册，扬州：广陵书社，2015年，第664页。

② 道光《重修仪征县志》卷十五《食货志：盐法》，光绪十六年影印本，扬州文库第一辑第18册，扬州：广陵书社，2015年，第190页。

③ 道光《重修仪征县志》卷十五《食货志：盐法》，光绪十六年影印本，扬州文库第一辑第18册，扬州：广陵书社，2015年，第190页。

④ 道光《重修仪征县志》卷十五《食货志：盐法》，光绪十六年影印本，扬州文库第一辑第册，扬州：广陵书社，2015年，第188页。

税收。复旦大学学者吴海波的《清中叶两淮私盐与地方社会——以湖广、江西为中心》一文中，对这些贫困人民以及其他依靠盐业与漕运为生的人进行了仔细的研究，论述了他们一旦生活得不到保障，就可能会加入到贩卖私盐的活动中，有些甚至成为盐枭[①]。

此外还有一些性质较为恶劣的，例如《重修仪征县志·盐法》有载：

> 乾隆五年二月，运使徐大枚议详总商黄仁德等公禀引盐过所，入垣所经之地多有男、妇借扫盐为名，三五成群。或勾串贡夫，扯破包所，任意爬抢，所有商厮巡查而彼众此寡，防范维艰，恳委专员干役在所，前所后巡逻拿治各商，每引愿捐市平银一厘二毫。以为委员薪水、巡役、工食之费。请于仪水衙门添设巡役十二名，木关委员设立巡役十二名。仪征县典史设立巡役四名。每名月给工食银一两二钱，又引盐自所至垣沿途设立代巡人役十六每名月给工食银七钱五分，仪所督巡薪水银每年三百两，房租银四十八两，仪征县典史，每年贩食银一百二十两，各商于订封引目时交纳所官。[②]

虽然总商黄仁德在禀引盐过所时，带了商厮巡查，但是彼众我寡，防范维艰，其所带食盐，依然免不了受到盐垣周围百姓的哄抢，这一则消息，说明了百姓哄抢食盐并不是单个现象，而是普遍现象，不光参与的人数多，而且很多是事先组织好的，有预谋的。其共请求设置巡役 44 名，于仪水衙门设置 12 名，于木关委员设置 12 名，另有县典史 4 名，盐所至垣途中设置 16 名。设立的巡役人数众多，主要分布在三个地方：仪水衙门、木关委员、仪所至盐垣途中。这三个地方设置如此多的巡役，说明这三个地方皆有上述情况发生，商人的利益受到了很大的侵犯，所以其愿意每年花费 1 115 两 2 钱来维系自身的利益，从花费如此之大的代价中亦可以证明其利益遭受到了不小的损失。而由众商筹集，也可以看出遭受利益损失的盐商数量也不在少数。

（二）社会上的盐枭

盐枭就是走私私盐人当中较为枭勇的，其会影响到国家的财政收入，破坏盐法的实行，更会对社会治安有很大的影响。清代盐枭杀人越货的事情屡屡发生，故历朝历代对私盐的打击力度较大，抓住后判处的刑法也较重，仅次于强盗、奸淫等重罪[③]。而由于走私食盐利润较大，加上官府稽查不力，依然有很多人为之铤而走险，因而食盐走私在清朝是较为普遍的事情[④]，走私食盐不仅仅只是盐枭所为，牵扯到非常广泛的利益面。盐枭只是属于其中性质较为恶劣严重的。每年经过长江将漕粮送至仪征与瓜州

---

① 吴海波：《清中叶两淮私盐与地方社会——以湖广、江西为中心》，复旦大学，博士学位论文，2007 年。

② 道光《重修仪征县志》卷十五《食货志：盐法》，光绪十六年影印本，扬州文库第一辑第 18 册，扬州：广陵书社，2015 年，第 190 页。

③ 陈志武等：《新史学（第 12 卷）：量化史学专辑》，北京：社会科学文献出版社，2020 年，第 104 页。

④ 倪玉平：《清朝道光黄玉林私盐案研究》，载《安徽史学》，2005 第 1 期，第 67-72 页。

二处的粮船足有六七千艘，他们在回船时会偷偷夹带私盐，每年有数十万引[①]，可以说私盐的规模巨大，更有学者提出清朝百姓所食之盐，有一半为私盐[②]。这些行为对盐法的践行，漕粮的运输都受到了很大的影响，直接影响到了国家的经济利益。

仪征地区为了打击私盐，在南黄泥潭、铁鹞子等处都设置了巡役与巡船[③]，盘查食盐的数量是否与票数相符合，数目相符合才能放行。而在打击私盐中，最著名的案件要数道光年间的黄玉林案了。抄录道光《重修仪征县志·盐法》有载：

> 道光十年八月初八日奉上谕陶澍日奉奏两淮鹾务投首，各犯辨理情形一折仪征盐枭黄置。倘再有心招致，日积日多，又将如何安插。黄玉林一犯本有应发原配流罪，其伙犯伍步云等八名随同贩私不记次数、斤数，亦有应得之罪。已准令指引缉私，即能拿获巨擘积枭，官引得以畅销。亦可宽其既往，不能冀幸格外恩施。即入伍，食粮亦断不准行。如但图苟免，不能立功自赎，仍当从重加等治罪。陶澍等务当随时体察筹计万全，断不可迁就一时，遇有投首者滥行收纳，使奸徒无所敬畏。倘辨理未能安协于盐务。既无裨益，转致养口贻害，别滋事端，陶澍等自问当何咎，凛之，慎之。[④]

因为黄玉林是主动投案，而且当时盐务凋敝，黄玉林本身陶澍便允许其为朝廷效力，如果其可以引缉私犯，戴罪立功，便对其罪行可以宽免，若其只是勾图安稳的话，便另当别论。黄玉林在投案后，安静守法，并且积极配合官府，抓捕了盐枭李玉良等十余人，这些人里也有主动投案的。这些人有的被编入巡役，有的被投入至军营保甲中。但是道光皇帝却对此时另有看法，其认为除了黄玉林等人外，其余的人不应招致太多，不能为一时的权宜之计，而对其从宽，滥收枭徒的方式也表示否定，希望其谨慎处理。后来黄玉林果然又重操旧业，清廷于九月十八日将其正法[⑤]，对当地如回侉等犯罪团伙都有了很大的冲击，但是走私食盐的高额利润，依然会诱使其他盐枭铤而走险。[⑥]

（三）盐业对社会经济的影响

盐掣、盐运不光给仪征的百姓带来一定的经济效益，更有很多的码头工人依赖此就业谋生。

---

① 道光《重修仪征县志》卷十五《食货志：盐法》，光绪十六年影印本，扬州文库第一辑第18册，扬州：广陵书社，2015年，第188页。

② 左伯富：《清代盐政之研究》，载《盐业史研究》，1994年第4期，第16-21页。

③ 道光《重修仪征县志》卷十五《食货志：盐法》，光绪十六年影印本，扬州文库第一辑第18册，扬州：广陵书社，2015年，第193页。

④ 道光《重修仪征县志》卷十五《食货志：盐法》，光绪十六年影印本，扬州文库第一辑第18册，扬州：广陵书社，2015年，第193-194页。

⑤ 道光《重修仪征县志》卷十五《食货志：盐法》，光绪十六年影印本，扬州文库第一辑第18册，扬州：广陵书社，2015年，第194页。

⑥ 倪玉平：《清朝道光黄玉林私盐案研究》，载《安徽史学》，2005年第1期，第67-72页。

道光十年十二月二十日奉上谕本日据史至俨、吴椿并御史卞士云奏接到仪征县绅士公信据称向来淮南纲食引盐，俱归仪征掣捆，数万夫役得受备资以数日，因闻有盐课改归场之议，夫役人等恐嗣后掣捆不归，仪征顿失生计，约会千数百人赴县奔诉。[①]

引自道光《重修仪征县志》的这段材料记载了道光十年间，原在仪征依靠掣捆食盐做工的工人们，在听说仪征地区可能今后没有捆掣食盐的事项后，担心他们的生计，故约会数千人到县里面奔诉，而工人的数量有数万名之多，当地士绅见此状便上书朝廷。可见当时仪征作为食盐运转之所的热闹与重要，捆掣制度不仅仅承担着国家的经济效益，亦要考虑到那些依靠于盐业的百姓的就业问题。此事事关重大，惊动到了道光皇帝，遂派出王鼎前往江南省，与陶澍一起处理这项事务。并且道光在听闻此则消息后，表示如果改制确实有益的话，无须因为百姓的阻挠而放弃[②]。但是也不能因此而断送了百姓的食路，负责此事的官员们应该视具体情况后，再下定议[③]。盐课的收入对于朝廷来说极为重要，但是数万夫役亦可能会因此失业，对当地的社会治安造成很大的影响，体现出当时道光皇帝心中复杂矛盾的心理，也是他优柔寡断的体现。

淮南食盐向来在仪征捆掣，从道光十年（1830）四月开始，过仪征批验所的食盐甚少，数万依此为生的夫役生活已经较为窘迫了，在十一月听到传闻钦差大使议定将在仪征的盐务转改为在盐场，盐商们亦只需在场缴纳税课即可[④]。夫役们担心生计会因此受到影响，便在街上大声呼叫，千数百人奔赴于县堂，齐声讨命。对当时的治安与市场的正常营业找成了很大的困扰，商铺因此而关闭，日用的货物也因此而不得流通。仪征县令与王鼎再三劝诫，奈何民众人数众多哭天撼地，收效甚微。王鼎亦体察到了民情之艰苦，在其赴省前，哭送他的人有四五千人之多。面对数量如此多的即将失去生业苦力役夫，王鼎也不忍潸然泪下。仪征地区在道光十年是有人丁三十万多，单纯以种地为生的人户不及十分之三四，其余皆在不同程度上依赖掣捆，引盐等盐务事业为生以及运河上其他的贸易[⑤]。如果改为就场沽买的话，这些依赖于盐业为生的百姓顿失生计，对其生活是巨大的打击，况且周围有回侉，盐枭等帮会团伙，那些役夫很有可能加入其中，会引起更大的祸乱[⑥]。而盐法的改革并不仅局限于一处，引道光仪征县志：

① 道光《重修仪征县志》卷十五《食货志：盐法》，光绪十六年影印本，扬州文库第一辑第18册，扬州：广陵书社，2015年，第190-191页。

② 道光《重修仪征县志》，卷十五《食货志：盐法》，光绪十六年影印本，扬州文库第一辑第18册，扬州：广陵书社，2015年，第190-191页。

③ 道光《重修仪征县志》卷十五《食货志：盐法》，光绪十六年影印本，扬州文库第一辑第18册，扬州：广陵书社，2015年，第191页。

④ 道光《重修仪征县志》卷十五《食货志：盐法》，光绪十六年影印本，扬州文库第一辑第18册，扬州：广陵书社，2015年，第191页。

⑤ 道光《重修仪征县志》卷十五《食货志：盐法》，光绪十六年影印本，扬州文库第一辑第18册，扬州：广陵书社，2015年，第191页。

⑥ 道光《重修仪征县志》卷十五《食货志：盐法》，光绪十六年影印本，扬州文库第一辑第18册，扬州：广陵书社，2015年，第191页。

> 国家立法迄今几二百年，一旦骤议更张，事关重大非常，之原黎民百姓所惧仪征一邑，尤为切近之区，公恳先生大人仁怀垂念，得以上达。宸听为乡党，即为百姓，为百姓即为朝廷，总期淮海亿万苍生获保身家性命。①

可见此事不仅系仪征，其他郡县也都会因此而受到冲击。最后此事亦因为波及太大而作罢，淮南盐亦掣于仪征，太平军兵乱后，旧天池码头已荒废，便于仪征十二圩地复掣，直至民国②。

三、结论

特殊的盐漕政策加上优越的地理条件，使得仪征地区的经济得以繁荣，可以说仪征地区的经济发展离不开盐业。从唐代在白沙设置的巡院至元明清三代的掣验所，这些机构的设置的起因都有打击私盐的目的，可以说仪征地区的私盐的问题伴随着该地盐业发展的始末。但是过于依赖政策的同时也产生了很多的负面效果。当有很多百姓过于依赖盐业所带来的工作与其附带的效益时，政策一旦取消与变更都会对其生计产生极大的影响，甚至引发社会的动荡。道光年间的聚众事件就是一个生动的例子。

而盐法的败坏与贩卖私盐的高额利润使得此地区汇聚了一批盐枭团伙，这些团伙具有不稳定性、流动性、复杂性，时叛时降，对治安是莫大的隐患，也同样危害了清朝国家的经济利益。而官府对其只是招安，并未实施严厉的惩处，证明盐法败坏的程度之深，使得清廷在各方面都面临着很大的压力，不然也不会利用盐枭充任巡役。而仪征大量依靠盐业的的工人与商人，一旦失去了与之相捆绑的工作，亦有可能加入其中，成为盐枭的成员，这样下去容易形成一个恶性的循环，因为当私盐与盐枭越多时，官盐的成本愈大，价格就愈高，私盐则与其相反。而私盐问题的根本在于不合理的行盐制度与民众日常需要之中的矛盾，只有使得行盐的制度满足了百姓的日常需求与经济的发展规律，才能使得盐业真正造福于社会。

◇参考文献◇

[1] 佶山．嘉庆《两淮盐法志》[M]．扬州：广陵书社，2015．

[2] 王检心．道光《重修仪征县志》[M]．扬州：广陵书社，2015．

[3] 郭正忠．中国盐业史．古代编[M]．北京：人民出版社，1997：172-176．

---

① 道光《重修仪征县志》卷十五《食货志：盐法》，光绪十六年影印本，扬州文库第一辑第 18 册，扬州：广陵书社，2015 年，第 191 页。

② 张鹏程：《近代两淮盐业市镇的因袭与变迁 .以仪征十二圩为例》，载《盐业史研究》，2020 年第 4 期，第 14-25 页。

[4] 郭正忠. 宋代盐业经济史[M]. 北京：人民出版社，1990：526-527.
[5] 陈志武等. 新史学：量化史学专辑[M]. 北京：社会科学文献出版社，2020：104.
[6] 朱季康. 论唐宋时期仪征交通的地位与价值[J]. 扬州职业大学学报，2016（1）：6-9.
[7] 张勇. “承上制下”与“从左转右”：北宋物资转输区域的互动——以东南地区为中心[J]. 安徽史学，2021（1）：135-141.
[8] 高盛容. 两宋时代江淮地区的水上物资转输[J]. 江苏社会科学，2003（1）：192-197.
[9] 夏强. 意图相济，实归掣肘——明代仪真掣盐与京掣的纠葛[J]. 安徽史学，2019（3）：20-30.
[10] 张鹏程. 近代两淮盐业市镇的因袭与变迁. 以仪征十二圩为例[J]，盐业史研究，2020（4）：14-25.
[11] 陈锋. 清代食盐的运销体制[J]. 盐业史研究，2014（3）：61-71.
[12] 方晓伟. 仪征·天池·曹寅[J]. 曹雪芹研究，2011（1）：37-48.
[13] 吴海波. 清中叶两淮私盐与地方社会——以湖广、江西为中心[D]，上海：复旦大学，2007.
[14] 倪玉平. 清朝道光黄玉林私盐案研究[J]. 安徽史学，2005（1）：67-72.
[15] 左伯富. 清代盐政之研究[J]. 盐业史研究，1994（4）：16-21.

盐政·盐务·盐法

川黔古盐道会馆治理研究①

李　浩　李林照　黎弘毅②

摘　要： 川黔古盐道是西南地区重要的古官道商路，不仅是川盐入黔、销黔重要通道，而且是西南地区极具重要意义的政治、经济、文化、民族融合通道。川黔古盐道沿线城镇曾修建了许多会馆。这些会馆不仅是重要的历史建筑物，而且代表一种特殊的社会组织。古盐道沿线的会馆有一定的组织体系，曾对当时地方政治管理、社会稳定、经济发展、民族融合乃至文化交流等发挥了重要的社会治理功能。探讨会馆组织体系、特点、功能等问题，能为当今一些地方社会组织开展社会治理工作提供有益启迪，为当前破解基层治理困境乃至推动和谐社会的构建提供历史经验教训。

关键词： 会馆；分布；治理；特点

川黔古盐道是西南地区重要的古官道商路，其中千里乌江的古盐道堪称“西南丝绸之路”。该古盐道不仅是川盐入黔、销黔重要通道，而且是西南地区极具重要意义的政治、经济、文化、民族融合通道，对西南地区政治国家化内地化、经济近代化、文化多样化、民族融合加强等多方面具有重要作用。

川黔古盐道首先是一条商道，是商品流通之道。随着商品经济发展，会馆逐渐出现与发展，这些会馆见证了川黔古盐道的兴衰。盐道上商人往来频繁，他们成为盐道沿线地区的主导者、甚至主宰者。这些商人如何在古盐道的异乡进行经营、管理和发展的？会馆是历史上商埠中同乡人或同业者在异乡城市所建立的建筑，是同乡官绅商民停留聚会、议事、休闲乃至祭祀的场所。会馆同时又是同乡或同业者的组织，是协调内部关系乃至推进业务、参与异乡社会乃至融入异乡社会等方面的社会性团体，具有强烈的地缘关系和业源关系。

川黔古盐道对川黔乃至西南、全国的经济、政治、军事、文化、民族的发展均大

① 基金项目：本文是国家社科基金项目“川黔古盐道与西南地区经济社会发展研究（编号：15XZS025）”的阶段性研究成果之一。

② 作者简介：李浩（1976—　），男，汉族，湖南隆回人，史学博士，贵州民族大学民族学与历史学学院教授，博士生导师，研究方向：中国近现代史、民族历史研究。

李林照，男，贵州民族大学民族学与历史学学院 2017 级中国少数民族史硕士研究生。

黎弘毅，男，贵州民族大学民族学与历史学学院 2018 级中国少数民族史硕士研究生。

有裨益。但是关于川黔古盐道的研究到目前为止，还未引起学界的高度关注和重视，更未有整体系统研究、深层次研究川黔古盐道会馆的成果。随着城镇化、工业化、现代化的快速发展，大部分会馆已经损毁，进行川黔古盐道会馆研究具有重要的理论价值和现实意义。

一、川黔古盐道会馆的分布

川黔盐道是川盐古道中的一条重要路线，是盐业贸易的重要通道，是川盐入黔、销黔的历史见证。盐道沿线形成了一个个城镇，一个个商会亦随之出现。在川黔古盐道沿线地区，商人们修建了许多会馆。川黔盐道主要有仁边古盐道、涪边古盐道、綦边古盐道、永边古盐道。每条古盐道沿线都分布有会馆，它们总的情况大体相同。下文具体以仁边古盐道和涪边古盐道的会馆情况为例予以说明。

（一）仁边古盐道沿线会馆分布情况

仁边古盐道发展促进了人口流动，此对仁怀直隶厅会馆的发展起巨大推动作用。在人口流动频繁的古盐道城镇形成了同乡人管理组织即会馆。道光《仁怀直隶厅志》卷六记载了忠烈庙、万寿宫、禹王宫、天后宫、南华宫、海灵宫等不同地方的会馆，据统计在仁怀直隶厅发展最鼎盛时期就有“九宫十八庙”[①]。这些会馆沿仁边古盐道分布，如前所述仁怀直隶厅就有忠烈庙、万寿宫、天后宫、南华宫、海灵宫等。再如旧仁怀（即今赤水市复兴镇）就有禹王宫、关帝庙、万寿宫等会馆；猿猴镇有万寿宫；土城有关帝庙、万寿宫等会馆；旺隆有万寿宫、五皇宫、惠民宫等。这些宫庙多是盐商提议修建或者作为主要出资人修建的。

表1　川黔仁边古盐道会馆分布及数量

县份	湖广会馆	江西会馆	广东会馆	福建会馆	秦晋会馆	四川会馆	资料出处
合江	8	5	7	3	0	0	民国《合江县志》
遵义	0	2	0	1	0	2	郑珍，道光《遵义府志》卷八，遵义市志编纂委员会办公室，1986年
仁怀	1	1	0	0	1	0	郑珍，道光《遵义府志》卷八，遵义市志编纂委员会办公室，1986年
大定（今大方）	1	1	0	1	1	1	民国《大定县志》卷六
黔西	1	1	0	0	0	1	光绪《黔西州志》卷三

① 李浩、刘媛：《川黔仁边古盐道会馆研究》，《贵州民族研究》，2018年第11期，第175页。

续表

县份	湖广会馆	江西会馆	广东会馆	福建会馆	秦晋会馆	四川会馆	资料出处
贵阳	2	3	0	0	0	4	道光《贵阳府志》卷三十四、四十一
平远	1	1	0	0	0	1	乾隆《平远州志》卷十三
息烽	0	1	0	0	1	5	民国《息烽县志》卷三
定番	1	0	0	0	0	1	道光《贵阳府志》卷三十四、四十一
广顺	3	0	0	0	0	1	道光《贵阳府志》卷三十四、四十一
龙里	0	1	0	0	0	0	道光《贵阳府志》卷三十四、四十一
贵定	1	2	0	0	0	2	道光《贵阳府志》卷三十四、四十一
仁怀直隶厅（今赤水）	3	6	1	2	3	1	道光《仁怀直隶厅志》卷六
安顺	0	1	0	1	0	0	咸丰《安顺府志》卷十八
平坝	0	1	0	0	1	1	民国《平坝县志》
合计	22	26	8	8	7	20	

由表1可知，仁边古盐道上的会馆共达89个，其中江西会馆多达26个，壶关会馆22个、四川会馆20个，这三类会馆共69个，占该地区会馆总数70%以上。遗憾的是，因各种原因，古道沿线上的大多数会馆已经毁坏。

仁边古盐道上的典型会馆①如下：

（1）江西会馆。又称万寿宫，原址位于南正街北段（现为赤水市博物馆）。最早建于清代康熙三十二年（1693）。②

（2）两湖会馆。原址位于万寿宫北侧，是湖南、湖北两省级同乡人修建。馆内供奉古代治水功臣夏禹王，每年的正月十八日举行祭祀，六月六日举行同乡会，因此又称作禹王宫。③

（3）福建会馆。位于东门城内，与川会馆、洞阳宫左右相邻，始建于清代，是旅居赤水的福建人集资修建，内供奉祭祀清代加封为“天后娘娘”的宋代闽省浦田人林姑，传说她是得道而殁后显灵海上，曾救助无数遇险船只和船员生命，因此又称天后宫。④

（4）广东会馆。原址在今红十字医院后侧，始建于清代，是广东籍人集资修建，供奉和祭祀唐代佛教禅宗第六代祖师广东海南人惠能，因粤人在此祭祀，故又称为粤

① 关于仁边古盐道会馆概况、兴起的原因、会馆使用变迁及其历史作用，具体参考李浩、刘媛《川黔仁边古盐道会馆研究》，《贵州民族研究》，2018年第11期，第175-178页。

② 中共赤水市委宣传部编：《川盐入黔仁岸赤水》，内部资料，2007年，141页。

③ 中共赤水市委宣传部编：《川盐入黔仁岸赤水》，内部资料，2007年，139页。

④ 中共赤水市委宣传部编：《川盐入黔仁岸赤水》，内部资料，2007年，139页。

人家庙。[①]

（5）四川会馆。位于城东大街（今步行街新楼1栋后侧），建于清代中期，由旅赤四川籍人士集资修建。其供奉神祇及祭祀习俗均与原川祖庙相同。[②]

（二）涪边古盐道沿线会馆分布情况

涪边古盐道由今重庆涪陵溯乌江而上进入贵州境，沿线经过了两省市的若干地区，在这些地区散布着各地区客商所修建的会馆，如在今重庆市酉阳县龚滩镇还可见到由陕帮商人修建的西秦会馆以及四川人修建的川主庙，在贵州黔东北地区的石阡、思南、沿河等地遗存着万寿宫、禹王宫等会馆。

表2　川黔涪边古盐道会馆分布情况

所属省份	会馆名称	分布地区
陕西、山西	西秦会馆	龚滩、自贡
湖北	禹王宫、黄州会馆	石阡
湖南	西湖会馆	黎平
江西	万寿宫、仁寿宫、轩辕宫	石阡、思南、沿河
四川	川主宫、川主庙	铜仁、龚滩
福建	天后宫	镇远

注：各省的会馆均以“宫”的形式出现，或直接称为会馆，今四川的会馆在四川境内称为“庙”。

据统计，“迄今在涪边古盐道地区依然保留有万寿宫、仁寿宫、万天宫等江西会馆建筑40余座，禹王宫、三楚宫、寿佛宫、湖广会馆、两湖会馆等近30座，川主宫、川主庙、川主祠等四川会馆以及天后宫、娘娘庙等福建会馆各10多座。”[③]还有规模宏大、气魄雄伟的陕西会馆（西秦会馆）。

涪边古盐道上典型会馆有龚滩西秦会馆、思南万寿宫及石阡禹王宫。龚滩西秦会馆，是龚滩古镇面积最大的古建筑，它坐落于重庆市酉阳县龚滩镇古街上，为清光绪年间到龚滩开设盐号的陕西商人张朋久亲手修建，作为同乡商人汇聚、议事、休闲之所。在贵州思南境内二十多个大大小小的场镇上，几乎都能看到万寿宫的遗址，均由江西商民和江西籍居民筹资建造，是他们祭祀、集会、议事之场所，因此也称为江西会馆。石阡禹王宫位于石阡县城北部万寿宫右侧，占地面积约1300平方米。明万历十六年（1588）始建，清康熙五十五年（1716）重修，经历代补修或改修，臻于完备。[④]

① 中共赤水市委宣传部编：《川盐入黔仁岸赤水》，内部资料，2007年，140页。
② 中共赤水市委宣传部编：《川盐入黔仁岸赤水》，内部资料，2007年，142页。
③ 余继平：《乌江流域会馆建筑艺术研究》，《文艺争鸣》，2010年第11期，第100页。
④ 涪边古盐道典型会馆研究，参考余继平：《乌江流域会馆建筑艺术研究》，《文艺争鸣》，2010年第11期，第104页。

二、川黔古盐道会馆组织概况

会馆是异乡人员在客居之地依凭地缘关系建立并进行自我管理的一个重要组织，有相对固定的组织体系，一般分为会长、办事员和会员三个层次。

（一）会长或总理

会长一般由同乡人选举产生。“会馆一般选举总理一至二人”[①]。“同乡会馆由同乡选举有声望的为会长或经理。”[②]会长的主要工作职责是“主持会馆全面工作”[③]，“总管同乡会及会馆经济、外交等事务”[④]。会馆发展之初，往往由一些在外地具有经济地位或政治地位的外籍商绅官员等进行捐助，并在此基础上进行会馆的建立。这些人在会馆建立之初便作为会长管理会馆事务、维持会馆运转。到了会馆发展后期，会长便由会馆人员根据自身利益或推荐一些政治或经济实力最大的拥有者来担任，这些会长可以是在当地任职的仕官，也可以是经济实力雄厚的大商贾，他们除了在政治或经济方面实力雄厚外，还要品行端正，办事公道，在会馆内部具有一定的威信力和公信力，能够参与会馆的领导和管理，提高会馆的品位、知名度和影响力等。

（二）值年（办事员）

会长“下设值年（即办事员）”，一般“五至六人”。其主要职责是“奉总理令处理日常馆务”[⑤]。值年一般是由经济实力比较强、富有较强的组织协调能力并且热心公益的人担任，他们在会馆开展的工作一般也没有酬劳。

（三）会员

值年下为会员，多则数百家、少则数十户。”[⑥]会员既是会馆管理中的参与者，也是会馆发展的组织者。会员不论是加入还是退出都是自由的，并没有严格限制。沿涪边古盐道进入到贵州地区的各地商人，具有较大的流动性，决定了部分商人不能一直在某个地方长期从事经营活动，尤其是一些零散的小商人，往往在选择了新的经营地后，便会选择离开会馆，因而加入或离开会馆并没有严格的机制。

---

① 贵州省镇远县志编撰委员会编：《镇远县志》，贵阳：贵州人民出版社，1992年，第552页。
② 贵州省赤水县志编撰委员会编：《赤水县志》，贵阳：贵州人民出版社，1992年，第759页。
③ 贵州省镇远县志编撰委员会编：《镇远县志》，贵阳：贵州人民出版社，1992年，第552页。
④ 贵州省赤水县志编撰委员会编：《赤水县志》，贵阳：贵州人民出版社，1992年，第759页。
⑤ 贵州省镇远县志编撰委员会编：《镇远县志》，贵阳：贵州人民出版社，1992年，第552页。
⑥ 贵州省镇远县志编撰委员会编：《镇远县志》，贵阳：贵州人民出版社，1992年，第552页。

三、川黔古盐道会馆主要活动

建立会馆的目的，是“来贵州旅居或经商的外乡人，为在当地扎稳脚跟、拓展实力，互济危困，免遭欺压”，故会馆的主要职责是“联系同乡，开办商埠，迎奉过往同籍商人、游人，集资办学，意在荣誉异乡，维护本籍人利益”①。会馆开展活动主要如下。

（一）开展定期的节日活动

会馆常常在特定的日子里举行代表乡土文化的活动，如进行戏曲表演，开展神灵崇拜等活动。地方戏是商人们为满足思乡之情的情感需求，也是强调同一地域的人们在异乡的团结之情的重要表现形式。不论是江西会馆还是湖广会馆，均会有戏曲表演这一娱乐方式。大多数的会馆内部都设有戏台，每逢节日，来自同一地域的商人、乡绅、仕官们都会齐聚一堂，聚餐演戏。戏曲表演的日子往往会选择在会馆竣工建成之日，以表庆贺之意；或是在会馆内部商人的新店开业时进行表演，以示庆贺和宣扬会馆；或是在会馆内部所祭祀的神明的诞辰纪念日等进行表演；或是在进行神灵崇拜时进行戏曲表演等。

（二）发展教育

经济充裕的会馆，曾兴办学校以培育同乡子弟。如赤水地区的两湖会馆举办两湖小学校，川、赣、粤、湖等几个同乡会馆在四川会馆举办蜀翘小学校。②镇远县的两湖同乡会，以湖南湖北籍人之会馆，源于清代，是镇远较大的同乡会之一，设会馆于卫城码头，祀禹王、关公像。曾建两湖小学于冲子口。③

（三）进行经济活动

帮助同乡人进行经济活动或会馆本身进行经济及商业活动是会馆最基本活动之一。“开办商埠”就是会馆职责中的第二条。“同乡会馆有同乡人集资购置房产田地为会馆固定经费，除每年春秋祭祀和乡人集会费用外，对过往同乡经济发生困难的给与资助扶持。”④有的会馆利用多余的房间作为旅社或者出租获得经济收入，会馆拥有的田产即会田也可以产生收入。

（四）进行公益活动

会馆常常开展大量的慈善公益事业，如医疗服务和济贫义捐等。在民国前，并没

① 贵州省镇远县志编撰委员会编：《镇远县志》，贵阳：贵州人民出版社，1992 年，第 552 页。
② 贵州省赤水县志编撰委员会编：《赤水县志》，贵阳：贵州人民出版社，1992 年，第 759 页。
③ 贵州省镇远县志编撰委员会编：《镇远县志》，贵阳：贵州人民出版社，1992 年，第 551 页。
④ 贵州省赤水县志编撰委员会编：《赤水县志》，贵阳：贵州人民出版社，1992 年，第 759 页。

有所谓的公共医疗，一般的会馆都会尽可能地设置施针、施药等事务。济贫义捐的被救济人大多是会馆的同乡之人，但也会有一些“非同乡人士”，是对被救济人因失业而面临生活方面的窘境，在其谋得新的职业前提供的救济。除此之外，会馆还会开展养老、育幼等活动，上述活动提高了会馆的影响力。

（五）开展协调活动

开展协调活动，也是会馆最主要、最基本的活动。会馆经常协调同乡之间的关系，乃至协调来贵州旅居或经商的外乡人与贵州当地人、政府、其他组织之间的关系.

四、川黔古盐道会馆的社会治理功能

坐落在川黔古盐道上的各类会馆是一种民间的、非官方的社会组织，是商品经济发展到一定程度的产物，会馆承担着一系列社会治理功能。

（一）维护社会秩序

会馆的产生，是古盐道繁荣发展的产物。自川黔古盐道开通以来，巨大的盐运利益吸引了许多外地商人深入贵州经商。各地客商将同一祖籍地的同乡们汇聚在会馆。会员们在会馆内享有相应的权利，同时也要履行一定的义务。在会馆内，会员可以参加会馆在商业方面的协商与决定，享受着会馆所组织的各项活动及处理日常纠纷等权利。同样，作为会员，要遵守会馆内部的章程，缴纳相应的会费，完成相应的职责。这些都有利于稳定外地商人、游人并使其在当地开展有序、守法活动。

一般而言，来自同一个地区的同乡，相处起来感情相对比较融洽，来自同一县乃至同一乡镇的同乡，如果在异地相遇相处起来则更加融洽。会馆把这些客居异地的同乡紧密联系在一起。会馆都会根据会员原籍文化来制定一个管理规则。在管理规则下，会馆里的人所进行的各项活动均受到一定制约，但同时也会在会馆那获得一定的好处，这样的好处主要表现在当会员自身利益在外或在会馆内部受到损害时，可通过会馆进行调节以维护自身利益。

大量外来人口的流动，势必会对地方的社会治理带来影响，而会馆对促进地方社会治理，促使来贵州旅居或经商的外乡人参与维护社会秩序起到了很大的作用。会馆是政府对移动人员实行管理的理想民间组织，面对各民族之间的区域流动，政府的户籍制度无法深入管理基层移动人口，加之不同区域、不同时期人员的流动没有规律，会馆的实用性便得以体现。会馆是各外来户籍人口汇聚的较大场所，是由大量外来移民、客商、客民进入该地并进行密切联系的场所。会馆有许多规定，如要求会馆成员不得从事无益于其自身发展、社会进步的事，要求移居异地的客民能自律、向善等，不得有伤风败俗、违法乱纪之行为。会馆这些规定有助于有效管理外来流动人口，有利于社会安稳。

清人陈宗蕃指出："夫欲国之治也，必自乡始。"在地方的社会管理中，会馆在增强本土人民与外来客商之间的相互认同中具有重要作用，有利于维护地方社会秩序，在社会控制中具有重要功能。作为民间自发、自律、自治性组织，会馆能够调解社会各种矛盾乃至协调利益冲突，能有效地整合社会与政府给予的各种资源，迎合政府加强社会秩序管理乃至稳定社会的愿望，为其会员在贵州从事经济活动创造良好的外部环境，帮助乡党经商，并提供与会馆以外的社会组织、民族沟通交流的条件。

（二）促进民族融合

随着川黔古盐道的兴盛发展，大量客商、客民进入贵州，他们将其各自的原籍文化、生活习俗、宗教信仰等带入川黔古盐道沿线地区乃至贵州腹地。许多外来商人在古盐道沿线兴建会馆。中原文化、巴蜀文化等源源不断地带入贵州腹地，促进了贵州多彩文化的发展。

会馆的兴起又直接促进了外商在贵州的事业发展，而外来商品进入贵州，直接促进了贵州市场经济的多元化发展，促进了贵州本土各少数民族生产生活的多元化发展。来自各地的文化在会馆乃至民族村落中相互碰撞，相互融合，加强了各民族与外来人员的交流，代表着本土文化的各民族文化与外来文化不断融合发展，形成了你中有我，我中有你，各民族人民共同繁荣发展的局面，对统一的多民族国家的发展起到了巨大的促进作用。

（三）促进思想文化发展

会馆既是一种社会组织，又是客居一地同籍人士的会聚之所。叙乡情、操乡音、食乡味等是会馆重要的活动内容，带有异地文化交流的特点，是外来人们在贵州力图保持与乡井文化联系的一种努力。移居外地的人们大多都不愿与故土割断一切联系，他们时时想在同乡中操起家乡话聊天，这在当时被称为"打乡谈"，时时想从同乡人那儿了解故土的人情世事，时时要魂牵故土，或盼着早日衣锦荣归，或祈求富贵后泽惠故里。于是，会馆经常在固乡谊、祀神明、敬祖先、资贫困、助病弱、葬逝者、祭亡灵、互相保护、协同竞争等方面发挥作用。①

清乾隆年间赤水河开通以后，江浙、两湖两广的商人来此经商、从事盐运，也将各自的文化带进来，从而使得赤水河流域的文化具有多样性，推动了赤水河流域的文化发展。赤水河的发展吸引着各地的人们聚集于此，而来自异乡的人们自然会带来他们家乡的文化。会馆最开始是一种同乡组织，目的是为身处异乡的同乡人之间能有一个精神寄托。同样它既是一种商业文化传承，又是一种移民文化传承。"许多会馆都办

---

① 周均美主编：《中国会馆志》，北京：方志出版社，2002年，第203页。

有学校，培养自己的子女”[①]。会馆文化反映出一种民族精神，即团结各民族共同繁荣发展的精神。调查赤水河流域的会馆可知，会馆的创建者多为外来人员，而他们能够从外地经商至此，并在此扎根，可显现出他们与当地民族之间的相处和睦，由此体现出民族团结的精神。

（四）促进经济、人口发展

会馆是一种商业社会管理机制的载体，起管理约束乡族商业及对外沟通的作用。会馆是商帮（含盐帮、船帮、铁帮、木帮、布帮、烟帮、驮帮、屠帮、酒帮、栈房帮、水食帮、力行帮、水挽帮、金火帮、斗载帮、五金帮、油脂帮、山货药材帮、京果糖食帮、经纪帮等）的议事会、交易所，兼有客栈、货站的职能。为了团结乡人，会馆还捐资置产，购置“义园”（公共墓地）。[②]会馆对于经济发展有着重要作用，可从以下数点分析。

1. 促进贵州经济发展

不同地区的商人经商至贵州，在此定居。为谋求更好的发展，他们集资修建了会馆。会馆的建设又吸引更多的投资者来贵州，直接促进了贵州经济发展。

如赤水地处黔西北边陲，是黔北通往川渝的重要门户。仁岸盐运促进了赤水地区的商品经济发展，会馆随之兴起，吸引了大量的商贩和其他行业的人们。当时赤水河地区主要有造船、竹木、酿酒、餐饮等行业，同时也有许多随盐运发展起来的民间团体组织，如盐帮、船帮、酒帮、水挽帮等。这些民间团体组织乃至会馆的发展离不开经济的快速发展。

2. 促进盐运的发展

清代赤水河经过两次大规模的整治之后，航道情况有所改善，通航里程增加，盐运沿岸码头数量也随之增加。船只类型增多，运盐量上涨，无疑是盐运兴盛的佐证。但是由于贵州地势的特殊性，赤水河在整治后仍然存在一些险滩，这些险滩的存在无疑会阻断航运，而运盐的盐船自然会被迫停下，此时就需要大量人力搬运，将盐从一个码头背到下一个码头，继续向前运输。基于此，许多无业贫民来到赤水河流域，成为船夫、纤夫、脚夫（从事人力运盐的搬运工），从事运盐工等工作。这些人们在贵州奋斗创业、定居。但他们身处异地，故乡情结深重，需要有一种方式来寄托相思。于是，不同地区的会馆应运而生。而会馆的繁荣发展无疑又推动盐运的迅速发展。移民会馆和商业会馆的出现和发展，吸引更多的人来贵州运盐销盐，从而使盐运得到更好更快地发展。

---

① 中共赤水市委宣传部编：《川盐入黔仁岸赤水》，内部资料，2007 年，第 151-152 页。
② 中共赤水市委宣传部编：《川盐入黔仁岸赤水》，内部资料，2007 年，第 151-152 页。

3. 促进人口的增长

会馆的创建者多是外来的巨商富贾，会馆兴建之后又吸引了更多的商人到此经商，各地商人以运粮入黔换取盐引，再用盐引购买食盐运销至贵州。因贵州地貌特殊，仅靠赤水河无法使航运到达贵州境内各地，食盐进入贵州盐运口岸仁岸后，于各个码头卸下，通过运盐工人力运往各经销站，以此进行食盐在贵州境内的运销。基于此，往来商船需要大量的船工、纤夫以及陆路搬运的运盐工，这使得大量人口辗转于此。又因川盐为贵州食盐的主要来源，四川的商人、贫民纷纷加入川盐运黔的队伍，这些均促进了赤水河流域人口的增加。

五、川黔古盐道沿线会馆治理的特点

（一）地缘性

川黔古盐道会馆大多是由同乡经商者建立，是具有同一籍贯的商人们开展活动的重要场所。其主要职能的第一项就是“笃乡谊联桑梓”。会馆内部人员籍贯的统一、文化的同源以及生存环境的相似是根本前提。会馆是来自各地同乡们的聚集场所，是各地客商们与家乡联络感情的重要纽带。在会馆里面，不仅可以听乡话、说乡语、演乡戏、过乡节，还可以将自己对家乡的思念之情寄托于此。这突出的地缘性，便于会长协调同乡之间的各种利益关系，利于外乡流动人口的有效管理，能够为统治者管理地方事务服务。

（二）文化性

川黔涪边古盐道上的各类会馆是商品经济发展的产物，是一种民间的社会组织。“会馆作为一种以家乡观念为纽带而建立的组织，它首先应是一个地域文化的集中表现”，客商们借助会馆“展开同土著文化以及别的地域文化的对等交流”。[①]来自同一地区的客商们，通过会馆这一纽带，互通信息，互相帮助，共同解决生活中的大小事务，与来自于其他地区的客商进行竞争以谋取自身的发展，逐渐形成了以会馆为依托，以原籍习俗与乡情为纽带的会馆文化圈。他们与本土文化互相竞争又互相融合，形成新的地域性文化圈，丰富了人们的社会生活乃至川黔古盐道的历史文化内涵。

（三）政治性

会馆创立之时就具有较强的政治性。会馆的创立者往往是有经济实力、有声望的人。创建会馆时首先要获得当地地方政府的认可和支持，因此创立者“多把建立有序

① 王日根：《明清民间社会的秩序》，长沙：岳麓书社，2003年，第206页。

的社会秩序作为自己的目标”，这样既“切合政府对社会稳定的愿望”，从而获得“外在的合理、合法性”，又“给自己带来政治经济利益”，使会馆“具备了内驱力”。[①]

随着贵州商品经济的发展，出现了大量的手工业者、商人等流动人口。传统的地方社会管理难以适应。时代呼唤新的管理方式。会馆“不仅仅能凝聚同乡情谊，整合同乡移民内部，而且能够整合本乡民众同土著以及其他移民团体之间的矛盾，甚或逐渐担当起基层管理者的角色”[②]，成为对流动人口实行有效管理的最佳社会组织。川黔古盐道的会馆是商业会馆，是一种自发、自律、自治的民间组织，也是统治者在基层管理中对流动人群进行管理的一个重要协同管理组织。到了清末也逐渐具备甚至取代了政府县以下基层政区的行政职能。[③]到了民国时期，有些会馆会长的社会影响力很大。会馆的会长与地方的团总、保甲一起构成了地方的县下治理体系[④]，是对传统的社会管理体制，即通过氏族、宗庙等势力来管理县以下的基层社会的补充和突破。会馆逐渐变为统治阶级维护统治工具。有的地方会馆会长势力在某种程度上已经超过了地方官吏，成为乡村社会治安的主导力量。

结语

社会建设是中国特色社会主义总体布局“五位一体”的重要组成，社会治理是社会建设的重大任务，是国家治理的重要内容。加强和创新社会治理，构建社会主义和谐社会，需借鉴相关历史经验教训。在丝路文化、古道文化研究方兴未艾，在四川省联合五省将川盐古道捆绑申报世界文化遗产之时，探讨川黔古盐道会馆问题具有重要的现实意义。

川黔古盐道会馆是异乡人员在客居之地依凭地缘关系建立并进行自我管理的一个重要组织，有相对固定的组织体系。会馆开展定期的节日活动、发展教育、帮助同乡人进行经济活动或会馆本身进行经济及商业活动、进行公益活动、开展协调活动。会馆还承担着维护社会秩序、促进民族融合、思想文化发展乃至经济发展一系列社会治理功能。会馆治理具有地缘性、文化性、政治性等特点。总的来看，古盐道会馆的产生与发展是具有积极作用的，既对于商品经济的稳定发展具有促进作用，又因其对内的自我约束与对外的协助管理，有力地促进当地社会自治和管理，促进了地方社会和谐稳定发展。

---

① 王银田：《清代四川地区湖广会馆的产生与社会整合》,《三峡论坛》，2017年第4期，第26页。

② 王银田：《清代四川地区湖广会馆的产生与社会整合》,《三峡论坛》，2017年第4期，第26页。

③ 王日根：《中国会馆史》，上海：东方出版中心，2007年，第329页。

④ 王日根：《明清会馆与社会整合》,《社会学研究》，1994年第4期，第104页。

论北京政府时期的精盐业与盐务变迁①

潘荣阳②

摘　要： 制盐技术是衡量世界盐业经济发展的主要指标。北京政府初期，在范旭东、景学钤的抗争下，成立了久大精盐公司。久大公司的创办，打破了瓜分盐利的传统格局，引起盐务管理的改革，有力地促进中国盐业经济向近代化转变。

关键词： 北京政府；精盐业；盐商；精盐公会

1914 年 7 月，久大精盐公司创办，开启近代盐业经济变迁的序幕。久大制盐使用的技术、工具和劳动力具有近代特征，生产过程采用现代企业管理模式，不仅提高了制盐效率，而且提升食盐品质。同时，开发盐副产品，发挥食盐的经济价值，提高食盐的利用率，丰富社会生活，有力地推动盐业经济内涵、外延的发展。

20 世纪 20 年代，精盐公司不断增多。围绕盐利的瓜分与争夺，代表北京政府和五国银行团利益的盐务部门以及旧盐商和精盐商三者展开博弈，其间的关系时而紧张时而缓和，既有冲突，又有协作，引发北京政府的盐务改革。同时，为了处理精盐行业内部问题与矛盾、对抗旧盐商的种种干扰，久大和通益等倡议成立精盐总会，实施行业治理。

一、引起盐政改革

北京政府期间，精盐管理是盐务署和稽核总所共同面对的新问题，在保证盐税收入的前提下，稽核总所和盐务有限地实施盐务管理改革。

（一）规范精盐公司开办手续

根据盐务署要求，精盐公司呈请立案，必须准照以下程序：（1）须担保每年至少

① 基金项目：四川省高校人文社会科学重点研究基地——中国盐文化研究中心资助项目“民国期间盐业经济的变迁与转型”（项目编号：YWHY17-03）的阶段性成果。

② 作者简介：潘荣阳（1977—　），男，福建南安人，历史学博士，中国井冈山干部学院副教授，研究领域有近现代盐业经济史等。

制炼精盐 30 000 担，并出具银行保单，将所担保之产额缴税一半。（2）须向该管运署出具清单，叙明资本总额，以银行保单为凭。（3）须于暂准设立后两年内，将工厂建筑完竣，并须由发给正式特许证券之日起 6 个月后，每日至少炼制精盐 50 担。（4）须于工厂落成后，呈由该管运署派员查明，方能发给正式特许证券。[①]北京政府期间，登记在案的精盐公司有 10 家上下，详见表 1。

表 1　北京政府期间部分精盐公司简表[②]

名称	核准年月	地址	创办人	最高资本（元）	年平均生产能力（担）	出品种类
久大	1914 年 9 月	河北塘沽	景学钤	2 100 000	600 000	粉盐、砖盐、晶盐、牙粉
通益	1919 年 12 月	山东烟台	林子有	420 000	400 000	粉盐、砖盐、晶盐
通达	1921 年 7 月	河北丰润	王燕泉	500 000	30 000	粉盐、砖盐、晶盐
福海	1921 年 12 月	辽宁营口	董怀印	100 000	30 000	粉盐
华丰	1923 年 4 月	辽宁营口	毛睿阶	200 000	30 000	粉盐、砖盐、晶盐
奉天	1923 年 4 月	辽宁营口	戴朗齐	300 000	30 000	粉盐
永裕	1923 年 9 月	山东青岛	张成勳	3 200 000	180 000	粉盐、粉碎盐、洗涤盐
利源	1925 年 6 月	辽宁营口	沈铁颿	250 000	30 000	粉盐
裕华	1927 年 12 月	辽宁营口	陈问琴	100 000	30 000	粉盐、粒盐

表 1 尚有遗漏，加上倒闭关门的、未登记的精盐公司，实际总数达二十多家。但是当时精盐业的发展主要局限在北方。

（二）划精盐行销区域

1914 年，盐务署批复久大成立，规定精盐销售仅限于通商口岸。1923 年，精盐公司不断增多，行销区域的局限严重束缚精盐业发展。同年 12 月 22 日，久大、通益联合呈文盐务署、稽核总所，要求扩充行销范围：

> 惟精盐行销区域若不扩充，虽日言改良日言提倡终属空谈。况精盐并非洋盐，亦非外人制造，本无限制通商口岸之必要，同一国民国家，断无歧视。岂通商口岸人民得食精盐之权利而内地人民独无此权利？揆之清理，亦万不可通。总之，精盐行销暂以通商口岸为限者，系出于久大之呈请，并非政府之限制。当时以为起点，实因内地风气未开而久大产额亦不足以供全国之需要。现在时势迥异，内地人民渴望精盐有如云霓，务乞钧署、所俯顺舆情，于精盐运销章程内将通商口岸之限制解除，许内地人民得自由行销，以利国

① 《场产》，财政部盐务署编辑：《民国 18 年盐务年鉴》，财政部盐务署，1930 年，第 139-140 页。
② 此表尚有缺漏。资料来源：《场产》，财政部盐务署编：《民国 18 年盐务年鉴》，第 140-141 页；《我国精盐事业概况》，《工商半月刊》，1933 年第 5 卷第 4 号。

课而便民食，实为公便。①

上述呈文从盐务“改良”入手，认为限制销售区域无异于把精盐等同于“洋盐”，不利于内地“国课民食”，并阐明久大呈请行销区域的前因后果，请求盐务部门与时俱进、顺应民情，扩大精盐行销范围。然盐务署不为所动。1924 年 1 月 11 日，盐务署训令第 1774 号文依然坚持旧章，认为精盐行销不准超出通商口岸“系为维持盐法起见”，如果精盐越界侵销，即“按诸缉私条例有应予查禁之明文”，最后决定，“所请变通精盐行销之区域、解除通商口岸之限制各节，应即毋庸置议”。②精盐行销区域限制理由和目的在于保证专商利益。

为了应对精盐业的发展、维护专商利益，稽核所拟“将精盐运销引地应缴之附加税定为每担 0.5 元”。1924 年 3 月 24 日，稽核总所解释称：“运销引岸之精盐既须缴纳附加税，而各精盐公司之出产又有最高产额之规定，则引商方面实已得有切实之保障矣。”③精盐销往内地的条件是每担增加税额 0.5 元，对精盐而言，无疑是增加成本、减低竞争能力。但是，该举措一经公开，依然遭到淮商的坚决反对。由此可见，盐务管理的宗旨与目的不在满足民生需要，而在平衡各群体的利益，半殖民地下的民众利益与国家利益相距甚远。最终，精盐公司亦拒绝接受附加条件，精盐继续限售通商口岸。

（三）制定精盐税则

久大的成立以挽回利权为由，援引棉纱厂和面粉厂为例，要求减免盐税，④遭到盐务署和稽核总所驳回⑤。

1914 年 9 月，盐务署根据《盐税条例》第一区标准，要求久大“应于官坨放盐之时，照章每石生盐缴税二元”。⑥1915 年 1 月 1 日起，《盐税条例》施行全国，精盐税率调整为每百斤征收 2.5 元，并在购买粗盐时缴清。⑦当久大精盐销往各通商口岸，各地税率不一，难以照章办理，遂按照产销两税分别征收。1918 年改为起运时一次缴清。1919 年起，盐务署和稽核总所专门研讨精盐纳税问题。

此后，精盐公司数量激增，精盐管理随之规范化、专业化和复杂化。1921 年 8 月 8 日，稽核总所修正管理、炼制运售精盐及收税章程草案，共 5 条。1922 年 5 月，该

---

①《扩充行销区域各案》，赵津主编：《“永久黄”团体档案汇编——久大精盐公司专辑》（上），天津：天津人民出版社，2010 年，第 327 页。

②《长芦盐运使训令第一四号奉署令久大通益请变通精盐行销区域解除通商口岸限制各节应毋庸议文》，赵津主编：《“永久黄”团体档案汇编——久大精盐公司专辑》（上），第 327 页。

③《1924 年 3 月 24 日韦会办致项总办函》，《中国近代盐务史资料选辑》（第一卷），天津：南开大学出版社，1985 年，第 436 页。

④《久大精盐公司第一次禀盐务署文》，《盐政杂志》，1915 年第 17 期，第 2 页。

⑤《1914 年 8 月 20 日斯副会办致张总办函》，《中国近代盐务史资料选辑》（第一卷），第 424 页。

⑥《杂录》，《盐政杂志》，1915 年第 18 期，第 4 页。

⑦《盐税条例》，《中华民国工商税收史料选编》（第二辑）《盐税》（上册），南京：南京大学出版社，1995 年，第 123 页。

章程草案修订为《精盐公司运售精盐及纳税章程》11条，规定精盐最低税率为2.5元。1923年1—3月，盐务署和稽核总所首次召开了“署所联席会议”，史称“精盐会议”，通过了《精盐产销纳税条例》，制定了纳税办法，允许精盐公司向通商口岸以外的各地销售精盐，每担须附加税0.5元，若有引商包销，则此免此附加税。最终，久大“因本章程虽许精盐销入内地，而每担须加五角税，决不能与粗盐竞争。欲免除此税，非归引商包销不可，则精盐公司变为场商灶户。不如现在虽不许行销内地，而事实上何能禁止。与其加税而许行销，或归引商包销。不如不加税而由人民自己购入之为愈。况章程公布将引起无数之精盐公司，是利则归他人，而害则归自己。是以决计不运动公布，悉听政府之自由解决”。

盐商中反应最大的是淮商，“而他省引商无关，不愿参加。淮商明知精盐无论如何不能取消，惟愿将精盐销额分摊于全国，否则归彼包销，其愿已足，此系不得已之办法。如能始终不公布，则苟延一日即多一日。法制院既无打消此案之权，亦遂不过问”。[①]历经三年的反复交涉和争论，久大因利益受损决定不推动精盐条例实施，而旧盐商认为精盐发展势不可挡，不愿耗资阻拦，双方均消极对待精盐条例。最终，该条例束之高阁。

由于扬子四岸的精盐销量最多，盐税因政局变迁遭到截留。1926年7月，久大申请：“于起运前先纳每担二元五角之产税（用粗盐制炼者仍于购盐时预缴），其与销地相差之税率，则运往何岸即由何岸补收。将来如淮盐实行就场一税时，精盐亦当照办。”[②]11月，稽核总所基本同意产销税分开征收，“将现征之精盐正税三分之二在产地征收，其余三分之一则在销岸内按照当地征收粗盐税之办法征收”。[③]精盐产销两税分别征收，使得销区稽核部门获得盐税权益，支持精盐销售。该办法延续至南京国民政府时期。

不论是规范精盐公司创办手续，还是限定精盐行销区域，盐务管理的核心是征收盐税。而精盐对于盐税征收更为便利，更是为社会各界熟知，具体表现三个方面：（1）无卤耗。粗盐每担或免税5—8斤不等，精盐则运一担盐，完一担税，并无耗斤。（2）高盐税。粗盐最低税率为每担0.4元，精盐最低税率为每担2.5元。（3）手续简便。粗盐先盐后税，多数地方的粗盐销出后始完税。而精盐就场征税，先税后盐；以原盐再制者，购入原盐时，已完足盐税。时人研究认为，“为国课计，当然行销精盐为有利”。[④]所以，稽核总所和盐务署在保证粗盐产销的同时不断增加精盐产额。

北京政府时期，仅久大的产额就增加了近20倍。最初，盐务署批准久大产额暂定3万担，1917年共15万担，1919年共30万担，1921年共32万担，1924年共48万担，

---

① 李白：《久大精盐公司创立史》，《盐迷》，1935年专刊第一卷，第42-43页。

②《久大精盐公司请照旧章分缴产销两税致稽核总所呈》，赵津主编：《“永久黄”团体档案汇编——久大精盐公司专辑》（下），天津：天津人民出版社，2010年，第1169页。

③《抄发松江及四岸稽核处电稿》，赵津主编：《“永久黄”团体档案汇编——久大精盐公司专辑》（下），第1171页。

④《调和精粗盐之冲突》，《盐政丛刊》（二集），第154页。

1926年共60万担。1924年，稽核总所和盐务署议定全国精盐的总产量为300万担，表明北京政府于盐政改革的倾向。

二、分化旧盐商群体

就目前研究成果来看，学术界偏好于研究旧盐商对久大的压制，惯用“斗争”形容双方的关系。[①]从这些研究中，可以知道，久大发展是在极其恶劣的环境中成长的。然而，盐务署对久大发展中的作用较少被关注，且忽略旧盐商群体在利益驱动下的分化。试想，如果旧盐商群体是铁板一块，如果盐务部门一味支持旧盐商，那么，久大谈何成立、精盐业谈何发展？

事实上虽然1914年久大的创办遭到盐商的集体反对，但随着久大的壮大和精盐业的发展，旧盐商产生两种截然不同的态度。一种是对抗并制造障碍，另一种是接受合作，旧盐商群体发生分化。

（一）对抗

1915年2月，久大向财政部递交精盐运销章程，准备运销精盐，结果被时任财政总长的周学熙搁置。1916年3月，久大运销章程获准后，全国各地旧盐商绝大多数是抵制的。据称，“至两月期满，两浙、山东引商均不愿包销，长芦商人始则愿意承销，继则后悔，磋商数次，旋允旋悔，后由长芦运使调停，双方代表在运署会议，业已成议，欲将签字，忽又反悔。至两月期满，天津本店首先开设。芦商再举代表，欲来包销，以期限已过却之。惟两淮四岸引商最为强硬，不但不愿包销，且提出反抗，不许精盐行销”。[②]其中，抵制最强硬的淮商更是采取激烈措施，打击久大的精盐销售。

1. 抵制

1917年3月，为了禁止精盐行销四岸，淮商呈文盐务署，公开叫嚣：“四岸境内之通商口岸，皆系淮商引地，岂容他人阑入。该公司托名抵制洋盐，遽欲入境侵销，商等理当拒绝。若谓先时未允代销，即可任彼自行设店，此实绝对不能承认。”呈文并提出两个方案，一是“自行设厂制炼精盐，专销四岸引地以内之通商口岸”，二是“暂代该公司岁销六千担，分配四岸，俟淮厂出盐，再停止代销”。[③]淮商的抵制与反击，获

① 代表成果有《民国盐务史稿》第一编第三章第六节“精盐业的产生及与旧盐商的斗争”，第92-98页；刘胜《久大精盐公司研究》（安徽师范大学2010年硕士学位论文）第三章第一节“北洋政府时期久大精盐公司与旧盐商的斗争”，第14-20页；岳瑾明《久大精盐公司发展的社会环境研究（1914—1936）》（河北师范大学2012年硕士学位论文）第二部分“久大精盐公司与盐商的关系”，第21-30页。

② 李白：《久大精盐公司创立史》，《盐迷》，1935年专刊第一卷，第13页。

③《1917年3月1日两淮运商清吉昌等致电盐务署电》，赵津主编：《“永久黄”团体档案汇编——久大精盐公司专辑》（上），第283页。

得了两淮盐运使的支持，“本同总览淮鹾，销额是其考成，岸地势其专属，但使引岸一日尚在，则淮商岸销一日不能不为之保全”[①]。盐务官僚成为专商引岸制度的卫道者，官僚和专商的勾结造成精盐销售困难。但是，这种公然的、肆无忌惮的狼狈为奸，无疑是在挑战盐务署的权威。所以，盐务署否决淮商的要求，称“精盐推销通商口岸事关通案，不独淮南四岸为然，该运商等既不愿代销于前，迭经接洽，复无成议，则照章应准设店自售，按应尽手续，该公司并无违背。但使此后精盐遵章销售，不逾原定范围，即无中途取消之理”，基本上断绝了淮商继续运动禁止精盐销售的念头。盐务署对淮商提出创办精盐厂信以为真，赞许称“淮厂制炼精盐业经批准，该商等果能精心提炼，力图改良，此项口岸精盐，自无冲销入境之患”，并训示淮商“当迅速设厂，谋营业之竞争，勿徒空言抵制，任意坚执”。[②]此后，“创办精盐厂”成为盐务部门和久大应付淮商的有力对策。

1918年，在盐务署和久大的“督促”下，淮商各群体纠合起来，择定淮北燕尾港，按照引票数额摊派资本，着手创办精盐厂。1919年10月，淮商组建的乐群精盐公司正式成立，聘请日本技师，建造厂房，购进机械装置。其后，历经五年，耗资数十万资本，乐群精盐公司未能出产精盐，只能惨淡收场。自此，淮商对精盐的抵制与反击没有取得任何效果。

2. 诋毁

久大的创新在于技术设施、产品质量及管理模式，但是，为盐业界所关注者仅有机械制造和精盐品质二者。所以，旧盐商把攻击的目标一部分转向久大制盐技术和精盐质量。1916年9月，天津盐商因错过承包期限而呈文长芦盐运使，蔑称久大“精盐不过稍加淘洗，并未改变形质”。[③]此说法表明，旧盐商并不了解“淘洗”过程其实就是沉淀和净化杂质，其对制盐技术和食盐物理属性的认识依然停留在传统范畴。

1920年10月，长芦盐商认为久大“病国害商”，请求长芦盐运使取消该公司，称：

> 乃有久大公司者，购买外洋机器一份，买长芦滩盐熬炼一次，将长芦质纯味美之盐，变为质轻味苦之盐，不过其色较滩盐稍白，遂自称为精盐，而痛诋人民食惯、性质纯良之盐为粗盐……芦盐之良，通国皆知，虽色不甚白，而味自香美，调和食品，不在色而在味，乃彼以火煮而变为苦淡，有类硝盐，是则改为不良，非改良也。倘政府认其为改良而认芦盐为不良，则当谕令灶户尽买机器，尽行熬盐，商等即买灶户之熬盐，而使人民皆获其益。何为晒盐之法不改仍令商等买灶户之晒盐而令彼公司特别制造乎！可知芦盐并非不

---

①《1917年3月4日两淮盐运使刘文揆呈盐务署函》，赵津主编：《“永久黄”团体档案汇编——久大精盐公司专辑》（上），第286页。

②《1918年3月9日盐务署令两淮盐运使》，见赵津主编《“永久黄”团体档案汇编——久大精盐公司专辑》（上），第287页。

③ 赵津主编：《“永久黄”团体档案汇编——久大精盐公司专辑》（上），第274页。

> 良，固不容该公司之借口，而该公司痛诋芦盐，肆言无忌，欲使国人皆不食商等之官盐而专食彼盐，而倾害商人之心，显然可见……又查公义口岸及京引等，皆能以滩盐制成白盐，较该公司之盐为美，何必令该公司另制以坏盐法乎？……又该公司本用机器熬盐，今因销疏畅旺，遂将滩盐淘洗，装以大包，冒称精盐，并自置盐滩，自由筑运，其中弊混何可胜言？①

长芦盐商从机器制盐入手，批判精盐质量，盛赞芦盐品质，进而以盐法为保护，痛斥久大的“罪责”，极尽诋毁和破坏之能。不过，盐质问题能够引起旧盐商的关注，也算是一种进步。

3. 制造障碍

为压制久大的发展，旧盐商群体制造了种种障碍。

（1）制造通商口岸案。1917 年 11 月，久大南京支店在江宁下关开办，随后在城内设立分销处。江宁为旧盐商号乙和祥垄断销区，乙和祥以为南京租界限于下关，遂向盐务署控诉久大越界行销。盐务署咨询外交部，解释通商口岸定义。1920 年，乙和祥不服盐务署决议，向平政院起诉盐务署广义解释通商口岸的决定。最后限定租借行销精盐，历经 5 年方告平息。

（2）制造麻袋包装案。因汉口洋员要求久大包装整齐一律，久大征得盐务署和稽核所同意，使用麻袋包装食盐。1919 年，淮商不知麻袋包装已获批准，以为久大用麻袋替换纸包，有扩充数量嫌疑，呈文盐务署取消久大的麻袋包装，遭到盐务署的批驳。淮商不服，向平政院起诉，称久大将纸包违章改为麻袋，应于禁止。久大将粉盐改回纸包，另制粒盐用麻袋装运。前后历经三年，始告平息。

（3）制造产额案。1919 年，久大的核定产额已达 30 万担。为了限制久大的产额，淮商呈文盐务署，称久大专为抵制洋盐，应以洋盐进口数量为标准。盐务署批文久大设立由于改良制造，并非专为抵制洋盐。于是，淮商在麻袋案中附加限制产额，向平政院起诉。该案历时五年方予解决，期间久大仅获批增产 2 万担。

（二）接受与合作

久大创办的缘起在于改良盐质，专于生产。1915 年 6 月，久大拟定《久大精盐公司包销章程》19 条，设定契约包销精盐模式，成为销售精盐的基本准则。该章程第 5 条称，“本公司为顾全旧盐商营业起见，认就地盐商有包销优先权，如旧商不愿包销或销不如额者得另招他商”。②7 月，在包销章程基础上拟订运销章程，呈递盐务署未获批准。

1916 年 5 月 9 日，久大公司的包销章程改订为《运销章程》20 条，交由长芦盐运

①《长芦·久大永利企业档案抄录》，见赵津主编《“永久黄”团体档案汇编——久大精盐公司专辑》（上），第 275-276 页。

②《久大精盐公司包销章程》，见赵津主编《“永久黄”团体档案汇编——久大精盐公司专辑》（上），第 113 页。

使呈递盐务署，章程第五条做进一步细化，把盐务机关列为包销的“中间人”，规定“凡通商口岸向有引商者认旧商有优先包销权，由公司禀请盐务机关谕知该口岸引商向本公司订定承运合同为引商。不愿承销或经过一定期限延不禀复者，则作为放弃此项权利，由本公司禀准盐务机关自设支店行销”，并增加条款对无引商的通商口岸的包销做规定，“不论任何人均可向本公司订立包销合同”。[①]在呈文中，久大公司对盐商的决断承包期限做了说明，“拟请本条内加以明文规定，酌予相当期限，或尽一月为断，倘逾限不复，即作默认，得自行禀请设店分销，庶免阻碍而促进行”。[②]25 日，盐务署要求将章程内的所有“包销”改为代销，规定盐商决断包销期限，“所有各口岸引商经该管盐务机关谕知后，其愿否认销，应即以两个月内禀复为限，如逾限不复，即照原订办法第三条所定由该公司禀请设店自售”。[③]久大的委托承销模式获得了盐务署的肯定和准许。

1916 年 9 月起，由于各地盐商拒绝包销精盐，久大在各通商口岸纷纷设立支店，行销精盐。据载，久大 1916 年设立 2 支店，1917 年设立 1 支店，1918 年设立 8 支店，1919 年设立 4 支店，1920 年设立 4 支店。[④]精盐支店设立，既是旧盐商拒绝代销造成的，又是久大冲破专商引岸束缚的结果。然而，随着支店的设立，这种局面却不断“反转”：旧盐商抵制精盐受挫，转而代销精盐；久大通过支店“立威”，并将销售权利予以外包；承包商要求以支店名义，承认代销。所以说，久大开设支店不仅是一种行销形式，更是一种经营策略。

支店的设立加速旧盐商群体的转变与分化，一些旧盐商彻底接受精盐，同久大合作销售。比如，1918 年底，王铭忠等人招股，在湘潭设立盛记公司承销久大精盐，“用特函恳贵公司承认为分销支店，用资巩固基础，发展销场”。[⑤]1919 年底，南昌商会会长龚士材致函范旭东，洽谈包销南昌精盐。函称：“共已认定股款二万元。专此驰告，请及注册。其款应于何时汇上缴交，听候示遵可也。此间分销办法，弟当积极进行，不甘放弃。一俟就绪，旧历开正即当先行报告。”[⑥]尽管各通商口岸设立支店，但是支店设立第二年起，各该通商口岸依然可以协商包销、代销精盐。

除了上述两种态度外，更多的旧盐商是默认、妥协和观望。不论是截然相反的态度，还是层出不穷的活动，食用精盐逐步成为一种社会时尚，社会各界已然认识到精盐业的发展成为历史潮流。

---

①《运销章程》，见赵津主编《“永久黄”团体档案汇编——久大精盐公司专辑》(上)，第 110-111 页。

②《久大永利企业档案抄录》，见赵津主编《“永久黄”团体档案汇编——久大精盐公司专辑》(上)，第 109 页。

③《盐务署饬第五百五十四号》，见赵津主编《“永久黄”团体档案汇编——久大精盐公司专辑》(上)，第 108 页。

④《久大精盐公司八年五月二十日以前所设各支店表》，见赵津主编《“永久黄”团体档案汇编——久大精盐公司专辑》(上)，第 107 页。

⑤ 赵津主编：《“永久黄”团体档案汇编——久大精盐公司专辑》(上)，第 116 页。

⑥《南昌商会会长龚士材致范函》，见赵津主编《“永久黄”团体档案汇编——久大精盐公司专辑》(上)，第 19 页。

三、实施行业治理

随着精盐公司数量的增加，精盐业有了一定的发展。由于销售区域和销售数量受到极大限制，精盐市场竞争激烈。北京政府末期，政局陷入混乱，为了争取盐利、对抗旧盐商，精盐业的同业合作倾向骤增。1926 年，精盐行业组建精盐总会，采取行业治理。[①]

（一）精盐业内部竞争与矛盾

1914 年久大精盐厂设立，1916 年精盐出现在天津食盐市场。精盐业经过十年发展，“批准之公司已近二十家，核准之产额已及二百万担，每年负担之盐税已占全国税额十分之一”。[②]精盐公司增多引起产额增加，销量随之递增，而销售区域得不到扩充，仍以通商口岸为主。有限区域内，精盐销售的自由竞争逐渐变质。比如，1924 年，久大、通益在汉口恶性竞争。据汉口支店经理许炳锜汇报：“通益溢斤半年以来，我店生意零落异常，各分销即属通益缺档时节，亦不来照顾，竟有坐候其来者，我减斤彼亦减斤，我减价彼亦减价，我出血，彼出汗，有时不出汗而犹凉爽，半年以来，猖獗愈甚，令人发指。”[③]久大采取措施应对，恶性竞争持续到 1925 年底。“通益自我放三斤之后，彼虽尚有溢斤，究已减少，不免叫苦。不过我们亦自吃苦不少，现在分销趋势已向我公司，与上半年情形相反，但通益诡计百出，非时时注意对付，总怕上当。”[④]其实，双方也明知恶性竞争最终是两败俱伤，反而便宜旧盐商。所以，久大、通益在竞争同时谋求合作。

（二）汉口精盐公会

久大、通益深受竞争之害，为了减少损失，双方考虑合作。1925 年夏，久大汉口支店接洽通益汉口经理黄文植，商谈合作事宜。许炳锜向范旭东汇报：“黄文植已来，事已与之接洽，大表同意。”“我与文植说明，久大、通益性质不同，久大为支店，通益为包销。所以销数多寡，久大尤为重视，在所必争。而有限公司之利益，久大例可以放松。要而言之，有限公司之股份，久大得半数，即使所谓过半亦所过无多也。惟销数应居各公司之上，即以久大资格论，亦应在通益之上。通益总公司知之，亦无话

① 长期以来，精盐总会未能得到学术界足够重视，尚未出现专论成果，即使涉及的也是不多。

②《精盐公会章程草案附呈文愿书及第一次议事录》，见赵津主编《“永久黄”团体档案汇编——久大精盐公司专辑》（上），第 321 页。

③《范旭东与久大各厂处负责人的往来函件卷》，见赵津主编《“永久黄”团体档案汇编——久大精盐公司专辑》（上），第 327-328 页。

④《范旭东与久大各厂处负责人的往来函件卷》，见赵津主编《“永久黄”团体档案汇编——久大精盐公司专辑》（上），第 330 页。

说也。”[①]1926 年正月，经过半年的磋商，久大、通益最终订立契约，成立大同字号，承包久大、通益和永裕三家公司的精盐在湖北省行销。[②]同时，久大在汉口设立办事处，将汉口、沙市、九江、安庆、芜湖五店事务归汉口办事处调度。

1926 年，前来汉口售卖精盐的公司越来越多，精盐销售市场压力倍增。农历三月十八日，久大联合奉天、利源公司，在汉口成立精盐公会，公会的首要职责就是公卖精盐，“所有久大、通益、永裕、奉天、利源五公司精盐，概归公会公卖处发售”[③]。汉口精盐公会的成立，是精盐业发展的结果，推行精盐公卖是精盐行业发展的一项重要举措。第一，公卖建立良性竞争秩序，降低成本，保证基本利润。第二，公会实施同行监督，减少缺斤少两、以次充好的不良现象，维护市场秩序。第三，公会促使各公司自我约束，提高公司的信用和名誉。总之，同业合作成为精盐业发展的趋势。

（三）精盐总会

鉴于精盐业的发展及处境，久大等精盐公司仿效旧盐商公所公会，发起设立精盐同业组织。1926 年 9 月，久大、通益、永裕、利源、奉天五家精盐公司联合呈文盐务署，申请成立精盐公会：

> 查旧盐商本有公所公会之设立，然皆限于一地，偏于一业，或为岸商，或为场商，类皆分岸为业，各自组织。而精盐则于制造运输兼于一身，营业区域不限一地，既不类于旧盐商之组织，又非工商业之小组合可比。近来银行、渔业、林业均有公会组织，以便对内联合团体，对外整齐行规。何况精盐上关国课，下系民食。公司虽仅十余，行销几遍全国。且制造之改良，运输之联络，价格之高下，衡量之轻重，均非有同业会议不足以示划一而免纷争。近来各省官厅对于精盐时有咨询接洽事件，而公司散步各地，函牍往返，经年累月，殊不足以仰副中外官厅殷殷下询之意。公司等爰本此意，发起全国精盐公会，上则对政府为承转之机关，下则对同业为协议之组合。[④]

上述呈文首先指出精盐商与旧盐商的区别，接着以其他行业组织为例，阐明精盐公会建立的必要性。为了强化行业凝聚，对内施行行业治理，对外增强行业竞争力，呈文附上《精盐公会章程草案》5 章 22 条。盐务署据呈文“咨商”农商部，认为该五家精盐公司“既引用同业公会名义，其组织又与通行公会规则全不相符，不但于法令

---

① 《范旭东与久大各厂处负责人的往来函件卷》，见赵津主编《“永久黄”团体档案汇编——久大精盐公司专辑》（上），第 339-340 页。

② 《合办大同字号契约底稿》，见赵津主编《“永久黄”团体档案汇编——久大精盐公司专辑》（上），第 342-343 页。

③ 《各埠设立支店卷》，见赵津主编《“永久黄”团体档案汇编——久大精盐公司专辑》（上），第 344-345 页。

④ 《精盐公会章程草案附呈文愿书及第一次议事录》，见赵津主编《“永久黄”团体档案汇编——久大精盐公司专辑》（上），第 321 页。

苦无根据，且与同业公会规则诸多抵触，殊属碍难照准”。[1]于是，精盐公会更名为精盐总会，并修正《精盐总会章程草案》，其中第五条划定工作范围：“（1）关于主管或其他官厅委托咨询及请愿于官厅事件。（2）关于各公司之公断调解及协商事件。（3）关于调查统计及出版事件。（4）关于其他有益于精盐公司事件。”[2]精盐总会的实际工作包含：（1）对精盐同业内部公益事项做必要联系；（2）办理联运；（3）办理缴税补税；（4）对盐务署、盐务稽核总所及财政部办理生产运输销售事宜。规定每销售精盐一担缴纳会费银洋 2 分以备开支。[3]

1927 年 3 月 1 日，精盐总会在北京成立，并发表《精盐总会宣言》。该宣言剖析盐政“窳弊”，指责专商“以泥沙汗秽食国人”，叙说精盐创办缘由，历数专商“消极不自策励，更积极以肆行破坏”，制造种种障碍，阻止精盐业发展，最后以宏愿相约于专商，“果能使国人溥食精盐，敝会同业求仁得仁，自当相率歇业以谢诸专商，此固敝会所引跂以俟，同声以求仁者也”，以表精盐业之志趣。[4]全国 13 家精盐公司皆为会员，选定久大精盐公司的景学钤为会长、通益精盐公司的林子有为副会长。其余 11 家代表担任理事，共同组织理事会为总会权力机构，理事会设立总干事、秘书、会计、事务等工作人员分司其事。

综上所述，久大的创办带动精盐业发展，而精盐业除了技术革新与改良盐质外，更重要的是有利于中央集权的盐政管理。1919 年，盐务专家景学钤研究了精盐的优势，一是免除卤耗，二是易于缉私，三是便于征税[5]。景学钤的言论是在通益精盐公司创办后发表的，并非专为久大敷衍盐务部门而行。不论是免除卤耗，还是易于缉私，核心都是要保证盐税，稳定财政。久大之所以能够创办，精盐业之所以能够发展，因为其不仅不会危及盐务管理，而且简化盐务、增加盐税、利归政府，符合近代盐业经济内涵发展的基本趋势。所以，无论旧盐商群体绞尽脑汁地设计种种障碍，动用大量的人力物力企图扼杀久大，采取的措施花样百出、层出不穷，希望控制精盐业发展。但是，盐务稽核所和盐务署还是允许久大存在，希望精盐业发展。精盐不仅提供更多盐税，也提供更优质食盐。然而，精盐一方面行销于各通商口岸，有力冲击专商引岸制度；另一方面却受缚于专商引岸制度，产销受限，生产力的先进性未能长足发挥。

---

① 赵津主编：《“永久黄”团体档案汇编——久大精盐公司专辑》（上），第 323 页

②《精盐总会章程草案》，见赵津主编《“永久黄”团体档案汇编——久大精盐公司专辑》（上），第 324 页。

③《1926 年久大大事记》，见赵津主编《“永久黄”团体档案汇编——久大精盐公司专辑》（下），第 712 页。

④《精盐总会宣言》，《银行周报》，1927 年第 11 卷 21 期。

⑤ 李白：《精盐之前途》，《盐政丛刊》（二集），1932 年，第 20-21 页。

宋代四川食盐政策变迁刍议

杜　倩　温之瑢[1]

摘　要： 宋代建朝伊始，就面临巨大民族压力，因此加强了对国计民生的掌控。宋代四川井盐生产，因庆历仁宗年间“卓筒井”的出现进入发展繁荣期。而四川盐产量猛增，使得北宋政府不断调整食盐榷卖政策，做出一些有利新尝试，制取最大盐业利润。南宋时，四川政治地位上升，使得南宋政府采取不同于北宋的食盐管理政策，试图在各方势力中寻找一个制衡点，以此稳定四川盐业生产秩序。有宋一代，政府在因时制利与因利制衡中，来回切换偏重点，使得四川盐业得以有序发展。而宋末兵戈扰攘，国家管控失衡，四川盐业也由此衰弱。

关键词： 食盐榷卖；制利；制衡；食盐政策

盐，为民生之根本。《管子・海王》曰：“十口之家，十人食盐；百口之家，百人食盐。”[2]王莽在诏书中曾说过：“夫盐，食肴之将。”[3]盐不同于其他物品，非编户齐民之家能生产，只能求助于市场。盐税成为古代国家财政重要来源之一。

目前学界对于宋代四川盐业的研究成果颇丰，主要集中在以下几个方面：（1）盐业制度。学界多侧重于宋代盐业生产的产运销环节，尤其是各环节中的生产关系、阶级结构、制度影响等方面。如吴炜的《四川盐政史》对自先秦到民国四川盐区的场地变迁、管理机构、赋税政策等做了详细研究[4]；戴裔煊的《宋代钞盐制度研究》，主要介绍宋代的钞盐制度，对四川盐产地的产量、运销等多有涉及[5]；郭正忠的《宋代盐业经济史》，该著对宋代盐业进行了系统阐述，涉及海盐、池盐、井盐的生产技术、运销

---

① 作者简介：杜倩（1997—　），女，四川宜宾人，云南大学历史与档案学院研究生，主要研究方向为盐业经济史。
温之瑢（1997—　），女，陕西榆林人，云南大学历史与档案学院研究生，主要研究方向为中国古代经济史。

② 黎翔凤撰，梁运华整理：《管子校注》，北京：中华书局，2004 年，第 1246 页。

③ 班固：《汉书》卷 24 下《食货志下》，北京：中华书局，1962 年，第 1183 页。

④ 吴炜：《四川盐政史》，成都：四川盐政史编纂处，1932 年。

⑤ 戴裔煊：《宋代钞盐制度研究》，北京：中华书局出版社，1981 年。

体制、销售管理制度、盐产盐利等方方面面[①]。（2）盐业文化习俗。如宋良曦的《盐史论集》，其中对与盐相关的民俗、建筑、信仰进行了深刻阐述[②]。曾凡英主编的《中国盐文化》（第 8 辑），该著内容涵盖盐文化传播、盐业古迹与地方利用、盐政盐法等[③]。（3）盐业生产技术。如彭久松、陈然的《四川井盐史论丛》，着重对宋代卓筒井的开凿过程、技术创新、社会意义进行了详细介绍[④]。林元雄、宋良曦等的《中国井盐科技史》，该著对井盐产地的地质、井盐开采技术、制盐技术等进行了系列阐释，对于井盐科学技术发展具有重要意义[⑤]。（4）私盐问题。如学者梁庚尧的《南宋盐榷——食盐产销与政府控制》，该著从不同角度分析了南宋盐业的地理分布、私盐的产生机理与各方防治措施等[⑥]。（5）国外研究宋代盐业研究成果多集中于日本学者[⑦]。（6）另外与宋代食盐相关论文不计其数[⑧]。

对于四川井盐在宋代突飞猛进的发展，学界以前多是归因于卓筒井带来的生产性变革[⑨]，但对于宋政府所处的特殊国际环境以及食盐管理模式方面的新尝试有所忽略。另外对因盐业生产技术提升而出现的新兴势力层和政府在面对各方势力进行盐业资源博弈时所扮演的角色研究还具有一定的学术价值。笔者认为，宋代四川井盐生产因卓筒井所带来的革命性技术加之宋代所处的特殊国家环境，使得宋代四川井盐管理政策不同于之前王朝的完全榷盐政策。四川井盐产量的猛增，使得宋政府加强了四川盐业管控力度，新设置的盐官机构为了各自利益展开激烈逐利，而政府以调控者自居，试图在各方势力均衡时找准时机，稳定地实现自身利益最大化。

---

① 郭正忠：《宋代盐业经济史》，北京：人民出版社，1990 年。

② 宋良曦：《盐史论集》，成都：四川人民出版社，2008 年。

③ 曾凡英编：《中国盐文化》（第 8 辑），北京：中国经济出版社，2015 年。

④ 彭久松、陈然：《四川井盐史论丛》，成都：四川省社科院出版社，1985 年。

⑤ 林元雄、宋良曦等：《中国井盐科技史》，成都：四川科学技术出版社，1987 年。

⑥ 梁庚尧：《南宋盐榷——食盐产销与政府控制》，台北：台大出版中心，2014 年。

⑦ 河上光一：《宋代盐业史的基础研究》，东京：日本吉川弘文馆，1992 年；佐伯富：《中国盐政史研究》，东京：日本法律文化社，1987 年。

⑧ 私盐问题参见郭正忠《宋代的私鹾案和盐子狱》，《盐业史研究》，1997 年第 1 期；史继刚《宋代私盐贩阶级结构初探》，《盐业史研究》，1990 年第 4 期；及《宋代私盐的来源及其运销方式》，《中国经济史研究》，1991 年第 1 期；罗益章《宋代官吏的私盐贩卖》，《盐业史研究》，1995 年第 2 期；姜锡东《关于宋代的私盐贩》，《盐业史研究》，1999 年第 1 期；盐文化问题参见戴中梁、沈明鸿《川盐文化传播的创新模式：文化认知结构重构的研究》，《盐业史研究》，2019 年第 2 期；张铭、李娟娟《川盐、民族与地方社会——历史时期川西南盐业发展研究》，《盐业史研究》，2019 年第 1 期；赵小平、胡月《川滇盐文化比较研究》，《中国盐文化（第 9 辑）》，2017 年；盐产及产地参见林文勋《北宋四川盐产量蠡测》，《盐业史研究》，1992 年第 1 期；朱圣钟《巴盐产地及其变迁——兼论盐业与巴人的关系》，《盐业史研究》，2019 年第 3 期；吉成名《论宋代土盐产地和崖盐产地》，《盐业史研究》，2009 年第 2 期。

⑨ 参见裴一璞《从宋代卓筒井开凿与禁驰转变看官民食盐利益的博弈》，《中国社会经济史研究》，2020 年第 4 期；钟长永《论宋代卓筒井的卓越成就》，《盐业史研究》，1998 年第 3 期；张学君《宋代四川盐业中的所有制变化》，《中国社会经济史研究》，1984 年第 4 期；郭正忠《宋代四川盐业生产中的资本主义萌芽》，《社会科学研究》，1981 年第 6 期。

一、前言

后周显德七年（960），后周殿前都点检赵匡胤发动陈桥驿兵变，被拥立为帝，建立宋朝，随后相继灭后蜀、南汉、南唐、北汉政权，结束了五代十国的乱世局面。赵匡胤在“乾德三年（965），平蜀，得州、府四十六，县一百九十八，户五十三万四千三十九”[①]，开始了对四川的管治。宋初，就面临着与少数民族政权竞争的生存压力，“为了维持自身政权的稳定性，宋政府积极通过财政手段攫取财赋来发展经济，并运用财政手段汲取物质资源来应对竞争”。[②]宋初承袭唐和五代以来的食盐专卖政策，对盐业的生产销售进行严格把控。宋代的四川为益州（成都府）、梓州（潼川府）、利州、夔州四路，辖50余州军。从其地理界限看，宋代的四川北到今甘肃陇南和陕西陕南，东到今湖北恩施一带，南到今贵州中北部，西南包括今云南昭通一带。四川井盐生产历史悠久，肇自战国时的秦，“秦孝文王以李冰为蜀守。又识察水脉，穿广都盐井、诸陂池，蜀于是盛有养生之饶焉”。[③]但在宋以前，国家盐利多仰仗东南淮盐，“蜀惟大昌一监，与十监之数殆无损益于国计”，[④]加之四川地处偏远，“川省盐井、茶园多产于深山密箐人迹罕至（处）”[⑤]，且井盐开采不同于海盐、池盐，开采成本极高且有终不见功者，低效利薄，政府多采取宽减盐课之策，安抚边远，以定人心。

北宋仁宗庆历年间（1041—1048），蜀地出现卓筒井，大文豪苏轼在其《东坡志林》中记载：

> 自庆历、皇祐以来，蜀始创筒井，用圜刃凿如碗大，深者数十丈，以巨竹去节，牝牡相衔为井，以隔横入淡水，则咸泉自上。又以竹之差小者，出入井中为桶，无底而窍，其上悬熟皮数寸，出入水中，气自呼吸而启闭之，一筒致水数斗。凡筒井皆用机械，利之所在，人无不知。[⑥]

“利之所在，人无不知”，这直接预示其日后的普及性、厚利性、科学性及无法禁绝性。卓筒井开凿相对于官井——大口浅井较为容易，“大抵深者半载，浅者月余，乃得一井成就”[⑦]。另外卓筒井井口相对于官井井口小很多，虽是作为“私井”出现，但便于遮盖隐藏，故能悄悄发展。卓筒井采用小口径深井钻凿技术，除了可以开采浅表

---

① 脱脱：《宋史》卷85《地理一·京城》，北京：中华书局，1977年，第2093页。

② 刘守刚：《中国财政史十六讲：基于财政政治学的历史重撰》，上海：复旦大学出版社，2017年，第134-139页。

③ 常璩：《华阳国志》卷3《蜀志》，济南：齐鲁书社，2010年，第31页。

④ 丁宝桢：《四川盐法志》卷20《征榷一》，清光绪八年（1882）刻本。

⑤ 丁宝桢：《四川盐法志》卷20《缉私一·编甲》，清光绪八年（1882）刻本。

⑥ 苏轼：《东坡志林》卷4《筒井用水鞴法》，北京：中华书局，2002年，第77页。

⑦ 宋应星著，潘吉星译注：《中国古代名著全本译注丛书·天工开物译注》，上海：上海古籍出版社，2016年，第57页。

层淡卤，还可以开采埋藏较深的黄卤，这极大地提高四川井盐产量。在最开始卓筒井不似官井受到政府盐规、盐课约束，加之为民自行经营，自负盈亏，自能殚精竭虑。卓筒井发展迅速，时任陵州知州的文同曾“访闻（井研县）豪者一家至有一二十井，其次亦不减七八……况复更与嘉州，并梓州路荣州，疆境甚密，彼处亦皆有似此卓筒盐井者颇多，相去尽不远，三、二十里，连溪接谷，灶居鳞次。”①另外夔州路、梓州路的少数民族聚居区也不可避免，“然忠、万、戎、泸间夷界，小井尤多”②。可见卓筒井虽是私井，但是高效、简易、利厚等优势，使其如雨后春笋般冒了出来。

二、北宋四川食盐政策

“私井”猖獗，豪民势力突起，打破了宋政府原有的食盐榷卖制度，为了加强管控，保证盐税，宋政府一面禁闭卓筒井，一面实行“抑配”政策。而卓筒井的关闭导致流民肆虐，社会动荡，北宋政府开始转换管理方式，放开官私界限，试图将私井合法化。另外宋夏战争爆发，边境战事吃紧，宋政府为攫取盐利，恢复传统榷盐制度，引起民沸。北宋政府开始尝试食盐买扑法，相对放宽政策，给予川盐市场自由之便利。

（一）严厉打击私盐

1. 关闭卓筒井，调解盐入川

卓筒井所产之盐被官方称为“私盐”，因其价廉质优，在四川食盐市场上迅速风靡，各路官井盐税大减。卓筒井受到各路官员强烈抵制，熙宁七年（1074）八月，市易司提出“尽填私井，而运解盐以足之”。③政府认为“私盐”之所以侵占川盐市场，是因为四川盐区盐产量不足，“由于益、利二路盐井较少不能满足当地食盐需求，自宋初以来，就断断续续地鼓励外来客盐入川贾易”。④在外盐入川中，多是官运解盐，蜀民食解盐已成为惯例。同时下令强制关闭卓筒井。朝廷禁绝卓筒井成效非常显著，很快就从“灶居鳞此”发展到“今本县（井研县）界内，已仅及百家”。⑤大量卓筒井被关闭，破产失业者不计其数，社会治安受到威胁。

2.“抑配”政策

所谓“抑配”政策即官方为完成食盐专卖销售额，强迫百姓购买官盐。“抑配”具体形式很多，在川主要表现为计口售盐，即按人口强制售卖官盐。因为“抑配”之官盐受政策扶持，大都价昂质劣，民众苦不堪言。有识的地方官员开始发声，嘉祐年间

---

① 文同：《丹渊集》卷34《奏为乞差京朝官知井研县事》，文渊阁四库全书影印版，1096册，第758页。
② 脱脱：《宋史》卷183《食货志下》，北京：中华书局，1977年，第4474页。
③ 李焘：《续资治通鉴长编》卷255，北京：中华书局，2004年，第6239页。
④ 孙雪华：《南宋四川地区的食盐政策研究》，重庆：重庆师范大学硕士学位论文，第7页。
⑤ 文同：《丹渊集》卷34《奏为乞差京朝官知井研县事》，文渊阁四库全书影印版，1096册，第758页。

（1056—1063），荣德县官员称“盐为吏克减，行旅不通，抑配齐民为害”。[①]强制摊派官盐，阻碍正常商业交往，使百姓饱受淡食之苦。元祐元年（1086）右司谏苏辙弹劾成都提点刑狱郭概观望阿附，且言：“四川数州卖邛州蒲江井官盐，斤为钱百二十，近岁碱泉减耗，多杂沙土，而梓、夔路客盐及民间贩小井白盐，价止七八十，官司遂至抑配，概不念民朝夕食此贵盐。”[②]可见官府强制摊派的官盐，不仅有杂质，价钱还高小井白盐近一倍，朝廷内部官员亦对此不满，这为后面弛禁卓筒井做了铺垫。

（二）弛禁卓筒井

英宗治平（1064—1067）年间，因为之前对卓筒井的严厉打击，引发了西川食盐危机。为缓和社会矛盾，官府一度放开卓筒井经营，至熙宁年间（1068—1077），官盐经营已举步维艰。神宗曾与时任起居注的沈括谈论私盐解决方法，问是否加强缉私力度，尽填私井（之前只是关闭私井，不允许私下新凿私井），不足之地运解盐足之，沈括回曰：

> 私井既容其扑买，则不得无私易，一切实之而运解盐，使一出于官售，此亦省刑罚笼遗利之一端；然忠、万、戎、泸间夷界小井尤多，止之实难，若列候加警，恐所得不酬所费。[③]

沈括认为将私井尽填，官运解盐来解决私盐猖獗现象，是顾此失彼，而且小井多不胜数，加大打击力度，只怕是入不敷出。但沈括的建议只是暂缓关闭卓筒井，私井与官井矛盾升级，不久就尽填私井。此次严厉打击卓筒井，带来了巨大的损失，“惟成都路尽行闭塞。煎井之家，由是失业。”[④]这时有识官员开始建议“开放”卓筒井，罢官榷解盐，如侍御史周尹建议：“成都府路素仰东川产盐，昨转运司商度卖陵井场，遂止东盐及闭卓筒井，失业者众，言利之臣，复运解盐，道险续运甚艰；成都盐踊贵，东川盐贱，驱民冒法。乞东川盐仍入成都，勿闭卓筒井，罢官运解盐”[⑤]。周尹建议东川盐入成都，川内食盐自产自销，证明川盐已摆脱依赖外省供给食盐的局面。这也从侧面反映卓筒井带来的革命性生产技术。宋朝廷在元祐四年（1089）下诏：“成都府路现管盐井一百六十余井，立为定额，不问大井及卓筒，并不禁止。若遇盐泉枯竭，许于元井侧近开卓取水，以补元额井数，依条差官榷定认纳课额。其枯竭元井，却行栈闭，仍不得于创于他处及额外增添开卓。”[⑥]成都府路素为川盐区之标杆，且受关闭卓筒井影响甚巨，现在已将卓筒井与大井并行设立盐课，收取盐税，可见官方已默认卓

---

① 赵熙总：《荣县志》之《物产第六》，台北：中华书局，1988 年，第 388 页。
② 脱脱：《宋史》卷 183《食货志下》，北京：中华书局，1977 年，第 4474 页。
③ 脱脱：《宋史》卷 183《食货志下》，北京：中华书局，1977 年，第 4474 页。
④ 舒大刚主编：《巴蜀文献》第 2 辑，成都：四川大学出版社，2015 年，第 233 页。
⑤ 脱脱：《宋史》卷 183《食货志下》，北京：中华书局，1977 年，第 4474 页。
⑥ 李焘：《续资治通鉴长编》卷 421，北京：中华书局，2004 年，第 10195 页。

筒井的存在，并将其纳入官方财政体系，这也为之后四川井盐业的兴盛做了铺垫。

（三）新的食盐经营方式——买扑

"'买扑'制是宋朝在工商业领域实行的一种私营工商税制度。经营者如要从事某种关系国计民生的工商实业，按规定预付一定的税金即可。"①食盐买扑经营在四川实行得比较早，宋初严格实行食盐专卖制度，对外"划界行盐"，川内则是"大为监，小为井，监则官掌，井则土民干鬻，如其数输课，听往旁境贩卖，唯不得出川陕"。②可知最开始四川井盐生产分为监、井两种，监为官方经营，井则民出资购买经营权，上缴一定盐课，只能在川内售卖。卓筒井屡禁不止后，政府只能转变管理模式，而盐民自负盈亏的买扑制成了第一选择。

文同曾在神宗熙宁四年（1071）上谏：

> 上件陵井监，官中自可端然收纳美利。臣当试约之，除余利可以沾及买扑人外，依卓筒小井课利，用五分折纳钱绢，官中并无糜费，岁可获一万三千八百余绢帛，并见大钱七千二百余贯。③

文同作为地方官员，"出于畎亩，粗谙民间细务"，④亲眼见证了卓筒井给百姓生活带来的便利，而关闭卓筒井只是治标不治本，故率先提出实行买扑法。私盐屡禁不止，而盐业市场受到极大破坏，地方政府盐课无法完成，业绩受损，整个社会动荡不安。买扑法最早是应用于酒茶业，通过买扑可以省去食盐产运销各环节，节省大量人力物力，只需要收取商业税即可。而盐业上实行买扑法也是一样，既然私货无法禁绝，自然只能设法纳入正常国家财政体系，实现双赢。到元丰年间（1078—1085），四川各路官井基本推行了买扑承包制，其实际效果也证明食盐买扑制度其盈利性不减食盐官榷制度。梓州路政府统计时指出："堪会本路州军，百姓买扑盐井，系认定额收数，并与年额一般，别无增亏及祖额数目。"⑤宋政府在实行食盐买扑制度后，基本将原来民间私有的卓筒井纳入官方控制范围。

三、南宋的食盐政策

（一）引盐法

南宋政府偏安江南一隅，四川由北宋时偏远之地一跃成为南宋战略要地，加之北

① 张学君：《宋代四川盐业中的所有制转化》，《中国社会经济史研究》，1984 年，第 4 期。
② 脱脱：《宋史》卷 183《食货志下》，北京：中华书局，1977 年，第 4471 页。
③ 文同：《丹渊集》卷 34《奏为乞免陵州井纳柴状》，文渊阁四库全书影印版，1096 册，第 756 页。
④ 文同：《丹渊集》卷 34《奏为乞差知洋州一次状》，四部丛刊景明汲古阁刊本。
⑤ 刘琳、刁忠民等校点：《宋会要辑稿》"食货"23 之 12，上海：上海古籍出版社，2014 年，第 6494 页。

宋时四川食盐产量猛增，其巨大的盐利收入使其成为南宋政府的重要财源。高宗时，朝廷犹豫是否让张浚宣抚川陕时，时任监登闻检院汪若海曾言："天下者，常山蛇势也。秦蜀为首，东南为尾，中原为脊。今以东南为首，安能起天下之脊哉？"[①]若南宋政府想要恢复霸业，"必在川陕"[②]。靖康之变，四川稳定的社会秩序被打破，川陕成为战争前线，而"盖昔者张浚既失五路，力不足以养兵"，[③]巨大赡军费用使得宋廷不得不改变四川财政管理方式，而盐政成为改革重中之重。另外四川财政由于地处偏远，加之钱币与朝廷不通（为铁钱使用区），赋税虽轻但军旅饥馑时不受朝廷资助，和平之际尚可安稳过日，多事之秋，只能地方敛财以应急需。地方不受限制攫取财赋，这加剧四川动荡环境，故建炎三年（1129），高德宗颁布诏令：

> 访闻川路盐井有岁久井水耗淡、煎盐不成去处，人户乞封闭井口。缘州县虑减损课额，例不肯相验封闭，人户至有破产者，以此民间不敢告发新井。若州县不惮相验封闭，即人户告发必多，公私两便。令逐路漕臣躬亲按视，详加体究，如有抑勒人户、不肯封闭官吏，奏劾，取旨施行。[④]

对于卤水干涸之盐井，州县为了牟利依然为其安排盐课不肯验收关闭，使得无法出盐的盐户仍然承担不合理盐税，官民矛盾日趋激烈。宋廷让漕臣亲自验收盐井，这样使得"州县仰给"的盐利成为宋廷之纳税盐井。宋廷这样做，是因为四川盐利已成为国家财政之重，又加之四川在南宋的重要战略地位，只有使四川财政集中于国家，才可以更好抵御外界侵犯。

绍兴二年（1132），"初，成都、潼川、利州路十七州盐井户，自元丰间，岁输课利，钱银绢总为直八十万缗。比军兴，所输已增数倍"。[⑤]即使盐课已增数倍，但还是不足以应对庞大军需开支，政府也加强了对私井的管控力度。时任川陕宣抚使的张浚，任用赵开为随军转运使，负责推行新盐法，即引盐法，亦称引法或合同法。"绍兴二年秋，赵应祥（赵开）总计始变盐法，尽榷之，仿蔡京东南、东北钞盐条约，置合同场以稽其出入……始赵应祥之立榷法，令商人入钱请引，井户但如额煮盐，赴官输土产税而已。"[⑥]赵开的引盐法与蔡京在东南、东北实行的钞盐法有些许不同，废除了官买井户盐再售卖给商人的中间环节。商人与井户直接交易，省去中间商，可以更好保证盐质、控制盐价，而政府也可省去雇佣管理相关事务之人费用，直接收缴一定的引税、过税、住税即可。梁庚尧在《南宋盐榷》里明确指出："赵开新盐法的重点，一方面在

① 脱脱：《宋史》卷 404，北京：中华书局，1977 年，第 12218 页。
② 脱脱：《宋史》卷 404，北京：中华书局，1977 年，第 12218 页。
③ 袁燮：《絜斋集》卷 4《奏疏 · 论蜀札子》，北京：中华书局，2011 年。
④ 刘琳、刁忠民等校点：《宋会要辑稿》"食货" 25 之 34，上海：上海古籍出版社，2014 年，第 6553 页。
⑤ 李心传：《建炎以来系年要录》卷 58，北京：中华书局，1988 年，1013 页。
⑥ 李心传撰；徐规点校：《建炎以来朝野杂记》甲卷 14《蜀盐》，北京：中华书局，2000 年，第 299-300 页。

于将盐课重心转移到盐商身上，另一方面则私盐与官盐一样尽归官府控制。”[①]这样一来，南宋政府在四川的榷盐产量直线上升，榷盐收入也创历史新高，“合三路所输至四百余万缗，而夔州路十三州及隆、荣、邛、岷诸州官煎者不与焉”[②]。榷盐收入之新高，除了引盐法起效外，还应该与卓筒井数量激增有关，但总的来说引盐法成效显著，故南宋较长一段时间皆行用引盐法。

（二）宽减虚额，落实推排

四川地处盆地，亚热带季风性气候，夏季雨水充沛，而“四川的自然地理环境特点决定了其盐井分布在“山脉绵亘、川流环曲之处”。[③]这些盐井轻则雨水渗漏以致停煎，重则盐井坍塌至废弃。另外，“始赵应祥之立榷法也，令商人入钱请引，井户但如额煮盐，赴官输土产税而已。然咸脉盈缩不常，久之，井户月额不敷，则官但以虚钞付之，而收其算，引法由是坏”。[④]井盐开凿不同于海盐、池盐，卤水浓淡有无都是不可估计之事，还常有数十年不见水者。不确定的井盐产量，加之自然灾害频发，十之八九的盐井户都处于入不敷出的境地。官府的盐课、盐息及额外土产税、增添钱等，却只增不减，大量井户破产失业。更有甚者，为了躲避官府督责，抛弃盐井，背井离乡。另外南宋引盐生产主要来自卓筒井，而还有一定量官盐与之抢夺市场。有宋一代始终贯彻“划界行盐”，加之“近来边备不严，沿边之人多自虏境盗贩解盐，私入川界，侵射盐利”[⑤]。盐引居高不下，而盐产不定，引盐行销又受到地域限制，加之私盐不断侵扰市场，官盐受到保护，川内的食盐存货量应该已经远大于食盐需求量，这些造成了引盐滞销。

井户破产、商人利损、盐税不足，民商官都苦不堪言，南宋政府长期致力于此的解决方法就是盐课宽减，希望可以减轻井户负担，促进盐业生产。淳熙年间，四川制置胡元质建议落实盐井推排工作，即“择能吏前往，逐州考核盐井的实盈亏之数，先与推排等等，随其盈亏多寡而增损之”[⑥]。这次推排工作持续了三年，直到淳熙六年（1179）才结束，胡元质会同四川总领程介将结果呈报宋廷：

> 四路产盐三十州，见管盐井二千三百七十五井、四百五场，内除依旧额煎输一千一百七十四井，一百五十场别无增减盐数外，其因今来推排，或因自陈，或纠决情愿增额者，计一百二十五井、二十四场，并今次渲淘旧井亦愿入籍者，计四百七十九井，其委实无盐到场之井，即与栈闭，尽令除豁；其有不敷旧额、陪抱输纳者，即斟酌轻重，量与减放，共计合减钱引四十万

① 梁庚尧：《南宋盐榷》，台北：台大出版中心，2014 年，第 421 页。
② 李心传：《建炎以来系年要录》卷 58，北京：中华书局，1988 年，第 1013 页。
③ 曾仰丰：《中国盐政史》，北京：商务印书馆，1998 年，第 53 页。
④ 李心传撰；徐规点校：《建炎以来朝野杂记》甲卷 14 蜀盐，北京：中华书局，2000 年，第 299 页。
⑤ 刘琳、刁忠民等校点：《宋会要辑稿》食货 28，上海：上海古籍出版社，2014 年，第 6610-6611 页。
⑥ 无名氏，李之亮点校：《宋史全文》卷 26 上，哈尔滨：黑龙江人民出版社，2005 年，第 1819-1820 页。

九千八百八十八道，以诸州增额盐钱引等，共计增收钱引十三万七千三百四十九道，补合减数外，尚余对减未尽钱引每年计二十七万二千五百余道。其合对补钱数，令总领所措置圆融，每岁抱认对补钱引十七万二千五百余道，其余钱引十万道，乞于总领所每年桩管。昨来对减酒课，用不尽钱一十二万六千四百余道，内取拨十万道对补上项合减之数，庶几四川州、县井户民人免四五十年困重额之患。[①]

由报告可知，此次推排涉及盐井总数、新旧程度、查封枯井、宽减盐课、补偿措施等，若能严格落实，自然可缓解紧张局势，但并不能从根源解决问题。无论是之前推排还是之后绍熙三年（1192）四川总领所杨辅所采取的措施，地方政府都虚与委蛇。“为吏不公”才是南宋四川盐业亟待解决的问题，而地方政府政绩与盐课挂钩，另外盐课外的盈余为地方政府所私有，自然盐课额越高越好。“益、梓、利、夔四路盐课，县官之所仰给”，甚至“井源或发或微，而责课如旧，任事者多务增课为功”，以致朝廷为优恤盐户“多为减，至下赦书，亦每及之”。[②]若想从根本上根除盐业弊端，还得需要官府建立完备的食盐产运销管理体制。

四、食盐政策变迁探析

纵观有宋一代，四川食盐政策、管理模式的变迁，基本是围绕中央与地方政府的财政需求出发的。不管是北宋初严格食盐榷卖到允许卓筒井存在再到买扑法，还是南宋初的引盐法到后续整饬、宽减虚额，都是不断将食盐收入纳入官方财政体系的过程，最终目的是为攫取最大化食盐利润。因特定时机而做出最有利食盐政策调整来制取最大利益，这是宋代政府处理四川盐业的基本思路。整个宋朝，都是处于严重民族危机之中，从一开始就奠定了有宋一代外患不断的基调。

（一）因时制利：川盐政策严苛—松弛—官私合流

宋初基本稳定生产生活秩序后，宋太宗遂于太平兴国四年（979），“亲征幽州”[③]，“诏市吏民马十七万匹”，[④]进攻辽国扶持的北汉，企图一举收复幽云十六州，开始了长达25年的宋辽战争。之后元昊又反，“聚兵西鄙，并边入中刍粟者寡。县官急于兵食”。[⑤]北宋与辽、西夏无止境的战争，使得军事需求猛增，大量军备需求使得宋初就开始比

① 刘琳、刁忠民等校点：《宋会要辑稿》食货28，上海：上海古籍出版社，2014年，第6608-6609页。
② 陈均：《皇朝编年纲目备要》卷13《仁宗皇帝》，北京：中华书局，2006年，第295页。
③ 脱脱：《宋史》卷198《兵志》，北京：中华书局，1977年，第4587页。
④ 脱脱：《宋史》卷198《兵志》，北京：中华书局，1977年，第4933页。
⑤ 脱脱：《宋史》卷183《食货下》，北京：中华书局，1977年，第4416页。

前代更为严苛的食盐专卖制度，而四川即是“川峡承旧制，官自鬻盐”[①]，严格执行“划界行盐”。但随着卓筒井问世，井盐产量猛增，新的势力层出现，即豪民，也称富户。“豪者一家至有一二十井，其次亦不减七八”，且“每一家须役工匠四五十人，至三二十人者”[②]。豪民作为私井——卓筒井的代理人，一开始就是官方打击的对象。“豪民黠吏，相与为奸，贱市于官，贵粜于民，至有斤获钱数百，官亏岁额，民食贵盐。”[③]卓筒井的出现，使得官盐销量大减，而掌握卓筒井的豪民，成为官方维持地方统治的隐患，所以政府一开始严厉打击卓筒井。但卓筒井的高效性、便利性、盈利性优势使其势不可挡地发展起来，加之卓筒井带来的巨额盐利，使得靠此为生群体，日渐壮大，严厉禁止只能带来社会动乱，宋政府只能转换管理模式，以弛禁去制取最大利益。而仁宗庆历年间，“自元昊反，聚兵西鄙，并边入中刍粟者寡。县官急于兵食，且军兴用度调发不足，因听入中刍粟，予券……偿以池盐……又禁商盐私入蜀”。[④]

宋夏战争的爆发，使得宋政府再次允许解盐入川，以获取大量榷卖盐利来筹备战略物资。但强制解盐入川榷卖，造成“使之通流不能成弊者，犹有余议”[⑤]。文同作为亲眼见证卓筒井对井户、百姓、商人等生活带来巨大影响的地方官员，在解盐榷卖行之不通时，提出实行食盐买扑制度。虽然当时朝廷并未采纳，但没过多久四川各路基本实行了食盐买扑制度，使得政府盐利收入与榷卖时“并无增亏”。此时辽已是强弩之末，北宋趁机和金达成海上之盟，企图一举收复失地，但岂料“靖康元年春正月，金人犯京师，军于城西北”[⑥]，挟徽、钦二帝，一路扫荡北归，宋王朝府库蓄积无存，北宋亡。

（二）因利制衡：川盐政策更为严苛—调控—失衡

在北宋时，路转运司管辖各路盐业，“夔路郡守、监司、帅臣皆在三路之下，独漕为八监司之最，盖专一路盐利故也”[⑦]，漕即转运司。徽宗时曾设置提举茶盐司分转运司的盐权。而南宋政府建朝伊始，就面临着巨大国耻和百废待兴的社会环境，另外加之政治中心的转移，四川一跃成为战略要地，这些都使得南宋政府亟须转变盐业管理模式。绍兴年间（1131—1162），因宋金战争爆发，朝廷为筹备军粮，派张浚出使川陕，设四川总领所，总领全路财赋，以求提升地方财政力量。张浚命赵开改革四川盐政，不久推出引盐法。盐商纳钱得盐引，并在缴纳住税、过税等后，直接与井户对接取盐销售。政府也不再对井户设置定额盐课，但井户与盐商之间每月有定额盐引，官府不

---

① 脱脱：《宋史》卷183《食货下》，北京：中华书局，1977年，第4471页。

② 文同：《丹渊集》卷34《奏为乞差京朝官知井研县事伏》，文渊阁四库全书本。

③ 脱脱：《宋史》卷183《食货下·五》，北京：中华书局，1977年，第4472页。

④ 李焘：《续资治通鉴长编》卷135，北京：中华书局，1995年，第3215页。

⑤ 傅增湘：《宋代蜀文辑存》（第2册）卷17《论官场榷盐宜预为计度状》，北京：北京图书馆出版社，影印本，2005年，第306页。

⑥ 脱脱：《宋史》卷24《高宗一》，北京：中华书局，1977年，第439页。

⑦ 祝穆：《方舆胜览》卷51《成都府》，北京：中华书局，2003年，第904页。

再承担盐课不足的风险。盐商凭借盐引购盐、运盐、销盐，使得政府加大了对卓筒井的控制，食盐来源去向从此光明化。四川总领所获得至高无上的盐税权，这大大加强了南宋政府对于地方财政的管控力度，很好缓解军兴不疲状况。而“总所自榷，州不与焉”[①]，这引起其他机构不满。在孝宗淳熙十四年（1187），大臣上谏：总领所擅用盐权，请“下制置司措置”[②]。可知四川总领所盐权已受四川制置司辖制，不得一方独大。另外四川制置司虽然位高权重，“安抚使、发运、监司、州军官，并听制置司节制”但“其他刑狱、财赋付提刑、转运”[③]。南宋政府利用四川各级官府的不同盐权，将地方财政、军事进一步分权，予之制衡。

关于引盐法实际效果，《建炎以来朝野杂记》里记载：

> 蜀盐自祖宗以来，皆民间自煮之，岁输课利钱银绢总为八十万缗。绍兴二年秋，赵应祥总计，始变盐法，其后递增至四百余万缗。休兵后数减之，今（嘉泰中）犹存三百余万。[④]

而此时川陕战场，“兀术攻和尚原，吴玠及弟璘力战，大败之，兀术仅以身免”，[⑤]“经营仙人关右杀金平，创筑一垒，移原兵守之”[⑥]。和尚原与仙人关之战，使得川陕战场防务已趋于稳固。岳飞此时趁机北伐，收复今豫西、陕南大片失地，整体战场呈现有利宋军态势。但岂料“秦桧力主议和，大将岳飞有战功，金人所深忌，欲除之，胁飞故将王贵上变，逮飞系大理狱，先命铸鞫之”。[⑦]该年十一月，宋金达成绍兴和议，宋金以淮水、大散关为界，形成长期对峙局面。和议局面的促成，这离不开四川盐赋的鼎力支持，以及南宋政府在地方盐权相争时左右利益制衡。

宋金对峙时，战火只发生在川陕交界的蜀口一带，四川腹地较为平稳，和议之后，四川财政压力减轻，而引盐法已经积弊丛生，亟需整饬。绍熙年间，四川制置使胡元质建议全面落实盐井推排工作，并言：“盐井推排，所以增有余减不足，有司务求盈余，盈者过取，涸者略减，尽出私心。今后凡遇推排，以增补亏，不得踰已减之数。”[⑧]经过对盐井的仔细推排，使得大量干涸、受损盐井得以关闭或减免盐课，虚高的盐引额也得以宽减。以至于“自庆元后，州县及井户稍舒”[⑨]，井户、盐商、政府的激烈矛盾得以缓和，食盐生产秩序得以稳定推进。

---

① 魏了翁：《鹤山集》卷 78《朝奉大夫太府卿四川总领财赋累赠通议大夫李公墓志铭》，文渊阁四库全书本。

② 佚名：《皇宋中兴两朝圣政》卷 63《孝宗皇帝》，南京：江苏古籍出版社，1987 年，第 1988 页。

③ 脱脱：《宋史》卷 167《职官志七》，北京：中华书局，1977 年，第 3056-3960 页。

④ 李心传撰；徐规点校：《建炎以来朝野杂记》甲卷 14《蜀盐》，北京：中华书局，2000 年，第 299 页。

⑤ 脱脱：《宋史》卷 26《高宗三》，北京：中华书局，1977 年，第 491 页。

⑥ 脱脱：《宋史》卷 366《吴玠传》，北京：中华书局，1977 年，第 11411 页。

⑦ 脱脱：《宋史》卷 380《何铸传》，北京：中华书局，1977 年，第 11708 页。

⑧ 脱脱：《宋史》卷 183《食货志下》，北京：中华书局，1977 年，第 4475 页。

⑨ 李心传撰；徐规点校：《建炎以来朝野杂记》甲卷 14《蜀盐》，北京：中华书局，2000 年，第 299 页。

“金朝灭亡，宋、蒙失去缓冲地带，双方之间的战事不可避免。”[①]宋蒙战争的爆发，使得四川由战略要地一跃成为国防重地。此时四川经过吴曦叛变和金兵侵扰，处于“关隘疏鲁，旧来备御去处未暇尽修，而损之又损”，[②]蒙古势力南下，持续的战争造成了四川人口凋敝，工商业颓废，社会经济急速衰退。本来就积弊丛生的引盐法，在战火硝烟中走向衰败。巨大的战争消耗，财政紧缺，使得南宋政府再也无暇顾及盐法问题，失去了利益制衡者的四川盐业，也迅速在战火衰败。

五、结论

宋政府川盐管理政策的变迁，反映出其面对不同局势，因时制宜，制定最有利政策。宋代建朝伊始，就面临着巨大外部军事压力，要求严格实行食盐榷卖制度，加大财政管控力度。在卓筒井问世，豪民势力层成为地方财政支撑者时，宋政府毅然决然严厉打击卓筒井，维护传统榷盐政策。私盐因其物美价廉优势，完全打破官盐市场，成为四川盐区的主导，宋政府只能因时制利，在战事稍缓时，予以弛禁，试图将食盐利润纳入官方财政体系。在元昊起兵后，战事吃紧，宋政府立马恢复解盐榷卖，但造成“民食贵盐”，商贾破产，官员盐课不足，社会稳定性受到威胁。宋政府转换食盐管理模式，实行买扑法，将私盐纳入正规赋税渠道，社会也得以安定。南宋政府偏安一隅，四川成为战略要地。靖康之耻当前，四川军兴不断，开始实施盐商直接与井户对接的引盐法，官府获利不菲。同时给予各级官府不同盐权，实现利益制衡。在宋金对峙期间，南宋政府开始整顿引盐法，宽减虚额，实行推排等，使得四川盐区盐政得以正常推行。而宋蒙战争时，政府自顾不暇，四川盐区盐政积重难返，最终在绵绵战火中走向没落。

---

① 贾大泉、陈世松主编：《四川通史卷 4 五代两宋》，成都：四川人民出版社，2010 年，第 35 页。

② 魏了翁：《鹤山全集》卷 37《黄制置》，四部丛刊景宋本。

盐文化

自贡盐文化研究传承价值略论

刘易书　刘小文[①]

摘　要： 在近 2 000 年的盐业生产历史中，自贡因盐而兴、因盐而盛，形成了丰厚的盐文化遗存。自贡盐文化以其悠久的历史与丰富的内涵，对中华优秀传统文化研究与传承具有重要意义。

关键词： 自贡；盐文化；历史影响；研究传承

一、自贡盐文化基本概念

盐文化是以盐和盐业为载体的一切文化事象的总和，涵盖了物态文化、心态文化、制度文化和行为文化。四川盐文化系井盐文化，以自贡地区为主体与典型代表。四川省委《关于努力推进哲学社会科学事业繁荣发展的意见》（川委发〔2004〕13 号）明确将 "三星堆文化""金沙文化""井盐文化""三国文化" 和 "红军精神" 列为必须着力研究开发的全省特有的五大历史文化遗产。

根据宋良曦先生研究与概括，自贡盐文化主要内容有：

① 盐业文献：盐业史籍、档案、契约、账册。

② 盐业遗址：古近代井盐生产遗址、现场。包括散处于全自贡地区的灶房、井架、柜房、盐垣、自流井古近代顿钻工具群、天然气采输、制盐工具群等。

③ 盐业建筑：盐业历史建筑、街道，含盐商会馆、盐工会馆、行帮会馆、盐商住宅、寨堡、祠堂、盐业机构、公所、塔坊碑桥、摩崖造像。

④ 盐业饮食：独具风味的盐帮菜肴，统称 "盐帮菜"，分盐商、盐工、会馆菜美食系列，以及具有盐都特色的名优食品。

⑤ 盐业民俗：盐场传统民俗风情与地方会节。除闻名遐迩的自贡灯会外，还有王爷庙会、牛王会、土地会、盂兰会、转灯会、放水节、灯竿节等。

⑥ 盐业技艺：盐业相关和由盐业派生的民间艺术、地方文艺。如资阳河派川剧、围鼓、盐工歌舞、盐场号子；工艺美术品如龚扇、彩灯、扎染、剪纸、糖人、面人、木人等。

---

① 作者简介：刘易书（2000—　），女，河南大学文学院在读学生。
刘小文（1974—　），男，四川轻化工大学中国盐文化研究中心常务主任，教授。

二、自贡盐文化历史影响

（一）盐业生产历史悠久

盐都自贡所处威西矿区蕴含优质丰富的盐卤资源，具有 2 000 多年悠久的盐业历史。东汉章帝时（76—88），崔駰《博徒论》就曾记载“江阳之盐”。晋人常璩《华阳国志·蜀志》则明确指出：“江阳县……有富世盐井。”

在长期的盐业开采和生产过程中，自贡盐业创造了无数的历史奇迹，先后发明了冲击式顿钻凿井法、薄层岩盐水溶连通开采技术和康盆采气等工艺和技术，“冲击式顿锉钻凿技术”被誉为“世界第五大发明”“世界石油钻井之父”；1779 年盐井投资者们签订的“同盛井约”，被著名经济学家厉以宁研究认为“将中国股票史向前推进 100 年”被列为国家二级文物；1835 年开凿出的“燊海井”为世界第一口超千米深井；原晋商同乡会馆“西秦会馆”即现自贡盐业历史博物馆是中国仅有的盐业史博物馆；“自贡井盐深钻汲制技艺”经国务院批准，被列入第一批国家级非物质文化遗产名录。

图 1　燊海井所在地

超越时代的先进盐业技术与悠久的盐业生产历史，孕育了独领风骚的自贡盐业文化。在近 2 000 年的盐业生产历史中，自贡因盐设镇，因盐设县，也因盐设市，并因盐而兴、因盐而盛，享有“千年盐都”之美誉。其丰厚的盐文化遗存，不仅是我国井盐史上的经典，也在世界盐业史占有重要地位。

（二）历史贡献彪炳史册

自贡盐业为国家经济社会发展做出了巨大贡献。仅以史上著名的二次“川盐济楚”而论：

1853 年，太平军攻陷了南京，两淮盐路断绝，清政府下文：“川粤盐斤入楚，无论商民均许自行贩鬻……”第一次“川盐济楚”由此拉开帷幕，自贡盐业迎来了第一次辉煌。在此期间，川盐占全国食盐销量的1/4，上缴朝廷各种课税约合白银六亿七千万两；自贡盐商年上交盐税170万两，占全川盐税收入的40%。

1937年7月，抗日战争全面爆发。日本不仅控制了全部的海盐生产，而且切断了通往内地的盐运通道，试图通过“盐遮断”造成中国的全国大恐慌。1938年春，国民政府下令川盐增产加运，济销楚鄂。中国盐业史上第二次“川盐济楚”开始。全面抗战8年期间，自贡盐业却一直生产不辍，食盐产量由全国总产量的7.9%上升为1945年的34.7%，为国统区1/3的人口提供了充足的食盐保障；8年上缴盐税206 318万元，占全川盐税收入的80%，为前线提供了巨额军费开支。

悠久的历史与卓越的贡献，使自贡盐业备受重视。中华人民共和国成立以来，自贡盐业在党和国家的领导与关怀下，翻开了新的篇章。

（三）盐业档案极富价值

自贡盐业档案现存38 726卷，绝大多数保存在自贡市档案馆，部分散存于自贡市的一些企事业单位。盐业档案上起清雍正十年（1732），下迄民国38年（1949），共45个全宗。其中，重要的有中央财政部、盐务总局、四川盐运使署、川康盐务管理局、四川盐务稽核分所、自流井和贡井盐场公署及其所属各分场署、盐业同业公会、盐场场商联合办事处、盐业商号、久大盐业公司、四川自贡地方法院、川盐商业银行自流井分行等机构的全宗档案。自贡盐业档案记载了自贡井盐开采、生产、运输、销售等经济活动，是一种具有地区特色的专业档案，从开凿盐井和熬制的技术、盐井的股份经营、盐工的工资待遇、东伙关系、销售网络、相关民事刑事诉讼、官府对盐业生产的扶植和压榨等，都形成了大量的档案。

自贡盐业档案数量多、专业性强、连续性大，集中反映着当时当地的社会民生，也反映着盐业从地主经营盐场到工商业资本化的趋势以及生产方式的变化。从内容来看，自贡盐业档案大体分为盐业行政管理档案、盐业生产运输销售档案、盐业契约档案、井矿盐钻井工艺档案、盐业财会税收档案、盐业司法诉讼档案等6大类。自贡盐业档案以其全面、系统、完整、独特蜚声中外，成为研究中国井盐生产、中国封建社会手工业经济形态、中国民族工业发展历程、中国股份制企业运作等不可多得的第一手材料，具有十分重要的学术价值。

因其丰富深刻的内涵价值和独特唯一的历史地位，盐业契约档案于2003年入选第二批《中国档案文献遗产名录》。井矿盐钻井工艺档案（又称岩口簿、四川自贡岩口簿档案文献）于2015年入选第四批《中国档案文献遗产名录》。

仅以《同盛井约》为例，形成于乾隆四十四年（1779）的《同盛井约》，是自贡盐业档案中最负盛名的代表性文献，被评为国家二级文件。内容如下：

> 立凿井合约人蔡灿若等，今凭中佃到王静庵名下已填如海井大路坎上地基壹埠，平地捣凿同盛井壹眼。比日言定：王姓出地基，蔡姓出工本，井出

之日，地主每月煎烧柒天半昼夜，蔡姓等每月煎烧贰十贰天半昼夜。倘井出腰脉水壹贰口，以帮捣井人用费；如出壹贰口外，地主愿分班，同出工本，以捣下脉。俟井出大水之日为始，蔡姓等煎烧拾壹年为率；倘若出火，亦照股均分。其有天地二车、灶房、廊厂报开呈课，照股摊认。蔡姓煎满年分，天地二车、廊厂尽归地主；至于家具物用，验物作价。恐口无凭，立合约二纸为据。

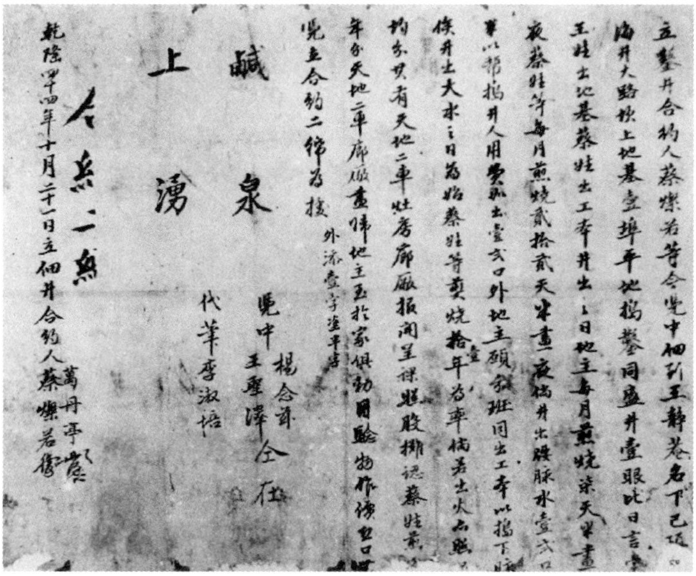

图 2　《同盛井约》

上述内容表明，《同盛井约》符合股票的基本特征。该约具有参与性，规定了可以以土地、人力、资本入股；具有盈利性，规定了凿井成功，如同股份制公司成立后，利益如何分配，划分了经营性时间；具有稳定性，规定打井成功后，投资者蔡灿若可开凿十年，十年期满后，盐井、厂房、灶房等都将归还地主王静庵，也就是采用的现代 BOT 投资模式（建设—经营—转让投资模式）；具有风险性，根据开采的效果不同，比如盐井出卤水的多少，利益分配也有所不同；具有不可偿还性，内容中提到“恐口无凭，立合约二纸为据”，表明了内容不可变更，不能退股。同时，《同盛井约》属于无面值股合约，是一种比例股股票。虽然与现在的股份制股票相比，不具有股票的全部特征，但其制作程序（格式）、记载的内容和记载方式都符合中国传统订约方式，是合法有效的。该契约被著名经济家、北京大学教授厉以宁断言是中国最古老的股票，由此将中国股票史向前推进了 100 余年。

（四）盐业文化独具特色

除档案文献资源外，自贡其他盐业文化遗存也极具特色与价值。其一是古近代井盐生产遗址、现场，包括散处于全自贡地区的灶房、井架、柜房、盐垣、自流井古近代顿钻工具群、天然气采输、制盐工具群等；其二是盐业建筑，如盐商会馆、盐工会馆、行帮会馆、盐商住宅、寨堡、祠堂、盐业机构、塔坊碑桥、摩崖造像等；其三是独具风味的盐帮菜肴，以及具有盐都特色的名优食品；其四是盐场传统民俗风情与地方会节，除闻名遐迩的自贡灯会外，还有王爷庙会、牛王会、土地会、盂兰会、转灯会、放水节、灯竿节等；其五是盐业技艺，地方文艺如资阳河派川剧、围鼓、盐工歌舞、盐场号子等，工艺美术如龚扇、彩灯、扎染、剪纸、糖人、面人、木人等。

仅以代表性盐业民俗“自贡灯会”而论，自贡盐业经济的发展促进了民间艺术和娱乐活动的繁荣，节庆灯会即是其中的代表，迄今已有 800 多年的历史。自唐宋以来，自贡地区以盐商为首，开始兴起新年燃灯、元宵节放灯和清明节点孔明灯的民俗活动。至明清时期，自贡彩灯业已成型，并成为井盐文化中独具特色、富有创造力和活力持久的节庆活动。自贡市政府自 1964 年主办新中国成立后的首届迎春灯会以来，已举办了 26 届“自贡国际恐龙灯会”，并先后在国内 500 多个城市、40 多个国家和地区展出，累计观灯人数逾 3 亿人次。同时以灯会为平台开展的经贸交易活动已累计实现交易额 300 多亿元，吸引投资 100 多亿。“自贡灯会”被国家旅游局确定为全国两大民俗活动之一，列于 40 个民俗活动精品之首，被誉为“高品位艺术”“流动的文化旅游资源”，2008 年被列入国家级非物质文化遗产名录。2011 年，自贡市因其特殊贡献而斩获“优秀民族节庆——最具魅力节庆城市”荣誉。2016 年，四川省政府又启动了“自贡彩灯点亮一带一路”活动，将其作为地方文化“走出去”最有力的载体和增进中国与世界人民相互了解及交流的桥梁。近年来，自贡彩灯已成为四川省代表性文化出口产品之一，自贡也成为四川省唯一的中国文化出口基地。

图 3　自贡灯会

三、主要目标与工作

根据文化资源禀赋，结合已有基础，建议从以下方面思考自贡盐文化研究与传承工作。

（1）通过以自贡地区为核心的田野调查、音像记录、文献采辑等工作，以调查报告、影音图像、口述记录、文献辑录等方式实现盐文化记录与收集，建立丰富便捷的自贡盐文化研究电子基本资料库。

（2）通过对自贡地区盐业档案及县级以上盐文化非遗项目的系统整理，全面梳理盐业档案、盐业技艺、盐业会馆、盐帮菜、自贡川剧等标志性内容的基本面貌，努力理清自贡盐文化基本内容。

（3）通过项目委托、协作攻关等方式，有序开展对盐业文献、盐业遗址、盐业建筑、盐业饮食、盐业民俗、盐业技艺等的系统研究，丰富、充实自贡盐文化的基本内涵，发掘自贡井盐文化的历史文化价值。

（4）通过平台建设与引领，整合彩灯学院、盐帮美食学院等其他校内机构，自贡市文化馆、盐业历史博物馆、自贡川剧艺术中心等行政事业机构，自贡扎染技艺传习中心、自贡龚扇大师工作室等社会传习机构，面向教育机构及社会公众，开展盐文化传承、开发机制研究与实践。

（5）奋力建设中华盐文化研究院，打造面向全国的盐文化记录与收集、整理与研究、传承与开发高地，为国家中华优秀传统文化传承发展工程、“一带一路”文化走出去战略培养人才、打造精品，为阐发以盐文化为核心的地域文化精髓、中华优秀文化国民教育、文化遗产保护传承、中外文化交流互鉴等方面，提供强力支撑。

总之，自贡盐文化以其悠久的历史与丰富的内涵，在中华优秀传统文化研究与传承领域具有重要地位。研究与传承自贡盐文化，需要立足自贡乃至四井盐文化，以池盐、海盐文化为对照与拓展，整理出版盐业典籍与盐业档案，多学科研究盐业文献、盐业历史、盐业经济、盐业法律、盐业语言、盐业文学，并在以盐业文化为核心的中华优秀文化教育传承领域进行新的开拓。

◇参考文献◇

[1] 蔡文钦，曾凡英．盐业家族兴衰历史初探——自贡盐业资本家比较研究之三[J]．盐业史研究，1990（3）．
[2] 自贡市档案馆．盐都瑰宝——自贡盐业契约档案[J]．四川档案，2009．
[3] 尹华江．贡井盐业历史文化研究文集[M]，成都：四川大学出版社，2010．
[4] 陈星生．自贡盐业契约的社会人文价值[J]．盐业史研究，2013（2）．
[5] 宋良曦．盐都故实[M]，成都：四川人民出版社，2014．
[6] 陈莉媛，叶卫东．中国最古老的股票《同盛井约》现身自贡[EB/OL]．自贡网.（2015-05-06）[2021-07-15]．
[7] 姜珊，赵彦昌．清代至民国盐业档案整理与研究述评[C]//赵彦昌．中国档案研究（第九辑）．沈阳：辽宁大学出版社，2020．

流域人类学视角下的盐运水道文化研究[1]

——基于“三江”流域合川段的调查

彭　伟[2]

摘　要： 历史上川盐运销构成复杂的网状运输系统，是典型的文化线路遗产，依托江河形成的盐运水道是其重要的组成部分。本文基于对嘉陵江、涪江、渠江三江流域的川盐运销水道进行深入调查，从“流域”的视角对盐运水道文化特征进行探索分析。

关键词： 盐运水道；流域人类学；文化线路

历史上，盐的发掘、生产与利用对人类生活产生深远的影响。由于地质的变化，在中国西南的四川、重庆等地区曾是盐产富集区。据相关史料记载，自古以来巴蜀地区多产泉盐，有盐井数百口之多，不仅满足了巴蜀人民日常生活所需，而且还畅销楚、滇、黔和西南广大地区，历史上曾经出现过“川盐济楚”“川盐济黔”和“川盐济湘”。食盐的行销，使西南地区形成了穿越崇山峻岭间的“盐运山道”、纵横峻岭峡谷间的“盐运水道”，构成了复杂的网状运输系统，被学者统称为“川盐古道”[3]，并根据其形态特征、本质特征以及其价值体现将其作为一条“文化线路”[4]进行研究。“文化线路”的形成与发展与周边的地理和人文环境都有着密不可分的关系，地理环境决定线路的走向，人文环境决定着线路承载的文化丰富度，而线路本就是一条多元素的综合体。川盐古道的分布随着川盐行销的路径，辐射范围广阔，其所包含区域自然环境和人文环境都有所差异，沿线的文化特征与其周边环境相融合。因此，在对川盐古道这一文化线路研究时，则应考虑其“区域”的特性，应采用多学科视野下的整合研究，注重人类学田野调查、社区研究及历史地理学的研究方法，并且需有区域社会史、区域文

① 基金项目：四川省高校人文社会科学重点研究基地——中国盐文化研究中心资助项目“川盐古道合川段文化遗产调查研究（项目编号：YWHY18-01）”之阶段性成果。

② 作者简介：彭伟（1989—　），男，重庆石柱人，重庆邮电大学移通学院讲师，主要从事非物质文化遗产保护与传承研究.

③“川盐古道”这一概念，较早由华中科技大学赵逵教授在其《川盐古道上的传统聚落与建筑研究》（2007）博士论文中正式提出并给予了初步阐述。笔者对学者提出的概念进行综合整理：川盐古道是源于四川（含重庆）的产盐区的运销而形成的贯穿鄂、渝、湘、黔的运盐古道，是由多条水路和陆路组成的复杂的网状式运输通道，就川盐古道本体而言，主要由陆路的石板路、山间小道、栈道、关隘等为主要元素的陆运系统及河流、桥梁、码头、纤道、险滩、堰闸等为主要元素的水运系统组成。

④ 杨雪松，赵逵.《“川盐古道”文化线路的特征解析》,《华中建筑》，2008 年第 10 期。

化史的观照，准确把握川盐古道的历史和现状、形成背景、具体路线、内涵、特征及其价值构成和文化遗产体系。①

“区域”是作为人类学解读人类文化的方式，是人类学的重点研究范畴之一。近年来，学者们在人类学、民族学等多学科背景下提出了关注中国文化、生态与社会经济发展的重要认知单元——“流域”。流域既是自然资源、人类群体聚散认同、人地关系行为、文化多样性和历史记忆的聚集单元，也是物质及能量流动、人口迁移和文化传布的廊道线路，更是人—地—水交叉互动的复合系统。②川盐古道中的盐运水道就恰好是依托江河流域而形成的重要运输通道，从“流域”的视角将古道历史的、封闭的、静态的村落社区研究，向现实的、开放的、运动的区域研究转换。近年来，笔者对嘉陵江、涪江、渠江三江流域的合川区域川盐运输水道进行了深入调查研究，对盐运水道文化特征进行探索分析，本文即以“流域”为视角对其进行人类学的文化解读。

一、盐运要道，文化兴盛之地

合川是远古时代原始人类、繁衍之地。夏商周时期，在嘉陵江流域及今合川的“三江”两岸，是部落密集分布、古老民族较为集中的地区之一。据唐末合州录事参军李文昌将民间传说予以整理撰写的《图经》载“合州故濮地”，濮人为合川古代土著民族之一。东周以后，巴人开始进入四川盆地东部地区，到了春秋战国时期，嘉陵江、涪江、渠江汇流区域已成为巴国腹地。嘉陵江、涪江、渠江三江汇流于合川，是巴人聚居及巴国后期的建都之地，巴文化在合川厚重的历史积淀中占有重要的地位。巴国是“因盐而起、因盐而兴、因盐而亡”的国家，川盐在历史上很长一段时间叫“巴盐”或“盐巴”，有说法称这主要是指巴国或巴人所产之盐。随着巴国西迁进入合川等周边区域，其采盐技术在当地得到了发展。

在历史上，合川也是井盐的重要产地。据《新唐书》卷五十四《食货志四》记载：“梓、遂、绵、合、昌、渝、泸、资、荣、陵、简有井四百六十，剑南东川院领之。”安史之乱之后，唐王朝为了增加财税收入，实行了食盐榷管政策，划定巴蜀为井盐销售地区，限制外盐进入，促进了巴蜀地区井盐的发展。当时合州石镜、汉初县都有盐井。在北宋时期，合州已成为巴渝地区井盐的主要产地之一，石镜、汉初、巴川、赤水等县均开有盐井。北宋治平二年（1065），单煦任合州知州，时逢赤水县有盐井涸竭，单煦亲临实地察勘，促其另开盐泉，并“凑蠲③其赋，民感德焉”。④后随着各地盐井的

① 邓军：《川盐古道研究刍论——基于川盐古道的实地考察》，《盐业史研究》，2015 年第 2 期。

② 田阡：《村落 · 民族走廊 · 流域——中国人类学区域研究范式转换的脉络与反思》，《社会科学战线》，2017 年第 2 期。

③ 蠲（juān 绢，免除）。

④《宋史》，卷 333“单煦传”。

枯竭，更多的是从蓬溪、射洪乃至自贡产盐地区引入，在加上合川位于嘉涪渠三江流域，依仗舟楫之便，成为重要的川盐行销区域。据文献资料记载，在清代盐业实行的是官督商销的引岸制度，在引岸制度下，各州县被划分为固定销盐区，称为引岸，亦称“引地”、销地。盐商向政府购引（陆路运销称“路引”，水路运销称“水引”，此为取得贩运销售盐专利的凭证），即可凭引将盐运往指定区域，独占区内食盐销售。道光十三年（1850），合州引税归州库后，州中商人各由蓬溪、射洪盐厂运盐到州界大河坝以下，即可出售，始有盐帮，州中经商获盐利之人甚众。“每年约销巴盐十余万包，每包重二百二十余斤”，合计年销售为220余万斤。每当巨商运盐抵岸，城中及乡场零售盐贩即蜂拥而至，竞相购买，“以分其利”。而源于自贡富顺子盐（即伞子盐，四川井盐的一种）合川是主要作为集散地和中转站，运销到川陕边界的通南巴，以及渠江上游绥定府（今四川省达州市）各县，仅运往绥定府的盐年均“月两百余载，每载450包”，如果再加上运往通南巴的数量，年运盐量至少在400万斤。当时，南盐北运的各县盐船必由重庆经过合州（今合川），由于外县之船不谙嘉陵、渠江航道，多有“破引归岸（指海损事故），附入吾合（所余子盐以低价划拨合州）”之事。州中盐帮则“多一线发达，增一番气象”。[①]随着近年来铁路和公路交通快速修建，三江航运逐渐淡出了历史的舞台。另外三江流域水力资源的开发，河道上修建大量大坝水电站，也使得河流的生态环境发生变迁。

二、合川盐运线路分布

合川地区除了曾经自己产盐外，同时还是川盐的重要转运站。嘉陵江、涪江、渠江由北向南流经整个合川区域，同时在合川县城汇流，是川盐运输的重要通道。据《川盐纪要》载：“（渠河岸）富厂由井到关提拨下泸由泸换船到渝由渝又换船入小逆运至合州又换小船入渠河上运至广安又换船到渠河又换小船到达县又换小船到万源县；射厂用船顺涪江而下至合川换船入渠河逆运至岸；富荣厂自邓井关运往各岸由渝运往各岸——广安本城、广安石盘沱。”行销于合川沿线的盐主要来自于蓬溪、射洪盐厂以及自贡富荣厂井盐。蓬溪、射洪盐场的盐沿着涪江顺流而下到合川，然后在合川中转沿着渠江逆流而上，运输到盐行销点。来自自贡的井盐主要由重庆沿嘉陵江逆流而上运至合川在统一分拨沿着嘉陵江、渠江逆运至各行销口岸。由于受河谷地形影响，其航行状况不同。如嘉陵江上游朝天驿、昭化间山势稍展，险象稍减，但砂石沉积，枯水时，广元、昭化间必须提驭（遇滩时换装小船运过）。涪江的中坝到三台间，滩多水浅，仅通轻舟，三台混入凯江水量增大，到太和镇（大坝场）后可以通行十丈长的大木船。在盐运输到合川以及沿途各口岸时，会根据河流的具体运载能力，进行换装不同类型

① 张森楷：《民国新修合川县志》，民国10年，卷20，“商业”“盐帮”。

的船进行转运。由于嘉陵江、涪江、渠江三江流经合川，成为合川交通干流，依仗其舟楫之便，区域内的井盐运输主要是以水路为主。

三、物质与非物质文化遗产

通过田野调查，笔者发现合川盐运水道物质形态的遗产包含了嘉、涪、渠三江沿线的古场镇、古街道、古码头、会馆、庙宇以及储存盐仓库等设施。非物质文化遗产则由饮食、传统民间音乐等构成。

（一）古场镇、古街道、码头

川中河流，长江为其主干，大支流有岷、沱、嘉、黔四水，嘉陵江又有涪、渠两大支流，源远流长。[①]嘉陵江起始于四川盆地以北的陇南地区，向正南流，在重庆汇流于长江，是四川与陕西、甘肃二省交通干流。截至 2019 年 6 月，住房和城乡建设部共公布了五批中国传统村落，其中三江流域沿线有 16 个，如合川区涞滩镇二佛村、潼南区古溪镇禄沟村、遂宁市射洪县青堤乡光华村、南充市南部县石河镇石河场村、广元市昭化区昭化镇城关村、广安市武胜县中心镇环江村等。这些是村落蕴藏着丰富的历史信息和文化景观，随着国家政策性的保护，村落大量的遗迹得以妥善保护并留存。在嘉、涪、渠三江流域除了分布有住建部公布的传统名村以外，还大量的老街、码头，它们因社会经济的发展，陆运交通的便利，逐渐变得沧桑，有的甚至只剩下残垣断壁。笔者通过调查统计得知，在合川沿着三江流域分布着大量的老街村落，如：渠江沿线的码头、渭溪、小沔、白沙、大沔、官渡、滩子等；嘉陵江沿线的云门、泥溪、金子沱、草街；涪江的铜溪、渭沱老街。这些村落集镇，由于城镇化的加速，撤乡并镇的实施，其生态受到强烈的影响，有的则直接濒临消失，失去了曾经的繁华。

嘉、涪、渠三江流域是一个山地交错、河网纵横的典型山地流域，其中就具有嘉陵江小三峡之称的沥鼻峡、温塘峡、观音峡等险要之处。河谷地形复杂，滩险众多，船运多有“破引归岸”。而在险滩之处则多形成集镇作为险滩的避险或中转之地。例如合川涞滩古镇，倚傍着渠江，是中国首批历史文化名镇，涞滩古镇曾是著名的水码头，商贾云集，街市兴旺，是渠江盐运的重要口岸，涞滩之名源于此段渠江中心有险滩而得。久而久之，逐渐形成南来北往盐船停靠的码头，商客云集，进而形成集镇。既是盐运的转运点，又是行销点。

码头集镇地处险滩之地，其空间格局受地形、码头、建筑、街巷的共同影响。总的来说，大部分集镇的空间格局是顺应地势，灵活布置，主要由一条或两条主要街道构成。因地势存在高地落差，街道曲折，上下错落。街道主要有巨大的青石条铺设而

---

① 郑励俭：《川江地形与水路交通》，《地理学报》，1939 年。

成，房屋错落有致的分布于街道两旁，多为木质穿斗结构，后随着改革开放，部分重新维修或新建为了砖木结构。

（二）会馆、庙宇

作为川盐运输的重要转运站，往来的行销商客汇聚合川，形成众多的同乡会馆，有“九宫十八庙”之称。据明万历《合州志》、清光绪《续修合州志》和张森楷《民国新修合川县志》中的史料载，同乡会馆有禹王宫（湖广会馆）、天上宫（福建会馆）、南华宫（广东会馆）、寿福宫（广西会馆）、黎明宫（陕西会馆）、万寿宫（江西会馆）。有同业会馆 10 座，即：龙王庙（船帮及米粮、油、盐、糖帮同业会馆）、张爷庙（屠帮同业会馆）、药王庙（药帮同业会馆）、小河王爷庙（小河，即涪江船帮同业会馆）、州帮王爷庙（州帮船民公会会馆）、大河王爷庙（大河，即渠江船帮同业会馆）保帮王爷庙（保宁河，即嘉陵江船帮同业会馆）、姜帮王爷庙（姜帮同业会馆）、搭脖[①]王爷庙、马王庙。

（三）合川晒网坝盐仓

在合川城南嘉陵江和涪江交汇处的晒网沱江边，有一座修建于抗战时期的大型盐仓。该盐仓始建于 1936 年，为当时的重庆盐务分局拨款建造，1940 年建成，占地 6 300 平米，库房分隔 4 栋，最大储藏量 7 650 吨。它不仅是抗战时期长江中段八大盐仓之一，而且还是抗战时期战略转运的“官仓”。修建晒网沱盐仓前，经合川转运的食盐只是用麻袋包装，堆放码头待运。而食盐却是一种容易回潮的晶体，码头空气湿度大，如何防潮却一直是个难题。为更好地储存、转运食盐，抗战时期的重庆盐务分局决定修建在合川晒网沱修建一座大型盐仓。为避免食盐受潮，建造者先用宽厚 40 厘米、长 1 米的条石，按照“横竖”排列式垒造起基座。为预防潮气进入，每块条石间用糯米加石灰的“混凝土”粘合。基座周围，布满排水沟。基座内，用石灰与炭渣填满，然后在上面铺上小青砖，接着在小青砖上搭上木板架，木板架距离地面大约 30 厘米，待运的盐袋就放在木板上储存。同时，在每个盐仓内，还有烟囱之类的排风口，以让盐仓保持空气流通。晒网沱盐仓建成后，有效改善了食盐储存转运条件，并为抗战时期的食盐转运作出了巨大的贡献。合川解放后，晒网沱盐仓被人民政府接管。如今，该盐仓仍作为重庆市盐业总公司合川分公司仓库继续发挥作用。

（四）三江号子

三江号子是指以合川为中心的嘉陵江、渠江、涪江三江流域地区人们在从事水上体力运输过程中产生的船工号子。它是一种历史悠久、曲调多样、内容丰富、风格独特，具有浓郁地方风情和鲜明艺术特色的民间劳动歌谣，是合川航运历史进程中产生

---

① 纤夫同业会馆。搭脖是拉纤工具，旧时纤夫拉纤时背在肩上用绳子系着纤绳。搭脖的“脖”，读作 bai，带“儿化”音。

的不可磨灭的水上文化，是巴渝文化的重要组成部分。

三江号子因受河床宽窄、水位深浅、流速大小、滩险程度的不同，而呈现出多种多样的曲调、形式和内容。三江号子的格调和曲牌，是船工根据江河沿岸的自然景色、风土人情、航道水流缓急和船只载重情况，应时即兴呼喊出来的。在过险滩急流时，所喊号子雄伟浑厚高亢，短促有力，使大家精力集中，用力猛拉猛划。在水流平缓之处，则又唱出轻柔婉转，节奏缓慢的号子，用以缓和过滩的紧张情绪，消除疲劳。

（五）饮食

内江人朱国祯、蒋盛文等在合川城申明亭开设“同德福”典当，又在苏家街创办“同德福京果铺”，生产各种蜜饯、糖果，同时对合川“祥云斋”试制的桃片进行了研究和改进，初步生产出具有色白、离片、绵软等特点的“合川桃片”。

四、合川盐运水道沿线发展现状问题

纵观整个川盐古道的分布网络，其呈现出沿途区域自然地理状况复杂变化多样、历史信息丰富、整体意义突出、沿线遗址密布，文化多元丰富的特点。笔者从对三江盐运水道沿线古街道、古码头的调查来看，可知三江流域与盐相关的物质和非物质文化遗产丰富，且植根于该区域的自然地理和人文环境之中，彼此之间有许多共性，是不可分割的文化整体。近年来，随着城镇化的建设发展，分布沿线的古镇、老街以及传统村落都面临发展困境，普遍衰落。但也些古镇积极开展旅游得到了发展，比如涪江沿线的安居古镇、渠江的涞滩古镇等，但大都是趋同化的，缺乏对文化挖掘与研究，特别是盐运文化遗产的挖掘整理。部分老街古村因河道筑坝建设电站，水位提升，很多曾经的文化遗产被淹没，有的则进行新城镇的建设，传统老街只留下历史的记忆。盐运水道及其沿线的传统古镇、老街是珍贵且独特的文化资源，笔者认为需要通过详细调查和资料梳理，深入挖掘其历史、科学和文化价值，进而进行有效的保护。

◇参考文献◇

[1] 杨雪松，赵逵．“川盐古道”文化线路的特征解析[J]．华中建筑，2008（10）．
[2] 邓军．川盐古道研究刍论——基于川盐古道的实地考察[J]．盐业史研究，2015（2）．
[3] 田阡．村落·民族走廊·流域——中国人类学区域研究范式转换的脉络与反思[J]．社会科学战线，2017（2）．
[4] 郑励俭．川江地形与水路交通[J]．地理学报，1939．

建设文化强国背景下盐文化的传承与创新发展研究[①]

颜俊儒　颜德如[②]

摘　要： 盐文化作为一种优秀传统文化，其传承与创新发展是由本身的文化内容、文化价值以及当代中国的现实发展等因素决定的。文化强国为新时代盐文化的传承与创新发展带来千载难逢的契机，也提出了更多期待与使命。当下盐文化和其他优秀传统文化一样，传承与发展遇到了诸多的困境。鉴于此，推动盐文化传承与创新发展，应：立足文化强国，以马克思主义为指导以确保沿着中国特色社会主义文化道路行进；坚持与时俱进，注重丰富文化内涵，拓展文化的形态，正确处理“中西马”的关系，借鉴现代文化的有益成分以进行内涵的调适创新；坚持盐文化与产业会展、盐文化与旅游、盐文化与日常生活规制、盐文化与核心价值观的培育、盐文化与中国社会主义先进文化建设等方面的融合互动；注重盐企业、社会大众、国家等协同参与，形成多主体参与的大好格局；注重盐文化的制度供给，将盐文化的传承与双创问题纳入中华优秀传统文化实施工程中对主管部门、行业进行考核，力求提供强有力的制度保障。

关键词： 建设文化强国；中国优秀传统文化；盐文化

在当今世界文化发生大变革、文明存在冲突需要对话的时代背景下，党和国家及时提出与实施文化强国的战略，对加大中华优秀传统文化的传承与发展做出相应的部署，表明党与国家以中华文化复兴、崛起提升国家发展质量的决心与信心。[③]在党和国家重视的大好情势下，学术界积极回应，掀起了研究优秀传统文化的热潮，直接研究中国传统文化问题和研究习近平总书记关于传统文化的讲话与贡献成为两大研究亮点。但是具体研究某种优秀传统文化的当代传承与创新发展显得不足，比如对盐文化

---

① 基金项目：四川省高校人文社会科学重点研究基地——中国盐文化研究中心资助项目“文化强国视角下盐文化的传承与创新发展”（项目编号：YWHY19-03）与国家社科项目国家社科基金项目（西部项目）“国家治理视域下西部边疆地区社会矛盾的化解机制研究”（项目编号：16XZZ004）之阶段性成果。

② 作者简介：颜俊儒（1969—　），男，绵阳师范学院研究员，硕士学位，西南财经大学在读博士生，主要从事政治学、社会学、历史学、旅游学等方面的研究。

颜德如（1972—　），男，东北大学教授，博士学位，博士生导师，主要从政治学和传统文化的教学与研究。

③ 孙国栋：《文化提升国家质量：中国发展的使命》，上海：复旦大学出版社，2017 年，第 26-30 页。

的研究就显得非常不够。殊不知，优秀传统文化除了儒家文化外，还包括一系列物质形态为载体的优秀传统文化，比如盐文化、建筑文化等。关于盐文化的研究，学术界主要研究其在经济发展、旅游发展中的作用，对其在文化强国中的作用研究不足。因此，在文化复兴、文化强国的背景下探讨盐文化的传承与创新发展显得非常重要。笔者拟在阐释为何要传承与创新发展盐文化及面临的挑战的基础上，提出立足文化强国以推进新时代盐文化的传承与创新发展的相关建议，以期望对当下盐文化的传承与创新发展的实践推进提供一些借鉴与参考。

一、当代中国为何要传承与创新发展盐文化

盐文化，作为中华优秀传统文化的组成部分，在中华文化复兴的时代应该发挥自己的作用，应该促使自己获得新生。置身文化大发展和大崛起的新时代，推动盐文化和其他优秀传统文化创造性转化与创新性发展，有着诸多的依据。一方面，盐文化本身的文化内容与文化价值，决定了其弘扬传承与创新型发展的可行性与必然性①；另一方面，当代中国的现实发展，决定了盐文化的传承与创新发展的必要性与重要性。

（1）盐文化本身的文化内容、文化价值以及安身立命决定了其弘扬传承与创新发展的可行性与必然性。

一是盐文化蕴含了丰富的思想观念、人文精神、道德规范等有益的元素。习近平总书记在十九大报告中明确提出“深入挖掘中华优秀传统文化蕴含的思想观念、人文精神和道德规范，结合时代要求，让中华文化展现出永久魅力和时代风采。”②盐文化作为中华优秀传统文化的组成部分，更是包含了丰富的文化资源，有完整的制度文化，在盐业发展过程中形成了完整的制度体系，一种讲规则、讲组织的文化得以形成和成熟。有充足的物质文化，当今的盐业公司、盐文化遗产、盐本身承载了丰厚多彩的物质文化内容。有深厚的精神文化，与中国历史、文化发展一脉相承，形成了开放包容的大气大度精神、锲而不舍的吃苦精神、利他助人的献身精神、踏实肯干的奋斗精神、以人为本的服务精神。这些文化资源，既有道德规范，也蕴含了厚重的人文精神，还包含了丰富的思想文化资源。盐文化蕴含的这些文化资源、精神资源、道德资源决定了弘扬传承与创新发展盐文化有丰富的资源可以挖掘提炼，可以更好服务国家、社会和大众。

二是盐文化具有诸多的价值。关于文化的作用，国内外学者研讨很多。关于传统文化的作用，这些年，国内学者研究也很多，学术界当下形成了研究传统文化的热潮，对传统文化的价值探讨很多。就盐文化来说，国际上，盐文化可以促进文化交流、提

① 杨睿宇、马萧：《盐的精神文化国际传播研究》，《四川理工学院学报》，2017 年 1 期，第 47-56 页。
② 习近平：《决胜全面建成小康社会 夺取新时代中国特色社会主义伟大胜利》，北京：人民出版社，2017 年，第 42 页。

升国家的文化国际影响力和文化软实力，促进国家的国际文化战略的更好实现；公民层面上，盐文化可以进行道德教化、精神培育、价值规范和文化自信，从而助推国民现代公民精神的培育；国家层面上，盐文化可以为加强精神文明的建设与文化强国、盐业的成功转型发展做出贡献，可以为当代中国国家治理现代化建设服务。盐文化蕴含的这些价值，决定了当代中国文化发展应该给予其高度关注，在弘扬传承与创新发展中实现这些价值。

三是盐文化的安身立命需要传承与创新发展。盐文化作为与人们的日常生活息息相关的文化，有发展自己的文化使命，有为国家做贡献的责任。面对多元文化、多种思潮并行发展与竞相传播的当代中国，文化竞争、思潮碰撞是任何一种文化发展都需要积极应对的。盐文化为了更好应对这种文化发展格局，为了能够做好自身文化发展的延续，需要大力弘扬传承与创新发展自己，在弘扬传承与创新发展中提升自己。

（2）当代中国社会主义理论建设、中国特色社会主义文化建设、党的文化使命、国民的文化素养与文化认同的提升、当代中国政治、经济、生态和社会建设需要盐文化在内的优秀传统文化的传承与创新发展，决定了盐文化的传承与创新发展的必要性与重要性。

一是助推主流意识形态建设，马克思主义中国化理论不断发展作为党重要的理论使命，要更好完成，必须要借鉴吸收盐文化在内的各种优秀传统文化孕育的理论资源。党的文化使命——建设文化强国需要我们做到这一点，这也会助推中华民族伟大复兴。

二是参与全球竞争、全球治理需要发挥中国优秀传统文化的作用。文化强国是一项系统工程，不仅仅需要发展现代文化，还要发挥各种优秀传统文化的积极作用[①]。参与世界文化竞争、应对文化危机和提升中华文化影响力，不仅仅需要发展现代文化，还需要盐文化在内的优秀传统文化的积极参与。当代中国参与全球治理不仅仅需要发挥现代文化的作用，还要挖掘开发盐文化在内的优秀传统文化的治理资源。

三是国民层面提升文化自信、文化认同、培育文化素养等的需要发挥盐文化在内的优秀传统文化的作用。如何提升国民文化自信、文化认同和文化素养是一项推动国民现代化建设的重要工程，不仅需要发挥现代文化的作用，还需要发挥盐文化在内的优秀传统文化的作用，形成强大的文化推动力。

四是当代中国政治、经济、社会、文化、生态发展需要本土化的文化支撑，需要厚重的优秀传统文化涵养。中国特色社会主义政治、经济、文化、社会和生态的建设，自我道路的探索需要从盐文化在内的优秀传统文化寻找资源。当代中国这些方面的发展需要盐文化在内的优秀传统文化发力，其实提出了一个文化与国家的互动关系问题。置身新时代，以文化提升国家质量的发展应该成为盐文化在内的优秀传统文化的当代使命。

（3）国家层面对优秀传统文化的重视，决定了盐文化在内的优秀传统文化的传承

① 席红霞、段龙普：《建设文化强国 大力弘扬优秀传统文化》，《焦作大学学报》，2014 年 4 期，第 14-16 页。

与创新发展的可能性。

一是习近平总书记对中华优秀传统文化的传承创新做出了很多有益的探索，为盐文化的传承与创新发展奠定了坚实的基础。习近平总书记非常重视优秀传统文化的作用，非常重视优秀传统文化的发展。一方面，习近平总书记身体力行，在不同场合用诗词表达其治国理政的感怀。另一方面，习近平总书记从不同层面和侧面阐述了优秀传统文化的发展方向与重要作用，认为："中国优秀传统文化的丰富哲学思想、人文精神、教化思想、道德理念等，可以为人们认识世界和改造世界提供有益启迪，可以为治国理政提供有益启示，也可以为道德建设提供有益启发。对传统文化中适合于调理社会关系和鼓励人们向上向善的内容，我们要结合时代条件加以继承和发扬，赋予新的意义。"[①]这些其实都为盐文化在内各种优秀传统的发展和新生提供了示范与方向。

二是适应文化公共服务和文化强国的需要，国家层面出台了一系列发展文化、弘扬传承优秀传统文化的政策，采取了诸多措施。将传统文化建设作为一项重要的文化工程，在 2014 年颁布了优秀传统文化建设的指导纲要，将其作为提升国家城乡基本公共文化服务水平的重要抓手。这其实为新时代盐文化的传承与创新发展提供一种发展方向，那就是投身文化服务，不断提升自己。

二、当下推动盐文化传承与创新发展遭遇的挑战

笔者选取盐文化发达的自贡与一般城市进行比较调研，进社区、进学校等场所进行诸多的调研，主要调研了盐文化的普及教育情况、群众知晓度与认同践行度等情况。在调研的基础上，发现盐文化传承与创新不够的原因，主要有盐文化本身功能与作用发挥不充分、盐文化的宣传教育覆盖度不够宽广、盐文化的内涵调适与创新程度还不够等方面[②]。除了以上这些原因，当下盐文化面临的挑战在一定程度上也为其传承与创新发展带来一些不利的影响。

（1）西方强势文化的浸入，给盐文化在内的优秀传统文化现代转型带来了挑战。

西方文化自近代以来占据整个世界文化格局发展的强势地位，尽管世界其他地方的文化不断发展，但至今还没有发展到撼动西方文化的强势地位。对外开放国策实施以来，西方文化对我国社会产生影响，其蕴含的诸多精神、价值理念、思想等对盐文化在内的传统文化带来巨大的挑战，产生了诸多的冲击。这其实为盐文化在内的优秀传统文化的传承与创新发展提供了一种发展思路，那就是务必要认真积极应对西方文化的挑战，积极借鉴其蕴含的有益成分，不断革新与调适自我。

---

① 中共中央文献研究室：《习近平关于社会主义文化建设论述摘要》，北京：中央文献出版社，2017 年，第 143 页。

② 万光侠、夏峰：《新时代弘扬优秀传统文化服务现代化强国建设的系统思考》，《东岳论丛》，2019 年第 5 期，第 67-75 页。

（2）国内各种文化思潮的涌动，给盐文化在内的优秀传统文内涵的拓展丰富与形态的创新带来挑战。

当下，在我国存在国内各种文化思潮的涌动、交流，比如新儒家思想、左派思潮、新左派思潮、自由主义思想等[①]。这些思潮，既为盐文化在内的优秀传统文化的传播与发展带来文化发展的土壤，提供了发展的养分，但更是带来了不同层面的挑战，那就是如何在众多文化思潮纷呈的今天中得到传承与发展。就传统文化本身来说，优秀传统文化种类多，既有物质层面的传统文化，比如茶文化、服饰文化、建筑文化、酒文化，还有以乡规民约为主的制度文化与以儒家思想为代表的精神文化。这些不同层面的传统文化，既为盐文化提供的土壤与养分，更是带来了考验，那就是如何在众多优秀传统文化中得到传承与发展。

（3）社会转型对传统文化的消解与引发国民的文化认同危机，给盐文化在内的优秀传统文化的价值实现带来挑战。

传统文化的传承与创新发展，除了要面对西方文化、各种社会文化思潮的挑战外，还有来自社会发展引发的挑战。当前我国正处在从传统向现代的急剧转型的过程中，现代化的社会转型在很多方面对包括盐文化在内的传统文化带来了巨大的消解作用，需要一种全新的文化去适应与引领。与此同时，市场经济与改革开放以来，随着西方文化的影响，人民大量接受诸多新的思想、新的文化，追求新的价值，对盐文化在内的传统文化产生了巨大的认同危机。这其实为盐文化的传承与创新发展提供了另一个基本的路径，那就是要不断提升自己的解释力与解决力，加强国民对优秀传统文化认同的培育。

（4）网络空间及其传播形态的出现给盐文化的传统传播形态提出了挑战。

当前网络时代的发展，网络传播已经成为人们学习、接受外在信息的重要途径。网络空间充斥各种鱼龙混杂的信息，对包括盐文化在内的优秀传统文化的网络传播难免会带来不利的影响。加之人们急功近利的思想，非常需要捕捉实用的信息，这都会弱化盐文化的传播普及效果。

三、立足文化强国，不断推进新时代盐文化的传承与创新发展

推动盐文化的传承与创新发展，需要借鉴作为总体的中华优秀传统文化的现代转型经验，也应该积极融入到中华优秀传统文化的现代转型之中，更应该融入到建设社会主义文化强国的时代潮流中[②]。其中一条根本的就是从文化启蒙的表层深入到文化启蒙的深层次，积极开展国民日常生活的批判与重建，积极探索新时代盐文化的传承与

① 马立诚：《最近四十年中国社会思潮》，上海：东方出版社，2015 年，第 243-259 页。
② 衣俊卿：《文化哲学十五讲》，北京：北京大学出版社，2015 年，第 275-300 页。

创新发展，推动盐文化走上综合创造的文化发展之路[①]，从而更好助力当代中国文化的现代化和民族伟大复兴。提升盐文化的传承与创新发展，主要取决于谁传承与创新发展、怎样传承与创新发展、传承与创新发展什么等三大因素。因此，主体调动、方式方法的改革创新和内容的调适是新时代推动盐文化传承与创新发展的基本路径。

（一）主动应对挑战，挖掘文化强国对优秀传统文化的内涵、内容形态的要求，要特别注重丰富盐文化的内涵与目标、内容与形态的调适、创新发展

（1）不断丰富盐文化的内涵和目标，推动盐文化传承与创新发展高质量运行。

一是应正确处理与把握好传统与现代、历史作用与当代价值、双创的关系、与马克思主义的关系、与先进文化的关系、与国际文化的关系等[②]，形成自己的话语体系，不断提升自身的包容度、解释力。具体说来，就是要从古今来看，要处理好盐文化与现代的关系；从中外来看，要处理好外来文化与盐文化的关系 、正确处理中西马的关系，积极借鉴现代文化的有益成分以进行内涵的调适创新，不断提升盐文化的解释力、解决力；从内涵来讲，要协调处理好盐文化与其他传统文化的独立与统一的关系；从功能来讲，应平衡物质需求与精神需求的关系；从影响来说，应调节好一般文化与盐文化的关系[③]。

二是置身新时代，盐文化的传承与创新发展应从保障人民文化权益入手、推动文化产业发展以增强国家文化实力与经济发展、发挥文化的教化功能和养成功能以推动全民族道德、理想、信念和精神境界的提升和凝聚国民的价值力量与创造力以推动国家文化软实力的发展等方面不断丰富自身的内涵与目标。

（2）立足文化强国、提升国家发展质量、助推中华文化复兴，盐文化至少应从形成三种文化形态。

立足文化强国，提升国家软实力，应从以下几个方面加大盐文化的核心内容的建设[④]：物质文化层面的发展上，重点推进盐文化的物质载体的发展和盐企业文化的发展；制度文化层面的发展上，重点推进盐业的管理机制体制文化发展，形成更加成熟的盐制度文化；精神文化层面的发展上，积极融入大众的公共生活和国家对外的国际交往，不断充实盐文化的公共文化形式发展和国际交往文化的发展。通过以上这些形态的盐文化，不断充实、调适与创新盐文化传承与发展的内容，让盐文化的各个层面的文化次第发展、互动协同发展。

---

① 张岱年、程宜山：《中国文化精神》，北京：北京大学出版社，2015 年，第 306-319 页。

② 王增福：《传承创新中华优秀传统文化需要正确处理六大关系》，《山东师范大学学报（人文社科版）》，2018 年 3 期，第 103-112 页。

③ 颜德如：《当代中国的社会核心价值观构建：缘由及其应处理好的五个关系》，《探索》，2019 年 1 期，第 149-156 页。

④ 衣俊卿：《文化哲学十五讲》，北京：北京大学出版社，2015 年，第 319-320 页。

（二）借助互联网络在内的各大文化强国平台，将盐文化的传承与创新发展融入日常生活、文化创造、经济发展，建构好其传承机制与创新机制，力求打通盐文化传承与创新发展的各种隔阂，力求以多样化的途径助推文化强国

以什么机制与方式推动盐文化传承与创新发展是新时代盐文化获得新生服务国家文化软实力建设的途径性问题。置身新时代，需要我们积极探索盐文化的传承与创新发展的多种形式与多种途径。

一是推进文化与产业会展融合、文化与旅游融合。这就需要将盐文化的创新发展与传承融于盐产业的发展、融于盐旅游的发展之中，力求在盐业产业发展、盐产地旅游发展中推进新时代盐文化的传承与创新发展。

二是将文化的传承与创新发展融入日常生活，推进盐文化的传承与创新发展走进一般的大众生活世界之中。这就需要将盐文化的创新发展与传承融于一般社区教育、社区治理、社区文化、社区服务等，融于核心价值观的培育、中国社会主义先进文化的建设之中。

三是积极借助“互联网络+文化发展”的大好势态，大力推进盐文化走近网络，占领网络阵地，通过微信、QQ、微博、邮件、短信、门户网站等途径，积极推进盐文化的传播面、惠及面更为广阔、深入、有效。

（三）借鉴文化强国的各大主体，注重盐业企业、社会组织、社会精英与大众、国家的协同参与，形成多元主体协同推动盐文化传承与创新发展的大好格局，以充分调动多种力量投身文化强国

以什么样的主体格局推动盐文化的传承与创新发展是一个关系到新时代盐文化发展的一个主体性问题。因此，置身新时代，我们应该好好思考盐文化的传承与创新发展的主体力量建设问题。根据文化强国建设中的各大主体作用发展，推进盐文化的传承与创新发展时，我们应该积极发展党的各级党组织的领导作用、各级政府与相关部门的治理作用、盐企业的推进作用、社会精英的示范作用、社会组织与社会大众的参与作用，以此形成一种多元主体与互动推进盐文化传承与创新发展的良好态势。

（四）应对文化强国的相关战略、制度和保障考核的要求，加强盐文化传承与创新发展相关政策的供给与制度的安排，强化相关的文化保障措施与督导

当下，我们应以文化强国的系列政策为导向，不断细化盐文化传承与创新发展的文化要求，加强其文化政策的顶层设计，将盐文化的传承与双创问题纳入中华优秀传统文化实施工程中，做好对主管部门、行业进行考核，力求提供制度保障。我们应注重文化改革，加强文化制度建设，为各种优秀传统文化、先进文化等发展提供制度化

的竞争环境，积极推进盐文化的传承与创新发展制度发展；我们应该大力夯实盐文化发展所需要的人力、物力、财力，从人员队伍建设、物质资源的建设、财力投入等推荐新时代盐文化的传承与创新发展有坚实的基础。

四、结语

盐文化作为中华优秀传统文化的一部分，其传承与创新发展具有诸多的现实意义，也面临诸多的现实挑战，需要积极应对。建设文化强国以提升中国软实力、国际影响力为新时代盐文化的传承与创新发展提供了千载难逢的机会。当下国家对优秀传统文化建设的重视与落实更是为盐文化传承与创新注入了强劲的动力。因此，如何在文化竞争与对话交流互鉴的时代[①]，实现双创发展，助推文化强国和中华民族伟大复兴，是现在与今后盐文化传承与创新发展应思考的一个重大课题和基本运行路径。

◇参考文献◇

[1] 孙国栋．文化提升国家质量：中国发展的使命[M]．上海：复旦大学出版社，2017．

[2] 杨睿宇，马萧．盐的精神文化国际传播研究[J]．四川理工学院学报，2017（1），47-56．

[3] 习近平．决胜全面建成小康社会 夺取新时代中国特色社会主义伟大胜利[M]．北京：人民出版社，2017．

[4] 席红霞，段龙普．建设文化强国 大力弘扬优秀传统文化[J]．焦作大学学报，2014 年（4），14-16．

[5] 中共中央文献研究室 ．习近平关于社会主义文化建设论述摘要[M]．北京：中央文献出版社，2017．

[6] 万光侠，夏峰．新时代弘扬优秀传统文化服务现代化强国建设的系统思考[J]．东岳论丛，2019（5），67-75．

[7] 马立诚．最近四十年中国社会思潮[M]．上海：东方出版社，2015．

[8] 衣俊卿．文化哲学十五讲[M]．北京：北京大学出版社，2015．

[9] 张岱．程宜山．中国文化精神[M]．北京：北京大学出版社，2015．

[10] 王增福．传承创新中华优秀传统文化需要正确处理六大关系[J]．山东师范大学学报（人文社科版），2018（3），103-112．

[11] 颜德如．当代中国的社会核心价值观构建：缘由及其应处理好的五个关系[J]．探索，2019（1），149-156．

[12] 衣俊卿．文化哲学十五讲[M]．北京：北京大学出版社，2015．

[13] 亨廷顿．文明的冲突与世界秩序的重建[M]．北京：新华出版社，1999．

---

① 塞缪尔·亨廷顿：《文明的冲突与世界秩序的重建》，北京：新华出版，1999年，第6-7页。

井盐始祖传说“白鹿引泉”的源流

佘 平[①]

摘 要：重庆市巫溪县宁厂古镇的“白鹿引泉”故事，系有关井盐起源最早的民间传说。在千百年口口相传的流传过程中，被古代川、渝、滇各盐场所普遍接受，并经盐民适当改编流变为当地的盐业起源（或盐业始祖）传说。且“万物有灵”的巫文化底蕴，为中国古代西南地区井盐肇始塑造了“山灵发祥，逐鹿得泉”的“盐源天赐”的自然崇拜观念，和“咸予苍生”[②]的普惠仁爱的盐文化思想基因，影响广泛。

关键词：井盐始祖；传说；白鹿引泉；源流

一

“白鹿引泉”传说民间又称“逐鹿得泉”，在重庆市巫溪县境内有多个版本，大同小异。1988 年出版的《中国民间文学集成·四川巫溪县卷》所收录的《白鹿引泉》（李承赋搜集整理）如下：

宁厂古镇宝源山下有个石洞，洞口有个石雕的龙头，从龙头嘴里的龙珠两边喷涌出一股清亮亮的泉水流进龙池，它就是古今闻名的白鹿盐泉。

很早很早以前，大宁河一带，还是一片荒山老林，虎豹出没，人迹很少。住在这一带的巴人，以打猎捕鱼为生。他们经常乘着独木舟，往来于大宁河上，上山打猎，下河捕鱼。

一天，有个姓袁的猎户带着猎狗、弓箭进山打猎。走着走着，来到一座大山下，抬头一看，山顶活像一个元宝。他正看得出神，忽然银光闪闪，林中窜出一只白鹿，猎人拔腿就追。白鹿上窜下跳，猎人紧追不舍，逢岩爬岩，

① 作者简介：佘平（1966— ），男，重庆市巫溪县人，重庆市作协会员，巫溪县民间文艺与民俗文化协会主席。主要从事巫盐文化、乡土建筑、民俗、地方志研究及在本土旅游开发中的应用。

② “咸予苍生”意思是：食盐是上天赐予天下众生的。甲骨文没有“盐”字，而有“鹹（咸）”字、“卤”字，自然之盐称为“卤”，经人工加工而成的称为“鹹”。“鹹（咸）”又有“全部”“所有”“都”“皆”之意。故“鹹（咸）”（即盐）是天下共有的，是上天赐予天下所有众生的，即“咸予苍生”。

逢坎跳坎。追呀追呀，总是追不上。说也怪，快追它快跑，慢追它慢跑。猎人离鹿子总隔一箭之遥，既射不着又捉不到。白鹿还时时回头张望，像是在为猎人引路。追到两河交汇的地方，白鹿拐弯向一个山洞奔去。猎人追到洞口，只见银光一闪，白鹿

不见了，洞里涌出一股泉水。

猎人没追上白鹿，大失所望，又累又渴，便坐在洞口歇气。他捧起泉水一喝，觉得是咸的，咕噜咕噜喝了个痛快，感到格外有精神。于是砍来竹筒，将泉水盛回家去。倒在锅里一熬，竟成白花花的盐巴。此后，这股泉水就叫白鹿盐泉，这座大山就叫宝源山。

为了纪念猎人的功绩，后人在洞口建起了一座巍峨的庙宇——龙君庙，塑起了高大的猎人、猎狗追射白鹿的塑像。

以上是流传于宁厂镇、城厢镇的有关“白鹿引泉”传说的基本内容，较为简单。在宁厂镇上游的大宁河支流西溪河流域，“白鹿引泉”传说被进一步加工、流变，丰富了情节，作为山灵发祥的“白鹿”有了更多的变幻，并具体说明了逐鹿的线路，且联系上了当地的一些地名，显得更为“真实”：

古时候，一帮猎人自巫溪县土城乡境内黑水河深山之中追逐到一头鹿子，追至黑水河注入汤家坝河相汇向东前进200余米的地方，鹿子变成了一只狗，狗子善长游泳，只见那只狗迅速游过河去（此处小地名为狗儿沱）。猎人放了一枪，没有打中，狗子上岸后又变成了鹿子，猎人们感到非常奇怪，紧追不舍。一路追来，经过鹿上坎—天宫堂—赶鹿溪—关门岩—鸡歇洞—燕子寨—老娃岩—白马歇—夹龙洞—两河口—猫儿滩—双河—宁厂盐泉，鹿子进了盐泉龙洞中就再也不出来了。猎人在此守候鹿子多时，其间，口渴了，一个人捧了一捧水喝，感到咸咸的。叫另一人来品尝，也是咸的，大伙儿都来品尝都觉得是咸的。于是用铁锅将泉水进行煎煮，一锅泉水竟然能熬出半锅盐来，猎人们从此在大宁厂定居下来，以生产食盐为业。[①]

由此可知逐鹿的线路为：土城乡黑水河山谷（发现白鹿）→狗儿沱（过河）→鹿上坎→天宫堂→赶鹿溪→关门岩→鸡歇洞→燕子寨→老娃岩→白马歇→夹龙洞→两河口→猫儿滩→双河→宁厂盐泉。其中，“鹿上坎”“赶鹿溪”都是因“逐鹿得泉”而得名的。故事里出现了“猎枪”“铁锅”，可见该版本故事产生的年代较晚，应在明清之后。

在宁厂上游的大宁河另一条支流东溪河流域，传说猎人在溪边丛林里发现了白鹿，并跟踪追击，经过檀木、荆竹坝、两河口、下风坝、溪口，一直追逐到宁厂古镇盐泉洞穴，白鹿突然不见了。猎人因口渴饮泉，遂发现了盐泉。于是将出鹿之溪命名为“白鹿溪”，即现今之白鹿镇。

① 该版本传说由长期工作、生活于西溪河流域的杜超先生收集整理。

传说在大宁河下游的巫山巴雾河，以前有一个袁姓村落，村民家家户户均姓袁，是逐鹿得泉的猎人的后裔。白鹿最初就是在巴雾河丛林发现的，猎人开始追逐，再沿大宁河谷北上一直追到宁厂。据宁厂老人们讲，清代至民国初期，巴雾河袁姓村民来宁厂购盐，还享有免除各种盐税的优待权。

二

“白鹿引泉”传说故事最早源自何处呢？

目前已知该传说最早见诸古籍的文字记载是南宋嘉定十四年（1221）王象之编纂的方志《舆地纪胜·大宁监》：“宝源咸泉，其地初属袁氏，一日出猎，见白鹿往来上下，猎者逐之，入洞不复见。因酌泉知味，意白鹿者，山灵发祥以示人也。”该记载流传甚广，影响较大，清乾隆版、光绪版《大宁县志》《巫溪盐厂志》等众多地方志均原文引述。

此外，明曹学佺撰《蜀中广记》、汪砢玉撰《古今鹾略》亦载：“大宁监宝山有洞穴，咸泉流出如瀑。故老相传其初属民袁氏，因猎于山下，逐一白鹿入洞，不见，得泉饮之，自后置镬煎盐。”清穆彰阿撰《大清一统志》（嘉庆版）、许治修、张晋生撰《四川通志》（雍正版）、恩成等撰《夔州府志》（道光版）、丁宝桢撰《四川盐法志》、严如煜辑《三省边防备览》等地方史志也多有记载。

但是，该传说故事绝不是偶然产生或一朝一夕就形成的，其在民间的口口相传要远远早于《舆地纪胜·大宁监》的文字记载。因为巫溪宁厂古镇有中国最早发现的自流盐泉，是中国古代历史最悠久和最重要的井盐产地。《四川省志·盐业志》确认巫溪盐业始于公元前 316 年之前，汉代设盐官专署盐务，唐代设大昌监，位居全国十大盐产地之列。宋熙宁年间（1068—1077），岁产食盐 400 余万斤，约占全川盐产量 1 225 万斤的三分之一，远销陕、鄂、川、滇、黔，史称“吴蜀之货，咸萃于此，一泉之利，足以奔走四方”。[①]即便到了明洪武年间，盐产量仍占到全川盐产量的近四分之一，位居西南井盐产地之首，为此，“各省流民一二万在彼砍柴以供大宁盐井之用”。[②]繁荣的盐业生产和贸易为“白鹿引泉”传说的产生和传播提供了坚实的物质基础。

另一方面，动物普遍具有嗜盐的生理习性，且有些味觉、嗅觉远比人类灵敏，更容易发现自然盐卤。当古人观察到动物舔舐盐源，进而受其启发而发现盐泉、或开凿盐井是合符逻辑的。

在古代，受科学认知水平限制，人们不可能用地质构造等现代科学理论来阐释盐泉的形成，只能用神话传说来解读它的神秘来源。而宁厂古镇恰好是中国巫文化的发

① 参见王象之《舆地纪胜》。

② 参见顾炎武《天下郡国利病书》。

源地之一，浓厚的巫教观念和自然崇拜的原始信仰，为该地“白鹿引泉”传说故事的产生提供了深刻的思想基础。白鹿盐泉所在之宝源山，即是远古巫文化典籍《山海经》所载之“灵山”或“登葆山”：“鸾鸟自歌，凤鸟自舞。爰有百兽，相群爰处，百谷所聚。”巫咸、巫彭、巫姑等十巫由此升降于天地。“巫咸国在女丑北，右手操青蛇，左手操赤蛇，在登葆山，群巫所从上下也。”把“白鹿引泉”注释为“山灵发祥以示人也”，高度契合了远古巫文化“万物有灵”“天人合一”的思想观念和“宝源天赐”的原始自然崇拜。

分析该传说的思想基础，首先是远古巫文化的“万物有灵”“天人合一”观念。包括盐泉在内的自然万物，以及包括白鹿在内的动物界、人类均有灵魂，且灵魂是相通的。山川大地之灵与白鹿之灵相通，使白鹿首先知晓了盐泉，白鹿之灵与猎人之灵相通，并通过白鹿的行踪昭示于猎人，从而最终发现盐泉，并开发利用盐泉。既然盐泉乃“山灵发祥以示人”才被人类发现和开发利用，则自然而然地就产生了盐泉这一“珍宝”系上天所赐的“宝源天赐”①的原始自然崇拜。

其次，咸泉是山灵通过白鹿显示于“猎人”这一最基层的普通劳动者的，并由其第一个发现了盐泉，开宗立派成为盐业始祖，这也就意味着食盐乃上天赐予所有芸芸众生的而非只是某些特权贵族阶层的专利，由此衍化出“咸予苍生”的食盐仁爱思想和普惠的盐业经济制度，成为中国盐文化最根本的思想基因，影响广泛。

三

根据明末刊刻的《龙君庙碑记》：“龙君庙创自汉代，相传猎者见一白鹿而逐之，遂得盐泉，始庙祀焉。”②可以推断，《白鹿引泉》的故事在汉代宁厂修建龙君庙时就已经在当地流传开了。

1956 年，在成都市郊外羊子山汉墓出土了一枚画像砖，长 40.8 厘米，高 46.7 厘米，厚 7 厘米。砖上雕刻有汉代井盐生产的场景，该图案（《盐场图》）中的地形山势、输卤笕管等，与宁厂的地形地貌及输卤笕管高度一致，而与出土该文物的成都平原完全不同，故可推断其所反映的是汉代宁厂古镇的盐业状态。画面里群山耸立，沟壑相间，左下角井架上有 4 人扯卤；右下角设置一盐灶，灶上有五口大锅，灶前一人正烧火熬盐；井架和盐灶之间架有笕管引卤；山麓有两个运盐者背负盐包行进。有趣的是，在画面中部丛林中有一只奔跑的鹿子正回头张望；右边一猎人跪立于地挽弓发箭，另一猎人手执弓箭和几只猎狗飞奔着追向鹿子。其所反映的正是“逐鹿得泉”的传说。由此可见，至迟在东汉时期，“逐鹿得泉”即“白鹿引泉”的传说就在巴蜀地区广为流传了。

① 宁厂古镇白鹿盐泉出水处原镌刻有明崇祯甲辰年间关中张惟任题写的“宝源天产”的匾额，该石刻现藏于巫溪县文管所。

② 参见高维岳（光绪）《大宁县志》。

也就是在这一时期或之后，巫溪邻近的奉节、云阳、开县、城口、忠县及四川之富顺、盐源，云南之楚雄等地相继发现盐卤资源并逐步进行了开发。当“白鹿引泉”传说流传至云安、开县、忠县、富顺、盐源、楚雄等西南地区盐产地之后，经适当改编便演化成了当地的盐业起源（或盐业始祖）传说。

云安“白兔引泉”：传说汉将军樊哙陪同高祖刘邦由东乡（今四川宣汉县）入朐忍（今重庆云阳县）募兵招贤。一日，樊哙射猎到云安，偶遇一白兔，于是跟踪追击，白兔忽然入地不见。樊哙遂掘地三尺，盐泉涌出。于是名此井为“白兔井”。

忠县“白兔引泉”：据《忠县志》载：“旧有盐井溪，相传东汉关西夫子杨公伯超，见白兔饮泉，因而掘井，俗称甘、涂两井。”

开县“白羊引泉”：相传两千年前有温姓、汤姓两个猎人，逐一山羊至温泉河边，遂发现盐泉，于是取卤煎盐，后人便以二人姓氏命为地名。

城口“白斑鸠引泉”：据《城口厅志》载：“斑鸠井在八保明通井岩畔，其卤源自穴中流出。相传有陈、罗二人捕猎到此，见白斑鸠飞入岩穴，白水流出，尝之味咸，遂煎成盐，今尚有陈、罗二人遗像。”

四川富顺“白鹿引泉”：相传晋太康元年（280），夷人梅泽出门打猎，遇见白鹿在舔食石缝中流出的泉水。他感到奇怪就尝了一下，发现泉水咸咸的，故于此掘井300尺得卤水。

四川盐源“白羊引泉”：据清光绪《盐源县志》载，有一位牧羊姑娘见“羊饮于池，迹之，见白鹿群游，尝其水而咸，指以告人，因掘井汲煎，获盐甚佳”。后来人们将这位牧羊姑娘奉为“盐神”。

云南安宁“黑牛引泉”：据《康熙安宁州志》载：“唐高祖武德元年（618），有东川人阿宁牵牛过此（安宁），牛舐地不去，取土尝之，味咸，遂掘地为盐池。”

云南大姚“羝羊引泉”：石羊古镇位于今云南楚雄州大姚县。据《滇志·地理志》记载：“石羊，即白盐井。昔洞庭爱女牧羊于此，有羝舐土，因得盐泉。”《滇志·杂志·灵异》“羝羊石，蒙氏时，有牧人于今白井提举司东一里许，见有一羝羊舔土，驱之不去，掘地，遂得卤泉，名曰白羊井。”

以上开县、盐源的“白羊引泉”、忠县、云安的“白兔引泉”，富顺的“白鹿引泉”，城口的“白斑鸠引泉”，还有云南安宁的“黑牛引泉”、大姚的“羝羊引泉”等等传说，故事情节大体相同。其主角白羊、白鹿、白兔、白斑鸠等都是温顺、美丽、可爱，具有亲和力与精灵之气、通灵之能的祥瑞动物。由其引导、启示人们发现了盐源，具有巫溪“白鹿引泉”传说一脉相承的“山灵发祥以示人也”的浓郁的巫文化色彩。故此，先民把它们列为崇敬对象，并视为盐业始祖加以供奉祭祀。

四

“白鹿引泉”传说在千百年的流传过程中，不但内容得到了丰富、充实、流变，而且在经过广大劳动人民和历代文人及民间艺术家的二次、三次创作，产生了多种载体或艺术表现形式，如：庙会、砖刻、雕塑、绘画、剪纸、诗词、小说、歌舞、影视作品等，不断扩大了该传说的传播影响范围。

历代文人不但将“白鹿引泉”传说作为地方民俗资料辑录于方志史籍之中，而且将其引用于诗词创作之中。现节录几首具有代表性的诗句如下：

观龙池作

（清）陈杏昌

佥称地有灵，盐泉出其麓。昔日杳茫茫，引之自白鹿。
猎众系出袁，但未详名目
……

白鹿盐泉

（清）陈镇

盐井平分万灶烟，引从白鹿记当年。
行郊曾应随车雨，逐野欣逢涌地泉
……

盐泉

（清）王步瀛

闻说大昌县，飞岩泄卤泉。利分秦楚域，泽沛汉唐年。
白鹿留仙迹，青山煮晚烟。雷公遗政在，应让使君贤。

游白鹿咸泉作

（清）闵文钊

谁驱白鹿引咸泉，古穴深开一线穿。
岩脚石龙云喷雨，山头文豹雾藏烟
……

民俗庙会：自汉代起，在盐泉处建起了龙君庙及猎神殿，祭祀最先发现盐泉的猎神。每年2月10日为猎神菩萨生日，举办猎神庙会，香火连延两千余年不断。

汉代画像砖：如前所述有《盐场图》。1956年该图案还被国家邮政局印制成邮票《井盐生产·东汉》发售，影响广泛。

雕塑：宁厂龙君庙始建于汉代，为祭祀盐业始祖的庙宇，历代屡加修缮，香火不断。其位于盐泉处的猎神殿，塑有白鹿、猎人和猎狗的泥塑雕像。白鹿立在盐泉东侧洞口处，猎人头包帕子，脚穿草鞋，腰系火药葫芦，手腕系火镰，手拿刷子枪（火药枪）对着龙洞，身旁一条凶恶的猎狗扑向洞口，形象栩栩如生。反映的正是“白鹿引泉”，是用雕塑这一形象化的艺术载体展示该传说故事，也是该传说故事在传播过程中经民间雕塑艺人的第二次艺术加工。该雕塑创作于何时何人已不可考，毁于1958年。

在巫溪老县城的铁索桥（俗称“鹿子桥”）两端龙门桥塔上分别塑有白鹿和手执弓箭的猎人与猎狗的塑像，古朴、雄浑、灵动，很好地反映了该传说故事，深得市民认可。该雕塑由本土艺术家皮宗远先生创作于20世纪80年代，现保存完好。精灵般跳跃的白鹿、勤劳淳朴的猎人，一个是“山灵发祥以示人也”的神秘力量，一个是劳动创造生活的人类先祖，这就是远古巫文化“万物有灵”“天人合一”视野下的人与自然的和谐世界。

因为“鹿”与“禄”同音，在民俗文化中，鹿又是寓意吉祥之物，在巫溪（尤其宁厂古镇）乡土民居的窗花上，也曾较普遍地雕刻着美丽灵动的白鹿图案。

其他流变形态：近年来，众多本土及外地艺术家将“白鹿引泉”传说故事再创作成绘画、剪纸、舞蹈、小说、动漫、影视短片等。如江碧波教授的绘画《盐泉》、曾德元老师的剪纸《逐鹿得泉》、长衫先生创作的神话小说《巫咸国语》、巫溪县特殊学校师生创作演出的歌舞《白鹿引泉》等。特别是2010年举办的巫文化艺术节开幕式，创作演出的歌舞《盐泉》美轮美奂，广受好评。还有将其设计成刺绣、袜底板（鞋垫）图案或城市景观雕塑，通过多种载体或艺术形式进行传播，大大扩展了《白鹿引泉》传说故事的影响力和受众范围。

人类先祖对盐卤的发现、食用和大规模开发经历了一个漫长的认知过程。从无意识地偶然浅尝到有意识地食用，再到大规模地勘探和开发利用，此过程中，各类动物对盐卤的本能嗜好和灵敏的嗅觉、味觉，无疑对人类探寻盐源产生过启迪作用。基于古代社会有限的科学认知，对天然源泉这一生活必须的、重要的自然资源的来历、成因，不能做出科学阐释，只能归于“上天恩赐”，再经由白鹿——这一“山灵发祥”者“以示人也”。“白鹿引泉”就是这种地方风物传说，是古代先民对盐卤资源成因的神话性解释。在经历数千年的民间口口相传，包括民间艺人的不断丰富、加工、传播、衍变，最后经文人采集，记录于文书古籍，流传至今。它展示了盐业先祖们丰富的想象力和美好愿景，反映了古代劳动人民对给他们带来财富的盐泉的无限崇敬。具有较高的盐文化底蕴和艺术价值、审美价值、学术价值、传承价值。对“白鹿引泉”传说的再创作、演绎、传播，将对包括宁厂古镇在内的川、渝、滇众多传统盐业古镇的人文旅游产业，产生较大的推介作用，因而又具有一定的现实经济价值。

◇参考文献◇

[1] 陈驹．中华民间文学通论[M]．广州：广东省出版集团，2010．

[2] 李福德. 四川省志·盐业志[M]. 成都：四川科学技术出版社，1995.
[3] 汤绪泽. 巫溪县志[M]. 成都：四川辞书出版社，1993.
[4] 巫溪县盐厂. 巫盐史志[M]. 成都：四川美术出版社，2010.
[5] 杨华. 三峡夏商时期考古文化[M]. 北京：科学出版社，2014.
[6] 戴楠，魏雯. 山海经[M]. 北京：西苑出版社，2011.
[7] 傅玉涛. 巫溪诗词选[M]. 北京：中国文联出版社，2008.
[8] 杜正坤. 巫溪民间故事[M]. 北京：团结出版社，2018.
[9] 刘卫国. 渝东盐场的民俗节[C]. 曾凡英. 盐文化研究论丛（第一辑）. 成都：巴蜀书社，2006：36-44.
[10] 高维岳. 大宁县志[M]. 内部印刷，1984.
[11] 巫溪县地名领导小组. 四川省巫溪县地名录[M]. 内部印刷，1982.
[12] 杨柏生. 中国民间文学集成四川巫溪县卷[M]. 内部印刷，1988.
[13] 金良铸. 巫溪民间文学[M]. 内部印刷，2008.
[14] 陈伯凯. 巫溪县史料文献集成[M]. 内部印刷，2017.
[15] 佘平. 巫盐论丛[M]. 内部印刷，2018.

盐业历史文化的阐释、保护和利用

徐佩佩[①]

摘　要： 对于盐业历史的阐释、保护与利用，纵向涉及产、运、销等方面，横向涉及政治、经济、社会等方面，讲好盐业历史的故事，传播盐业历史文化，通过盐管窥全貌，实现文旅融合发展。

关键词： 盐业文化；阐释；保护；利用；文旅融合

盐是生存必需品，也是生活交往的重要纽带。盐业历史悠久，古人或煎或晒制盐，逐渐形成产业。靠海区域食用海盐，地处黄海之滨、淮河南北的江苏北部沿海地区，素有“海盐之饶”称誉，自古盛产海盐，称作两淮盐区。由于两淮盐业兴盛，两千多年前淮盐就被运到盐区以外的其他区域消费，唐宋时期两淮盐业已奠定了在全国盐业界的主导地位，明清时期政府高度重视两淮食盐的产运销。内陆区域食用池盐、井盐、泉盐、岩盐等。如石盐的生产历史只有数百年，先是从地面或地下直接采出，清乾隆五十八年（1793）云南省石羔井开始采用斜井开采。中国青海、四川、湖北、江西、江苏都有大规模石盐矿床，以柴达木盆地最有名。[②]

对于盐业历史的阐释、保护与利用，纵向涉及产、运、销等方面，横向涉及政治、经济、社会等方面，讲好盐业历史的故事，传播盐业历史文化，通过盐管窥全貌，实现文旅融合发展。

一、盐业历史的阐释和展示

目前对于盐业史的集中阐释和展示一个最重要的方式就是建设特色化、差异性明显的盐文化博物馆，这既是盐文化显性化的重要表达，也是阐释盐文化的重要方式。盐文化博物馆的建设集中在海盐和井盐两种类型。盐城海盐博物馆是海盐历史的代表性博物馆，四川自贡、山西运城、浙江岱山、河北沧州的盐业博物馆都很具代表性，尤其是四川省的自贡市盐业历史博物馆，展现了我国井盐业曾经领先世界的诸多方面。

火山爆发及降雨，使盐在海洋中大量累积，日积月累而形成海盐。食盐约占海水

---

① 作者简介：徐佩佩（1982—　），女，南京市博物总馆副研究馆员，武汉大学历史学院博士研究生。

② 朱新苗：《食盐来源及其历史》，《盐业与化工》，2014年第6期，第26-28页。

重量的2.7%。利用海盐的记载可以追溯至上古时期，采用煎煮法或日晒法可以制成海盐。先民们长期采用刮取经海水浸渍的咸土（灰、沙），淋制卤水，用锅煎盐。这可视为中国海盐业的开端。此法一直延续到明清之际，逐渐过渡到用滩晒法制海盐。

随着技术的发展，现代普遍采用日晒法，即在涨潮时将海水引入盐田，利用日晒风吹，使海水蒸发浓缩结晶成盐。日晒法可以充分利用自然能源，但要具备较明显和较长的旱季，浓度较高的海水，广阔平坦的滩涂等条件。中国是世界上生产海盐最多的国家，辽宁、天津、河北、山东、江苏为北方海盐区，分布于渤海、黄海沿岸。盐田是由七至八块田地组成，当潮涨时海水流入贮水塘，让其自然蒸发浓缩。然后以水车将海水灌入第一块以泥筑起矮基的，水平比起贮水塘为高的凝集田，再由第二块到第三块，如此类推。凝集田通常有四至五块田，且每块田之间的水平比前一块略低，以便海水逐级留下。由于在“车水”过程中海水不断被阳光蒸发，当浓缩的海水流入最后一块生盐田（结晶池）时，海水便会渐渐凝固成盐粒。若海水浓度不足，便加入盐中（普通食盐），加快结晶。整个过程需时两三天不等，并依靠日光蒸晒。故此须在阳光充足，空气干燥的季节进行，即10月至翌年3月。

盐城海盐博物馆的建设反映了中国海盐的发展历史，表现了海盐文化的丰富内涵，已作为盐城的特色产业来进行文化传播。8 000平方米的展厅以“中国海盐历史文化”为基本陈列内容。其中第一部分主要展示中国海盐的管理制度、海盐的功用、海盐的品种等内容。第二部分主要展示中国历代海盐生产方式的演变和生产技术的发展等内容。第三部分展示古代煎盐的代表性场景。第四部分展示海盐对人类政治、经济、社会和生活等方面的重大影响。在专题陈列展厅还开辟海盐产品、生产工具、生活用具、民俗风情、文学艺术和海盐文化研究成果等各种专题陈列，对海盐历史文化进行全方位阐释和展示。

盐城海盐博物馆不仅可以通过依次解读盐城因盐置县、因盐而名、沧海桑田、百河之城、历史遗韵、现代盐业等众多关于海盐文化的专题，更可以通过盐渎故址和汉墓出土的文物，如盐城北门汉遗址出土的陶水管、瓦当等建筑残件，汉和汉以前的封泥、炼渣、红烧土以及铁刀、铁戟、铁锛、铁斧、铁鼎、铁锅等生产工具和生活用具，还有隋唐明清时期的文物和盐票，盐场场图的版刻，草堰古镇微缩图，古代水系图的光电模型，瓢城沙盘等，对盐城地域的海盐文化进行近距离的透视。①

二、盐业遗址的保护和利用

自贡市盐业历史博物馆以清朝乾隆元年陕籍盐商修建的同乡会馆——西秦会馆为

① 茆贵鸣：《寻根海盐文化 感受城市之魂——中国海盐博物馆散记》，《江苏地方志》，2009年第2期，第39-43页。

馆址，主要收藏、研究、展示盐史文物，是目前中国唯一一座井盐史科技博物馆。馆内共收藏有盐业工具、书法、绘画、瓷器、玉器、钱币、票据等文物近 20 个类别 3 897 件（套）。[①]其馆藏保护与利用十分具有特色。

（一）井盐生产文物类

从博物馆基本陈列《中国井盐科技史》中可以看出，井盐生产分别由钻井、采卤、制盐三大部分完成。该馆通过大量的文物、模型等资料反映了自贡井盐生产技术的发展，突出表现了以深井钻凿技术为中心的古代井盐生产技术与工艺。在长期的生产实践中，历代盐工以他们的艰辛劳动，总结了成套的生产经验的同时，还发明了分工细密的工具群，用以凿治井、输卤制盐和开采天然气。其中最具代表性的当属该馆保存的一套最为完整的凿治井工具。这套工具不仅能协助分析岩层，钻井深达千米以上，同时也能修治井漏及塌岩等自然事故。这些技术及工具体现了劳动人民的创造精神，令人赞叹不已。

（二）盐业历史建筑类

西秦会馆是自贡市盐业历史博物馆馆址所在，本就是盐业史上不可多得的文物。其在自贡盐业历史建筑中最具代表性，由清代陕西盐商修建，是陕西盐商在自贡经营盐业时聚会议事的同乡会馆。会馆建筑群由金庸阁、献技楼、大丈夫抱厅等组成，不论是外观造型或是建筑结构，亦或是装饰精美的石雕木刻，都具有明、清两代的风格。会馆空间强调传统的对称布局，轴线分明，严谨方整。馆内保存有大量木雕和石雕，内容丰富，技术精湛，极富文化价值及美学价值。

（三）井盐生产遗址类

博物馆除了在馆内展出基本陈列外，还在自贡市大安盐厂展示了盐业生产现场和遗址。现陈列有凿井的碓架、牛推车汲卤的车房和圆锅煎盐的灶房，再现了清末自贡盐厂的盐业生产风貌。其中高达 80 米的木质井架得到了修复，尽显风采。天车设计巧妙，结构科学，是钻井汲卤的重要工具（周聪，2018）。通过现代力学原理的运用，大型天车一次可吊 20 吨的重量，在清代生产力发展水平下，是一个非常了不起的成就，故天车也被称为“古代起重机”。天车作为井盐生产的遗址是城市的重要地标，是盐都的象征，是自贡的文化符号，极具历史价值。[②]

此外，青海囊谦的泉盐产销也是具有特色的一个种类，经历三种流通方式：一是前清的民间贸易，即民制、商收、商运、商销的民营方式。二是民国成立后逐渐转为

---

① 周翠微、李敏：《我国馆藏文物预防性保护现状及实践探讨——以自贡市盐业历史博物馆为例》，《文物鉴定与鉴赏》，2018 年第 15 期，第 110-115 页。

② 黎澜：《自贡市盐业历史博物馆文化衍生品设计应用研究》，成都：四川师范大学，硕士学位论文，2020 年。

官民混合经营方式。三是新中国成立后的1958年始实行国家专卖制。以上第三种形式表现为民制（或官制）、官收、商运、商销，因中间环节为官收，本质是国家间接专卖制，但表现不同：一种是盐商先要向盐务部门交钱，职员见钱开单（购盐券），盐商持单到提货点（盐田或盐库）取盐，保管员验单出盐。一种是商贩先出钱向政府买入，然后政府让商贩自行取税作为补偿。本质上是包税制，让盐商承投一区税收，先纳钱于政府，然后缓慢回收。民间贸易制下的盐称私盐，国家间接专卖制下的盐称公盐。两种都要交税。以上三种形式的流通范围相同，目的亦相同，都是满足玉树地区和藏东北、川西北的盐粮交换。

青藏川交界区的藏族村落皆在山腰台地，并择有泉眼或溪流筑房，房前屋后为耕地，远处是牧场，活动范围限于耕地与牧场的大小，住宅的位置也不能例外。房屋互相拱卫，聚族而居，各成一村，村之大小视地之广狭肥瘠而定，人们的生产方式与生活方式很大程度上受制于地理互不干涉。血缘亲情渗透于婚丧嫁娶、生产互助之中，食盐是沟通人际关系的重要媒介。

青藏川交界区的季节性很强，大宗交易通常在藏历四月或十月进行。此时皮张、羊毛、药材等产品上市，也是雨少路干、草绿天暖，方便长途跋涉、野外露营的时节。每逢藏历年十月，各村的驮队便开始集合，准备远行。草场上牛叫马嘶，人们给头牛带上铃铛，让叮咚作响之声带动牛群，响彻群山两侧。贩盐人骑马赶牛，结队而行。全队负枪带刀，以防打劫，每到安全地点才能歇息。盐队自备帐篷、炊具，沿途多露宿。队员解驮上驮、放牦牛、拾牛粪、搭帐篷、煮茶等，各有分工。在通公路的地段，来往车辆不多时，可将牦牛赶上公路。

盐贩携带着食盐穿梭于牧区、农区和盐区的村庄。他们赶集市，赶庙会。交易物品以青稞为主，羊毛、皮张、牲畜和药材为辅。边陲之地，硬通货有限，人们更看重物品的使用价值而非交换价值。交易中心多以物易物，较少使用现金（银币、镍币或纸币）。一些物品（食盐、牲畜、铁器等）因使用价值和交换价值极高而作为货币，使用价值和交换价值次之的物品（粮食、茶叶、布匹、羊毛、酥油、药材等）也可作为货币。关于现金（硬通货），民国时期流行4种：国币、袁大头（重7钱2分的银洋）、甘洋（重3钱1分2厘，为赵尔丰时铸造）、半开（甘洋对切之一半）。其中，国币在农区通用，牧区则不通用。1958年以后通用的现金是人民币。[①]

三、盐业文化的推广和传播

中国海盐产量历来占到各类盐总产量的 80%以上，它给社会带来了巨额财富，因

① 坚赞才旦，王霞：《百味之首在澜沧江源头——青海囊谦泉盐产销调查》，《青海民族研究》，2018 年第 1 期，第 154-155 页。

而倍受历代统治者和商人的关注。从春秋时期齐国管仲首创“官山海”而致富称霸以后，围绕着盐，尤其是海盐的生产、运销、管理，统治者、各级盐官、盐商、盐民之间创造出一幕幕动人心弦的历史篇章。这不仅对中国历史进程产生了许多重要影响，而且在社会经济管理及金融、运输及文化等各方面都发挥了重要的作用。

在相对公平的环境下，各运商相互竞争，最后实力雄厚的运商承办一地的食盐运销，蕴含了近代的自由竞争的精神。同时，招商租办也保留了我国固有的盐斤运销中的专商成分。在各商租办期间，该商在一地具有一定的独有权，是招商办运的保守部分。

作为大运河文化的一个组成部分，扬州盐业历史遗迹极具文物价值、历史价值和艺术价值。扬州大运河博物馆中也有专门的盐业展示，对于盐业文化的推广传播具有重要意义。展馆以汪鲁门盐商住宅为载体，以扬州盐商文化为核心，利用原建筑空间进行布展陈列，将通过文字、图片、影像、实物等多种手段，展示扬州大运河盐商文化历史遗存。

淮盐运输相关运河一览表

朝代		运河
西汉（前202-8）		吴王对刘濞开凿西起茱萸湾（今扬州湾头镇）、东通海陵（今泰州）的运盐河道（即茱萸沟），将如皋蟠溪地区所煮海盐经海陵运至广陵（今扬州）分销。
隋	开皇七年（587）	开凿山阳渎，即江淮之间的运盐河。
	大业元年（605）	开凿大运河，接连黄河、淮河、长江，使扬州成为交通枢纽和淮盐的集散地。
唐	宝历二年（826）	盐铁使王播开七里港河，有利淮盐运销。
北宋	天禧年间（1017-1021）	从扬子镇（今扬州刊江区境内）引长江水入运河，开扬州运河。通、泰各场之盐运河运至扬州、仪征后，再经长江运往江南、两浙等地销售。
	天圣年间（1023-1032）	范仲淹在修筑捍海堤的同时，将取土之处凿为河道、串连起南北诸盐场，是为北串场河。
南宋	咸淳五年（1269）	两淮制置使李庭芝开挖金沙河，连通金沙场、余庆场与运盐河。后代延凿，是为南串场河。
明	嘉靖四十三年（1564）	海州知州高瑶疏浚景济河、自板浦（今连云港海州区境内）以南接穿心河向北入海，使淮北之盐得以海运至两浙。
清	康熙年间（1662-1722）	开凿由淮阴杨庄（今淮安淮阴区境内）经板浦直通淮北各盐运的运盐河。淮北之盐经板浦、大伊山（今连云港灌南县境内），运至西坝（今淮安淮阴区境内）入栈。

盐号与盐商是经营盐业的组织与个人，只做食盐买卖的盐号一般是实力比较雄厚的商人，而前清时期徽商则是经营安徽盐业的重要商帮。但是到了民国时期，徽商衰

落，江苏商帮、浙江商帮等外省盐商在安徽省居于多数，例如浙江商帮在蚌埠二马路开设的“久达盐号”和在蚌吉安里投资开设的“福泰盐号”。这也从侧面反映了出安徽的盐业关系着本省各地区与他省经济的发展。

为了更好地销售食盐，安徽省各地纷纷开设盐行、盐号，据统计，蚌埠地区民国15年（1926），有盐粮行、盐行20余家，盐店10余家，盐运商有永益股份有限公司。“民国18年（1929），有盐号30余家、盐粮行80余家，运量达五万吨，盐的购销量占各类商品购销量的首位。”芜湖、安庆两地“民国10年（1921）至16年（1927），先后共有票商荣泰和、方复泰、胡玉美、吉泰隆、冯集成等盐行及久大、通益两公司。”到民国18年（1929）财政部检票时，皖岸南北两岸共有票商607户，北岸公同组织商号名为大吉祥，南岸公同组织商号为德裕厚。[①]

在盐文化推广与传播过程中，在文旅融合的当下，必须同时考虑历史文化的研究与保护利用，简言之就是“以文促旅、以旅彰文”，结合具体情况制定出可操作的、具体的开发策略。目前在传统的文博遗产观念下，盐业文化优势仍未转化为理想的经济优势，整体上存在着“一流资源、二流开发、三流服务”的状态。当然原因是多方面的，如人才的缺乏，政策导向的不明确等。

有了文化资源，就需要打造相应的旅游产品，旅游产品化是实现盐文化潜在资源显性化的必然，而主题挖掘已经成为目前盐文化旅游产品差异化的当然选择。博物馆和文化主题公园的建设是通常采取的开发方式，在旅游开发中，产业化的文创产品开发和旅游线路的设计是一个相当重要的组成部分。目前如自贡以盐文化为特色的文化市场、文化产业已初步形成，并初具规模，它们聚合成为社会主义市场经济条件下的文化驱动力和文化软实力。[②]

在旅游线路方面，通过考古文化走廊、民俗文化走廊、工业文化走廊（现代盐化工流程、产品的展示）进行有机结合，打造特色化产品是很重要的。其中，应该特别重视工业遗址旅游线路的设计和开发。国外的工业遗址旅游已经十分普遍，但在国内，这方面的理论和实践尚远远不够，在设计中，把现代盐田（盐厂）和古代的盐业遗址（遗存）结合起来，这样方有现代感又有历史厚重感，以满足不同层次、不同需求游客的体验。文旅融合是一个系统化工程，要实现业态、场所、产品等多方面融合，同时离不开新媒体的广泛利用，依托新媒体平台催生出更多的文化产品与服务。[③]

◇参考文献◇

[1] 朱新苗．食盐来源其历史[J]．盐业与化工，2014，43（6）：26-28．

① 李孟圆：《民国时期安徽的盐业研究（1912-1937年）》，合肥：安徽大学，硕士学位论文，2016年。

② 吉晨：《地域文化在包装设计中的运用和传承——以自贡盐业为例》，《四川戏剧》，2021年第6期，第57-59页。

③ 王俊芳、于云汉：《潍坊海盐文化和旅游的融合发展》，《盐业史研究》，2021年第1期，第74-80页。

[2] 茆贵鸣．寻根海盐文化 感受城市之魂——中国海盐博物馆散记[J]．江苏地方志，2009（2）：39-43．
[3] 周翠微，李敏．我国馆藏文物预防性保护现状及实践探讨——以自贡市盐业历史博物馆为例[J]．文物鉴定与鉴赏，2018(15)：110-115．
[4] 黎澜．自贡市盐业历史博物馆文化衍生品设计应用研究[D]．成都：四川师范大学，2020．
[5] 坚赞才旦，王霞．百味之首在澜沧江源头——青海囊谦泉盐产销调查[J]．青海民族研究，2018（1）：148-156．
[6] 李孟圆．民国时期安徽的盐业研究（1912-1937 年）[D]．合肥：安徽大学，2016．
[7] 吉晨．地域文化在包装设计中的运用和传承——以自贡盐业为例[J]．四川戏剧，2021（6）：57-59．
[8] 王俊芳，于云汉．潍坊海盐文化和旅游的融合发展[J]．盐业史研究，2021（1）：74-80．

盐文化与旅游发展

盐文化遗址和遗产保护与发掘研究[①]

——以滇西沘江流域为例

姚顺增　姚力尧[②]

摘　要： 滇西沘江流域盐文化遗址和遗产保护与发掘工作，在旅游业模式、文化建设模式和新农村建设模式的实践过程中取得了明显成效。我们以此为主要内容进行了三方面的探讨。

关键词： 盐文化遗产；盐文化遗址；保护；发掘

滇西沘江流域盐文化遗址和遗产保与发掘工作，主要是在启动三种专项模式，并开展了相应的工作，而取得初步成效的。

一是旅游业保护模式，主要是对有形直观外在的文化遗址修复方面取得成效，工作侧重于保护方面的工作。二是文化建设模式，主要着眼于无形内在潜匿的文化遗产开发方面，其成效在发掘方面有所展现。三是新农村建设模式，由于关注于保护与发掘，所以既有文化遗址保护成效，又有文化遗产发掘成效，两者齐头并进之后的双丰收。

一、旅游业保护模式

（一）为什么产生旅游业的保护模式

1. 经济发展的需要

在国家发展战略驱动下，在西部大开发、新农村建设、乡村振兴等一拨接一拨的具体安排下，经济建设为中心、物质发展为重点，成为了首当其冲的头等大事。而沘江流域古盐井所在地云龙县、兰坪县及其乡村，迄今为止都为清一色的贫困县、贫困乡、贫困村。所以，这一地区发展经济、增加收入，显得尤为重要。而一旦激发起人

① 基金项目：四川省高校人文社会科学重点研究基地——中国盐文化研究中心资助项目“滇西沘江流域盐文化遗产发掘与保护研究（项目编号：YWHZ20-03）”的阶段性成果。

② 作者简介：姚顺增（1951—　），男，云南省昆明市人，汉族，云南民族大学教授，硕士生导师，国家社科基金通讯评审委员，国家社科同行评议专家。研究方向为哲学、少数民族文化。
姚力尧（1996—　），女，云南省昆明人，汉族，云南民族大学马克思主义民族理论与政策专业研究生。

们的积极性，使其努力去挖掘潜力、出主意、想办法之际，他们无疑会找到自己的传统文化及文化底蕴中存在的潜在力量。而盐业文化成为最现实、最直接的资源，对它的开发利用是当地旅游业开展的基础，甚至是唯一的依靠。因此旅游业的开展，必须从盐业文化的保护开始，对它的使用和产出，成为经济活动成败的关键。由于盐业文化资源是一个相对独立的文化体系，所以我们就必须摸清家底，保护现存的盐业资源、并发掘出来，让它满足经济发展的需要。

2. 旅游业的需要

在乡村旅游驱动下，《云南省旅游产业“十三五”发展规划》①等一系列的文件指导下，乡村旅游项目经历了一个发展演变过程，有旅游观光、娱乐消遣、休闲养生、生态体验等。而沘江流域的旅游项目也逐渐地定位在文化知识型，以考察研究为主的范围之内，即来自学生、游子、教育、考古、宗教等专业者的考察，或对古典文化、地域文化、民族文化、尤其盐业文化的考察和认识、体验感受范围内，从而使得盐业及其附属设施的修复、再现，成为了旅游业开展的一项重要任务。沘江盐业文化体系有盐井及其附属物等一系列的物质文化内容。由此利用盐业文化，作为旅游经济的来源。盐业文化的资源和要素一旦都使用起来，应该保护和利用并行，利用时注意保护下来的东西，保护好资源才有可能利用和开展旅游业。

3. 传统文化村落的需要

在传统村落保护战略驱动下，在国家政府有关部门采取的各项措施和作用下，尤其在评选各种古镇古村的要求和规定下，与之相配合的下属单位的具体安排下，对于传统文化底蕴深厚、民族风情浓郁的村落，去努力和争取获得名分尤为重要，因为这项工作不仅仅能够为古村复兴、文化繁荣、经济振兴、重现过去的辉煌提供精神力量，更重要的是在这一战略驱动下，沘江流域的一些乡镇村寨被确定为旅游业定点村落、定点项目之后，因资金下拨、建设工作展开，村落成为了旅游景点等措施的刺激，就能在精神力量和物质力量双重作用下大展宏图，让盐业文化成为这些村镇旅游业的核心内容，保护与发掘就成了顺理成章的首要任务。传统文化村落由于盐业文化而产生，盐业文化由于传统文化村落而延续。过去此地由于受益于盐业文化而曾有过繁荣和兴盛，如今需要盐业文化成为传统文化村落灵魂。旅游业开展就有了自己的内容。

（二）旅游业模式下的保护

1. 县委县政府领导下的旅游业模式的保护

硬件方面主要是组织工作三落实：领导、人员、机构落实到位。软件方面主要是从总则纲要、规划方案、计划措施、发展方向、行为守则、指导思想、工作任务等方面展开工作。

---

① 段晓瑞：《云南省旅游文化产业“十三五”规划出炉》，2016 年 12 月 18 日，http://www.gov.cn/xinwen/2016-12/18/content_5149425.htm，2021 年 9 月 15 日。

2005 年 12 月 24 日，云南省政府批准云龙县石门镇和果郎乡合并成立“诺邓镇”[①]。筹划成立这一新建制镇，其目的在于利用石门镇这一城区的区位优势，和已具有的全县最集中的经济力量，及所具备的物质条件等，尤其是与多年来打造的千年白族村——诺邓村的上一级的果郎乡合并后，需要获得和分享诺邓村的品牌效应，来促进旅游业发展。

2005 年 6 月 9 日，在时任云龙县委书记李文才安排下，成立“诺邓保护与开发协调领导小组”，即县一级的职能部门。后来具体措施有：

编写云龙县旅游景区规定《诺邓景区旅游详规》，成立村一级《诺邓村遗产保护与旅游开发协会》。在广告宣传上做工作；精心打造诺邓村盐文化博物馆，从内容的设计、材料的搜集和空间的布展等，做了大量的工作，最后让它成功地矗立在村中首要的位置，让游客一进大门就映入眼帘。组织历史文化知识培训和旅游景点知识培训活动，为村级旅游工作人员排忧解难，及时地进修充电。与昆明的知名旅行社，建立业务合作，从而获得外国游客的旅游客源……

2. 村民对盐文化遗址的保护

一是村民求生存、求发展的动力作用而对盐文化遗址的保护。

古宅修缮使用，也是对村民的考验。因为政府相关部门认可确定为保护项目后，古宅所有者必须提供绝大部分的修缮所需资金。其质量与规模，虽然都有已经颁布的统一规格和标准，但根据原来的面积、返回原貌程度、所投资的费用多寡是不同的。从而就需要房主的决断，即决心和行动了。有的人家能够承担风险，行动迅速，尽快地让它闪亮登场；而有的人家行动迟缓，甚至犹豫不决，把自己置身于旅游业的行动之外，继续外出打工和从事传统农业生产。这里面无疑是被市场经济的无形之手所支配之后的结果，即知难而退了。这里我们必须看到，诺邓村尽管过去曾因盐业辉煌繁荣，但中华人民共和国成立后又经历过多年的停业，几乎让盐业的经济动力的作用丧失殆尽。又加之本身地处偏僻山村，经济发展的水平并不是商品经济占据主导地位，当今要融入到旅游业的行业中肯定困难不小，需要一段时间和过程。但是旅游业这一工程的推出，无疑为诺邓村盐业物质文化的保护起到了积极作用。

一旦诺邓村走上旅游业路子，就必须按照市场经济规律、价值规律运作需要：等价交换、平等互利、对外交往、商品意识、经营生产、获利谋生，甚至扩大再生产等。住宿客栈建立，要有风险意识、自筹资金，有的村民甚至家族集资大胆一搏，开门迎客。客栈启动之后，自主经营、自负盈亏，压力较大，为了招揽生意，必须主动出击，需打出网址、电商操作、方便游客、信息对称。

客栈建立意义在于让外地游客留得住，静得下来，让盐业文化遗址的观赏品味得以展开。制盐专业户商家推出了可以展示传统制盐的古朴风貌，让游客身临其境、回到过去，领略制盐流程：吸卤、储存、煮熬、浓缩、过滤、出锅、成形等，又销售出

① 字建华：《云龙改革开放 40 周年网上成就展乡镇篇之诺邓镇》，2018 年 12 月 20 日，http://www.sohu.com/a/283409160_120068597，2021 年 9 月 15 日。

商品盐及附属产品。这一套组合拳的运用，使主要经营的耕地村民，要去主动学习系统的营销知识，要经受生产方式转换后的磨练，不仅促进了乡村旅游业开展，同时也对盐业文化遗址保护起到了作用。

火腿厂的推出，让厂家仿佛走在钢丝绳上求平衡；盐供食用，属于每个人日常必不可少的生活用品；独特地使用火腿制作的方法，火腿低盐美味可口，营养而不危害身体，即人体健康与美食佳肴同时并存。这一项目的从业者，既要继承传统盐业物质文化产品，又要推陈出新以适应时代要求，符合当今人们食品健康的标准。这些都让从业者在相互对立的矛盾推动下，去经历坎坷，承受风险。其结果在间接促进食盐生产的同时，让古盐系列产品和各自功能具有的时代性、民族性和区域性特征凸显出来。

马帮运输的保留，也需要胆识和坚守。过去，马帮运输作为食盐输出的唯一桥梁与工具，它是一个时间长、空间大、内容复杂、纷繁无限，坎坷与艰辛、希望与风险、愁苦与喜乐共存的系统工程。

现今诺邓村马帮运输仅限于村寨范围内，一是为到客栈住宿的外来游客运载行李箱包；二是充当村寨范围的运输工具。因为诺邓村地处海拔 1 800 至 2 100 米山头上，鹅卵石铺成山间小道与节节上升延绵不断的石阶梯，从山脚到山顶、盘旋迂回展开，这些都是人工顺山势开凿而成的，已保留了多年而遗存至今。而马帮项目的商家在运作过程中要做许多日复一日年复一年的工作，骡马的配备、每天的料理。不仅要饲养好、养精蓄锐，同时要配备、整理、保养好工具，如套口、龙头、马鞍（攀胸、兜肚、马屁秋）、鞍架、皮索、马掌、中草药、料兜等，查看马掌情况，熟悉骡马特性、个体名称等。即便这方面工作准备周全，更重要的是要有游客光临及其运输观赏的需求，所以游客成了商家的生命线，只有下足功夫、迎头而上、获得客源，才是他们的唯一出路。过去，马帮的生存依靠食盐的售出；当今诺邓马帮的生存只能依靠游客的到来，而游客是否光临诺邓，并不是马帮这一项目来决定的，它是由多种因素所决定的，旅游业成功的关键。对于商家来讲是要有消费，消费越多、价值越大；反之，消费越少，价值越小。所以马帮的消费被诺邓村整体的消费所决定，马帮的命运同时也被诺邓村旅游业的存在与发展所决定。商家在供需关系的支配下，艰难前进，在运作中求生存，在困难中求发展。

二是经济杠杆作用下对盐文化遗址的保护。

在努力打造旅游业为诺邓村赖以为生的生存方式的时候，传统的、过去的遗留下来的盐业文化资源，成为文化产业的要素之一，即资源成为消费商品，经济收益成为了最终目的，旅游业才会成功，由此对盐业文化遗址的利用，在经济作用的步步推进下，也内在地对盐业文化的一些遗址，起到了保护作用。

首先在国家文物保护统一规范和指导下，做修缮工作。整体保护，保持传统格局，历史风貌和空间尺度。即在《文物法》[①]《中华人民共和国历史文化名城名镇名村保护

①《中华人民共和国文物保护法》，2017 年 11 月 5 日，http://www.gov.cn/banshi/2005-07/12/content_13749.htm，2021 年 9 月 21 日。

条例》[①]的规定下，修旧如旧、修旧如故，“建在原来的位置、按照原来的形制、遵照原来的结构、使用原级别材料、使用原来的工艺”[②]，对其原真性、完整性进行全方位保护。除了直接恢复盐业文化原有的建筑，即盐井的重现，和由此而派生出的附属设施，即一系列的有形物体之外，还间接地做了一些保护工作，主要在周边环境的治理上，即旅游区的道路、桥梁、路标、路障、公厕等服务设施的建设。建设者主观上是为游客提供方便，有利于创收。不过开发利用在客观效果上，对盐业文化遗址，起到收寻、维护和珍爱的积极作用。

其次，盐业文化资源转化为消费商品时的功能有所体现。考古性、文化性、观光性的方面具有它自身特点，在一定程度上能够满足游客、尤其国外欧美游客的审美心理，他们对此地古朴典雅的风格，幽静清新的空气、恬静优美的环境流连忘返，似乎有一种别有天地的感觉（注：2020年8月3日，笔者在实地调查中观察到有4至5批欧美游客住在诺邓村，并且已经住宿了数天）。

虽然诺邓村的旅游项目，与云南省西双版纳州景洪市勐罕镇傣族园在品牌和名气方面存在一些差距：后者主要在地理位置优势上热带雨林气候丰厚赐予，少数民族风情多姿多彩，从而休闲、养生、娱乐、观光等的功能能够较为全面地得以体现；参与的游客广泛、不会对年龄岁数、文化程度、职业身份等有所限制，参与者大都能各取所需自得其乐。而诺邓村却不具备这些优势，它主要对文化人比较适合。另外蜿蜒崎岖的山路，石阶连绵不断，行走观光艰难，所以无形中限制了一些游客，主要是阻碍了老弱病残者的脚步。这些使诺邓村盐文化遗址商业化趋势放慢了，即在当前的势态下，“过度化开发”“开发性破坏”“自主性破坏”等现象还不算很明显。这主要是它的遗址性质决定了旅游消费的内容，加之现在正处于旅游业开发的起始阶段，对一些遗址还无力利用。这些不足之处，其好处是给我们赢得了时间，让我们能够在他们开发利用之前，提出关于合理保护的一些思考及方案。

诺邓村村民经过出外打工，开拓了眼界，增长了见识，其中一些人选择返乡回村，立足家乡自主创业，主要利用村中的盐业文化资源，开展旅游业方面的生产活动。在全镇10个村寨社区中，经济收入呈现上升趋势，2018年已经位于本镇第二名，其中出售产品收入、村组集体经营收入、农民家庭经营收入、种植业收入、出售林业产品收入共6项收入上，名列第一[③]，只是在农民专业合作社经营收入这一项目中处于第7名。据我们调查发现，农业专业合作社经营落后于6个村寨社区，其原因是诺邓村发展经济的方向和项目已经转向到旅游业方面，而农业专门合作社经营已经在减少和转向[④]。

在我们收集到的2018年《农村经济收益分配统计表》一页中显示：村中第二产业

①《历史文化名城名镇名村保护条例》，2008年4月29日，http://www.gov.cn/zwgk/2008-04/29/content_957280.htm，2021年9月15日。

②《历史文化名城名镇名村保护条例》，2008年4月29日，http://www.gov.cn/zwgk/2008-04/29/content_957280.htm，2021年9月15日。

③《大理州农村经济收支情况统计年报（2018年度）》。

④《大理州农村经济收支情况统计年报（2018年度）》。

费用、第三产业费用、生产费、管理费、净收入名列第二，仅此一项落后于石门社区，即这个县城中心区。这一结果是在情理之中的，县城所在地的加工制造业、服务业、生产支出费用和管理开支费用等方面超过诺邓村，名列全县第一已经是持续了几十年了，只是近十年来诺邓村旅游业发展，才使后者逐步在接近石门社区，所以石门社区在净收入这一项上也超过诺邓村，其原因是上述四项费用的总数超过诺邓村，净收入才水涨船高，由此就成为顺理成章的结果。

而在可分配净收入上名列第一，超出石门社区 4%的收入比①。这项收入上能够名列第一，其原因是村民外出打工人员的收入超过石门社区 79%。诺邓村村民外出打工人数比石门社区的人数要多，是缘于村中经济来源受限，耕地不多，旅游业上马资金不足，山村经济的优势不突出，尤其不具备县城城区人流、物流消费需求集中，成为全县经济中心地带的优势。在这一背景下，出于生存发展的需要，最简便易行的方式就是抬腿出门，外地打工、出卖劳力，养家糊口。这一离家出走，即不得已而为之的举动，其积极方面是调动了村民自身的能动性，融入到全国生产活动一致性的行列中。在经济认同的方面，在许多内容上有了感觉，尤其在有形资本、实体经济的重要性上有所认识。仅仅出卖劳力有很大局限性，会被辛苦、被动、劳累、存在收入不多也不稳定等问题的困惑，从而有一些人会不自觉地被村中历史上的盐业生产繁荣所激发。在这种精神力量的鼓舞下，保护盐业遗址的自觉性、主动性和积极性在不同程度上涌现出来。

在本乡镇内获得报酬性收入、农民外出六个月以上的收入、常住在农村的公职人员工资收入、国家税金等项目上也超过石门社区名列第一②，其原因是村民的商品经济意识有所增强，村中旅游业活动转变了村民小农经济意识，原有的自给自足的自然经济模式有了改变，赚钱盈利、商品生产、以多种渠道去获取收入，开源增收已经不是像过去那样，只会封闭保守地固守在传统的农业生产活动中，行循往复地去日出而作、日落而息、春耕夏播、秋收冬藏，不能参与到全国的经济大潮之中去。如此转变的结果，其有意无意、自觉或不自觉地关注到村中的盐业遗址的保护中，至少都不愿意让它萎靡下去。

比如诺邓火腿、诺邓井盐、白族刺绣、家制豆饼、家庭生态文化博物馆、农家乐特色餐饮、客栈及为其服务的菜蔬种植，果树种植：车厘子、冬桃上，由此成立了民办企业 48 家在经营生产③。

围绕着旅游业这一核心内容，产业结构发生联动变化。其中运输业的建立，是在上级有关部门修建完成进村公路之后发生的。村中的鹅卵石小路，崎岖蜿蜒向山顶和客栈延伸，由此马帮运输应运而生。景区住宿、落脚休息，为游客提供方便，客栈旅店在村寨中接二连三地出现。游客到来，观光游览口渴饥饿之时，冷饮店、茶馆、饭

①《大理州农村经济收支情况统计年报（2018 年度）》。
②《大理州农村经济收支情况统计年报（2018 年度）》。
③《大理州农村经济收支情况统计年报（2018 年度）》。

店、餐桌上的食材，为村民的种植业养殖业发展提供了源源不断的动力。由此上述谈到的诺邓火腿、诺邓井盐、家制豆饼、车厘子、冬桃等商品得到销路，白族刺绣、家庭生态文化博物馆等也有市场，都与这 48 家（户）民办企业的作为有关。所以上述所统计出的村中的专业合作社经营项目建成的并不多，现在看来似乎并没有紧迫上马的需求。

（三）旅游业模式下的保护成效

1. 古遗址修复

2005 年 10 月，新建制镇——诺邓镇成立，之后，诺邓古镇古村修复建设工程逐步展开，文庙、武庙、龙王庙、盐井、盐井博物馆、盐局等正在修缮、复旧原貌的过程中[①]。进村公路进行了规划改造，并且已经畅通无阻。

2. 古村落挂牌

诺邓村获得“中国历史文化名村”[②]“云南省一流的特色小镇”“云南省旅游小镇”[③]、中国最具旅游价值古村落[④]和中国景观村落称号。

得到 1 000 万元启动资金[⑤]。中央电视台纪录片《舌尖上的中国》第一集 6 分钟关于诺邓火腿的影像也出炉。

3. 古村落保护

县乡甚至村级等部门参与旅游业工作的人员行动起来，关心盐井及附属设施的存在与保护。从无人、无单位、无部门负责关心的状态，改变为有人关心、有部门监管的参与。从发现问题到思考问题，并献计献策等努力去解决问题重大转变。

在诺邓村出现了一个重大的转折，没有让有形的、外在的古盐井及其派生建筑荒废与消失继续延续下去，而是从旅游业上及时地去止损，并且逐渐地进入恢复和修缮相关古建筑的过程之中。

由于旅游业处于初始阶段，发展速度不算理想，甚至让人感到有点步履艰难。这一现状的存在，对于参加旅游业工作的各种人员来说是一个不愿见到的事实，并且也在千方百计要去解决。但从我们研究者的角度来说，恰恰是一个难得的机会，因为这种状态的存在，有利于我们准确地去观察古盐井及其物质文化的原始形态。一是去尽

---

① 2020 年 8 月 3 日，笔者在实地调查中观察和亲自了解到这一情况，村长助理杨庆明也作了介绍。

② 中华人民共和国建设部、国家文物局：《第二批中国历史文化名镇和名村名单》，（2007 年 5 月 31 日，http://www.mohrd.gov.cn/zwgk/2008-04/29/content_957280.htm，2021 年 9 月 15 日。

③《云龙县诺邓古镇特色小镇综合开发项目标》，2021 年 7 月 16 日，http://www.wcas.dali.gov.cn/zwgk/2008-04/29/content_957280.htm，2021 年 9 月 15 日。

④ 李继明、杨伟松：《云南大理：千年古村诺诺邓暑期旅热》，2021 年 7 月 27 日，http://dali.yunnan.cn/system/2021/07/27/031577377.shtml，2021 年 9 月 15 日。

⑤ 程于蓝：《普者黑、古木、坝美、八宝入选云南省特色小镇列建名单，获 1000 万启动资金 9 月底前全部开工》，文山日报社，2017 年 6 月 19 日，https://www.sohu.com/a/150318490_680727，2021 年 9 月 21 日。

量避免“假古董”的误导，减少对古盐井文化认识的干扰。旅游开发性破坏，商业性建设的变形走样，在人气旺盛民族村寨景点已经屡见不鲜，比如荷兰学者丹尼斯博士第一次评审和实地考察世界自然遗产申报项目——云南省石林时，一票否决就是因为商业化过度开发导致“旅游业破坏”[①]。二是有利于对古盐井文化的认识。当我们侧重于对精神文化认识的时候，离不开物质文化这一基础性的、第一位的存在，只有让古盐井及其派生物的原貌再现，即让古盐井物质文化尽可能丰富多彩地呈现出来之后，我们才能以它为根本性、源头上的东西，而展开更进一步的、更深层次的认识，解析出它里面的精神内涵。

二、文化建设发掘模式

（一）文化建设发掘模式的产生

一是精神家园的要求。自从改革开放以来，国家从宏观层面出发，提出西部大开发战略、乡村振兴规划、新农村建设等一系列与“三农”有关的发展战略（或者称之为驱动模式），尤其在习近平总书记提出的实现中华民族伟大复兴的宏伟目标之后，全国各族人民都按照党中央的要求积极行动起来，从自身原有基础上着手努力去构建民族的精神家园，从而为繁荣中华民族共有精神家园做贡献。中华民族精神是各族人民共同培育、继承、发展起来的，并深深融进各族人民的血液和灵魂，成为推动中国发展进步的强大精神力量，由此，铸牢中华民族共有的精神家园，就必须从民族自身现有的根基出发，这样才能增强我们民族的凝聚力。

二是文化建设的需要。习总书记给我们指出，我们的文化：“文明悠久，中华民族多元一体是先人们留给我们的丰厚遗产，也是我国发展的巨大优势。”[②]在这一思想的指导下，对文化认识必须树立起以下的共识：中华文化是各民族文化的集大成，我们灿烂的文化是各民族共同创造的，各民族文化是在多元一体的形式下呈现和展示的，由此文化建设本质上是在文化同质基础上的展开和工作的。尽管各民族文化风格上有所不同，各有千秋，但是其宗旨是为了不断筑牢中华民族共同体意识。所以应坚持把文化建设构筑在最深层的文化认同之中，在不同民族地区、以不同的方式，按照自身原有的优势，培育、继承、发展优秀文化的内容。

三是意识形态所决定。按照马克思主义观点，文化建设的实质是为经济基础服务的，而我们现在的公有制生产关系所决定的思想上层建筑，规定了我们所进行的文化建设活动其宗旨和目的是为促进社会主义建设及社会主义现代化。而物质文明与精神

① 朱丹:《天地厚礼 云南与世界共享——云南高度重视世界遗产保护》，云南网，2017 年 7 月 17 日，http://yn.yunnan.cn/system/2021/07/17/031559484.shtml，2021 年 9 月 15 日。

② 习近平:《习近平在全国民族团结进步表彰大会上发表重要讲话》，新华网，2019 年 9 月 2 日，http://www.xinhuanet.com/politics/leaders/2019-09/27/c_1125048317.htm，2021 年 9 月 15 日。

文明是我们文化建设的成果，即对文化建设的精髓的彰显。在这里，由于我们是从作用与功能上探讨文化遗产的发掘，但由于传统盐业生产不可能再现过去的辉煌，从而由它产生的精神资源发掘成为了我们要探讨的主要内容。不过其产生的物质资源也是不可或缺的重要部分，因为作为第一性和根源的东西，是我们也必须关注的内容，由此文化建设系统性研究才可能建立在科学的基础之上，盐业文化遗产的发掘才有利于当今的文化建设及文明成果的产生，在这一特定背景下的发掘，也具有其特定的内容。

（二）文化建设模式下的发掘

发掘精神文化资源的途径：以出版物为载体发掘精神文化资源，作者能力决定发掘的内容。以艺术形式为载体发掘精神文化资源，参与者素质决定发掘的深度。以民俗活动为载体发掘精神文化资源，自身的经济、物质、精神力量决定其持续性。以社会团体和村民群众组织为载体发掘精神文化资源，组织严密性决定发掘的执行力。

发掘精神文化资源的指导思想：在国家大政方针、经济建设、精神文明建设、社会主义核心价值观指导下进行。换言之，在政府认可的行为规范下，在符合国家建设、社会发展的需要下进行。

发掘精神文化资源的原则：经济原则是以生产样式、生产活动的一致性，生产关系、经济政策的调整，全国范围内的统一性、一致性为原则。政治原则是以维护中华民族多元一体的格局，以国家制定的政策，统一规划的政治建设为原则。民族原则是以中华民族文化同质为基础的民族一体化，即同根同源，以民族团结，具体为政府理解白族地区群众的处境、心态、要求，执行切合实际行之有效的民族政策，白族与全国各族人民之间的凝聚力增强、民族融合，齐心一致的原则。

发掘精神文化资源的模式：一是乡村旅游驱动模式。从传统村落保护入手，从当地民族和文化价值的开发利用出发，为重现传统村落的活态遗产，为发挥传统盐村的旅游价值，而向旅游观光者提供民族文化、盐村风貌、游学观光、知识教育、学术研究、娱乐消遣等这方面的需要。这种发掘模式，侧重于以静态的视觉、定格化的审视、具体化的认识，个别性、部分性地去逐一考证，突出了民族特征、地方性特色，表现出盐村在文化上的特殊性，即与其他村落的差异性。

二是国家发展战略驱动模式。从社会现实需要入手，从传统村落文化的精神价值出发，为国家全局发展服务。盐业生产过去的成就在于国家权力的运用，当今的盐村转型同样需要国家统一部署下的安排。当我们寻根访祖，开发利用传统文化时，离不开大一统的思想，文化的根、文化的灵魂，始终是在文化同质为基础的这条线上存在和发展的。这种发掘模式，侧重于通过动态视觉，发展性、进化性地审视，以宏观角度，对事物做整体性把握。通过归纳概括的方式，去提取出对象的本质，坚持文化的普适性、通约性。

三是国家保护驱动模式。从客观历史入手，从传统村落的文化价值出发，注重当地居民生活方式的原真性和村落历史文化底蕴，以及提高村民文化自信和对活态文化遗产的价值认识。这种发掘模式侧重于系列化、片段式的视觉，相对静止审视，以中观角度，对盐村精神文化做阶段性的认识。强调文化有序性、层次性、过渡性、可比性及文化进化论。

（三）文化建设发掘模式的成效

1. 发掘出一批精神产品

通过精神文明建设，尤其在发掘盐业精神文化资源之后，诞生了一批精神文化方面的产品。一是出版物。其体裁有志、史、专著、期刊、文史资料等。内容有专门针对盐业文化的出版物，也有不专门针对盐业文化、但包含盐业文化内容的出版物，即以史、志、期刊、文史资料等体裁为载体，涉及或包含有盐业文化内容的出版物。其对象有从村、乡镇、县、州单列一级，也有从下到上，即村到州；或从上到下，即州到村，或串通周边，涉及省内外作为研究对象。出版者有个人、群众组织、政府部门等。个人出版目的有的是出于学术研究需要，有的是出于兴趣爱好或家国情怀。群众出版是因其性质和职责要求，还有其追求与志向所使然。政府相关部门出版是因为职能部门工作任务，或者说工作需要和职责要求。

二是文艺形式。成立五井洞经乐队，演奏乐曲有直接地对盐井惠及百姓的恩泽而感恩的曲调，也有间接地对盐井经济孕育的教育成果而颂扬的曲调。乐队的作用在于使古老的洞经音乐所具有的地方特色在盐业文化背景下展示出来，表现了对盐井经济繁荣的肯定，又从文化基因传承延续上重新找回盐业经济的意义并给予强调。既坚持一种传统文艺形式的存在，又坚持了地区发展的文化基础，同时洞经音乐为盐井文化的符号在此也呈现出来。

五井花灯队在沘江流域的许多村落成立。这既是发掘盐业精神文化资源的成效，又是在取得初步成效之后，即在被评为中国传统村落，少数民族特色村寨或乡镇之后，按照建设评估要求，所成立和展开活动的。其演奏曲调除传统的群众喜闻乐见的调子或牌目之外，还增添了以盐文化为内容的节目。因为花灯具备自己的传统特色和表演形式之后，内容创新和演绎比起洞经音乐要灵活多样，不受局限的地方要多一些，所以盐井文化内容更容易给予展开，可以从多方面宣传和赞颂盐业内容，甚至启发和带动当地村镇用盐文化为核心，展开一系列的文化建设内容。反过来又把新建的大街牌坊叫金泉坊，当地名称叫比苏的典故，都编在花灯剧里展演。盐文化遗产的发掘与保护在花灯中展现出来，让地方特色的花灯表演具有与众不同的方面，又使地方文化的主题思想或文化内容占领了一块文化阵地。

2. 初步清理出三种发掘模式的理论雏形

一是“独立说”。这一模式关注时代背景、社会需要中的精神家园的要求、物质建设的深入、中华民族繁荣等方面。从发掘精神文化资源的经济原则出发，以经济建设为中心，农村发展需要及时跟进，白族地区与全国齐头并进。从乡村旅游驱动模式出发，为传统文化资源开发、农村生态旅游、盐村民族风情展现服务，从而产生“独立说”的理论雏形。沘江流域盐业文化是一个有着相对独立的体系，从产生、存在到当今，都能找到和分辨出它的发展线索。如果从总体上看，尤其从我们发掘盐文化角度考察，看得出它是以三部分的形式呈现出来的：一是从本源上看，董泽、黄氏家族等盐业创始人的定格化形像为本体，其作为盐业文化的本质、界定、概念上的终极存在。二是从认识与实践上看，食盐形成与村民劳作两者之间的互动体系，而展开的辩证运动，是其文化发展和丰富化动力所在。三是从价值层面上看，物质价值延伸出的精神层面的自由与善等，即理性追求的这些理想目标，就是它的终极价值。从笔者看来，这里有一个明显的问题，即有唯心主义成分，柏拉图、黑格尔的影子。按马克思主义的观点，食盐的生产方式是盐业文化的本质，盐业生产与生产关系之间的矛盾运动是盐村社会发展的动力，沘江流域的物质生活水平、社会结构、政治制度、人们的各种社会关系、生活方式、活动的方式和范围、精神文明的发展程度都由此而决定。我们应该以食盐的生产方式及盐业生产与生产关系之间的矛盾运动作为探讨问题的主题和线索，找到盐业文化资源及其内容，及由此而展开上述各方面的表现，把社会生产方面的具体内容和社会精神方面的具体内容挖掘出来。所以，不应该把盐井创始人作为本体，而应该把生产活动作为本体、第一性的存在。

不过，从盐井文化遗产保护现状出现的这种盐业情怀，也是可以理解，原因有二。一是经济落后。食盐生产停止，新的经济来源跟不上，由此产生尽快获取收入，满足需要的愿望。二是自我意识导致的误区。当主观能动性调动起来，又感到力不从心，从而产生个人崇拜的心理。即产生对盐业开拓者、领导人的崇拜，直至简单地将盐文化归结到个人作用身上。盐业遗产保护时，也无形中突出了这些人的地位和作用。

二是“相融说”。这一模式着眼于意识形态、社会主义本质的要求，物质文明与精神文明的成效。它遵循以发掘精神文化资源的政治原则，有益于在政治整合之下的民族凝聚，一体化进程中的求同存异。从国家发展战略驱动模式出发，即统一规范部署下的安排，可以安定团结环境下的经济发展，从而形成“相融说”的理论雏形。

“相融说”论证方法上史论结合，通过祭孔、“三屯”[①]“盐法开中”[②]等活动和历史事件，讨论历代王朝政权对该地区的影响和管理，中华民族共同体的存在从政治、经济和思想上就根深蒂固。“相融说”论证上一从生产方式决定论入手，证明盐井生产决定盐村村民生存，由此产生的精神方面内容，又回头来为盐业生产服务。现在因为盐井停产，主要依靠精神意识反作用来凝聚中华民族的一体化，即外来文化作用为主，去解释地区文化。由此寻求共识，创立规范，建立可以相互沟通的公共理念。二则运用辩证法的观点，把发掘盐业精神价值，铸牢中华民族共同体意识，放在传承与发展的矛盾运动中来把握。发掘其目的是为传承传统优秀文化，但传承不是单纯地、直截

① 李仕彦：《记忆大井》，昆明：云南民族出版社，2007 年，第 50-51 页。
② 李仕彦：《记忆大井》，昆明：云南民族出版社，2007 年，第 50-51 页。

了当地把以往的文化延续下来后照章执行，而是与发展结合在一起，由传承与发展两者的相互贯通的具体统一性，规定着盐业文化的基本趋势，并形成中华民族共同意识。

三是“序列说”。这一模式侧重于文化建设的需要，文化认同的要求，传统优秀文化的传承。其遵循发掘精神文化资源的民族原则，重视在白族地区的政策运用、利益关照、意识引导，重视民族村落的复兴。从国家保护驱动模式出发，重视国家文物遗址的保护、白族文物遗产资源的重现、盐村历史风貌的展示，从而形成“序列说”的理论雏形。

三、新农村建设保护与发掘模式

（一）新农村建设保护与发掘模式的产生

1. 新农村建设的提出

社会主义新农村建设，是党的十六大以来以胡锦涛同志为总书记的党中央为解决农业、农村、农民问题而做出的重大战略部署。

2. 新农村建设的要求

新农村建设要求生产发展、生活富裕、乡风文明、村容整治、管理民主。生产发展是新农村建设的中心环节，是实现其他目标的物质基础。生活富裕是新农村建设的目的，也是衡量我们工作的基本尺度。村容整治是展现农村新貌的窗口，是实现人与环境发展的必然要求。管理民主是新农村建设的政治保证，显示了对农民群众政治权利的尊重和维护。换言之，新农村建设是指在社会主义制度下，按照新时代的要求，对农村进行经济、政治、文化和社会等方面的建设。如果从哲学价值论角度出发，物质价值和精神价值两方面的追求，是新农村建设的价值指向。

3. 新农村建设保护与发掘模式的产生

结合到沘江流域白族村落的新农村建设工作，盐业文化的保护与发掘模式自然也就形成和表现出来。传统盐业的物质价值，主要通过村民实践活动，开展旅游业项目，利用盐业文化中的经济要素，追求盐业的经济效益，从而保护盐业文化的物质价值。具体是一些盐业文化遗址。传统盐业的精神价值，主要通过文化人在文化建设工作中利用盐业的精神要素，追求盐业文化的精神需要，从而发掘盐业文化的精神价值。具体是一些盐业文化遗产。传统盐业的物质价值与精神价值的统一，主要通过村民和文化人，在新农村建设过程中，利用盐业的经济价值与精神价值，追求盐业文化的经济与精神满足，从而保护与发掘并行和统一。具体是一些盐文化遗址和遗产得以保护与发掘。

（二）新农村建设保护与发掘模式的运行

新农村建设与发掘模式，呈现出一个相互对立又相互统一的关系，即把旅游上的保护，与文化建设上的发掘作为一个整体来做工作。这种关系的相互对立表现在：从方法上看，一个直接保护盐文化遗址，一个间接发掘盐文化遗产。即外在形态上去保护遗址，恢复原貌；内在思想上去发掘遗产，得到养料。一个侧重于物质基础上的东西，一个侧重于精神意识、思想观念上的认识。从作用与功能上看，遗址的旅游资源形式转化为消费商品，盐文化资源转化为物质财富，让它发挥经济动力和杠杆的作用。而遗产的文化资源形式转化为民族自信，盐文化资源转化为精神财富，让它发挥精神动力和杠杆的作用。从主观目的上看，关于遗址在于打造盐相关的生存方式，把盐井文化融合为旅游文化，盐井经济融合为旅游经济，盐井设施融合为旅游设施。而关于遗产在于发掘出盐文化的内容、表现、形式、特征、作用和意义，即清理文化印记、文化烙印、走向，在做历史记忆、摸清家底、资源清理、寻找文明之魂的工作。这种关系的相互统一表现在：方法上的保护为发掘提供了前提条件和物质基础，让发掘有了客观对象和研究内容。保护有了成效，让发掘通过直观的遗址为基础，去深入探究其保护下来的内容。保护与发掘针对的就是一个事物——盐业文化体系。只不过认识分析的切入点不同，从而形成不同的方式方法。村民关注于它的显形经济价值，文化人看到它的隐形文化价值；一个从有形资源下手，一个对无形资源做思考；一个是直接运用，一个是间接推演；一个是运作于载体之中，一个是隔离于载体之外。作用与功能上，旅游经济实体上的保护，产生了经济效益，反过来作用于发掘遗产，促进文化建设服务。即在精神遗产的开采过程中，有了可持续发展的可能，尤其有了经济动力和支持。有保护才有发掘，发掘是在保护基础上的延伸，保护是为了发掘出更大的价值，发掘是为了保护出更大、更丰富的物质空间。保护是为了继承，发掘是为了发展，以盐业文化或以它为核心的生产活动发展了，该文化自然而然地得到发展。主观目的上，保护与发掘是为了新农村建设，完成新农村建设的目标和任务。两者的走向是一致的，只不过是在追求不同的价值，在两个不同的方向努力奋斗，而两者是在共同背景下要求下，在盐文化资源的保护与发掘工作中，一个创造出物质价值。这是一个奉献出精神价值，物质文明建设与精神文明齐头并进的结果，满足了当今社会发展的需要，促进了当地社会经济政治的进步。

（三）新农村建设保护与发掘模式的成效

1. 初步认识了保护与发掘的思想基础

保护文化遗址，对原貌形态做恢复，是当务之急。按照马克思主义的观点，有客体的存在，才会有对它的精神内涵的认识，即有物质的东西才会产生思想观念[①]。相反，客观物质形态不存在，对它的作用意义也难以去认识把握。所以遗址存在是第一性，已经得到了确立。其次，保护了文化遗址之后，才有利于梳理出了自己的文化印记、文化烙印，才有利于保护与发掘工作的进一步展开。认识、解析塑造、延续了一代代

① 本书编写组：《马克思主义基本原理概论》，北京：高等教育出版社，2018年，第21页。

人的文化基因，其内在动力通过从盐井生产到农业生产、再到旅游业的转换，已经找到了社会生产方式的决定作用所至。从而必须在生产力发展之后，经济实力增强之后，才能够更好地做保护与发掘工作。

2. 对盐业文化认识在不断深入

对盐业文化的认识，已经从旅游业的角度保护遗址的必要性，发展到文化建设发掘遗产的重要性。新农村建设确立保护与发掘是缺一不可的。乡村振兴、脱贫致富的关键是盐文化的发扬光大。

理论上，或者说指导思想上，保护形态、发掘记忆、梳理盐文化符号是初始阶段。之后的实践要求目的从寻根访祖，走到了开发利用。但当今的显示状况是，盐井虽然得到恢复，但仅仅是遗址，而不是遗产。恢复了主体部分，恢复不了全体构成；恢复的是静态内容，恢复不了它的动态机制；恢复了它的概念，恢复不了它的外延。换言之，当盐业生产演变为盐业文物，后者又蜕变为考古存在时，我们对盐文化认识也到了情感化降低，理性化提升的阶段。即随着食盐生存依赖性降低，情感的疏远，也逐渐认识到科学技术的重要。比如从身背卤水、步履艰难的运输，到电动抽卤送进煮锅方式的转换，揭示出的道理，就是必须与时俱进，掌握现代化生产技术。

从旅游业模型与概念的构架，到盐业文化与村民两者互动体系的形成，经济价值的实现走到了树立符号、打出品牌，发挖掘内涵的阶段。盐业文化精神价值，从伦理学、教育学，或者说责任感、感恩、缅怀、纪念、追溯方面，发展到对盐文化资源的延续及变化过程的认识。即由表层文化深入到人们的经济认同（如盐业生产与交换）、地域认同（如认同家乡和认同盐村地区）、文化认同（对本文化和外文化）和国家认同（如对中华民族）等深层文化中去。

◇参考文献◇

[1] 段晓瑞．云南省旅游文化产业“十三五”规划出炉[N/OL].（2016-12-18）[2021-09-15]. http://www. gov.cn/xinwen/2016-12/18/content_5149425.htm.

[2] 字建华．云龙改革开放 40 周年网上成就展乡镇篇之诺邓镇[EB/OL].（2018-12-20）[2021-09-15]. http://www.sohu.com/a/283409160_120068597.

[3] 中华人民共和国文物保护法[EB/OL].（2017-11-05）[2021-9-21]. http://www.gov.cn/banshi/2005-07/12/content_13749.htm.

[4] 历史文化名城名镇名村保护条例[EB/OL].（2008-04-29）. http://www.gov.cn/zwgk/2008-04/29/content_957280.htm.

[5] 大理州农村经济收支情况统计年报（2018 年度）[Z].

[6] 中华人民共和国建设部、国家文物局．第二批中国历史文化名镇和名村名单[EB/OL].（2007-05-31）[2021-09-15]. http://www.mohrd.gov.cn/zwgk/2008-04/29/content_957280.htm.

[7] 云龙县诺邓古镇特色小镇综合开发项目标[EB/OL].（2021-07-16）[2021-09-15]. http://www.wcas.dali.gov.cn/zwgk/2008-04/29/content_957280.htm.

[8] 李继明，杨伟松，周丰. 云南大理：千年古村诺邓暑期旅游热[EB/OL].（2021-07-27）[2021-09-15]. http://dali.yunnan.cn/system/2021/07/27/031577377.shtml.

[9] 程于蓝. 普者黑、古木、坝美、八宝入选云南省特色小镇列建名单，获 1000 万启动资金 9 月底前全部开工[N/OL].（2017-06-19）[2021-9-21]. https://www.sohu.com/a/150318490_680727.

[10] 朱丹. 天地厚礼 云南与世界共享——云南高度重视世界遗产保护[EB/OL].（2017-07-17）[2021-09-15]. http://yn.yunnan.cn/system/2021/07/17/031559484.shtml.

[11] 习近平. 习近平在全国民族团结进步表彰大会上发表重要讲话[EB/OL].（2019-09-02）[2021-09-15]. http://www.xinhuanet.com/politics/leaders/2019-09/27/c_1125048317.htm.

[12] 李仕彦. 记忆大井[M]. 昆明：云南民族出版社，2007.

[13] 姚顺增.对封闭状态中少数民族文化的反思[J]. 云南民族学院学报，2002（1）：69-71.

[14] 本书编写组. 马克思主义基本原理概论[M]. 北京：高等教育出版社，2018.

滇西云龙县盐井文化产业化推进乡村振兴的作用探析①

张志坚②

摘　要：滇西云龙地区制盐村落的盐井群是云南省数量最多、最集中，延续时间最长和影响度最高的古盐井遗址之一，当地盐文化资源丰富、历史悠久、保存完整、业态多样。挖掘、保护和利用滇西云龙地区盐井文化资源，因地制宜地探索盐井文化产业化振兴的优势路径，将制古村落优秀盐文化与农业、手工业、美食、旅游、康养等领域深度结合，在弘扬与传承盐井文化和提升农民精神品质的同时，也统筹社会发展和经济运行的高效结合，从而全面推进乡村振兴。

关键词：盐井文化；产业化；乡村振兴；作用

贺雪峰指出："当前，中国仍处于快速城镇化的进程之中，随着大量农民进城务工、生计生活方式的转变，乡村地区出现人口衰减、农田撂荒、产业凋敝、传统文化流失、居住环境恶化等问题。"③解决城乡发展矛盾，有效推进城乡融合发展刻不容缓。党的十九大报告提出"大力实施乡村振兴战略"，通过产业、人才、文化、生态和组织的振兴，按照产业兴旺、生态宜居、乡风文明、治理有效、生活富裕的总要求，建立健全城乡融合发展体制机制和政策体系，加快推进农业农村现代化。多年来，乡村振兴的推进路径，学界虽有讨论，但是，未能形成统一思想。这说明，不同的村落实现的路径亦不相同。其中，通过挖掘传统文化，推进乡村振兴的路径，学界已有关注。例如，郑芳指出，"随着经济的发展，当文化所附带的经济属性被挖掘出来时，'文化产业'作为一个中性的概念，才开始从工业标准化生产、流通、分配、消费的角度来界定。"④分析云龙县盐井文化的新时代价值，有利于推动乡村振兴的实施。其中，井盐文化产业化，就是大力发展盐井文化农业、手工业和服务业，将云龙盐井文化中可以进行商业

① 基金项目：本文系云南省党校（行政院校）系统 2021 年度课题"滇西少数民族地区盐井文化产业化推进乡村振兴路径研究"（编号：2021ZS0040）的阶段性成果，四川省高校人文社会科学重点研究基地——中国盐文化研究中心资助项目"乡村振兴背景下滇西云龙地区井盐文化的发掘与利用研究"（编号：YWHQ21-04）的阶段性成果。

② 作者简介：张志坚（1988—　），男，白族，中共云龙县委党校讲师，研究方向：马克思主义基础理论，西南民族文化。

③ 贺雪峰：《关于实施乡村振兴战略的几个问题》，《南京农业大学学报（社会科学版）》，2018 年第 3 期，第 19 页。

④ 郑芳：《产业化：中国乡村文化振兴的模式及路径》，《农业经济展望》，2019 年第 5 期。

化和产业化的元素提炼出来，通过商品化生产和商业化运作来实现盐井文化的产业化发展，这为推进地方社会的发展提供了动力。

云龙县地处滇西，坐标在东经 98°52′~99°46′，北纬 25°28′~26°23′之间，东连洱源、漾濞县，南邻永平县和保山市，西交怒江州泸水县，北接剑川县和怒江州兰坪县。云龙县境内有诺邓井、宝丰井、师井、顺荡井、大井、石门井、天耳井和山井等八盐井。有效促进盐井文化产业化，无形中有利于地方产业和文化振兴，夯实基层社会治理的物质和精神基础，从而全面推进地方乡村振兴。

一、云龙县盐井文化产业化的形成与发展

滇西盐井文化历史悠久，底蕴深厚，世代泽沛民生。产盐地主要分布在沘江流域的云龙县、剑川县、洱源县和兰坪县一带，其中最具代表性的是云龙盐井文化，随着盐的开发和利用，形成了传统制盐村落，极具地方民族特色。此外，盐的贸易促进了滇西北多个民族的交流互动，对地方发展产生了深远的影响。

（一）云龙县盐井文化的形成历史

云龙盐井文化形成的历史，可追溯至汉代。据考证，当时的比苏县境内产盐，“比苏县”即为今云龙、兰坪一带。至唐代，云龙盐井文化得到进一步发展，据《蛮书》记载，“剑川有细诺邓井”[①]。有学者指出：“唐以后，由于盐的生产、运销获利颇丰，当局对盐未及严加控制，因此，生产规模逐渐扩大，外来围井居民日益增多。”[②]宋朝开始，云龙盐业受大理国控制，产业管理日益趋于集权化。至明代，云龙成立五井提举司，治在诺邓村。资料记载，云龙五井盐课提举司“在浪穹县西北三百里，洪武十六年（1383）建制。内有吏目厅。所属盐课司五：诺邓井盐课司、山井盐课司、大井盐课司、师井盐课司、顺荡井盐课司。”[③]至此，云龙盐井文化发展开始走向鼎盛时期。自清代以来，云龙盐业的发展，促进了当地人口聚集和商贸往来，“清初，云南盐政改隶巡按为巡抚，设提举司三人，设大使共八人，其中云龙大使四人。”[④]由此可见，当时云龙井盐在云南盐业所处地位尤为重要。康熙年间，据《云龙州志》的“赋役”指出“兹地钱谷无多，惟八井产卤以资生活”，可以推断：当时云龙盐井村落多数居民过上了“以井代耕”的生活。清末，云龙盐业随着滇西盐务的萧条，盐产量整体下滑，盐业经济逐渐走向凋零。总而言之，云龙盐井文化兴起于汉，发展于唐、宋、元，鼎盛于明清时期，历经千年历史，绵延不断。

① 樊绰撰，向达校注：《蛮书校注》，北京：中华书局，1962年，第189-190页。
② 李文笔、黄金鼎：《千年白族村——诺邓》，昆明：云南民族出版社，2004年，51页。
③ 陈文修，刘春龙、刘景毛校注：《景泰云南图经志书校注》，昆明：云南民族出版社，2002年。
④ 李何春：《滇藏地区的盐业与地方文明》，成都：西南交通大学出版社，2019年，191页。

（二）云龙县盐井文化的内涵

云龙盐业生产和盐井文化的传播为地方经济社会发展提供持续动力，盐井文化逐渐衍生为制盐景观文化、盐马古道文化、盐泥火腿文化和盐村风俗礼仪等，有效带动了其他产业的发展。

1. 制盐景观文化

数千年来，云龙盐村主要以凿井煎卤的方式制盐，这是一个古老而又独特的制盐行业，盐井主要有直井和斜井两种形态，制盐景观可以分为地下部分和地上部分。盐工花费数年时间开凿盐井，井洞宽窄不同、深浅不一，洞中修砌有井壁或者台阶以供汲取卤水，并通过滑轮或人力将卤水从数十米深的井中运送到地面。得到卤水后，盐工把卤水运送到盐灶，用大型的盐锅将水分蒸发，最后制成洁白的食盐。制盐具体过程为：烧锅、散水、合锅、捞盐、脱锅、捏盐等六个环节，最终制成有规格的筒盐和盐锭。

2. 盐马古道文化

“以马易盐”现象在八井地区古已有之，盐业推动了云龙大地各族先民向各地迁徙，带动了经济文化发展，逐渐形成了以洱海苍山为枢纽的盐马古道网：滇西各大盐井之间都有盐道，每一条古盐道都向往大理，这也形成了大理南诏文明发展的轨迹，很大程度上奠定了滇西兴盛的基础。沿途由盐而生的自然风光、民居、宗教建筑、道路、桥梁和栈道成为珍贵的文化资源；盐马古道是中国地势最高最险的经济文化传播途径之一，是一条融合不同地域文化、打通中国对外经济交往的世界文化走廊，铸就了不畏艰险、和睦相处、和谐发展的盐马古道精神。

3. 盐泥火腿文化

云龙盐井所产井盐质地优良，味道醇正，用以腌制的食品味佳可口而享誉滇西乃至缅北等销岸，其中最受欢迎的就数盐泥火腿，即诺邓火腿。诺邓火腿做工精湛，选料考究，利用千年古井盐进行腌制，所以其肉质细腻、油脂滑薄、瘦肉嫩厚，吃起来色香味美。在云龙，家家户户都会制作火腿，堂屋房梁、廊架墙壁悬挂火腿到处可见。诺邓火腿在 2004 年获得国家商标局注册登记，2013 年被认定为云南省著名商标，2014 年获得国家地理标识认证，入围“中国品牌价值百强榜”，品牌价值 48.9 亿元，云龙县也被列为全国地理标志产品示范样板县，以诺邓火腿为支撑的生猪养殖和绿色农业得到全面发展。

4. 盐村风俗礼仪

云龙盐业生产除了直接带来经济效益之外，还促进各个聚落多元文化的形成，从而组成了盐井村落富有少数民族地区特征的风俗礼仪文化载体。服饰以青、蓝、黑、白、粉色为主的对襟衣、羊皮褂、宽脚裤、黑包头，在衣领、袖口绣花边图案；饮食以诺邓火腿为核心的“八大碗”包罗万象地涵盖了井盐美食；传说有《狩猎神话》《白岩天子》《金鸡与黑龙》《梭罗塘》《大黑天神》《艾玉的故事》《鹿含草》《白鹤香》等；民歌有“花上花”“合尼恩”“已是已”“合尼合”“己落堆”“脑尼脑”“山尼山”“细夭夭”“滴滴打”“雪勒勒”等三十六个韵，称为“三十六性”；舞蹈有“力格高”“田家乐”“霸王鞭”等。

（三）云龙县盐井文化的产业化发展

学者曾指出，“文化产业化根源于文化价值，而文化价值则植根于人类社会生存的内在需要。”[①]随着大漾云、云兰、云永和云泸四条“云”字头高速公路的建成，云龙盐井文化逐渐以产业化规模发展融入大滇西旅游环线，以盐产品、盐服务和盐消费为依托支撑盐文化产业化，促进国内和国际双循环格局的流通。

1. 开井煮盐

云龙盐矿资源极为丰富。洪武时期，云龙“五井盐课司，岁办盐二十七万二千一百三十七斤零。”[②]至此，云龙盐产业逐渐发展，到康熙年间，云龙五井盐产量上升到云南省第三位，仅次于白盐井和黑盐井。目前，通过政府扶持，群众投入，云龙盐业逐步恢复生产。首先，井盐生产工艺能有效吸引游客观赏制盐景观，体验煮盐工艺，了解制盐文化历史，制成旅游纪念品——小砣盐（约 500 克）；其次，砣盐用火烧红后放入沸水中，是很好的传统消炎水，常用于洗眼睛、泡澡，养生疗伤，从而很好地促进了云龙医疗、康养和浴足行业的产业化发展；再次，用优质云龙井盐腌制的食品，如诺邓火腿、腊肉、豆腐肠（血肠）、酱油、酱菜等各种土特产，因味佳可口而享誉滇西乃至全国，全县盐制食品销量不断递增，仅 2020 年诺邓火腿产值就在所有行业中遥遥领先，由诺邓火腿厂、朝胜火腿加工厂、马金桥商贸公司、云南瑞通牧业科技开发有限公司牵头的火腿加工企业实现年产量 690 吨，销售收入约 4 760 万元；农户分散加工 1 575 吨，约有三分之一的产品（480 吨）通过本地集市、火腿销售中间商及电商平台销售，销售收入约 3 500 万元。

2. 平台打造

以“盐”元素打造的客栈、农家乐、小卖部、茶馆、网店等消费平台，借助政府宣传、网络传播和口碑效应接纳游客前往参与盐文化主题活动，消费盐文化产品。一是按照传统风格设计古色古香的栈铺、商铺、书塾和制盐作坊，以及加工火腿、腊肉、香肠、豆饼、酱油等手工作坊，条件成熟的村组织村民以古装打扮在展示区举办各类古典文化活动和展示传统工艺，供游客参观或直接参与体验。二是开办盐文化半山酒店和食店，接待游客入住。把独具云龙盐文化特色美食和宜人环境呈现给游客。据统计，十三五期间云龙制盐古村落共接待游客 502 万人次，产值达 82 亿元。

---

① 李娟：《新型城镇化视阈下的中国乡村文化及其产业化问题研究》，《学术交流》，2014 年 11 月，第 11 期。

② 倪蜕：《滇云历年传》，昆明：云南大学出版社，1992 年，第 383 页。

3. 骑马观光

盐马古道崎岖不平，马是山区有效的交通工具，具有当地的民族特色。明清时期，诺邓等盐井食盐销售滇西“八府州县”，主要供给保山、腾冲直至缅甸地域。这条穿梭于澜沧江两岸崇山峻岭和村庄田野的马帮驿道，联系起了江东龙马山—天子山—五宝山—卡拉场大山（雪盘山系列）的“高山地区自然生态森林草甸风光”、江西喇嘛枯山—笔峰山—红海梁子—三崇山—道人山（怒山系列）的“高海拔峻岭多林相生态风光”、白鹤关、花鱼洞、回龙潭、花石坪及“旧州八景”、从苗尾电站库尾到功果桥电站大坝的高峡平湖和峡谷田园风光，成为当地的重要盐马古道旅游观光资源。当地群众饲养、驯服骡马，组成马帮，用于托运物资或驼着游客游览观光，欣赏盐马古道沿途文化和风景。

4. 开放场馆

在盐井文化展示区，按“修旧如旧”原则重建或整治现有古建筑，修复和保护盐场、民居、寺庙、牌坊、会馆、祠堂、府第、墓葬、石道、桥梁，新建盐文化博物馆、校舍、图书馆、养生馆等，通过门票发挥盐文化建筑、风俗、礼仪的经济价值和文化效应，传承和弘扬当地优秀传统盐井文化。比如，诺邓古村以现有的文物古董等家藏遗产为基础，创办盐文化博物馆；恢复龙王庙戏台周边的文化氛围，开展洞经、花灯、滇戏、白戏（吹吹腔）等演出，举办其他民族民间歌舞展演。各村盐文化博物馆以此为鉴，利用盐场和盐局作为展出场馆，根据自身特色，馆内设置各种展室，例如《云中之龙》《五井之盐》《千年古村》《文献名邦》《盐马古道》《风俗民情》《保护传承》等，从而将云龙盐井文化以产业化的形式，因地制宜、分门别类、系统全面地展示给游客。

二、云龙县盐井文化产业化对乡村振兴的推进作用

云龙盐井文化产业化与乡村振兴之间可以实现创新性结合，盐井文化在产业化发展过程中通过文化铸魂、产业支撑和治理优化积极推进地方乡村振兴，促进二者之间建立一个良性互动的发展关系。

（一）文化铸魂

盐文化为乡村振兴提供精神根脉，乡村振兴为盐文化的传承创造平台。“乡村振兴既要物质塑形更要文化铸魂。乡村振兴的实质是通过乡村文化的复兴实现乡村文化与城市文化之间的良性互动，从而推动‘现代城乡文化共同体’的构建。”[①]新时代，伴随文化与一二三产业的深度融合发展，具有独特优势的云龙盐井文化在乡村振兴中扮

① 李梦如：《试论非物质文化遗产荆楚璞玉琢磨技艺在乡村振兴中的作用》，《古今文创》，2021 年第 37 期。

演越来越重要的灵魂角色。

1. 提供精神根脉

经历了千年盐业生产生活，云龙盐村人民以勤劳、勇敢、智慧创造了辉煌的盐文化历史。“基于人与自然、人与人及人与社会之间关系所形成的乡村文化，其包含的价值认知、价值追求与价值评判构成了乡村文化的价值观。”①过去，盐是盐文化古村落政治、经济、文化发展的基础，成为地方乡村振兴的历史渊源和文化根基。今天，八井人民为乡村振兴重构精神维系：形成道法自然、天人合一的生存文化，通过对自然资源的积极利用，促进绿水青山转化为金山银山；遵循宝藏兴焉、资国利民的人民强怀，通过盐文化产业化发展为要义，优化产业体系；秉承诗礼传家、复甲流芳的发展精神，注重铸魂赋能，促进制盐古村基层治理现代化。从而，为地方乡村振兴寻根把脉，确保农业农村现代化发展不偏不倚。

2. 创造发展动力

实现乡村高质量发展已然成为化解新时代社会主要矛盾的关键抓手。盐井文化在历史演变中，积累了异彩纷呈的资源体系，积淀下源源不断的人类智慧，为地方乡村振兴蓄发能量。例如，云龙五井村落明清时期的众多庙宇建筑和盐场、盐局、提举司衙门旧址以及街道、盐马廊道等古代建筑，为云龙盐井区成为中外游客向往的主要旅游目的地打下坚实基础。当乡村改革发展进入“船到中流浪更急，人道半山路更陡”的时候，博大精深、源远流长的盐井文化资源无疑就是可持续循环利用的新时代“清洁能源”，它能源源不断地为地方乡村振兴提供动力，促成盐井文化产业取得长远持久发展。

3. 培育生存空间

云龙盐井和盐业经济在过去千年历史中成为云龙的产业支柱，它在云龙历史上的辉煌与贡献当永垂青史。云龙盐井文化在其自身形成与发展过程中，涵养了盐井地区的政治要素、社会经济、教育科技、风俗礼仪等方面的文明进步，形成独特的乡风文明载体。由传统的盐业经济所派生的制盐景观文化、盐马古道文化、盐泥火腿文化和盐村风俗礼仪日益实现产业化、规范化、多元化发展，为地方乡村产业振兴和文化振兴提供实体资源和发展空间。

（二）产业支撑

2021 年中央一号文件明确指出，发挥乡村优势资源的积极作用，是构建现代乡村产业体系的重要支撑，我们应该让农民更多从特色文化产业增值中受益。乡村振兴的重点是产业振兴，形成充裕的物质条件是实现农业农村现代化的核心支柱。

① 吕宾：《乡村振兴视域下乡村文化重塑的必要性、困境与路径》,《求实》, 2019 年第 2 期，第 97-108 页。

1. 丰富产业资源

乡村产业振兴需要丰富的产业资源集群，为业态多样化发展提供条件。滇西云龙地区围绕盐的贸易形成盐文化产品交换圈，包括因“盐”而生的工艺、美食、建筑、生态、宗教、民俗等一系列盐文化产业。例如，云龙因盐而成的 3 个国家级重点文物保护单位，都以“群”为单位：诺邓古村建筑群，全村有近两百座明清古院落，其中有 32 座院落列为“国保”；沘江古桥梁群，由跨越沘江的 37 座古桥组成，有廊桥、拱桥、藤桥，形式繁多，异彩纷呈，号称“世界桥梁博物馆”；顺荡火葬墓群，有 92 块古梵文墓碑，年代为元中期至明末，证明云龙是通往印度蜀身毒道上的重要驿站，这也是大理作为亚洲文化十字路口的又一重要佐证。这些资源都因盐而生，促进盐文化产业的长足发展。制盐村落千年积蓄的盐文化资源无比丰富：源源不断的制盐卤水，错落有致的民居会馆、古迹庙宇，风光秀丽的盐马古道、山水景致，丰富多彩的饮食饔飧、土产用品，丰富多彩的民族风俗、礼仪活动。丰富的盐井文化资源不断夯实了乡村产业振兴的基础。

2. 优化产业体系

基于扎实的产业基础和新的时代发展，滇西云龙地区盐井文化产业又衍生出以“盐”为核心的绿色农业、手工业、旅游业等有机构成的新业态系统，逐渐形成“一业带百业”的发展格局。诺邓火腿的主要原料是本地养殖历史悠久的高原黑猪及杂交猪后腿和当地盐井所产富含钾的井盐。云龙县以诺邓火腿为支撑的生猪产业一县一业，以争创省州“十大名品”“十强企业”为目标，实现专业化、规模化、市场化、组织化、绿色化发展，2020 年末，全县生猪存栏 27.52 万头，出栏 27.38 万头，加工火腿 20 万只，产值 2 亿元。云龙县诺邓火腿产业化发展持续推动盐文化古村产业体系从过去的“产业门类不多、产业链条不全、要素活力不够和质量效益不优”到“产业门类丰富、产业链条健全、要素活力激发和质量效益优化”的全产业链优化升级。最终以产业高质量发展，实现一二三产业融合互助为主要发展模式，在传承与发展盐井文化和提升农民精神文明建设的同时，也兼顾物质效益的提升，文化引领产业，产业促进文化，走出“文化+产业”的新路子，从而全面推进地方乡村振兴。

（三）治理优化

优化治理是乡村振兴的重要目标，建设美丽乡村是实现社会主义现代化的关键路径，滇西云龙地区制盐村落历史以来秉承的生存法则是实现乡村善治的良好借鉴。

1. 治理有序

在盐井文化产业体系中，村民是生产生活的投资者，又是既得利益者，更是优化社会治理的主体和客体。例如，明朝“董、尹、赵”几个家族先后来到宝丰开井煮盐，尤以董姓最为辉煌，这些名门望族不仅带动当地盐产业的发展，还为地方发展积德行善，修路、建桥、培养人才，引领一方文明，创立万事之功。加强和创新乡村治理，必然要建立党委、政府、社会、公众、法治、科技一体支撑的现代乡村社会治理体制，健全自治、法治、德治相融合的乡村治理体系。盐井文化产业化能对地区社会治理发挥积极作用，既能用好现代治理资源和治理方式，也能充分发挥盐井传统文化治理要素在维系盐村社会秩序方面的重要作用。

2. 乡风文明

“在实施乡村振兴战略中，坚持两个文明一起抓，繁荣兴盛农村文化，培育文明乡风、良好家风、淳朴民风，改善农民精神风貌，不断提高乡村社会文明程度，焕发乡村文明新气象。”①在云龙八井之地，居住着汉族以及白、彝、苗、回、傣、傈僳、阿昌等十多个少数民族。千百年来，云龙白族与其他兄弟民族团结友爱、和谐相处。历史上，云龙有进士 3 名、举人 21 名，秀才更是不可胜数，他们当中有史学家董善庆、诗人黄桂、云龙第一个进士马锦文、白族名宦杨名飏、民初滇系政要人物王九龄、云南大学的首任校长董泽等均出自典型的盐村，传扬优良家风。制盐村落世代相传自力更生、艰苦创业、诗礼传家、乐善好施的优秀民风，有利于盐井文化区坚持物质和精神整体优化，以新型农村社会关系为引领，坚持教育、实践、制度三管齐下，大力推进盐村移风易俗，整治陈规陋习，从而促进乡风文明。

3. 生态和谐

滇西云龙地区盐井文化历史悠久、底蕴深厚，历代盐井人秉承尊重自然、顺应自然、保护自然的优良传统，在生产生活中注重盐井的生态环境建设，至今保留绝大部分盐井文化遗产。然而，过去破坏森林植被填充燃料，低效率高污染生产盐的生产方式与今天的发展理念不相符合。盐井文化产业化必须遵循“取其精华、弃其糟粕”的辩证思维，注重节约、保护和恢复，守住盐井文化产业化的自然生态安全底线。深入推进盐井文化产业有效发展，完善盐井生态文明建设统筹协调机制，构建盐村生态文明体系，既能促进盐文化经济发展全面绿色转型，又能深化拓展盐井文化的生态内涵，真正实现人与自然和谐共生。

三、云龙县盐井文化产业化推进乡村振兴的保障措施

“在新形势下，让乡村文化资源得到充分发掘的最佳路径就是产业化，产业融合发展同样是助力乡村振兴的持久动力。”②滇西云龙地区盐井文化产业化要实现深度挖掘和利用盐井文化资源来促进地方乡村全面振兴，就必须从加强党建引领、创新性挖掘文化资源、加快产业转型升级、优化融合共赢机制和用活现代化信息技术平台五个方面下功夫。

① 王磊：《乡村文化振兴的国学思考》，《光明日报》，2018 年 7 月。

② 刘剑、田云刚：《乡村振兴中乡村文化遗产的产业化》，《文化遗产》，2019 年 10 月。

（一）加强党建引领

滇西云龙地区盐井文化产业化，“要充分发挥好乡村党组织的作用，把乡村党组织建设好，把领导班子建设强，弱的村要靠好的党支部带领打开局面，富的村要靠好的党支部带领再上一层楼。”[①]强化盐村党组织战斗堡垒用作，加大盐村“领头雁”培养和优秀人才回引力度，突出党组织的纽带作用，把稳盐井文化产业化的政治方向，增强“四个意识”，坚定盐井文化自信，积极统筹协调好盐井文化区的盐井、土地、资本、市场、技术、劳务、数据等生产要素，主要通过“党支部+合作社+农户”形成“党建+”的模式，确保地区井盐文化产业化推进乡村振兴方向正确、成效明显。要扎实推进盐文化产业化的监督执纪工作高质量发展，注重完善产业监督体系，强化政治和法律监督，以党内监督为主导，整合多种监督力量，加强盐文化要素运营的管理，确保盐文化产业健康可持续发展。

（二）创新性挖掘文化资源

准确定位盐井文化内涵，积极挖掘盐井文化元素，是滇西云龙地区盐井文化产业化推动地方乡村振兴的深层基础。“通过发掘乡村文化的资源禀赋和独特优势，以集约型、内涵式、品牌化的发展战略推进乡村文化产业化。”[②]参照该经验，一方面，在盐文化产业体系运行中，既要弘扬盐文化固有的绿色生态传统，又要强化绿色发展理念，遵守生态保护法律和政策，发展绿色金融，支撑绿色技术创新，推行清洁生产，保护森林植被，改用可再生清洁能源。另一方面，盐井文化产业化必须坚持保护与开发协同、挖掘和利用并重，保护盐井文化就是调动一切积极因素去发掘、稳定和传承文化，比如，盐村“三方一照壁”，“四合一天井”民居建筑必须稳定其原貌，并在美丽乡村建设中传承其建造技术和风格，为盐井文化产业所用；开发盐井文化就是利用各种优势条件去深度整合盐井文化资源，为产业化发展提供文化支撑，比如，把盐马古道沿途的自然风光、建筑、桥梁、美食、民风等元素进行系统整合，以旅游为依托，实现一二三产业协调发展，优化盐井经济业态，拓宽农民增收渠道。

（三）加快产业转型升级

要把稳“文化带领产业，产业促进文化”的正确导向，坚持把社会发展效益放在首位、社会发展效益和经济运行利益相统一，推动盐井文化产业由单一化、碎片化、封闭化和衰败化转型升级为多元化、系统化、开放化和生态化发展。一方面，贯彻盐井文化保护发掘与产业化健康发展相协调的理念，深度挖掘盐井文化蕴涵的“盐元素”，

---

① 人民日报评论员：《谱写新时代乡村全面振兴的新篇章——论学习习近平总书记关于实施乡村振兴战略重要讲话精神》，《人民日报》，2018 年 10 月 1 日。

② 田云刚、张元洁：《乡村振兴的乡村文化产业化路径探析》，《山西农业大学学报（社会科学版）》，2019 年第 18 卷（第 1 期）。

形成盐文化产业为主导“极点支撑、轴带辐射、板块联动”的主体产业框架，推动盐文化产业高端化、智能化、绿色化转型升级，不断扩大优质盐文化产品供给。另一方面，推动盐文化与旅游产业紧密结合，实现“以文塑旅、以旅彰文”，把盐文化传说和景观、盐文化产业与产品、盐文化农业和民俗创新性结合，促进盐井文化和旅游协调发展，建设一批盐井文化底蕴厚重的“一县一业”旅游景区和度假区，打造一批盐井文化特色鲜明的“一村一品”美丽村庄和文化走廊。以盐马古道精神为灵魂，发展绿色旅游和康养旅游，让消费者在领略自然之美中享受文化之美、净化心灵之美，最终惠及城乡融合发展，有效推动乡村振兴。

（四）优化融合共赢机制

“乡村文化振兴不仅需要政府精心的顶层设计，还需要社会、农民个体之间通力合作，形成强大的合力。”① 盐井文化产业化需要着力构建“各具特色、优势互补、结构合理”的新型产业发展引擎。一是在主体配置上，鼓励优秀企业入村投资，支持盐村合作社发展盐文化产业，引导村民积极投入生产要素参与经营，促进盐文化产业经营主体之间建立起生产创新、结构协调、市场开放、发展绿色、利益共享的新型合作关系。二是在要素组合上，要合理配置土地、资本、劳务、技术、原料、数据和市场，明确盐文化资源有序开发、重点开发、管控开发、禁止开发的资源管理格局，做到资源利用合理有序、互融互通。三是在空间构建上，要立足各个盐井村落资源优势和产业条件，发挥各地区特色优势，以产业链、供应链、创新链、资金链、人才链为纽带，以盐文化产业体系为抓手，优化运营格局。四是在产业融合上，以深化改革供需机制为主线，按照“绿色产业+多元主体+广阔平台”发展模式，提升产业规模化、绿色化、专业化、组织化、市场化水平，以盐文化产业化带动绿色农业、生态工业和文明服务业系统协作。

（五）用活现代化信息技术平台

盐井文化在产业化运行中，要着力破除数据孤岛，积极整合碎片化信息，利用 5G、大数据、物联网、云计算、人工智能、区块链等为代表的新一代信息技术，广泛渗透到盐井文化产业的各个方面，从盐井文化产业中催生新的业态、延伸产业链，实现盐井文化产业的守正创新，通过实体宣传和“互联网+”的双重模式将地方盐井文化以产业文明的方式远传国内外。盐井文化的保护和利用，要顺应数字产业化和产业数字化发展趋势，改造提升盐井文化传统业态。一方面，在深度挖掘盐井文化的基础上，系统收录文化资源，做好盐井文化资源信息系统，盘活文化资产。另一方面，运用现代信息技术建立盐井文化产业组织和结构扁平化、多中心模式，以民主参与、集体协作、

① 孙喜红、贾乐耀、陆卫明：《乡村振兴的文化发展困境及路径选择》，《山东大学学报（哲学社会科学版）》，2019 年第 5 期，第 135-144 页。

自我组织和自我调节为特征的信息化系统推动盐井文化产业全面转型升级，提高盐文化产业质量效益和核心竞争力。

四、结论

“盐的重要性毋庸置疑，它与人们的生活非常贴近，人们的一日三餐离不开盐。”① 滇西云龙地区盐井文化资源既是乡村文化产业转型升级的重要基础，也是乡村经济发展新业态的“根”和“魂”，它赋予了乡村振兴新的文化内涵，承载着增强农村可持续发展的重要功能。滇西云龙地区盐井文化振兴，必然以盐井文化产业化、业态多样化为导向，抓牢全面推进乡村振兴的大好先机，激活乡村文化市场竞争力，开辟乡土民俗生存空间。盐井文化产业化发展通过科学打造盐井文化品牌，构建盐井文化产业链，培育盐井文化产业集群，完善盐井文化产业支撑，实现盐井文化高位开发，对地方乡村振兴发挥反哺效应，从而加快推进滇西少数民族地区的现代化步伐。

◇参考文献◇

[1] 习近平．决胜全面建成小康社会 夺取新时代中国特色社会主义伟大胜利[N/OL]．人民日报，2017-10-28[2021-7-19]．http://www.gov.cn/zhuanti/2017-10/27/content_5234876.htm.

[2] 中共中央 国务院关于实施乡村振兴战略的意见[EB/OL]．（2018-02-04）[2021-7-19]. http://www.gov.cn/zhengce/2018-02/04/content_5263807.htm.

[3] 乡村振兴战略规划（2018—2022年）[EB/OL]．（2018-09-26）[2021-7-19]. http://www.gov.cn/zhengce/2018-09/26/content_5325534.htm.

[4] 樊绰．蛮书校注[M]．向达，校注．北京：中华书局，1962：189-190．

[5] 李文笔，黄金鼎．千年白族村：诺邓[M]．昆明：云南民族出版社，2004：51．

[6] 李何春．滇藏地区的盐业与地方文明[M]．成都：西南交通大学出版社，2019：191．

[7] 贺雪峰．关于实施乡村振兴战略的几个问题[J]．南京农业大学学报（社会科学版），2018，18（3）:19．

[8] 吕宾．乡村振兴视域下乡村文化重塑的必要性、困境与路径[J]．求实，2019（2）：97-108．

[9] 王磊．乡村文化振兴的国学思考[N]．光明日报，2018-07-07（11）.

[10] 刘剑，田云刚．乡村振兴中乡村文化遗产的产业化[J]，文化遗产，2019．

① 李何春、陶彦孜：《滇西北少数民族地区传统盐业生产技术变迁的动因分析——以兰坪县为例》，《原生态民族文化学刊》，2021年第13卷（第2期），第144-156页。

[11] 人民日报评论员．谱写新时代乡村全面振兴新篇章——论学习习近平总书记关于实施乡村振兴战略重要讲话精神[N/OL]．人民日报，2018-10-01[2021-7-19]．http://www.gov.cn/xinwen/2018-09/30/content_5327210.htm.
[12] 田云刚，张元洁．乡村振兴的乡村文化产业化路径探析[J]．山西农业大学学报（社会科学版），2019，18（1）.
[13] 孙喜红，贾乐耀，陆卫明．乡村振兴的文化发展困境及路径选择[J]．山东大学学报（哲学社会科学版），2019（5）：135-144．
[14] 李何春，黄敏玲．盐在传统村落形成与发展中的社会意义——以滇西沘江流域云龙地区为例[J]．盐业史研究，2019（3）.

运城盐文化旅游开发策略研究[1]

任长幸　龙正凤[2]

摘　要：山西运城地处华夏文明的中心，自然风光瑰丽秀美，历史悠久，文化底蕴深厚，为华夏民族的发祥、壮大作出了长久不朽的贡献。围绕运城盐池发展起来的"池盐文化"，是中华文明早期发展演进的主线和佐证。盐池特殊的自然与人文意蕴及周边至今保留的大量建筑遗存，是当地弘扬"池盐文化"、发展盐文化旅游、繁荣经济得天独厚的资源。目前围绕盐文化的旅游开发已初见成效，但仍有潜力可挖。因此，有必要对运城盐池文化积淀及周边旅游资源进行梳理，为运城发展盐文化旅游提出系统性的对策和建议。

关键词：运城；盐池；旅游开发

盐，作为人类生活的必需品，与人类的生存和繁衍息息相关。早在人类文明的萌芽时期，食盐就引发了先民众多的文化意念，甚至被赋予神化色彩。运城，"盐运之城"，一座因盐而兴的城市，也是中国曾经最有盐味的城市。运城盐湖是世界三大硫酸铜型内陆盐湖之一，因含盐量高，人在水中可以漂浮不沉，故被誉为"中国死海"。4000年前，勤劳智慧的先民就在运城盐湖捞采天然结晶的食盐。在漫长的历史长河中，盐湖不仅对运城的设立、发展起了决定作用，而且对中华文明早期的发展也发挥了重要作用。

一、运城盐文化资源梳理

山西运城地处黄河金三角地带，因位于黄河以东，故这块地方古代称为"河东"。这里气候适宜，土地肥沃，孕育了悠久灿烂的中华文明，是早期中华文明的重要发祥

① 基金项目：四川省教育厅人文社会科学重点研究基地——中国盐文化研究中心项目"西夏盐池地理分布考证（项目号：YWHY17-11）"和2017年黔南民族师范学院项目"河西走廊盐池分布考证（项目号：QNSYRC20172）。"的阶段性成果

② 作者简介：任长幸（1973—　），男，黔南民族师范学院历史文化学院副教授，历史学博士，硕士生导师。研究方向：中国古代史。
龙正凤（1980—　），女，凯里学院马克思主义学院副教授，法学博士。研究方向：行政法学。

地之一。运城的盐池，古称“解池”，以产“解盐”闻名。“中条山北麓解州安邑之间，近安邑者为东池，近解州者为西池。名分为两，实即一池。《说文》河东盐池袤五十一里，广七里，周总一百十六里。”[①]解池位于山西省西南端，黄河由北向东的转弯处，中条山的北麓，东西长约 30 千米，南北宽 3～5 千米，面积约 130 平方千米，湖面海拔 324.5 米，最深处约 6 米，形状狭长宛若一个天然的浴盆。盐池是一个天然内陆封闭型盐湖，由鸭子池、盐池和硝池等几个部分组成。地质研究表明，解池大约形成于新生代第四纪。最早的人类活动，可以追溯到 180 万年前，先民对解池的开发利用亦可追溯到 4 000 年前。每逢仲夏时节，远古时期的先民便引河东解州盐池中水至耕地，经过大南风一夜的吹拂，耕地中就长满了盐花，当地人称之为“种盐”。关于解盐的产生过程，史书中有所记载，据《初修河东盐法志》记载：“盬盐者，谓池内浇晒之盐，可直食用，不须涞治，自成颗粒，故曰‘颗盐’。而颗粒之大异于散盐之小，故又曰‘大盐’。”[②]解盐作为中国境内品质最好的池盐，历来为人民所喜食，销路甚广。在早期中华文明发展历程中，围绕运城盐池产生了众多优美动人的神话故事，反映了早期先民的浪漫主义色彩，这些神话故事有的还有着很高的文学价值；有的还具有一定的史学价值，对早期中华文明发展过程中众多未解之谜的解答在一定程度上起着佐证甚至补遗的作用。

关于运城盐池的形成，“蚩尤血化盐池”的神话传说是历史上流传最广的。相传在公元前 30 世纪，蚩尤祖居九黎山（现名九龙山，属中条山一部分）。传说中蚩尤生得“铜头铁额”、四目六手、牛首人身，以铁石充饥，不食五谷。“阪泉氏蚩尤，姜姓，炎帝之裔也，好兵而喜乱，逐帝而居于浊鹿，兴封禅，号炎帝。”[③]蚩尤生性残暴，骁勇善战，曾使周边 80 个部落臣服，被推为盟主。蚩尤为中华文明的早期发展做出了贡献：教会人们使用牛耕地，以牛头做部落图腾标记；他率领部族开采矿山、冶炼铜铁、打造兵器，被称为“兵主之神”。用牛皮做战鼓，才有现在的锣鼓。还创百艺、明天道、理教化。蚩尤占领盐池后，对盐池进行了开发利用，广收池盐之利，遂富甲天下，成为黄河以北最强大的部落，其在盐池南岸修筑的蚩尤城，迅速成为当时的政治、经济和贸易中心。

蚩尤部落的发展强大给生活在黄河南岸的黄帝部落构成了威胁，双方为了争夺盐池，苦战三年，最终在涿鹿将蚩尤打败。黄帝“得风后于海隅”（现社东村），拜为相，厉兵秣马以待时机，多年后再渡黄河，占据九黎山，大破蚩尤城。“（黄帝）传战执尤于中冀而殊之。爰谓之‘解’。”[④]蚩尤先被杀再被肢解，其血流入河东盐池变成黑水而成卤，与雨水相混经阳光暴晒而成盐。“解州盐泽，方面二十里。久雨，四山之水悉注

① 觉罗石麟：《初修河东盐法志》，台北：台湾学生书局，1966 年，第 27 页。
② 觉罗石麟：《初修河东盐法志》，台北：台湾学生书局，1966 年，第 70 页。
③ 罗泌：《路史》，“后纪四・贵尤传”，上海：上海古籍出版社，1989 年，第 109 页。
④ 罗泌：《路史》，“后纪四・贵尤传”，上海：上海古籍出版社，1989 年，第 109 页。

其中，未尝溢；大旱，未尝涸。卤色正赤，在版泉之下，俚俗谓之‘蚩尤血’。”[①]相传“解州”就是因蚩尤被肢解于此而得名，当地老百姓把池中卤水叫做“蚩尤血”。蚩尤死后就葬在“蚩尤城”，俗称“蚩牛村”或“池牛村”。在今天运城盐池的南边，有个村子叫“蚩尤村”，也叫“从善村”。也有传说被杀的是蚩尤的弟弟蚩善，蚩尤率领部族逃往中国南方。蚩尤后来也曾潜回故里，想东山再起，终因年老寿终而未果，被葬在两山两水的风水宝地。后人便堆积沙石以做祭奠，这便是清明节修坟习俗的由来。

蚩尤村北临盐池，位于东郭镇西边 5 千米，东为界村，南依中条山。历代尊轩辕，蚩尤因败而贬，蚩尤城改名为“服善村”。明朝万历四十一年（1613）改为“从善村”，而民众则一直沿用蚩尤村。为了正本清源，盐湖区政府于 2003 年 6 月更名为蚩尤，并召开更名大会，立碑为念。由蚩尤、井园、五里墩三个自然村组成，全村 12 个居民组，456 户，2 601 人。耕地 2 600 亩，大多数是滩地和沙坡地，2003 年退耕还林 430 亩。产业以传统种植业和劳务业为主。

蚩尤村南边山坡曾有大量陶片出土，经文物部门组织专家考古发掘，认定为蚩尤古部落遗址，属市级文物保护单位，并立有石碑。村有祖庙、楼台、门洞等遗迹，烽火台、古城墙、墓冢尚在。每年农历四月初一，当地群众有门前插槐叶的习俗；六月六（蚩尤忌日）和十月十（蚩尤生日）闹社火、唱大戏；十月初一，蒸牛饺，流传至今。蚩尤村锣鼓表演征东、征西、征南、征北四套鼓点与众不同，属于非物质文化遗产。

另一个与盐池有关的人物是舜帝。舜帝作为心系黎民的古代圣君，据《尸子》记载：“舜作五弦之琴，以歌南风。其诗曰：‘南风之薰兮，可以解吾民愠兮！南风之时兮，可以阜吾民之财兮！’是歌也。”[②]这首《南风歌》的作者公推是舜帝，在河东大地至今广为传唱。相传舜帝接受尧帝的禅让之后，来到盐池岸边卧云岗（今运城池神庙庙址），看到一条绵长而洁白得像玉带一样的盐池，一阵南风吹拂，想到盐池给周边百姓带来的深厚福祉，于是手抚五弦石琴即兴吟唱了这首流传千古的《南风歌》，借以企盼风调雨顺，国泰民安。舜帝吟唱《南风歌》的传说，至少说明舜帝时期，人们已经在河东盐池进行生产生活了。众多美丽的传说构成了运城影响深远的文化符号，传之千年，历久弥新。

运城盐池的开发约有 4 000 年的历史，是我国最早开发的盐池之一。运城出产的盐，历史上曾名盬盐、河东盐、颗盐、大盐、解盐。运城建城前名“潞村”，因而又得名“潞盐”，并沿用至今。据史料记载，运城盐的生产销售，亦可追溯到春秋战国时期。河东盐产量大、品质高、销路广，是历代封建国家的财政支柱，其开采受到统治者的高度重视。唐朝时推行鼓励盐业生产的政策，改革盐法，运城盐池的食盐产量较之前代有了大幅度增长，“西出秦陇，南过樊邓，北极燕代，东逾周宋”，销售区域达 20 余州。北宋政府先后设置了制置解盐使司和河东榷盐院等机构管理解池。《宋史》有载：“引

① 沈括：《梦溪笔谈》，北京：中华书局，2009 年，第 49 页。
② 尸佼：《尸子》，上海：上海古籍出版社，1989 年，第 13 页。

池为盐，曰解州解县、安邑盐池”。[①]按宋时的行政划分，盐池地跨解县、安邑两县。解县治所位于盐池以西五里，即今山西运城市盐湖区解州镇，安邑县治所位于盐池以北五里，即今运城市盐湖区东王乡安邑村。金代时解池盐的销售区域进一步扩展，“解盐行河东南北路、陕西东及南京河南府、陕、郑、唐、邓、嵩、汝诸州”。[②]元代始设运城，仍是解州辖安邑县建制，地方行政机构并不在此设立衙署，仅设置处理盐务事项的盐务官署。明清时期河东仍是最重要的产盐区之一，朝廷在此设有盐运使管理盐政，并定时派巡盐御史对盐务的日常管理进行专项巡查。河东盐池的销售收入在国家财政中一直占重要的份额，一度还曾是西北用兵的军饷来源之一。1947 年年底，运城解放，党和政府设立了晋冀鲁豫边区太岳区潞盐管理局，盐池的管理权最终回到了人民手里。从 20 世纪 40 年代开始，随着科学技术的进步，海盐、井盐和西北池盐的大量开发，运城盐也由过去单一生产潞盐，改为以生产芒硝为主。到 20 世纪 80 年代，运城停止了食用盐的生产，转而成为生产多种化工产品重要基地，在当地经济建设中发挥着重要的作用。

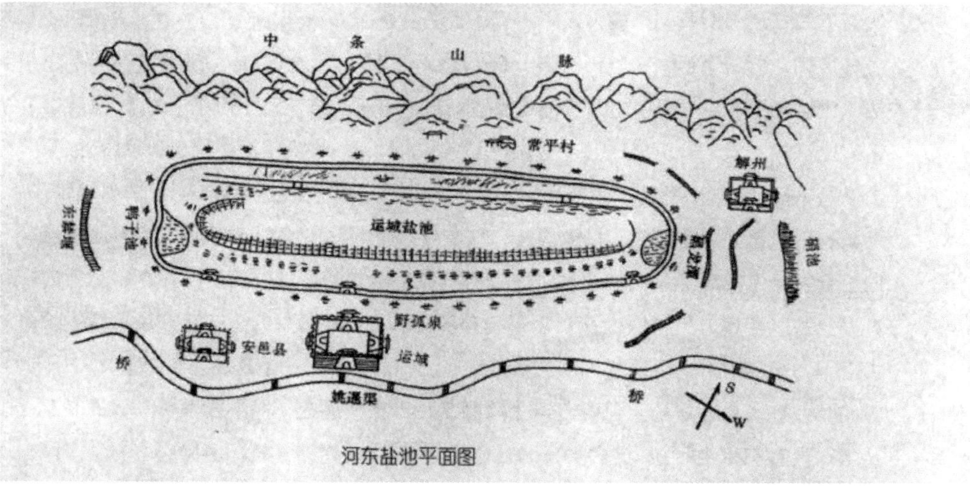

图 1　河东盐地平面图

池神庙在山西运城市南 2 千米土垣上，坐北向南，面临盐池。唐代宗李豫以“神赐瑞盐”，遂赐盐池名为“宝应灵庆池”，封盐池之神为“灵庆公”，大历十二年（777）在河东解州安邑县东南十里，盐池北岸的卧云岗上修建了池神庙，专门祭祀“盐宗”。唐池神庙古称“卧云冈”，庙内修建了池神、日神、风神三大殿。唐代之后，历代王朝对盐池之神都封赐有加，北宋崇宁四年（1105）奉东池神为资宝公，西池神为惠康公，大观二年（1108）晋爵为王，元至元十二年（1275）赐庙号“宏济”，大德二年（1299）加神号“广济”“永泽”。明洪武十九年重修，清顺治、雍正时均有补葺。池神庙的建筑规模日益壮大，成为运城盐池内最宏伟的建筑群，其“并立及拥携”的建筑风格，

① 脱脱：《宋史》，“卷 181 · 食货志下三”，北京：中华书局，1977 年，第 4413 页。
② 觉罗石麟：《初修河东盐法志》，台北：台湾学生书局，1966 年，第 492 页。

独具特色，自成一派。现存池神庙主体建筑为明嘉靖年间所建。三殿所奉不一，按明嘉靖碑文载，中殿奉东池神与西池神，东殿奉条山（即中条山）风洞之神，西殿奉忠义武安王之神。三座大殿没有按常规纵向排列，而是东西一字排列，为中国古庙中绝无仅有。每年的二月初一、六月初一和八月十五都要举办隆重的祭祀活动。庙内现存元、明、清碑 17 通，记载当时修建庙宇的经过。1995 年，应专家学者的呼吁，国家拨出专项资金对池神庙进行了保护性修复，并设立“河东盐业博物馆”，国务院于 2013 年 5 月 3 日公布为全国重点文物保护单位。

封建王朝对盐池的重视，还体现在环绕盐池周边的一道禁墙（亦称禁垣）的修筑上。为防止偷盗食盐，保护税收，唐代时环池一周修筑壕篱，历史上多有修补，宋代再建拦马短墙，到明朝时用泥土加固，清续修，前后经历一千多年，总长达到 58.7 千米。禁墙外有马道，方便商旅车马往来。马道外有隍堑。垣内外又置铺舍，以居逻卒。禁墙依地势而建，蜿蜒起伏，兼具防盗、防走私、防洪水功能。现存禁墙多为清代所筑，禁墙主体大多已毁，池神庙至盐化二厂的一段禁墙及二厂至解洲的一段禁墙保存较为完整。从残垣断壁中，仍可猜想当年屹然如城的巍峨，是全国独一无二的盐业城墙。

位于运城市平陆县的虞坂古盐道，是古人为了把河东盐运销至中原、西北乃至全国而开辟出的一条运盐专道。它始凿于西周初期，明正德八年御史张士隆曾对青石槽路段进行过扩凿，废弃于 20 世纪 50 年代初。该盐道从张店镇坪头铺下山，至盐湖区东郭镇磨河村南山底出，沿途山势险峻，坡道盘曲，路面坎坷不平。现存路面宽 2 ~ 4 米，全长约 8 千米。虞坂古盐道对研究西周至明朝时期的盐业发展历史和久远文化有着重大的价值和意义。2004 年 6 月虞坂古盐道被山西省人民政府公布为省级重点文物保护单位。2013 年 5 月，被国务院公布为第七批全国重点文物保护单位。

二、运城盐池旅游发展现状

运城是华夏之根、文明之源的重要遗存，被誉为“中国的源头”。之所以能在中华文明发展史上刻下深深的印记，成为中华民族重要的发祥地，正是缘于这里得天独厚的自然资源——盐池。自虞舜时期以来，运城盐一直是历代政权的财政支柱，均设专职官吏掌管盐业的生产销售。从春秋战国到明清，共有 39 位帝王亲临河东视察过盐池，围绕盐的生产、运输、销售和管理，留下了大量的建筑遗存，如池神庙、禁墙、东禁门、碑刻、古盐道和规模宏大的水利工程等历史遗迹，尤其是独具特色的晒盐技术和其在中国盐业发展史上的独特地位，是进行旅游开发的宝贵资源。

近几年，运城市依托盐湖得天独厚的资源优势，开发了一系列特色旅游项目。2002 年南风集团斥巨资精心打造了集“绿色、生态、健康、休闲”为一体的“中国死海 · 运城盐湖”这个时尚旅游品牌。建成了露天漂浮浴场、世界最大的室内漂浮馆、黑泥和医用矿泉水疗馆，以及配套的其他相关设施。2008 年 11 月被评为国家 4A 级景区。游客在这里可以感受被称为“死海三绝”的盐水漂浮、黑泥养生、以及矿泉水疗等旅游项目。

一绝：盐水漂浮。盐水漂浮属于漂浮浴中最主要的一种。它是一种继传统针灸、瑜伽之后的放松疗法。其方法是让人的身体经过15分钟的净身沐浴之后，进入水温保持与人体肌肤相适宜的恒温状态的盐溶液中自由漂浮。盐水中所含有的钙、镁、氯、溴、碘等多种矿物质被人体吸收，可以消除疲劳、放松身心，同时还具有明显的镇定、降低血脂以及瘦身等保健作用。试验证明，漂浮1小时相当于沉睡4小时。

二绝：黑泥养生。运城盐湖的黑泥是经过数万年层层沉积而成，以硫酸盐为主，富含维持肌肤健康的矿物质和微量元素，运城盐湖基于此开发了黑泥洗浴项目。游客将盐湖黑泥均匀地敷抹在身体上，可使黑泥中丰富的矿物质渗入皮肤的皱纹和毛孔中，可以杀菌、消毒、去除多余油脂和角质层，收缩粗大毛孔，促进人体的血液循环，增强新陈代谢，调节神经系统，具有良好的消炎、消肿、镇静、止痛等作用。

三绝：矿泉水疗。源自盐湖2 121米深的地热矿泉水，经中国地质研究院水文地质环境所权威鉴定为氟、锶型医用矿泉。此项目采用世界最新水疗工艺、不同功能水疗设备，泉口常年出水温度保持在 68 °C，33 种水疗浴池与各具特色的药浴池保持恒温35 °C左右。通过水循环、水刺激对人体各部位进行治疗按摩与滋养，对关节炎、风湿病、心血管等疾病有一定物理疗效。

早在隋末唐初时，在运城盐湖中讨生活的人们总结出“集卤蒸发、过箩调配、储卤、结晶、铲出”五步产盐法，后来此法失传。经过反复研究试验，近年终于恢复了传承千年的“五步产盐法”的古法产盐工艺，作为旅游项目开始小规模产盐。这一生产工艺在2007年被确定为山西省非物质文化遗产，予以保护。每年夏季随着气温的升高，运城盐湖便进入了收获期，工人们手持铁铲，收获晶盐，成为游客观光的一大风景。现在盐池每年大约产盐 200 吨，主要供旅游用。同时开发出“潞盐”理疗袋、盐雕、盐灯等旅游产品。

运城盐池文化在中国盐文化发展史上占有重要的地位，目前的开发虽初见成效，但与历史悠久、博大精深的河东盐文化所能开发的程度仍有一定距离。加之水质严重污染，硝的含量太高，所产盐已不能食用。漫步湖畔，可闻到散发着刺鼻的气味。另外交通不便利，基础设施不到位。除此之外，池神庙景区作为“河东盐文化”重要的建筑遗存，具有极高的历史文化价值，也设立了“河东盐业博物馆”，却门前冷落鞍马稀，鲜有人问津。总而言之，目前运城盐池开发程度偏低，游览项目偏少，许多具有开发价值的旅游资源有待开发。

三、运城盐池文化旅游开发的对策

笔者曾亲赴运城和临汾考察，解放路穿湖而过，路西巨大石碑上有郭沫若书写的

“盐池”二字，苍劲有力。盐池北岸建有“盐池神庙”，是国务院2013年5月3日公布的全国重点文物保护单位。历史上，解池在中国众多盐池中独领风骚数千年之久，其历史地位也是其他盐池望尘莫及的。当前，随着旅游业由最初千篇一律的游山玩水、走马观花，转变为以“文化旅游”为核心的多样化旅游，加之盐池产盐地位的下降，博大精深的“河东盐文化”作为运城宝贵的旅游资源，如何追赶旅游业新的发展动向，打造盐文化品牌为运城旅游业助力，笔者认为，应主要从以下几个方面入手：

1. 以文化旅游为主线，深入挖掘盐池文化的历史内涵

发展文化旅游，学术先行。以运城河东盐文化研究会为依托，积极打造专家学者开展学术成果和学术情报交流的平台，助推河东盐文化内涵的深入挖掘、外延的相应拓展等，以便更好地继承和发展盐文化遗产。定期举办河东盐文化研讨会，邀请国内外专家学者建言建策，以成果促进宣传，打造品牌效应。组织专家团队深入乡村聚落、田间地头，收集整理神话传说、奇闻异事和民间故事，汇编成册，集结出版。通过把文化要素与旅游要素、旅游产业特征有效地结合，在城乡规划、土地利用、景观设计中予以体现，凸显文化旅游的引领作用。

盐池神庙本身就是一件反映运城盐池、盐业发展的历史文物，有着重要的科学和艺术价值。因此，可以考虑以“河东盐业博物馆”为依托，对盐池神庙相关文物进行全面修复和合理布局，收藏、研究、陈列、保护与河东盐文化相关的文物，如碑刻、文献、典籍、生产工具、实物、照片等，展示和宣传盐池文化。可以辅以声、光、电等现代化表现手段，真实地再现盐池生产技术的演进和变革。对于生产遗迹、田池、厂房，可以就地进行围挡保护。可以适当地恢复池盐的生产工艺，将其作为工艺文化予以保留和利用，引导参观者观察传统池盐的生产过程，以此来吸引国内外游客，接受盐文化的熏陶。还可以与自贡市“盐业历史博物馆”通力合作，交流探讨彼此成功的经验，互通有无，求同存异，实现珠联璧合。也要积极开展与海外的盐文化交流，与其他国家和地区积极开展交流活动，将博物馆内文物借至其他国家或地区进行巡回展出。或者举办文化周、文化月，既能为公众普及相关知识，也能方便观众以较低成本近距离欣赏河东盐文化之美。

2012年，山西焦煤集团资金的注入，为盐文化产品的开发开了个好头。山西焦煤集团迎合市场对康养旅游的需求，将盐湖养生城设为定点疗养地，充分利用了盐池里盐和黑泥的保健价值，推出了盐疗和泥疗系列盐文化产品。依托盐池背后深厚的盐文化，让游客在享受泥疗、盐疗的同时，还可以去盐池神庙领略厚重的盐文化，到盐湖边的蚩尤村、禁墙边等历史遗存去感受历史的沧桑。

盐池是大自然的馈赠，其博大精深的盐文化，是我们今天发展文化旅游事业取之不尽、用之不竭的宝贵资源。深挖运城盐文化的内涵，要以文化旅游为主旋律，以政府为主导、企业为主体，要大视野大格局，通盘策划，切忌各自为战、摊点零售。通过政府给政策，企业注活力，科研出成果，打造盐文化品牌并延伸其内涵，把盐池文

化转化成具有吸引力的旅游产品以获得可持续、高效益、高品位的旅游商业回报，为运城旅游产业发展和当地经济发展注入持久的文化动力，实现可持续发展。

2. 整合周边文化遗存，联手打造晋南旅游名片

运城因盐筑城，在开发盐文化的过程中，政府可考虑以盐文化开发为核心，同时带动区域经济的发展，发挥联运效应，带动整个运城乃至晋南文化旅游产业的发展。加强区域旅游合作、区域文化交流互鉴，促进区域内群众的交流互信，为文化的普及进步、深化城际交流合作，奠定坚实的群众基础。晋南地区主要包括临汾市和运城市，是中华民族的发祥地，华夏文明的源头。有“尧都平阳（今山西临汾），舜都蒲坂（今山西永济），禹都安邑（今山西夏县）”的相关记载，因此，晋南地区发展文化旅游有着得天独厚的文化优势和资源优势。

临汾市有“民师帝范，文明始祖”尧帝的尧陵和尧庙。临汾襄汾陶寺遗址，出土了最早的文字，被“中华文明探源工程”专家认定为“帝尧都城”。这使尧文化走出传说成为信史，是中华文明最早、最有根据、最完整和最庞大的社会文明遗迹，是最早的“中国”，是华夏文明的根基。运城芮城西侯度文化遗址出土的石制品、“火烧骨”等人类活动印记，展示出 180 万年前古人类的生存环境、生存能力等细节。比周口店北京猿人用火还要早 100 万年，也把我国范围内发现的古人类用火历史，向前推进了 100 万年。位于临汾市洪洞县的大槐树更是海内外中华儿女寻根问祖的圣地。洪洞县城东北 17 千米的霍山南麓，始建于东汉建和元年（147）的广胜寺，以全国保存最完整的七彩琉璃飞虹塔而蜚声海内外。飞虹塔以其穷极工巧、美轮美奂的精湛工艺，成为我国琉璃塔中当之无愧的代表作。位于洪洞县新建南路莲花广场，即明洪洞县衙西南角的苏三监狱，始建于明朝洪武二年（1369），距今已有 600 余年的历史，是我国现存唯一一座明代形制的监狱，也是现存最早的监狱。还有“海内祠庙之祖”的后土祠以及我国现存最早、规模最大、建制最高的“关庙之祖”“武庙之冠”关帝庙。众多特色鲜明，甚至是全国唯一的景点，使晋南具有独特的资源优势。

晋南地区位于晋陕豫黄河金三角中心地带，是连接三省的中间环节，区位优势明显。晋南地区邻近古都西安和洛阳两大旅游热点城市，运城离西安仅 260 千米。随着我国经济的持续发展，人民生活水平快速提高，大众旅游时代业已到来，旅游已经成为人们生活的一部分，旅游已经发展到了全民旅游和自助游、自驾游为主的“全域旅游”阶段。同时也要看到，人们对特色化、个性化旅游产品要求更高。因此，更需要实现全域资源整合、全面布局、全景打造，产业融合的发展模式，全力打造以休闲性、知识性为主，并增加游客的娱乐性、参与性的度假休闲旅游模式。这既是旅游市场的客观需求，也是旅游资源地提升品位、应对日益激烈的旅游市场竞争的内在需求。

要做到资源整合，还需做到：开展区域旅游合作，加强与主要客源地相关行政部门、旅行社合作，实现资源共享、信息互换、合作宣传，共同开拓市场。充分发挥政策优势，加强旅游宣传互动，定期举办旅游推介会，推动区域旅游一体化进程。例如

与陕西黄陵合作，打造以祭祖寻根为主题的专线游。借助西安、洛阳区位优势进行大通道延伸建设，实现与周边文化重镇铁路、公路的无缝衔接。

3. 开发利用民俗民间纪念活动，增加旅游项目

应以运城盐池为中心，依托晋南文化旅游资源，整合尧舜文化、关公文化、移民文化和黄河文化，开发影视、节庆、主题公园、民俗表演等多种形式的文化旅游产品。在景区内进行常态化的主题表演，并适时增加夜间文娱节目，使游客在娱乐休闲的同时接受河东盐文化熏陶。可以定期举办“池神祭祖大典”“蚩尤祭祀大典”“尧舜祭祖大典”“大槐树国际寻根节”及“关公文化旅游节”等活动，塑造晋南地区华夏文化根脉的旅游名片，带动当地经济的发展。

大力发展旅游文化产品，研发一批质量过关，具有鲜明晋南文化元素符号的旅游产品，实现文化商品的“回味效应”。将文化旅游与当地餐饮住宿业结合起来，深入挖掘景点及附近的餐饮配套服务潜力，特别是富有文化韵味的优秀传统小吃，打造特色餐饮品牌。住宿业要优化结构，提升服务水平，推进连锁化、网络化发展，着力培育一批有特色、有竞争力的住宿品牌，发展更适合自驾游、居家游的新型住宿业态，适时发展周边民宿，满足游客对住宿的多样化需求。

4. 完善基础设施建设，助推品牌升级

应加强文化旅游产业基础设施和相关配套产业投资力度，提高政府投入和社会投资水平，提升服务配套能力。以盐池为核心景区，结合周边旅游景点、民间民俗表演场所、特色村镇的规划布局，全面提升改造全域旅游路网设施，发展景区出租汽车、延伸公交站点，解决“最后一公里”及周边乡村公路等级不高和各景区景点道路连接不通畅的问题。通过组建旅游专线、高铁站零换乘等措施，实现与周边城市全域旅游公路网、铁路网的无缝连接，解决从机场、火车站和客运站到景区交通快速、便捷的问题。通过建设旅游集散服务中心，量身定做，为游客打造长短线精品旅游线路。

关注高标准升级道路沿线绿化美化亮化工作，打造“最美旅游通道”。要做好湖水治理、环湖景观的工作，美化盐池周边环境。沿湖多植林木花草，让游客在浸润悠久盐文化历史的同时，观赏着春花、夏荷、秋叶和冬雪，实现四季景观轮换。修建环盐池大道，按照“一路一特色”打造旅游景观大道，建设养生馆、体验馆、主题乐园和渔人码头等景点。建设免费停车场，并实现 Wi-Fi 全覆盖。以互联网为支撑打造当地旅游基础数据平台及大数据旅游体系，形成信息服务体系，不仅能为政府决策提供依据，助力当地旅游业的发展，还能为精准扶贫提供专业的决策依据。

还应大力打造运城旅游安全网，整合交管、消防、工商、质监、交通、应急管理等部门资源，推动旅游业环境安全、交通安全、消防安全，食品卫生检查常态化、无空白、无死角。加强对机关事业单位旅游人才队伍建设，加大对经营主体、从业人员的培训力度，提升整体服务质量和水平。加强旅游环境卫生治理，对景区景点开展垃

圾快速收集处理，修建星级旅游洗手间。协同运管部门监管旅游运营车辆，确保安全、卫生，为广大游客提供干净、舒适的旅游服务。

四、结语

运城盐池在历史上为光辉灿烂的中华文明书写了浓墨重彩的一笔，有着厚实的文化积淀，具有极高的开发价值。应通过深入挖掘“河东盐文化”的历史文化内涵，倾力打造运城盐文化旅游的金字招牌，使运城盐池得到大众的认知和喜爱。同时对尧舜文化、关公文化、寻根文化等进行整合，结合黄河金三角地理优势，围绕盐文化组织设计经典旅游线路产品，实现它的核心价值。应大力实施：以文化旅游为主线，深入挖掘盐池文化的历史内涵；整合周边文化遗存，联手打造晋南旅游名片；完善基础设施建设，助推品牌升级；开发利用民俗民间纪念活动，增加旅游项目。通过这些举措，在继承弘扬悠久“河东盐文化”的同时，助力运城乃至晋南地区旅游业健康发展。

釜溪河流域盐文化村镇民宿旅游业发展研究

王 媚 吕福玉[①]

摘 要： 盐文化作为釜溪河流域最重要的文化传承之一，与彩灯、恐龙共同支撑了釜溪河流域的文旅产业。但政府更注重龙灯产业的振兴，而长期忽视盐文化旅游业的发展。目前，釜溪河流域盐文化村镇民宿旅游业主要存在产业组织结构低级、产业布局过于集中、产业结构市场化程度低和产业规模小等四个问题。这主要源于政府扶持力度不够、整体规划滞后、产业链条短和缺乏核心竞争力。因此，为了促进釜溪河流域盐文化村镇民宿旅游业的发展，应该加大政府扶持力度、科学规划、延长产业链和塑造品牌。

关键词： 釜溪河流域；盐文化；村镇民宿；旅游业

至2004年以来，中央一号文件成为“三农”工作指导文件。近年来，国家多部门对乡村旅游的发展给予高度重视和政策支持。在连续几年的政策中都明确提出，要大力发展乡村旅游，积极探索各类遵循可持续发展原则的乡村旅游发展模式，这种模式遵循既要有序开发，又要使其具有后续发展能力。民宿旅游业应运而生，它是乡村旅游的高级发展模式，它从最初的只能用于满足旺季时景区住宿不足的“旅游容器”，发展成能吸引游客主动前往的“旅游磁极”，成为了一种独具特色的旅游产品。[②]

一、釜溪河流域盐文化村镇民宿旅游业发展的现状

（一）产业组织结构

民宿旅游业是一个产业链条，涵盖了餐饮、住宿、娱乐等多种功能于一身。通过

---

① 作者简介：王媚（1988— ），女，四川轻化工大学经济学院在读硕士研究生，助教，主要研究农村发展和乡村民宿等。
通讯作者：吕福玉（1965— ），女，四川轻化工大学经济学院教授，硕士研究生导师，主要研究产业经济和管制经济等。

② 邓念梅，詹丽，黄进：《鄂西南民族地区民宿旅游发展现状、风险及对策探讨》，《资源开发与市场》，2014年第7期，第880-882页。

卫星定位与实地考察可以看出在釜溪河上游区域民宿旅游业涉及产业均属于微型产业，其中餐饮业共有 51 家，住宿业 3 家，农家乐 8 家，采摘业 7 家。釜溪河中游区域分布的盐文化村镇较多，产业相对丰富，有一家中型民宿企业 1 家，小型民宿企业 4 家，以及微型企业 740 家，其中餐饮业 636 家，住宿业 83 家，农家乐 17 家，采摘业 4 家。釜溪河下游流域涉及的盐文化村镇及产业相对较少且多为微型企业，包含餐饮业 58 家，住宿业 8 家，农家乐与采摘业分别 1 家。

表 1　釜溪河流域盐文化村镇民宿产业结构表

釜溪河流域上游	产业类型	餐饮业	民宿	农家乐	采摘
	中型企业				
	小型企业				
	微型企业	51	3	8	7
釜溪河流域中游	产业类型	餐饮业	民宿	农家乐	采摘
	中型企业		1		
	小型企业		4		
	微型企业	636	83	17	4
釜溪河流域下游	产业类型	餐饮业	民宿	农家乐	采摘
	中型企业				
	小型企业				
	微型企业	58	8	1	1

（二）产业布局情况

釜溪河流域上游段具有盐文化背景的村镇主要有东兴镇、艾叶古镇、仲权古镇、永安古镇等 9 个村镇，其中艾叶古镇为国家 AA 级景区，产业相对丰富，包含餐饮业 11 家，农家乐及山庄共 12 家。中游段具有盐文化背景的村镇较多，其中仙市古镇为 AAAA 级景区，是流域内民宿旅游业最丰富的地段，拥有民宿 8 家，餐饮 12 家，农家乐 6 家以及采摘园 2 家。三多寨镇为四川省文物保护单位，拥有餐饮 2 家以及农家乐 3 家。2021 年 8 月被命名为 2021—2023 年度“四川省民间文化艺术之乡”的牛佛古镇，拥有餐饮 60 家，住宿 8 家以及采摘园 1 家。以及靠近富顺城区的富世镇，拥有流域内数量最多的产业，包含餐饮 480 家，住宿 60 家以及农家乐 1 家。下游段涉及较少，主要有琵琶古镇、赵化古镇、怀德古镇以及长滩古镇。其中赵化古镇产业相对丰富，拥有餐饮 4 家，住宿 4 家以及农家乐 1 家。

（三）产业结构情况

釜溪河流域的民宿旅游业产业结构以初级形态“旅游容器”出现，主要以农场、农家乐、采摘园+农家饭、乡村经济型酒店、小旅店为主，其中，农场设备较齐全，涵盖着民宿、游乐设施、体验性活动以及休闲放松设施等服务，是现代化意义的民宿旅游产业。截至 2019 年，釜溪河流域内统计的星级农家乐与乡村酒店中，上游段拥有星级农家乐 3 家，乡村酒店 1 家。中游段拥有星级农家乐 21 家，仙市古镇拥有五星级农家乐盐帮客栈和五星级乡村酒店百胜慢餐民宿酒店。下游段拥有星级农家乐 1 家，5A 级乡村酒店 1 家。

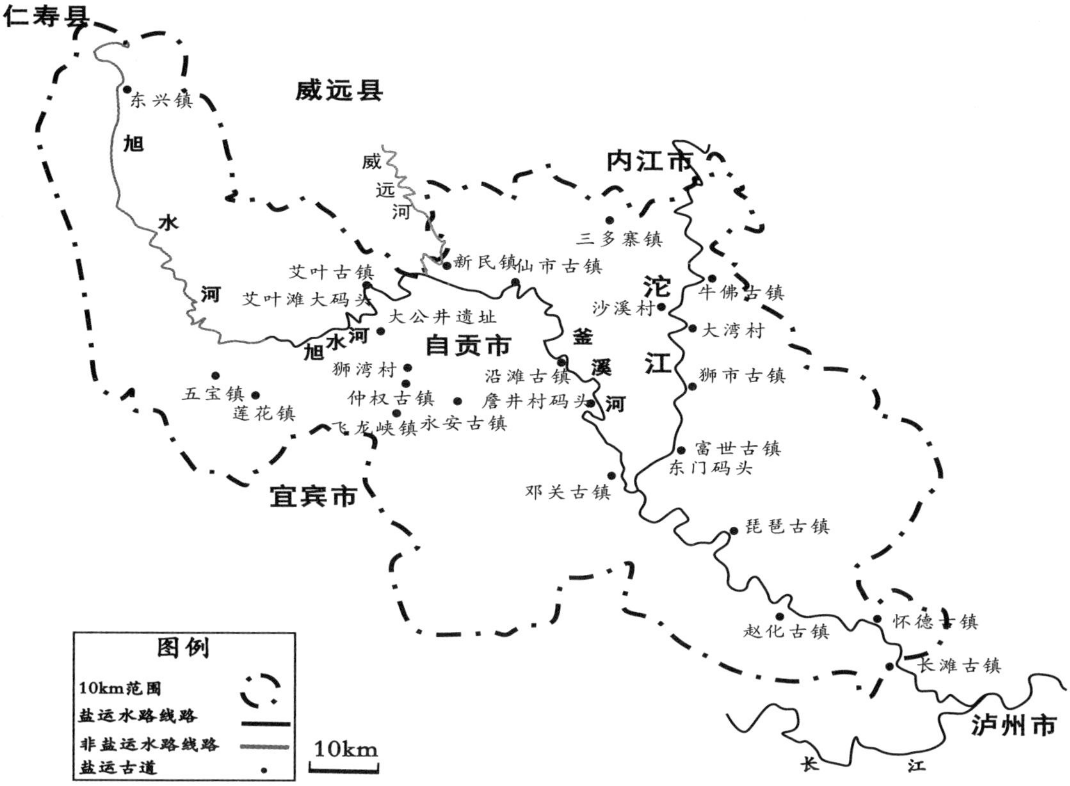

图 1　釜溪河流域盐文化村镇布局图

表 2　釜溪河流域盐文化村镇产业结构情况

流域	盐文化村镇	盐文化村落	民宿旅游业相关产品
上游	艾叶古镇	李家桥社区、竹林村	四星级农家乐 2 家（奕镁山庄、四月阳光）；三星级农家乐 1 家（牛尾生态山庄）；乡村酒店 1 家（旭龙谷大酒店）
中游	三多寨	徐家村	星级农家乐 21 家，五星级农家乐盐帮客栈；百胜慢餐民宿酒店为五星级乡村酒店，古镇山庄、古镇农家乐、陈家祠农家乐
	牛佛古镇	王爷庙社区	
	仙市古镇	仙滩社区	
下游	狮市古镇		星级农家乐 1 家，5A 级乡村酒店 1 家（福农橘园）；旅行社门市部 11 家，旅游汽车公司 2 家；旅游购物场所 20 余个
	赵化古镇	培村社区	
	长滩古镇	长滩坝社区	

（四）产业规模情况

釜溪河流域盐文化村镇民宿业在离城市较近的村镇中发展势头较好，如中游段的沿滩古镇、富世古镇、牛佛古镇等餐饮住宿在数量上具有显著优势。主要以低端旅馆、公寓以及农家乐或采摘园的形式存在，尚未形成产业规模。从 2015 年到 2019 年釜溪河流域住宿与餐饮业生产总值的变化中可以看出存在逐渐减少的趋势，在餐饮与住宿的比重中亦可以看出住宿业的产值远低于餐饮业。其产值波动起伏较大，在 2018 年达到 400 149 万元，住宿为 31 446 万元，仅占总产值的 7.85%。到 2019 年总产值就降到了 310 942 万元，其中值得注意的是住宿占比上升为 91 190 万元，占到了总产值的 29.3%。

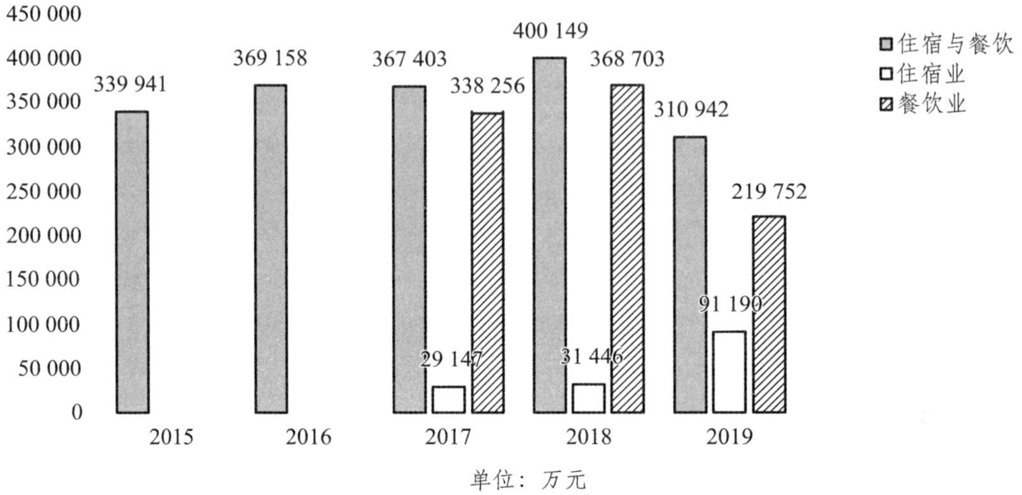

图 2　釜溪河流域住宿与餐饮业生产总值（2015—2019 年）

二、釜溪河流域盐文化村镇民宿旅游业发展存在的问题

（一）产业组织结构较低级

釜溪河流域的民宿旅游业主要以个体分散经营的微型企业为主。产业组织结构从总体上处在发展的低级阶段，市场集中度低，重复建设严重，规模小、资源和要素没能得到有效集中。其产业还处在低级无序竞争的状态，缺乏标准与管理制度，各自发展，规划模糊。其市场化、社会化、产业化与组织化程度都较低级。市场效能低下，无法刺激产业良性发展。流域内无任何大型企业，仅中型企业 1 家，为仙市镇仙市慢餐民宿酒店有限公司，是功能相对齐全的民宿旅游产业。

（二）产业布局过于集中

根据 2019 年新增周留存率比重较高的几家线上民宿平台（途家、小猪短租、爱彼迎 Airbnb、榛果民宿），釜溪河流域盐文化村镇除仙市古镇在途家平台有 2 家民宿提供相关房源信息外，其余线上平台所提供民宿房源均集中在市区或著名景区周边。流域内民宿旅游业线上市场几乎处于空白阶段。釜溪河流域的民宿旅游业多集中在各大景区周围，这些产业大体上呈现出多核心分布，并以这些核心景区为中心向其外围地区逐渐递减的布局业态。盐文化村镇中民宿旅游业相对丰富的仅仙市古镇，产业布局呈聚集分布，其空间分布过于集中且极具不均衡性。①

（三）产业结构市场化程度低

由于釜溪河流域盐文化村镇民宿旅游业以农家乐形式为主，而农家乐的经营主体以本村农户为主，几乎无外来投资，单纯依靠农户自有资金，必然资金实力薄弱。由于缺乏专业设计与科学规划，农家乐经营主体普遍照搬现有模式，从建筑风格到菜品种类、休闲方式都趋于雷同，缺乏自身特色与创新，导致经营附加值低、吸引力弱。②同时也难以提供相对完善的配套设施，甚至很多村镇无法提供基本的卫生设备与安全保卫，住宿条件更是堪忧。农家乐多以提供果蔬采摘、垂钓以及提供农家饭服务为主，鲜少有住宿功能。而乡村小旅店多以提供简便住宿为主，鲜少提供餐饮服务。这便将民宿产业一分为二，游客无法在同一个地方得到他需要的全部服务。由于未能深度挖掘相关盐文化内涵与民风民俗，同质化的风险还存在于价格上的恶性竞争，不仅损害了经营主体的利益也未能满足游客乡村旅游的文化需求。因此其产业结构市场化程度低，产品附加值也不高。

（四）产业规模较小

釜溪河流域的自贡市与内江市及其他相邻城市相比，其旅游产业规模相对较小，游客接待量与旅游总收入都处于弱势。经过对比相关城市 2018—2019 年游客接待量与旅游总收入，可知其旅游市场的供给能力也明显不足。其游客接待量与旅游收入甚至赶不上周边的眉山市与泸州市，2018 年游客接待量比眉山市少了 170.3 万人，比泸州市少了 877.86 万人。2019 年，自贡市接待量同比增长 0.23%，眉山市为 0.77%，泸州市为 0.67%。因此可见釜溪河流域盐文化村镇在民宿旅游业方面并无显著发展，即使有一些发展，也是无序发展，以微型企业为主，产业规模较小。

① 杨利，廖洁：《乡村振兴背景下湘黔桂民宿的空间分布及驱动因素》，《中南林业科技大学学报（社会科学版）》，2020 年第 6 期，第 4 页。

② 王渝，廖成林：《乡村旅游住宿业产业组织管理研究——基于供应链协调的角度》，《农村经济》，2017 年第 3 期，第 7 页。

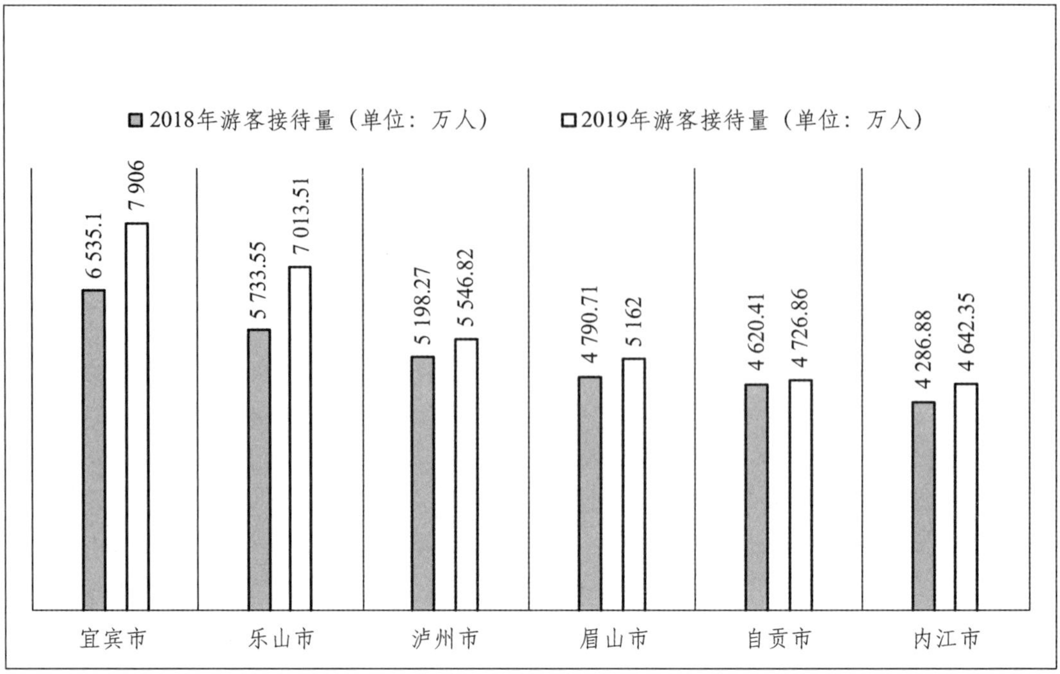

图3 釜溪河流域流经城市与周边城市游客接待量对比

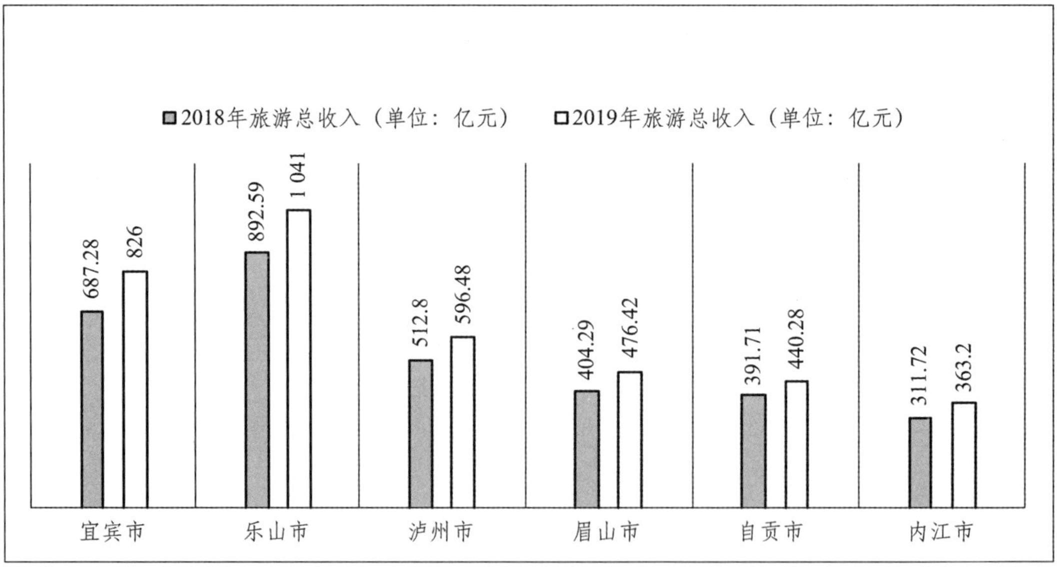

图4 釜溪河流域流经城市与周边城市旅游总收入对比

三、釜溪河流域盐文化村镇民宿旅游业发展问题的成因

（一）政府扶持力度不够

釜溪河流域的自贡市政府将文旅市场的发展方向集中于灯与龙，很大程度上忽略了对盐文化的重视与支持，从而在一定程度上导致盐文化村镇的民宿旅游产业组织结构低级化。近年来釜溪河流域对住宿与餐饮业的固定资产投资力度在逐年降低。2015年到2017年年均投资额度在8亿元左右，而到2018年到2019年年均缩减为4亿元左右，缩减了将近一半。流域内相关经营主体由于缺乏政府或行业协会的组织和指导，经营主体的专业化程度低，基本处于自发自治的分散经营状态，其规模经济的实现程度低，整个行业抵御风险的能力差，经营主体的收入得不到保障且不稳定。地区间的产业结构趋同，资源利用率低，未能充分利用这些村镇丰富的盐文化元素。而出现这些状况的原因多是政府缺少对相关产业的扶持。

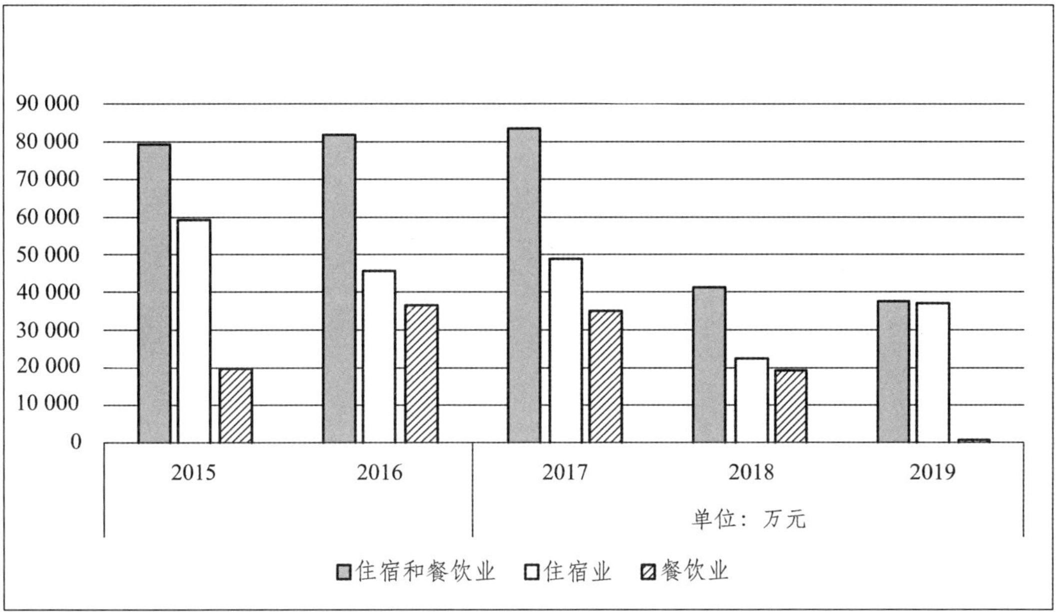

图5　釜溪河流域住宿与餐饮业固定资产投资情况表

（二）整体规划滞后

釜溪河流域盐文化村镇民宿旅游业由于市场与政府的双缺位，导致其整体规划滞后，产业布局极不合理。民宿旅游业在发展过程中的散、乱、差、小等问题特别突出，缺乏统一规划设计，在营销推广和宣传方面也不到位。大多处在浅层次开发的阶段。这些旅游产品雷同、结构单一、缺乏特色。大部分农户为满足当前的旅游发展需要，自己投资建设农家乐或民宿，所以设计简单，没有突出差异化的设计理念。

（三）产业链条偏短

釜溪河流域盐文化村镇民宿旅游业与邻近城市间的合作较少，政府在该产业所需的知识技术、人力资本和研发资金的投入比例始终偏低，导致其产业结构市场化程度低，从而无法让其在众多选择中脱颖而出。农家乐之所以在发展上会遇到瓶颈，主要是其体验性不够强，大部分是吃饭、打牌，少量具有采摘或垂钓功能。而真正的民宿主人一般是拥有自己独特个性，有自己爱好并愿意为之付出热情的一类人群，他们总能在平凡的生活中赋予生命新的意义。将民宿旅游业发展成一种产业链旅游，这种新的旅游发展模式和新的旅游产品类型能不断推动其产业全环节升级、全链条增值以及全方位提质。

（四）缺乏核心竞争力

釜溪河流域盐文化村镇民宿旅游业发展处于初级阶段并且缺乏核心竞争力，从而导致其产业规模小。核心竞争力是指为产业带来比较竞争优势的资源以及资源的配置和整合方式。盐文化村镇缺乏对关键资源和关键能力的组合。釜溪河流域民宿旅游市场参差不齐，大家将家庭旅馆、农家乐、乡村经济型酒店和小旅店与民宿混淆，致使各类民宿处在自我发展中。釜溪河流域盐文化村镇民宿旅游业在缺乏核心竞争力的情况下，无法在其产业规模上得到扩展。

四、促进釜溪河流域盐文化村镇民宿旅游业发展的对策

（一）加大政府扶持力度

釜溪河流域城镇盐文化民宿旅游业想得到可持续发展离不开政府的扶持，在政策支持、基础建设、招商引资、人才培养、标准设立等多个方面都需要政府加大建设力度，从根源上消除流域内相关产业发展的后顾之忧。现如今，农村区域的乡村空心化为民宿旅游业的发展提供了大量地域资源和空间载体，政府可制定相关优化措施用以将盐文化村镇内闲置房屋开发为民宿产业。鼓励流域内的经营主体大胆创新，同时解决其后顾之忧。政府还应在健全流域内旅游交通与医疗服务等基础设施，改善其发展大环境。从而为釜溪河流域盐文化村镇民宿旅游业创建良好的宏观外部环境，促进民宿的市场规范化。好的环境质量和高素质服务人员是民宿旅游业发展的关键，政府在人才培养方面应予以支持。政府还应加强民宿管理，规范乡村民宿的经营资格和准入条件等标准，同时成立行业协会，让其在营销宣传和相关经营主体的文化、服务、艺术素质培养方面发挥应有作用。

（二）科学规划

民宿旅游业不是传统农家乐的简单升级产品，有必要根据当地资源优势和旅游资源特点，开发不同类型的民宿类旅游产品。新建的民宿应考虑当地地域民俗文化，多利用当地材料来丰富造型。要发挥出各村镇丰富多彩的人文，地理等多方面的综合能力特征。区域之间还应错位发展，充分突出自身独有特点。就釜溪河流域盐文化村镇而言，可根据各村镇自身民宿旅游业发展特点和现状，实施有针对性的发展规划。从整体上实施统筹，明确各盐文化村镇的发展定位，并对民宿旅游业进行科学布局，从而形成其有序发展格局。这一形式不仅能带动盐文化村镇的经济发展，还可将这些地区独有的魅力充分展现。①

在盐文化村镇开发民宿旅游业的同时有关部门应重点开发具备当地特色的旅游产品，民宿建设不应只停留在生活服务上，否则与旅馆、酒店无异，应当深挖各盐文化村镇居民不同的生活习性、别具特色的人文风情以及特色建筑等，并将这些元素与民宿产品进行融合。②同时，釜溪河流域盐文化村镇民宿旅游业的开发应以提高居民的生产生活为前提进行，让当地居民成为最大的受益者，提高其参与度。将文化资源转化为文化资本，走出一条别具一格的盐文化特色民宿旅游发展之路。

（三）延长产业链

民宿是一个可集聚更多业态和内容的平台，通过延伸其产业链条，可与一、二、三产业融合发展，从封闭的自循环向开放的“民宿+”融合发展方式转变。在经营民宿村镇的同时可延伸发展特色美食城、具有盐文化内涵的书屋与咖啡厅。在可开发艺术氛围的盐文化村镇通过画廊、私人博物馆、文化展览区用于引入自贡“小三绝文化”（龚扇、扎染、剪纸）等可丰富各村镇民宿旅游的产品，更快更好地促进其产业结构优化。釜溪河流域盐文化村镇可走盐文化产业链民宿旅游的发展思路，民宿旅游业将自然资源、民风民俗、村寨科考、运动休闲、健康养老等主题与盐文化相关产业相结合。深度挖掘盐场及相关遗址、盐业生产经历、盐工盐商的生产经历、盐码头、盐井、盐村、盐业古镇以及盐道上可用元素。加入具有盐文化特色的节庆活动如牛王会等。开发其特色民俗小吃，做到一村一品。利用科技手段如无人机拍摄、3D 动画模拟等技术重现制盐历史场景，这能够从丰富性、连续性、内容性、逻辑性上有效迎合旅游者的体验需求，这些民俗可以打造成带既带有观赏性又具有娱乐体验性的文化产品，加强盐文化村镇民宿旅游业与其相关产业的沟通合作，提高釜溪河流域盐文化村镇民宿旅游的综合竞争力。

---

① 张素梅，王祖良，焦莉：《乡村旅游背景下广西桂北地区民宿产业发展机遇及实践策略》，《辽宁经济职业技术学院学报》，2019 年第 4 期，第 3 页。

② 宋春霞：《乡村文化振兴下彝族文化与民宿建设融合发展研究》，《黑龙江工业学院学报（综合版）》，2020 年第 7 期，第 4 页。

（四）品牌塑造

在民宿旅游业的发展过程中，其核心竞争力需要做到“人无我有，人有我优。人优我廉，人廉我变”。而“人无我有”这点，釜溪河流域盐文化村镇有着得天独厚的优势。盐文化是釜溪河流域独有的历史文化资源，可深度整合各盐文化村镇自身资源，做好品牌定位。千里之行，始于足下；品牌之立，基于定位。将各盐文化村镇独有的建筑特色、民俗文化、特色美食等结合起来，形成特定的场景体验，避免千镇一面，千村一面的局面。传统民宿多依附于景区而存在，生意的好坏取决于景区游客量。在民宿品牌打造方面，几乎是零。民宿品牌定位不准，甚至根本没有品牌意识是我国民宿产业普遍存在的问题，这也是为何国内民宿数量众多却没有建立属于自己的品牌。品牌定位的过程也是挖掘自身资源优势的过程。在釜溪河流域“大三绝”旅游中，盐文化旅游最为薄弱，因此在盐文化村镇民宿旅游业发展过程中很有必要借助彩灯和恐龙的力量来宣传自己，从而使自己得到发展。釜溪河流域盐文化村镇民宿旅游业的发展还需整合川南旅游资源，应科学合理地设计链接川南两大精品片区的旅游线路，做大做强自身的民宿旅游产业，组建川南民宿旅游企业集团，通过企业集团化经营，拓宽融资渠道、优势互补、共担风险，形成川南旅游资源的集聚效益，共同谋取市场份额和利润最大化，从而使釜溪河流域民宿旅游业实现优化。

◇参考文献◇

[1] 龚丹丹．基于盐运文化背景下的川南传统村落更新研究[D]．绵阳：西南科技大学，2019．

[2] 赵飞，姜苗苗，章家恩，等．乡村振兴视域下的乡村民宿发展研究——以增城“万家旅舍”为例[J]．中国生态农业学报（中英文），2019，027（002）：218-226．

[3] 田成省．大田县乡村民宿旅游发展的对策研究[D]．福州：福建农林大学，2016．

[4] 张美娥．基于旅游扶贫视角的乡村民宿经营模式创新研究[D]．福州：福建农林大学，2017．

[5] 李军，李富贵．自贡釜溪河流域古镇名村保护与发展研究[J]．中华文化论坛，2017（5）：72-76．

云龙县古桥的挖掘与保护

姚力尧[①]

摘　要：滇西沘江流域盐文化的发掘与传承，是在古桥的挖掘与保护过程中取得成效的。盐文化与古桥紧密联系。本文以古桥为线索探索盐文化和桥梁间的关系。

关键词：古桥；盐文化；沘江流域

一、为什么保护古桥梁是挖掘保护盐文化

（一）古桥梁是沘江流域盐文化的见证

云龙的桥有着丰富艺术气息，藤桥、砖桥、木桥、石桥，依山傍水，融入自然又独具特色。它们跨山谷、越河流飞架于云龙大小河上，经历风雨，既见证着云龙的前世今生，也让云龙赢得了“世界古桥梁艺术博物馆”之美誉。而盐是封建社会的税收命脉和不可或缺的生活物资，沘江河畔的云龙县自西汉开采井盐至今两千多年历史。清朝繁盛时设有八大盐井，明末清初又开采银矿，所以古老盐井、银矿周边，村落成群，造型各异的桥梁孕育而生、横跨江河，连接着盐马古道的世界。古桥梁的源头是盐井，盐井产生了道路、桥梁、马帮等一系列的物质文化产品。由此又派生出了马帮精神、桥梁智慧、道路艺术等一系列的盐业精神文化内容。

承载浓厚文化底蕴的云龙被称为“滇西桥乡”“桥梁博物馆”。由此可见，古桥梁是沘江流域盐业物质文化之中的一个部分，它客观地证明盐业生产与运行构成，是沘江流域盐文化见证、彰显。只要古桥梁存在就必然与盐井联系起来，且盐文化这种外在形态就不可能忽略或视而不见。

（二）古桥梁是沘江流域盐文化的遗址

云龙有着许多的盐矿业，千百年前，因运输的需要，建设了不少桥梁，一座座跨越江河的桥，让云龙有了更多与外界的商旅文化交融。在云龙众多的古桥梁中，有些

---

① 作者简介：姚力尧（1996—　），女，云南昆明人，云南民族大学马克思主义学院民族理论与政策专业在读研究生。

堪称“桥梁活化石”，如溜索、藤桥。溜索古称为悬索桥，它是一切吊桥的雏形，现已基本不用。藤桥古称“笮”桥。在唐人的《元和郡国郡县志》中记载有：“凡言笮者，夷人于大江水上置藤桥渭之笮，其大笮、定笮皆是近水置藤桥处。”藤桥一般长度约 20 至 30 多米不等，这种在两千多年前就已出现的桥梁，如一位饱经沧桑的世纪老人，仍跨越在云龙的江河之上，保存完好，继续为两岸的民众提供通行条件。

铁链吊桥是随着铁器的出现和广泛使用，及从藤桥、竹篾桥中繁衍出来的更能增大跨度，更坚固的桥梁。云龙拥有多铁链吊桥，在清代早期就已在澜沧江上建造了大跨度的铁链吊桥，名为“飞龙桥”。现在的铁链吊桥主要都修建于清代，长度从 30 多米到 60 多米，主要有安澜桥、青云桥、惠民桥、中州桥等。

云龙古桥的作用用最古老朴素的眼光看待，就是提供人畜通行，而放在历史渊源上考察，它在内外交往中的地位是其他方式难以取代的。因此，古桥在云龙的发展史上留下了浓墨重彩的一笔，

古桥梁的产生是伴随着食盐生产而诞生的。以沘江为主体、与它毗邻的关坪河、澜沧江、怒江等 60 多条河流及其支流上架起的 100 多座古代桥梁。有藤桥、独木桥、廊桥、石拱桥、石墩木廊桥、铁链吊桥、钢混桥等，其中浮、吊、拱、梁等四类共 60 多座，木构伸臂式廊桥 18 座、藤桥 5 座、铁链桥 5 座、石拱桥 30 多座。这些桥延续多年，至今保留并清晰地展现在我们后人的眼前。

古桥梁的发展是由于食盐生产的兴旺而发展的。食盐生产的扩大、盐井的增加、对外输出和贸易增多，尤其“盐法开中”政策的执行，使运输量的逐步扩大。再加之白羊厂银矿的开采等，桥梁的发展除升级换代之外，数量上也逐渐增多，以此来满足架桥过河的需要。这些都跟经济的繁荣有着同步的走向。

古桥梁的荒废也是由于井盐生产的萎缩而导致的。随着海盐的生产扩大并逐渐稳定下来，食盐供给渠道增多。尤其井盐开采存在的局限性，即产量有限、燃柴过多、劳力辛苦的问题越来越明显。加之输出渠道困难，马帮运输耗时费力，市场竞争力锐减，食盐产出有限，让井盐开采的出路变得困难起来。传统井盐生产以及跟生产力发展带来的海盐、岩盐、田盐非碘盐、精盐、大盐、粉碎盐、次盐等生产的工艺相比较，已经大大落后了。加之盐马古道已经被人冷漠，车马大道增多之后，桥梁的使用也在减少。运输货物演变成人行过路的主要功能，生产运输为次要功能，即不以运盐为主了。

（三）古桥梁是沘江流域盐文化的重要部分

古桥梁总体上属于沘江流域盐文化遗产，它是沘江流域汉代以来的一种文化和记录，即井盐文化和盐马古道文化的记录。它把食盐生产和运输过程留下来的足迹、痕迹，给我们展现出来。或者说是似乎把其中的一个部分或片段，镶嵌在当地人的生活中且不能抹去一样。云龙盐业兴盛时期，五井提举司年上缴朝廷课银达 38 000 多两，盐年产量达 130 万公斤以上，大部分食盐都要依靠澜沧江、沘江上的桥梁，采用人背马驮运销到外地，又把其他地方的物资运回云龙。不难想象如果当时没有过江涉河的

通道，怎能实现盐业的以销促产。盐业发展为桥梁建设提供了资金支持，桥梁建设又刺激了盐业的进一步发展，由此桥梁的存在对当地人生活和经济都是不可或缺的部分。古桥作为盐文化中的重要环节，提供了盐文化孕育而生和传承下去的条件。

从中我们可知，前人对自然环境改造利用后遗留下来的东西，可以让我们去考察和鉴别出前人对生存环境的认识及程度，与对他们当时的能力所能达到的改造水平。这些东西是“二合一”的产物：人的创造力、大自然的本质或规律。桥梁亦是这种人与自然共同作用的结果之一。

从盐业物质文化的角度看，其个性、特殊性是在特定环境条件下应运而生的，它具有的自然条件、历史人文、思想观念等方面的特征，它的历史、科学、艺术等价值的独到之处是显而易见和不可忽视的。

二、怎样保护古桥梁从而挖掘保护盐文化

（一）让古桥梁与盐井链接畅通，从而保护古盐井

古桥梁的出现，最主要是为了食盐运输，之后才与银铜运输、粮食等后勤补给、农牧业生产等联系起来。在当今全国经济发展的潮流下，沘江流域各族人民建设发展的趋势下，因物质文化建设中的一个重要部分，即对自己民族物质文化的再发掘、再深化、再认识的过程，必然关注到有着近 2 000 年历史的古桥梁上。这些古桥梁随着保护修建过程的深入，逐渐地与古桥的发源地——古盐井联系在一起。据我们的调查统计，沘江河面上有 18 座古桥，都与古盐井有道路相通与连接。比如通云桥、彩凤桥、五里桥、藤桥四座桥都与顺荡古盐井连接，且当初就是为了运输食盐而建桥。除了直接服务于食盐运输之外而建造的四座桥之外，还有一座古桥——沙浪桥是间接为其服务的。因为沙浪桥当初修建的初衷是为了连接白羊厂银铜矿运输至大理和云龙县北部驿道，之后又与上述四座桥一道发挥了货物运输的功能。又如永安桥、永镇桥、杏林桥、果朗桥、中州桥、新云桥、青云桥、惠民桥、丰桥等都跟上述情况相同，要么直接为运输食盐而修，要么间接为运输食盐而建。总之，都与古盐井有道路相通。

由于现在对古桥梁的保护与修建完善，自然连接桥面的道路也必须畅通无阻。这样才能运输材料去桥上修建，和去桥梁来回经过和与到达地点相通。而第一个必须到达的地点，即桥梁修建的起点，就是古盐井这个源头。我们调查中发现，古桥梁建修保护之后，几乎都与盐井连接起来，通往古盐井的道路都畅通无阻，为古盐井重现或存在，奠定了重要的条件。

（二）把通道恢复建设、修旧如旧，从而保护盐井

这些通往古盐井的道路的修复，成为古桥梁修复后系统工程的内容。当作为物质

文化遗产进行保护时，当地政府部门和相关人员按照国家和上级要求和规定，加大保护力度、构建科学有效的保护体系，提高当地人民的保护意识，发挥群众的积极性，遵循“保护为主、抢救第一、合理利用、加强管理”的方针，做了大量的工作。据我们的实地调查，这些通往古盐井遗址的通道特点为修旧如旧，恢复原貌。如大井村通往古盐井的道路、顺荡村通往顺荡井的道路等。桥梁是道路通达的连接凭借，又是一种既普遍又特殊的建筑物。普遍是因为它是过河跨谷的需要，随处可见。特殊是因为它是空中的道路，结构复杂，施工困难，并因各地区自然和社会发展条件的不同而创造出各种规模和类型。桥梁建筑依赖于社会生产力和科学技术水平，并服从于政治、经济、军事的需要。桥的规模有大有小，有简单有复杂，建造需要依托材料和工艺技术。云龙的古桥，在明代以前，多为原始桥梁。明代洪武以后，大量的汉族移民进入云龙地区，开采食盐、开荒垦田，随着文化交流的加深，新的造桥工艺的传入，冶铁水平的提高，出现了伸臂木梁桥、石拱桥、铁索桥的制式。部分制式独一无二，成为最珍贵的桥梁活化石。按照历史唯物论的观点，物质是第一性、本源的东西，决定意识、派生物的状况等。虽然盐井为根本、源头，桥梁和道路为附属物，但是在食盐生产行循体系中却是一个重要组成部分。从系统论角度看，桥梁和道路却是构成盐文化系统不可或缺的要素。因此对于食盐生产这一稳定系统的存在，桥梁和道路是必须看作一个整体来存在和保护的。保护好古桥梁就是维护好了盐文化这一体系核心和内容。

（三）考证古桥梁的演变，从而挖掘盐业生产的意义

古桥梁作为物质文化产品，是社会生产力水平的体现。从藤桥、铁索桥、石拱桥、风雨桥等一系列的发展变化，体现了盐业生产发展对当地经济社会发展的推动和作用。盐井乍看起来，仅仅是一个出水洞，但它所引起的一系列连锁反应与创造出的奇迹，让人很惊讶。

通京桥，俗名大波罗桥，为伸臂式单孔木梁桥，其前身为藤桥。该桥位于云龙县城北长新乡大包罗村，横跨沘江上，距县城 38 千米，距离白羊厂银铜矿约 25 千米。白羊厂铜矿，乾隆三十五年（770）开办，当时“矿区方圆五十里，矿工数千，每天定额铜十万八千斤，遇闰加九千斤”。由于大量的粗银、粗铜要运往大理、昆明冶炼，这座桥的地位极其重要。道光十五年（1835）该桥又一次重修。1963 年又由县政府拨款重修，更名为“解放桥”。相传，1962 年，沘江发大水，一棵大树顺江漂流而下，到通京桥北面，这棵树突然根朝下、树尖向上直起来，恰好卡在了通京桥的桥身上，通京桥桥身受到挤压，桥身向南边倾斜，有幸的是后来树顺江冲走，未将桥身压断。之后政府拨款修复，但桥身偏南问题并没有得到修正。1993 年 8 月 29 日，沘江发生了一次百年不遇的大洪水，通京桥桥墩被洪水淘空，桥东侧下沉 20 厘米，由政府出资 4 万元进行修复，但仍然没有修正桥身偏南问题。后又由当时的长新乡党委书记张启发主持，政府出资 8 万元，再次对通京桥进行全面重修。由民间桥梁建筑师陈福昌负责技术指导，历时两月，按“修旧如旧”的原则进行维修，桥身偏南问题得到彻底修正，下沉

的东侧桥面被提升了 14 厘米。古桥梁的升级换代不仅仅是桥梁建造水平的提升，更重要的是从中反映出盐业生产的重要性。它所导致盐村社会面貌、生活方式、经济结构、思想文化、精神信仰等一系列的表现和特点，正如马克思所描述的："物质生活的生产方式制约着整个社会生活、政治生活和精神生活的过程"（《马克思选集》第 2 卷，第 82 页）。而我们从古桥梁演变史就可发现沘江流域盐文化的兴旺与衰落的历史，它像一面镜子映现出了生产力发展。盐业文化所呈现出来的历史性、社会性和延续性等特点，引发人的深思和启示。它的作用和动力因素的减弱，关键是物质资料生产方式的发展变更所致，即沘江流域盐业生产已经逐渐被淘汰，它已经被更为先进的生产方式所替代。由此我们对古桥梁的研究，不得不着眼于盐文化范畴和盐井生产这一根源上去展开。其挖掘保护的作用和意义，不仅仅只在于盐文化研究，甚至对于当地社会经济发展都是十分必要的。

三、古桥梁保护后挖保盐文化的效果

（一）古桥梁保护后从而保护了古盐井

古桥梁得到修复、工程修缮通行之后，自然而然地会连接到古盐井边上。延伸到井边的路有的已经荒废，杂草丛生，通行受阻；有的一直还保持畅通，比如因为盐井本来就在村民住宅区内或者紧挨住房。一旦古盐井暴露在人们视野之内，全部都以国家法规的形式规定下来，不让它遭到人为的损坏。从而有的得到修缮；有的虽然一时半会还未动工，但也得到了保护。

桥梁来自盐井，这是它的源头。后者有着决定作用，还派生出盐业经济的一套运行机制的作用。而古桥梁这一文化产品，属于盐井文化中的重要部分。一旦我们追根溯源，梳理和跟踪到桥梁这个环节，并考察它在这个范畴中的位置时，可以看到它是一个中介体，起到承上启下的作用：上接盐井，对食盐产出的作用，可以让它源源不断。下接市场，可以使这一通道出口运出去的东西变成财富、税收、供给等。尤其从历史主义角度考察，可以成为盐村发展的一个标志，以此来考证盐井经济发展状态。

追根溯源，对盐井文化做探索时，桥梁这一文化产品让我们关注到古盐井，发现古盐井的决定作用和源头作用。从而加强了古盐井的保护意识，对古盐井遗址文化重要性的认识更加深了一步，盐井文化范畴的结构和内容得到进一步的展开。盐井文化遗产的内容，不仅有了实实在在的看得见、摸得到物质文化部分，而且还有进一步可探讨的精神文化部分。从这个意义上说，古桥梁不能不说是一个不能避开和放弃的要素。

（二）古桥梁保护后找到了文化自信

沘江流域古盐井所在地云龙县、兰坪县及其乡村，现今都为清一色的贫困县、贫困乡、贫困村。沘江河面上的桥梁修复完善之后，一眼看去，有的整齐光亮，有的古香古色。它们横跨在江面上，与山岭连为一体，让人感觉似乎像绿叶丛中引人注目一朵鲜花，从而让人随之产生了对往日古盐井生产带来繁荣的怀念。尤其当今农村正处在乡村振兴、新农村建设等热潮，人们正努力挖掘潜力、出主意想办法之际，无疑会找到自己传统文化的潜在力量，从而能够激发人们的热情，树立起坚定的信念，去把自己传统文化中的精华发扬光大。

（三）古桥梁保护后从而获得了国家承认

由37座古桥组成的“沘江古桥梁群”，在2013年5月被国务院公布为“全国第七批文物保护单位”。由此得到了上级部门的资助，古桥梁得到进一步的保护。当我们把古盐井作为盐业文化的核心内容去研究时，可以发现它派生出来的桥梁这一常见的过河工具或手段，在我们的视野里成了乡土建筑文化，即沘江河面上的物质文化产品。而保留至今的这些古桥梁，成为了一串亮丽的饱含深刻内涵的文化遗产。尤其是当我们从盐文化遗产的角度去做挖掘与保护的研究与探索工作时，发现至今为止，与盐文化遗址有关的恢复重建或者该保护工作做得最好、最有成效的一个部分，就是古桥梁。因此它的成功经验可启发许多值得我们去深思和反省的东西，比如盐业生产的动力、方法或目的等。

华屋丘墟："资源型"市镇发展模式探析

——以历史时期滇盐发展史为对象[①]

张 欣 章晓宇[②]

摘　要：中国盐业史中，滇盐发展史是其重要"一翼"。在云南地域发展史中，形成了一批"因盐而兴""因盐而衰"地方市镇。以滇盐的生产、分配、交换、消费为纽带，云南盐业市镇内部出现了人口集聚、商品汇集、文化互动的现象。以"盐"为对象，云南盐业市镇发展模式呈现"资源型"地域特色的共性。以"盐"为载体，云南地方区域社会出现具有"盐"特色的物质文明与精神文明多方互动。丰富多彩的"盐"文化成为云南地域文化发展的"一极"，也是中华文明多元一体发展内涵的一个有力表现。

关键词：滇盐；盐业市镇；兴衰变化

云南是中国井盐主产区之一。滇盐作为影响历史时期云南社会发展的主要"资源"之一，不同时期它的产销变化与云南地方社会经济发展紧密相关。

与川盐相比，滇盐的产销呈现不一样的特点。特别是历史时期滇盐的产销，对云南区域地方市镇兴衰产生一定程度影响。因此，系统分析滇盐产销与云南地方市镇发展间的互动关系，将"窥一斑而知全豹"，对历史上"资源型"市镇的兴衰历程有一定程度的认识。

与川盐相比，滇盐研究相对起步较晚，队伍建设相对单薄，成果也稍显薄弱。最近几年，随着云南本土逐渐成长起来一批中青年学者，滇盐研究正在逐步走向体系化，研究内容也日渐丰富，研究方法也趋于学科交叉化、理论前沿化、视野国际化，从而

---

① 基金项目：本文系国家社会科学基金重大招标项目："历史上北方、南方和海上丝绸之路的互动关系研究及数据库建设"（项目编号：18ZDA185）；"云南大学哲学社会科学创新团队——中国经济史创新团队研究成果"；四川省高校人文社会科学重点研究基地——中国盐文化研究中心 2020 年度青年基金项目"'资源型'市镇发展模式研究——以云南盐业历史发展为中心的考察"（项目编号：YWHQ20-01）；四川省高校人文社会科学重点研究基地——中国盐文化研究中心 2021 年度学位论文项目："盐工福利事业视域下的近代自贡盐工社群"（项目编号：YWHX21-01）阶段性成果。

② 作者简介：张欣，云南大学历史与档案学院博士研究生，研究方向为中国古代经济史、盐业经济史。章晓宇：云南大学历史与档案学院硕士研究生。

推动滇盐研究一步步向前。但整体而言，滇盐研究仍然存在“虽有继承，但拓展不够；虽有创新，但仍需深化；虽有团队，但需规模化”[①]的情况。对不同时期滇盐与云南地方市镇关系的研究，也涌现出一批成果。[②]而从个别到整体，从特殊到普遍，系统分析不同产区滇盐与区域市镇间的发展关系，总结它们之间内在的发展模式，是我们后续研究工作的重心所在。

一、自然禀赋与滇盐成盐条件的关系

云南是中国十大产盐区和主要井盐产区，盐业发展在云南历史上占有重要地位。[③]“云南物产，锡、铜而外，当以盐为大宗。”[④]滇盐盐井遍布三迤，历史时期滇盐发展的特点呈现以下特点：其一、历史悠久，源远流长。其二、矿产丰富，遍及全省，形成滇中、滇西、滇南三大盐产区。其三、以盐为币，盐作为一般等价物参与到云南地方社会普遍的商品交换中。其四、盐业经济发展对云南地方社会经济、政治、文化等等方面发展产生重要影响。食盐经济一度成为云南地方社会发展重要的支柱之一，尤其楚雄州的黑井与石羊两大盐井税收在 20 世纪 40 年代，一度占到云南省税收总收入的 50%以上，“以滇视井，则井弹丸耳。而课额则当云南地丁之半，而八井则什百焉。故人之言赋税者，率以黑井为巨擘。”[⑤]其五、移卤就煤，盐业生产技术的革新对滇盐产销影响重大。[⑥]

“千年盐都”——白盐井，与黑盐井成为云南滇中地区井盐代表的“双子星座”，它们自唐代至明清一直是重要的滇盐盐产区。白盐井历史悠久，汉代已有记载，唐代有发展，历经宋元明持续发展，至清代已经成为国家定课的云南二十五个大井之一，民

① 赵小平，肖仕华：《八十年来云南盐业史研究综述》，《盐业史研究》，2013 年第 3 期。

② 赵小平：《试论云南盐矿生产、移民与工商市镇形成、发展的关系》，《四川理工学院学报（社会科学版）》，2006 年第 4 期。赵小平，张惠，余劲松：《盐与云南市镇发展关系研究》，载曾凡英主编：《中国盐文化（第 10 辑）》，成都：西南交通大学出版社，2018 年，第 40-51 页。胡月：《白盐井与石羊古镇盐文化研究》，载曾凡英主编：《中国盐文化（第 10 辑）》，成都：西南交通大学出版社，2018 年，第 130-141 页。李何春，黄敏玲：《盐在传统村落形成与发展中的社会意义——以滇西沘江流域云龙地区为例》，《盐业史研究》，2019 年第 3 期。赵小平，张欣：《盐业开发与资源型地域发展——以白盐井与石羊古镇为中心的考察》，载曾凡英主编：《中国盐文化（第 13 辑）》，成都：西南交通大学出版社，2020 年，第 86-100 页。张崇荣：《清代白盐井盐业与市镇文化研究》，武汉：华中师范大学，硕士学位论文，2014 年。

③ 赵小平，肖仕华：《八十年来云南盐业史研究综述》，《盐业史研究》，2013 年第 3 期。

④ 李春龙，江燕点校：《新纂云南通志》卷一百四十七《盐务考一》，昆明：云南人民出版社，2007 年，第 143 页。

⑤ 沈懋价纂订，李希林点校：《康熙黑盐井志》，卷一“黑盐井志序”，昆明：云南大学出版社，2003 年，第 2 页。

⑥ 谢本书：《滇盐发展的历史特点》，《盐业史研究》，1996 年第 3 期。闻柏：《古镇的兴衰对滇中社会经济发展的影响——以云南楚雄和石羊盐业古镇为例》，《云南民族大学学报（哲学社会科学版）》，2007 年第 3 期。

国时期仍是云南著名的十大盐场之一。黑盐井始开于唐代，兴盛于明清，衰落于民国。云龙地区是滇西盐井的主要产区。云龙地区的发展，也与其富饶的盐业资源有关。汉代就在此设“比苏”县，后历代称为尹州，云龙赕、云龙甸军民总管府、云龙州等。史书记载，云龙地区自东汉时期开始采盐，盐产区主要分布于澜沧江西岸的诺邓、顺荡、石门、宝丰、师井等地。尤其诺邓盐井的存在，使诺邓成为了千年盐村。史载南诏时期诺邓开始采盐[①]，明清时期兴盛，近代以后开始衰落。因此，滇盐产区的分布与云南区域地方社会发展二者息息相关。

（一）叨天之幸：滇盐的成盐基础

云南盐矿资源丰富，素有“盐宫”之美誉。早期地质时期，云南是一个凹形内陆湖，随着千百万年地质运动变化，内陆湖深层不断下倾，使含有盐分的物质逐渐下沉积聚，最终形成埋藏于地表之下的岩盐层。[②]滇盐盐矿，“除昆明安宁盐矿点属中侏罗系外，26个矿区（点）均属上白垩统——古新统”。[③]其成盐条件为：“矿床属于陆上硫酸盐、氯化钠型，但不含有泥砾；岩体由石盐、钙芒硝、石膏及少量泥沙夹层相间，形成多层结构，呈平缓稳定的层状，构造简单；矿床厚度，储量巨大；品位高。”[④]滇盐盐矿的构造类型为：“滇中地区的矿床是典型的陆相沉积，滇西、滇西南（思茅、西双版纳地区的滇南稍偏东地带）‘三江’地区的矿床，陆相沉积物质来源有多种渠道，并受断裂带有关的深层卤水补给影响，即形成‘内陆盆地、深层卤水补给’盐类矿床。”[⑤]这类特殊的地质构造就会造成：“古基岩中的含盐或盆地周围基岩中古盐矿床被淋滤、风化、剥蚀、破坏后，被地下或地表流水、大气降水及风的营造力不断地大量带入盆地中。”[⑥]从而使滇盐成盐的卤层非常浅，极易通过凿井而进行提卤制盐。因而，“滇蜀之盐，皆产于井。蜀井凿于人，滇井则成于天焉”。[⑦]因此，滇盐提取主要采用凿井汲卤的方式进行。

（二）发轫之始：凿井汲卤方式的演变

云南盐井一般分布在峡谷、河流两岸，这样有利于浅层卤水的提取。滇盐盐卤的提取方法一般采用辘轳提升、“竹竜”抽取与人工提运等。[⑧]直至民国时期，滇盐盐井

---

① 目前在诺邓村还可以看到汉代开采的直井，只是史料并没有相关记载。
② 黄培林，钟长永主编：《滇盐史论》，成都：四川人民出版社，1997年，第19页。
③ 黄培林，钟长永主编：《滇盐史论》，成都：四川人民出版社，1997年，第20页。
④ 黄培林，钟长永主编：《滇盐史论》，成都：四川人民出版社，1997年，第94页。
⑤ 云南省地质局第十六地质队：《三江矿产志·云南盐类矿床概述四：矿床类型及成因（送审稿）》，1981年9月油印本，第18页。参见黄培林，钟长永主编：《滇盐史论》，成都：四川人民出版社，1997年，第19-20页。
⑥ 楚雄州盐业志编纂委员会编：《楚雄州盐业志》，昆明：云南人民出版社，2001年，第34页。
⑦ 王守基著：《盐法议略·云南盐务议略》，北京：中华书局，1991年，第78页。
⑧ 黄培林，钟长永主编：《滇盐史论》，成都：四川人民出版社，1997年，第96页。

采卤与输卤方式仍然沿袭传统的轱辘拉汲式、竹筒抽汲式、背运、挑运四种。[①]

以白盐井为例，由于它所处位置位于峡谷地带，两边为山，香水河从中间穿过。受地形限制，白盐井地区新开井只能围绕香水河河岸展开，史载在香水河河岸相继开凿出“观音井、旧井、乔井、界井、尾井、白石谷井、安丰井”[②]等几大盐井。这些新开发的盐井（无论大口井和小口井），都临河分布，香水河宛如一条玉带将几大盐井连接起来。开采盐井地的选择除考虑方便取卤外，还要考虑盐井不受洪水影响这一因素，故而当地盐工大都将盐井开凿在河岸相对平缓的地带，这样就可以防止汛期河水水位上涨后因河流流速过大而冲刷河岸侵蚀盐井地基，继而引发河水倒灌盐井之患。因此，这类盐井被称为“陆地盐井”。此外，盐工们还利用河水季节性涨落于河边滩涂地带开凿盐井汲取卤水，取名“沙井”，“所谓沙井者，乃河边沙地，至冬春二季，天气晴朗，掘开沙堵，其水略有咸味该井各灶户轮流汲取，以助额卤之什一。造夏秋之交，阴雨连绵，河水泛涨，尽行淹没，必俟雨雾水消，乃能淘出”。[③]

为此，盐工汲卤方式经历由竿袋向利用辘轳的木桶和绞杆转变的过程。卤水分离后，在辘轳、绞车汲卤方式出现前，盐工们利用竹竿与羊皮制作的竿袋汲取卤水。所谓竿袋，即“划皮条接竹以为竿，取其通长竿头，凿孔穿之以袋，袋则羊之鞟也”[④]。由于竿袋又重又长，具体操作时每支竿袋需两名盐工共同完成汲卤，“每一架竿用齿夫二人，投竿袋以井中，汲满卤水，互相交手渐拽而上，较绞车、梧棒尤觉迅利”[⑤]。从使用方便角度看，这种方式比绞车汲卤更为方便快捷。但从使用的持久性来看，由于竿袋长度受限，无法在较深盐井使用。因此，随着盐井深度的不断加深，竿袋汲卤最终被木桶（利用辘轳）与绞杆汲卤方式所取代，“取卤浅井用木桶，深井用绞杆”[⑥]。辘轳、竹竜汲卤方式成为滇盐千年抽卤制盐的主要方式，直到 20 世纪 40 年代，才开始采用电气化、机械化设备进行汲卤。[⑦]

为保证制盐质量，滇盐在卤水进入盐灶提炼前，会利用晒盐棚将卤水经过晒卤棚进行提纯。盐工们于地势较高的地方建造储卤池，将刚刚汲取出来的卤水储存于此。在比晒卤棚地势低的地方建造回卤池，储卤池与晒卤棚之间以竹制的槽管连接。当卤

① 云南省志编纂委员会办公室：《续云南通志长编（中册）》卷五十六《盐务一·场产·卤矿》，昆明：昆明工学院印刷厂，1986 年，第 1087 页。

② 刘邦瑞纂修：《中国地方志集成（云南府县志辑）·雍正白盐井志》卷五《赋役志》，南京：凤凰出版社，2009 年，第 20 页。

③ 刘邦瑞纂修：《中国地方志集成（云南府县志辑）·雍正白盐井志》卷五《赋役志》，南京：凤凰出版社，2009 年，第 20 页。

④ 刘邦瑞纂修：《中国地方志集成（云南府县志辑）·雍正白盐井志》卷五《赋役志》，南京：凤凰出版社，2009 年，第 25 页。

⑤ 刘邦瑞纂修：《中国地方志集成（云南府县志辑）·雍正白盐井志》卷五《赋役志》，南京：凤凰出版社，2009 年，第 25 页。

⑥ 龙云，卢汉修，周钟岳等编，牛鸿斌等点校：《新纂云南通志》卷一百四十九《盐务考三·制造方法》，昆明：云南人民出版社，2007 年，第 209 页。

⑦ 黄培林，钟长永主编：《滇盐史论》，成都：四川人民出版社，1997 年，第 99 页。

水到达晒卤棚，将卤水通过喷雾方式喷洒在晒卤棚顶。在卤水因重力下流过程中，利用太阳能、风能将多余水分蒸发掉。循环往复几次后，提纯后的卤水储存在回卤池，继而被送往盐灶进行制盐。

图 1　晒盐棚

（三）举足轻重：滇盐制盐提炼技术的演变

滇盐制盐提炼技术经历了由原始制盐技术向近代机械化制盐的转变。汉唐之前，盐工们将炭烧红，将卤水泼于炭上，蒸发水分刮盐取食。产盐色泽呈现褐色，俗称白鸡粪盐，即“以咸池水沃柴上，以火焚柴成炭，即于炭上掠取盐”。①将卤水蒸发为固体，使白色结晶体与褐色炭体相融合，这样原始的制盐方法获得品质低劣而耗能较高的盐品。②唐宋之后，滇盐制盐开始采用“柴薪制盐法”，利用铁锅和土坯盐灶进行制盐。各个盐井根据自身的地理环境及成盐条件，形成独具特色的锅盐、筒盐和其他固体形状的盐品，这成为滇盐当时主要的制盐技术，从唐宋一直采用到民国乃至中华人民共和国初期。③民国初期，滇盐制盐提炼仍延续传统的“柴薪制盐法”，“各场制盐方法，皆在井硐分别采取硔卤④，用火力煎制，惟硔卤产量，各区不一，大抵黑井区各井，卤多硔少，磨黑区各井，卤少硔多，白井区各井，则硔卤相埒。”⑤

时至 20 世纪 30 年代，滇盐制盐提炼技术经历一次较大程度的变革，由原先“柴薪制盐法”发展为利用不可再生资源提升制盐品质的“移卤制盐法”。为解决滇盐提炼所用燃料问题，张冲于 1938 年在元永井至一平浪实行“移卤制盐”，开始以煤熬制盐品，开创了滇盐提炼史上以煤代柴的历史篇章。随后一平浪盐井从自贡久大精盐公司引进平锅技术设备，进而将其加工成筒盐进行销售。⑥从唐宋之后的“柴薪制盐法”到近代的“移卤制盐法”，最明显的特点为必须依靠天然自然资源进行生产，过多依赖于

① 樊绰撰，向达校注：《蛮书校注》卷七《云南管内物产第七》，北京：中华书局，1962 年，第 189 页。
② 黄培林，钟长永主编：《滇盐史论》，成都：四川人民出版社，1997 年，第 129 页。
③ 黄培林，钟长永主编：《滇盐史论》，成都：四川人民出版社，1997 年，第 129-130 页。
④ 如元永井、乔后井、磨黑井、按板井、香盐井、益香井、石膏井，都是卤硔兼产之井。因此，这七处既是云南的井盐生产地，也是云南著名的岩盐产区。
⑤ 曾仰丰著：《中国盐政史》，北京：商务印书馆，1998 年，第 82 页。
⑥ 黄培林，钟长永主编：《滇盐史论》，成都：四川人民出版社，1997 年，第 135 页。

自然禀赋。因此，1964年滇盐生产开始采用“真空制盐法”技术，使滇盐的生产技术步入一个新的阶段。①

总之，云南特殊的地质构造，成为滇盐成盐的地理基础，是自然界馈赠给当地民众的特殊礼物。“天生曰卤，人生曰盐”②，食盐作为“稀缺性”资源，是人们日常生活中必不可少的调味品，也是维持人体正常新陈代谢的重要物质之一，必然会受到不同人群的重视。因此，以它为中心，形成从凿井、汲卤到提炼的一整套技术，促进了不同历史时期滇盐生产的持续发展。从而以滇盐为核心，云南部分区域地方社会凸显出“资源禀赋”聚集效应的历史特点。

二、“资源禀赋”效应影响下的区域地方社会发展

因自然优势和制盐技术的发展，以“盐”为中心，从生产到消费，云南部分地方社会出现以“盐”为核心的产业链，并呈现“资源型”地域的特点。滇盐经济的兴衰变化与云南地方社会发展息息相关。

（一）资源吸附性影响下的市镇经济

盐业资源的吸附性除对本地民众外，还表现在吸引了大量外地移民进入滇盐产地从事盐业生产及相关工作。比如汉唐时期，白盐井地区就有原始部民活动，“青蛉蛮，亦白蛮苗裔也，本青蛉县部落”③。随后吸引不同民众进入该地，时至唐代，白盐井生产进入成熟期，即“白井肇于汉，盛于唐”④。元代时期，在彝、汉、白、蒙等民族的共同开发下，白盐井盐产量达到230万斤左右。⑤明代时期，白盐井地区涌入大量外来移民，从而使白盐井盐业生产进入高峰期，至明末白盐井地区缴纳盐税已达到“一万五百二十二两九钱四分”⑥之多。清代时期，继明代移民浪潮，更多外来移民进入云南，白盐井地区人口在清初只有四千多，道光时已超过一万多。⑦

此外，顺荡地区盐业生产也在明清时期步入繁荣的一个主要原因是，当时大量的外来移民进入滇中，为滇中地区的盐业生产提供了充足劳动力。楚雄府“自前明洪武

① 黄培林，钟长永主编：《滇盐史论》，成都：四川人民出版社，1997年，第139-146页。
② 许慎撰，段玉裁注：《说文解字注》，上海：上海古籍出版社，1981年，第145页。
③ 樊绰撰，向达校注：《蛮书校注》卷四《名类第四》，北京：中华书局，1962年，第91页。
④ 刘邦瑞纂修：《雍正白盐井志》，叙，第1页，《中国地方志集成·云南府县志辑》，南京：凤凰出版社，2009年。
⑤ 楚雄州盐业志编纂委员会编：《楚雄州盐业志》，昆明：云南人民出版社，2001年，第186页。
⑥ 刘文征撰，古永继点校，王云，尤中审订：《滇志》，卷六《赋役志》，昆明：云南教育出版社，1991年，第214页。
⑦ 张崇荣：《清代白盐井盐业与市镇文化研究》，武汉：华中师范大学，硕士学位论文，2014年，第73页。

十六年，傅、沐二公平定后，留兵镇守，太祖又徙江南闾右以居之”。[①]大理府“逮明初削平段氏总管，迁中土大姓以实云南，而吴越间汉族来者纷纭踵至”。[②]这类移民一直延续至清代，部分汉族也因盐业资源的吸附性，移民至该地，“州为释壤，自设流迁治后，汉人慕煎煮之利，多寓焉。久之，亦为土著”。[③]

盐业资源的吸附力带来劳动力的集聚，从而使市镇内部出现事关盐业生产的行业分工。为了生产需要，外来的汉族移民为盐业市镇带来了当时比较先进的生产技术，因此，他们从事保障盐井地区民众生活需要商品（如粮食、生活用品等）的商业活动。为了保证盐井盐业生产的顺利进行，本地世居居民与外来移民有的从事盐业生产（有的专门提供煮盐所用柴薪——樵夫，有的专门进行煮盐——盐工），有的从事盐业运输，从而在市镇内形成一个以“盐”为纽带，事关市镇兴衰的行业分工。

除在市镇内部形成行业分工外，还在市镇内部形成以“盐”为核心的产业链，促进地方市镇商业经济的繁荣，盐业市镇“多是以物易盐或以盐易物”[④]。比如石羊古镇，“商贩往来，车马辐辏，视附近州县，颇觉熙攘。诚违西之重地，实财富之奥区也”。[⑤]“人以煎盐为业，办课甲于滇省，所食米粮，全赖运盐商贩顺便携来，籴以糊口。”[⑥]当地民众通过交换获取其他生产生活资料，在市镇内部形成多条商业街市，以售卖各类生活物资为主，“司衙门首为米街，每清晨，宾川洱海各处脚人多买米于此，其姚安、大姚一路米、豆、荞、麦，俱归旧井上下店，每大升较米街减价十文，系平量……五井以柴街为拥挤。”[⑦]“凡外商之来井买盐者，恒多挟其地之所有到井销售贸易，以故百货麇集，多自外来，其入口大宗有布匹、烟酒、茶叶、沙塘（砂糖）、棉花、斗笠、铜铁等器皿；出口之货以盐为最盛，此外如牛羊皮、麻布、胡桃、蜂蜜、香油、茯茶等项，每年所产亦不逊于他属。”[⑧]以盐工为主体的巨大消费群体成为刺激石羊古镇集市贸易发展的重要诱因，“生聚日众，或各方流寓，或商贾寄籍，林林总总，实繁有徒。”[⑨]又如黑井地区，“街衢交通，肆市傍列……其街区不独有前，亦且有后……其颠巷羊肠

---

① 倪蜕著，李埏校点：《滇云历年传》，昆明：云南大学出版社，1992 年，第 302 页。

② 倪蜕著，李埏校点：《滇云历年传》，昆明：云南大学出版社，1992 年，第 302 页。

③ 陈希芳纂修，周祜校点：（雍正）《云龙州志》，大理：政协云龙县文史资料研究委员会，云龙县志编纂委员会，1987 年，第 16 页。

④ 赵小平：《试论滇盐在商品流通中的历史作用》，《盐业史研究》，2002 年第 1 期。

⑤ 郭存庄修，赵淳纂：（乾隆）《白盐井志》，见《楚雄彝族自治州旧方志全书·大姚卷上》，昆明：云南人民出版社，2005 年，第 416 页。

⑥ 郭存庄纂修：《中国地方志集成（云南府县志辑）· 乾隆白盐井志》卷四《艺文》，南京：凤凰出版社，2009 年，第 143 页。

⑦ 杨成彪主编：《大姚卷上 · 光绪续修白盐井志》卷之一《地理志之四 · 风俗》，昆明：云南人民出版社，2005 年，第 604 页。

⑧ 杨成彪主编：《大姚卷下 · 民国盐丰县》卷之四《物产志之七 · 商业》，昆明：云南人民出版社，2005 年，第 1155 页。

⑨ 郭存庄纂修：《中国地方志集成（云南府县志辑）· 乾隆白盐井志》卷一《户口》，南京：凤凰出版社，2009 年，第 90 页。

而不知其口。肩相康，趾相蹂，乘骑必须按辔，步履不容以携手”。[①]

诸邓地区因“盐”形成专门的集市，“旧州街，初六、二十一日；关坪街，以朔望日为期；漕涧街，以辰戌日为期；天耳街，初二、十六日；师井街，初五、十九日；顺荡街，初八、二十四日”。[②]

以“盐”为载体，还出现了联通盐业市镇与其他经济主体之间的经贸互动。以“盐”为商品，形成的盐运古道，成为“南方丝绸之路”的重要组成部分。如“青溪道”“夷方道”和“马帮道”等（它们都经过滇盐的重要盐产区，如：盐源、白井、黑井等）扩大了人与市场的联系，将各市场主体关联起来，使市场交换频次增加、规模扩大，促进盐业市镇与其他外部市场的商品交换。比如，白盐井所产之盐其销售范围最大时可以到达云南省二十多个府州县[③]，销量可以达到 1 200 万斤左右（占全省食盐产量的 34%左右），可以供应全省将近 100 万人的用盐（占全省总人口的 33%左右）。白盐井成为产能强、销售区域广、辐射范围大的食盐生产中心。[④]此外，云龙地区盐业经济的发展，使云龙地区能够利用“盐”与外界进行经济联系。以云龙为核心的盐马古道联通了澜沧江、沘江、怒江等流域，马帮凭借盐马古道将顺荡。诸邓等地的盐源源不断运往丽江、中甸、西藏等地。诸邓地区因“盐”吸引其他地区商人来此进行贸易。“万驮盐巴千石米，百货流通十土奇；行商坐贾交流密，铓铃时鸣驿到里。”[⑤]众多商人因“盐”而聚集到诸邓地区进行经贸活动。“盐”这一纽带，同时推动了云南地方社会其他经济物品的外销。诸邓、宣威火腿、路南的卤腐、云南大头菜、开远藠头、丘北辣椒等都作为外销商品被各路商人运至各处。[⑥]

（二）资源吸附性影响下的市镇文化

围绕着“盐”不同人群的互通往来，不仅促进各市镇内部以“盐”为中心商品经济的发展，同时还使各市镇内部形成以“盐”为载体的精神文明产物。比如白盐井地区民众“多以卤代耕，其余若读书若贸易，莫不沐浴圣化，习礼让而安生业”[⑦]他们因“盐”而形成崇文重教的习俗。当地相继创建了“井学”“社学”“义学”等教育体系，并成立“书院”，修筑“孔庙”等，当地成为“文德所敖，度越前代，蜀升论秀，且举

① 杨璿：《烟溪斌》，载周钟狱题签：《滇文丛录》卷十七《词赋类二》，开智公司代印，第 15 页。

② 陈希芳纂修，周祜校点：（雍正）《云龙州志》卷三《场市》，云龙：云龙县志编著委员会，1987 年，第 35 页。

③ 龙云、卢汉修、周钟岳等编，牛鸿斌等点校：《新纂云南通志》卷一百四十九《盐务考三・运销》，昆明：云南人民出版社，2007 年，第 214-216 页。

④ 刘吕红：《清代云南区域次中心城镇演变与区域经济发展》，《中华文化论坛》，2007 年第 2 期，第 56-59 页。张崇荣：《清代白盐井盐业与市镇文化研究》，武汉：华中师范大学，硕士学位论文，2014 年，第 77 页。

⑤ 李文笔，黄金鼎著：《千年白族村——诸邓》，昆明：云南民族出版社，2004 年，第 4 页。

⑥ 黄培林、钟长永主编：《滇盐史论》，成都：四川人民出版社，1997 年，第 9 页。

⑦ 郭存庄纂修：《中国地方志集成（云南府县志辑）・乾隆白盐井志》卷一《风俗》，南京：凤凰出版社，2009 年，第 92 页。

海寓而大同之，井之人士莫不涵濡圣化，争自濯磨，捷南宫膺乡荐者踵相接矣”[①]的文化圣地。当地出现一批以“盐”为对象的文化作品。如刘邦瑞的《咏团盐》、郭存庄的《白盐井颂》、吴应枚的《咏锅盐》、罗其泽的《铁火扇》以及后来绘制的《滇南盐法图》等，都反映了白盐井盐文化的繁荣景象。

黑盐井地区，因“盐”而形成物质型、制度型、精神型盐文化。在盐业生产、运输、销售过程中形成的实体型物质盐文化，包含盐产品、盐井遗址、盐业生产工具、盐运古道、盐业建筑等。形成的制度型盐文化，包含盐法、运销管理制度、生产关系等。形成的精神型盐文化，包含盐业文献、盐业思想、盐业诗赋、楹联、盐业习俗、盐业神话等。黑井盐文化赋予黑井古镇厚重的历史文化内涵、特殊政治内涵、内在经济内涵、鲜活人文内涵等。[②]

诺邓和乔后盐井出现的龙神崇拜现象，代表了两地人民对盐神文化的崇拜与认同，这是两地盐文化共同发展的产物。诺邓地区，由于村民信奉龙神，因此，专门建有一座卤龙王庙，盐井深处还有卤龙王的神坛，来供下井汲卤盐工祭拜。此外，每年农历六月十三日举行为期两天的龙王会，并有接水、祭祀、唱戏等各种娱神活动。[③]乔后盐井地区也专门修建了龙王庙，“矿（卤）龙王庙……光绪九年井大使赖继舜建。”[④]同治十二年（1873），杜文秀和贡生王勋臣、邑增广博士陈纪等承首募捐资重修乔后井本主龙王庙。[⑤]

云龙地区的顺荡村，因“盐”而出现一系列文化附属品。比如顺荡村南大慈寺东侧出现火葬墓群，这是该地因“盐”聚集人口后出现的产物。大慈寺始建于明初，得到当地因“盐”致富商人、官员等的捐助和支持修建而成。该地还出现与“盐”相关的盐卤龙王庙等。此外还出现与“盐”相关的碑文石刻等，《奎阁碑记》记载当时盐户是以什么方式捐助修建，捐助额度等内容，顺荡盐户以捐银和派卤两种形式出资修建，直接捐银两用来置办田亩和地基，从 30 两至 72 两不等。卤资以卤水分派筹集，小者 1 角，最多者可达 20 角，角是卤水计量单位。《奉本道本州明文碑》记载了当地民户与土司、灶户间的人丁赋税归属问题等。[⑥]

（三）资源吸附性影响下的市镇环境

云南盐业的生产主要采用“柴薪”制盐。随着滇盐生产规模的变化，滇盐生产对

① 郭存庄纂修：《中国地方志集成（云南府县志辑）·乾隆白盐井志》卷三《选举》，南京：凤凰出版社，2009 年，第 130 页。

② 赵小平：《云南黑井盐文化及其保护与开发》，《扬州大学学报（人文社会科学版）》，2018 年第 5 期。

③ 李文笔，黄金鼎著：《千年白族村——诺邓》，昆明：云南民族出版社，2004 年，第 23 页。

④ 杨世钰，赵寅松主编：《大理丛书·方志篇》卷九《剑川志稿》，北京：民族出版社，2007 年，第 684 页。

⑤ 中国人民政治协商会议大理白族自治州委员会文史资料研究委员会：《大理州文史资料（第 4 辑）》，大理：中国人民政治协商会议大理白族自治州委员会文史资料研究委员会编印，1987 年，第 166 页。

⑥ 参见金知恕《清前期滇西云龙地区的盐井与地方社会》，上海：复旦大学，硕士毕业论文，2013 年，第 60-63 页。

煎盐所需柴薪的需求也会发生变化。而因盐业生产对自然环境的依赖，柴薪成为制约盐业市镇发展的一个关键因素。市镇内自然环境变化引发的自然灾害当然也对盐业市镇的发展产生重要影响。

比如白盐井地区因煎盐出现“有一带轻烟飘渺斜横，俨若长虹不断”[①]现象。董咸庆统计，清代云南煎盐年需柴薪一亿七千多万斤[②]。白盐井作为云南大的盐产区之一，其每年消耗的柴薪数量也十分庞大，以清代白盐井年产额约八百多万斤[③]，每一百斤盐需柴薪三百多斤[④]来计算，每年共消耗柴薪在两千四百多万斤以上。盐井的不断开发和产量的巨增，致使对柴薪的需要量愈来愈大，因而白盐井地区林木几乎损失殆尽，一遇暴雨，就会引发山洪等自然灾害，“连日大雨，迨二十五日初更之后，山溪暴涨，澎湃汪洋，五井民房、灶房、大釜、柴薪尽入泽国，桥梁十余座悉被水冲，庙宇七八处半多坍塌……泊存仓盐九十余万斤悉归乌有。淤填卤井四十一口，堕煎盐二百余万斤……凡灾民四千三百四十四丁口。”[⑤]乾隆九年（1744），白盐井市镇遭遇水灾，“冲没官墙民居灶户七十余间，井口填塞”[⑥]。嘉庆二十二年（1817），白盐井市镇“大水暴涨，旧井灶户冲水涌出街口阻塞居户倾圮漂流十余人”。[⑦]此外，其他盐业市镇也遭遇跟白盐井一样由生态危机所引发的自然灾害所带来的影响。黑盐井在乾隆四十七年（1782）遭遇一次水灾的袭击，“夏间猝被水患，东、新、沙三井之井座亭台卤池，砌岸等项，尽行冲没，其大、复二井，亦有淹损”。[⑧]

除此之外，因“盐”的吸附性，社会环境的变化也对盐业市镇的发展产生至关重要的影响。其中最重要的是战乱的影响，尤其清末杜文秀起义对云南盐井生产社会环境造成很大影响。清末咸（丰）同（治）年间爆发的杜文秀领导的回民起义对白盐井冲击巨大，“逆回杜文秀与妖道说和，令夷都督自光远、回督杨荣合党袭井，遂陷……兵燹自此而始”。[⑨]随后杜文秀“斩关入井，肆屠掠，生失左耳者极多，糜烂不堪，抢

---

① 杨成彪主编：《楚雄彝族自治州旧方志全书·大姚卷上·光绪续修白盐井志》卷之十一《杂志之五·胜景》，昆明：云南人民出版社，2005 年，第 1011 页。

② 董咸庆：《清代食盐产销的独特性》，《史学论丛·第五辑》，昆明：云南大学出版社，1993 年，第 271-273 页。

③ 龙云，卢汉修，周钟岳等编，牛鸿斌等点校：《新纂云南通志》卷一百四十九《盐务考三·产额》，昆明：云南人民出版社，2007 年，第 210-212 页。

④ 龙云，卢汉修，周钟岳等编，牛鸿斌等点校：《新纂云南通志》卷一百四十九《盐务考三·制造方法》，昆明：云南人民出版社，2007 年，第 209 页。

⑤ 杨成彪主编：《楚雄彝族自治州旧方志全书·大姚卷上·光绪续修白盐井志》卷之八《艺文志上·丙午岁白井水灾序》，昆明：云南人民出版社，2005 年，第 830 页。

⑥ 云南省水利水电勘测设计研究院编：《云南省历史洪旱灾害史料实录（1911 年〈清宣统三年〉以前）》，昆明：云南科技出版社，2008 年，第 415 页。

⑦ 杨成彪主编：《楚雄彝族自治州旧方志全书·大姚卷上·光绪续修白盐井志》卷之十一《杂志之五·胜景》，昆明：云南人民出版社，2005 年，第 1006 页。

⑧ 云南省水利水电勘测设计研究院编：《云南省历史洪旱灾害史料实录（1911 年〈清宣统三年〉以前）》，昆明：云南科技出版社，2008 年，第 418 页。

⑨ 杨成彪主编：《楚雄彝族自治州旧方志全书·大姚卷上·光绪续修白盐井志》卷之四《武备志之一·戎事》，昆明：云南人民出版社，2005 年，第 690 页。

劫殆尽……五井老幼罹于锋镝者，仓促不知其故也”。[1]同治年间，白盐井再次遭受战乱侵袭，“众贼长驱而入，肆行杀掠、抢掳七日七夜，男女老幼死伤数百人”。[2]连续不断的战乱对白盐井地区正常的生产生活造成非常大的影响，“自咸丰九年至同治八年，失陷十余次”[3]，“其间官绅士庶妇女人等，兵燹叠经，生灵涂炭”[4]。在长年战乱冲击下，白盐井地区人口大量外逃，商路阻滞，盐井生产几乎陷入绝境，对该市镇的发展产生致命打击。安宁盐井也遭受战乱打击，致使盐井生产无法正常进行。三藩之乱时，清兵平定战乱，使安宁井遭受巨大损失，“清兵四面围攻省垣，安宁、罗次、富民一带，俱有大兵驻在，安宁盐井因之而废”。[5]咸丰、同治年间，杜文秀起义也波及安宁盐井，致使安宁、景东、香盐等大井口卤淡产减，从而日渐走向衰落。此外，清咸丰年间，杜文秀回民起义，听说乔后地区盐丰卤旺，开始兴建灶房，大规模开采盐。“盐”作为纽带，恢复了当地的社会经济秩序。

图 2　今日之石羊古镇

总之，因“盐”的吸附性，历史时期云南部分地方社会的经济发展、文化特性、社会环境都深受其影响。从经济发展视角来看，云南部分地方社会因“盐”而出现人口迁移、商人流动、资本集聚，使部分市镇一度成为重要的商品交换市场，成为联通域内与域外其他市场的“中转站”。从文化特性视角来看，云南部分地方社会的民间信仰、文教场馆、文化记载皆呈现显著的“盐”文化色彩。从社会环境发展视角来看，因“盐”使云南部分地方社会自然环境产生一定程度改变，影响了盐业市镇盐业生产

① 杨成彪主编：《楚雄彝族自治州旧方志全书・大姚卷上・光绪续修白盐井志》卷之四《武备志之一・戎事》，昆明：云南人民出版社，2005 年，第 692 页。

② 杨成彪主编：《楚雄彝族自治州旧方志全书・大姚卷上・光绪续修白盐井志》卷之四《武备志之一・戎事》，昆明：云南人民出版社，2005 年，第 693 页。

③ 杨成彪主编：《楚雄彝族自治州旧方志全书・大姚卷上・光绪续修白盐井志》卷之七《人物志之九・列女》，昆明：云南人民出版社，2005 年，第 777 页。

④ 杨成彪主编：《楚雄彝族自治州旧方志全书・大姚卷上・光绪续修白盐井志》卷之四《武备志之一・戎事》，昆明：云南人民出版社，2005 年，第 697 页。

⑤ 岑毓英撰：《岑襄勤公奏稿》卷十八《裁革夫马筹款支销以苏民困摺》，台北：成文出版社（影印），1969 年，第 1987 页。

的发展。因“盐”使云南部分地方社会的社会环受到政治等各方面的影响。反之，自然环境与社会环境的变化又影响着云南盐业市镇的盐业生产等。

三、云南盐业市镇发展模式共性初探

从历史上看，云南盐业市镇发展与“盐”业生产内部的环境变化、人员结构、技术革新等因素息息相关，也与外部的市场范围、运输条件、政策变化等因素紧密关联。这些内外因素的变化都成为制约、影响云南盐业市镇发展的机制。

（一）从内部因素来看

第一，历史时期云南盐业主要使用传统的制盐技术，以柴薪作为主要生产原料，这是制约云南盐业生产规模、产量的一大因素，也是影响云南盐业成本的关键。因此，各大盐井所在市镇皆因制盐而产生一定程度的生态环境问题，容易遭受自然灾害的影响，这是云南盐业市镇发展模式的共性之一。

第二，从盐业市镇人员构成来看，云南盐业市镇内部的人员构成复杂，尤其明清时期，随着外来移民的大量迁入，为盐业市镇的发展带来充足劳动力和部分农耕技术，也带来各种文化的互动交流，但却引发一定程度上的人地矛盾。这是云南盐业市镇发展模式的共性之二。

第三，从盐业生产的技术革新历程来看，历史时期云南盐业市镇盐业生产所采用的技术为传统制盐技术。从开井到汲卤再到提炼最后成盐，云南盐业市镇的大部分盐业生产以人工和传统工具为主，对自然环境依赖性较高，直至民国时期才部分盐井采用近代机械化生产。而盐业生产技术革新的历程成为影响云南盐业市镇发展的一大因素。盐业生产技术的变革是云南盐业市镇发展模式的共性之三。

（二）从外部因素来看

第一，由于云南的地理位置，历史时期不便的交通为影响云南地方社会经济发展的一大制约因素。传统上云南对外交通只能单纯地依靠人背畜驮，而这种方式运输量非常小，且成本高、运输范围有限、安全系数低等。交通运输条件是影响云南盐业市镇发展模式的共性之四。

第二，从云南盐业产销辐射市场范围来看，生产主要形成滇西、滇南、滇中三大产盐区，销售范围主要集中在云南本土境内及部分外销至境外或邻省。从市场份额变化看，云南盐业市镇的盐业资源销售的范围、数量相对有限，无法对自贡井盐及其他地区的海盐等形成竞争优势。市场因素是影响云南盐业市镇发展模式的共性之五。

第三，从云南盐业发展历史来看，云南盐业的发展不仅受自然环境因素影响外，还受社会环境变化影响较大。从滇盐管理政策变化来看，明清至民国阶段，由于盐税对国家财政的重要性，云南盐业较为受到国家重视，盐业市镇的基础设施建设等也随之完善，因此，此时云南盐业市镇发展也较为繁盛。而当盐业生产受战乱等外来因素影响而减产甚至停产时，市镇内的其他相应建设也会受到破坏，盐业市镇也随之衰落。社会因素是影响云南盐业市镇发展模式的共性之六。

第四，从云南盐业发展附属产物来看，云南盐业发展给盐业市镇留下最宝贵的财富——丰富的盐文化。各市镇因“盐”而形成的人口集聚，产业发展带来了不同地域物质文明与精神文明的互动交流与交融。以“盐”为主体，盐业市镇内部各地域、各民族的文化交流，促进云南地方社会的稳定发展。尤其随着明清时期大量汉族移民大量进入盐业市镇，推动了云南地方社会民族融合进程，在政府政策的引导下，盐业市镇内部出现兴学重教的风潮。而当地民众也利用自身传统文明影响着外来文明，各类文明在盐业市镇内部相互交流、相互借鉴，云南盐业市镇内部呈现“多元一体”特性的盐文化。[①]文化发展是影响云南盐业市镇发展模式的共性之七。

总之，纵览云南盐业市镇发展史，它们的命运与盐井盐业发展概况息息相关。二者相互影响、相互依赖。在自然环境与社会环境共同影响下，通过人口的集聚，盐业的生产、运输、销售等环节的变化，市镇内部形成以“盐”为中心，多种物质文明、精神文化汇聚于此的景象，这些因素都成为影响盐业市镇发展变迁的关键。因此，云南盐业市镇发展模式共同呈现“因盐而兴”“因盐而衰”的历史特点。

四、结语

云南盐业发展是自然环境因素与社会环境因素共同作用下的产物。在盐业生产的核心地区，因“盐”资源的吸附性，出现了以“盐”为中心，具有“资源型”特性的市镇，这类市镇“因盐而兴”“因盐而衰”。盐业资源的开发史就是市镇兴衰的变迁史，二者之间呈现出双向互动的紧密关系，呈现出“波峰与波谷”的历史走势。云南盐业市镇发展模式共性为：以“盐”为核心，形成具有地域特色的经济、文化类型，具有“盐”特色的地域发展模式。

---

① 廖国强：《“以汉化夷”与“因俗而治”——清代云南改土归流地区两种文化治理方略及其关系》，《思想战线》，2020 年第 6 期。

大融合视野下的自贡旅游[①]

——关于盐都、灯会、龙城深度融合的一点思考

唐 瑛　陈 伟[②]

摘　要：与其他四川的地级市相比，在新一轮的经济转型中，自贡的转型无疑是引人焦虑的。这种焦虑，一方面是作为曾经辉煌盐都、四川重镇的风光不再；另一方面则是在目前的经济格局下，以大融合的新思想为指导，自贡曾经以盐文化为主导的旅游又似乎面临着融合后的较好出路。

关键词：旅游；文化；融合

一、井盐生产的走低与融合兴旅战略

曾经有较长一段时间，在四川城市经济排行榜中，自贡的成绩无疑是令人自豪的。因为生命的必需品——盐，作为一个产业，兴盛于自贡，一度让自贡成为四川城市中的翘楚。而今天，在制盐行业整体下沉，盐业生产完全市场化运作后，便让劳动力密集的自贡井盐产业失去优势，利润不再丰厚，走向也不被看好。而这样的一个最明显变化，便是自贡在四川城市经济排名中的位置大幅后移。仅以 2020 年四川 21 市州 GDP 排行而论，自贡仅排到了第 11 位[③]，处于中间位置这样不显眼的地位。而此间，同处川南腹地的宜宾、泸州等地却迅速崛起，远远将自贡抛在后面。面对这样的经济状况和发展趋势，自贡当下的如何发展是需要做深层次思考的。面临这样的场景，即目前呈现的一些情况，如有关盐产业的前景黯淡，一些大制造业或有关化工业的濒临破产

① 基金项目：四川省高校人文社会科学重点研究基地——中国盐文化研究中心资助项目“自贡盐业巨商与自贡乡土教材编写研究——以盐商余述怀、罗华垓为研究中心”（项目编号 YWHY20-12）的阶段性研究成果。

② 作者简介：唐瑛（1973—　），男，四川轻化工大学人文学院教授，文学博士，主要研究中国传统文学、文化。
陈伟（1985—　），男，四川轻化工大学人文学院讲师，主要研究方向为地方文化传播。

③ 四川发布：《四川 21 市州 2020 年 GDP 排行》，2021 年 2 月 3 日，https://baijiahao.baidu.com/s?id=1690603389383526134，2021 年 11 月 16 日。

或需要调整等，使得自贡一时之间缺乏强有力的经济引擎。当此情形，便有近年来政府提出的打造自贡旅游文化高地，提倡旅游文化深度融合的相关举措。而作为历史悠久的井盐生产之都、著名的美食之城、南国灯城又外加恐龙之乡的自贡，如此做倒不失一条有非常意义、也十分值得的振兴之举。而近年来，国家加大了对自贡作为老工业基地的转型引导和投入，主流媒体更是将彩灯、恐龙、美食作为城市标签，将自贡推向全国等，都无不为自贡顺时应势地发展提供了很好的外部环境或条件。也因如此，便存在与此相关的诸多问题急需探讨和解决，即“融合格局下的自贡文旅经济”需要有哪些规划或举措？怎样才能更好地利用现有的资源或已有的城市名片。本文藉此提出自己的陋见，以期有抛砖引玉之效。

二、来也匆匆，去也匆匆的困境

关于旅游，最简单的理解就是旅行游览[①]，是人们离开一个地方（主要是自己居住地）到另外一个地方的行走观光；其所涉猎的，表面上看是被旅游地的风土人情，地理风光；而其根本的落脚点，则是旅游目的地在多大程度上契合了游客们的内心；即填补了多少他们内心的期待和获得了多少精神上的满足。因此，旅游目的地所能够提供、呈现、展示、展演给游客们体验或观看的林林总总，当然需要用心规划和安排。即使带着原始印迹的旅行，也仍然不排除在外。如原生态的不少旅游，也需要到达目的地（乡村）的道路疏通与安全维护。

就自贡的旅游资源而言，一般人想到的就是盐、灯、恐龙。其包含的具体意义，当然是井盐之都、彩灯之城和恐龙之乡。井盐之都主要指井盐生产。自贡的井盐生产，最早可追溯到东汉章帝年间，距今已有两千年的悠久历史。而此地的盐业步入鼎盛阶段则在清代中期，使其真正成为盐的都市，因之也拥有了丰富灿烂的盐业文化。盐井的开凿、盐的熬制、运输、管理等，一时都蔚为壮观，留下了许多有关盐的历史文化遗迹。不仅在四川，甚至在全中国，自贡都可堪称盐文化的旅游名胜。至于彩灯之城，则指自贡灯会。有关自贡的灯会，其制作彩灯的历史开始于唐宋年间，兴盛则在明清。而到了现代，尤其是当代，其影响力甚至远超过盐业的影响。我们知道，从 1964 年举办首届灯会开始，截止本文发稿之日，自贡市已成功举办大型的、很有影响的灯会 27 次（届）。因灯会的无比绚烂辉煌，每届灯会都有成千上万的外地观众远道而来观看。到了春节期间，有时更是一票难求。说到恐龙化石，自贡市已经在恐龙化石遗址的基础上，建立起了恐龙博物馆和国家地质公园。每年到此探索距今一亿六千多万年侏罗纪中期秘密的游客，尤其是小孩更是为数甚多。照一般意义上讲，自贡有此三张名片

① 中国社会科学院语言研究所编：《现代汉语词典》，北京：商务印书馆，1983 年，第 827 页。

似乎已经足够吸引游客了。而这三张名片也确实为自贡吸引到了不少的游客，但仅此似乎还远远不够，因为自贡市的老百姓并未因此获益颇丰，对城市GDP也未见得到有多大的带动作用。那些到过自贡旅游的人们，很少有人将其视为一次旅行的最终目的地，大多人将其作为到达最终旅游目的地前的途经地点而已（视其为小景点），其逗留时间一般在半天之内，至多也不超过一天（停留一晚）。倘若要探究出现这样状况的原因，则是因为自贡的旅游景点只需要看（而且是走马观花地看）即可，无需花时间去亲身参与，切身体验。

譬如盐文化旅游，从汲取卤水，烧卤水，过滤杂质，粗盐起锅，到精制成盐的系列过程，游客在燊海井这个地方十分钟都能看完。至于井盐的凿井/修井技术、汲卤/运卤技术、井盐分布、盐政制度等，虽然在自贡盐业历史博物馆有一定程度的展示，并且有的技术还稍带有些许的体验环节，但整个博物馆的观览配上解说，前后的游览时间也不超过半个小时。再如恐龙遗迹旅游，建成的恐龙博物馆配上解说的游览时间，也至多不超过一小时。最后要说的是灯会。灯会要夜晚才能欣赏的性质，决定了游客白天不用来的特点。而晚上八点观灯，晚上十一点关灯停止欣赏的时间段，便决定了游客不能久留。如果周边没有十足的配套酒店可以住宿的话，可能不到夜里十点，游客就开始计划往回走了。而前后游客们停留的时间，平均时长也仅两三个小时。

显然，如果我们打算用旅游拉动经济，这样的停留时间显然是不够的。笔者曾多次参与到一些地方的旅游（包括旅游产品）策划过程，发现凡有旅游景点的当地，其政府最大的愿望，无不是千方百计想把游客留下来，让其待更多的时间。以此产生的更多消费，既让本地百姓在这些消费中受益，又可改善当地人民的经济收入水平，进而改善整个城市的经济发展状况。就上述目前到自贡旅游的游客停留时间而言，显然太短，旅游对经济发展的拉动作用自然是不足乐观的。

除了上述三张名片，余下的似乎都摆不上桌面了。作为当地人，为了留住客人，不少还是会悄悄地向客人们推荐自贡的这些小众景点。但是等客人真的去了，作为主人的你，难免遭到客人的揶揄："就那地方，开车半小时，看了十分钟，也敢推荐？"无数次面对这种尴尬的气氛之后，作为自贡人的我们，都无不想为化解这种零散不成气候的旅游格局而出谋划策。出谋划策的主题，便自然是自贡文旅的深度融合问题。即如何将这些资源整合起来，融合进一个区域或链条中，使得前来旅游的人们愿意花更多的时间留下来，去更深入地感受旅游产品的内涵和外延，在精神感观上获得极大满足感，将自贡映象刻进自己的记忆里。

这种深度融合，简单地讲，就是旅游套餐的升级版。可这种升级版的套餐，并不是景点与景点的简单相加，更不是同一景区内不同景点的层层收费，而是不同类型旅游资源间的有机融合，以及这些旅游资源和文化间的有机融合。大致目的是对旅游者有限时间内的不同时间段进行管理，以及对现有旅游资源进行深度文化延伸，解决游客等待灯会当天和观灯结束第二、第三天（甚至更多时间里）的行程问题。这种深度文化融合（文化延伸），可以特指物质、非物质、精神、制度文化中的可互动部分的落地；如品尝“三转”咸的烧牛肉[①]，感受燊海井汲卤烧盐，吼一嗓子盐工号子，拉一拉歪脖船……

三、沉浸式参与“赋能”游客体验和旅游产品品牌形象

在明确了只为“留住”客人，而不只是追求流量，挣取门票钱的宗旨之后，我们就可以来分析一下旅游做得比较成功的那些地方是如何留住游客的。最容易想到的是自然风景名胜区，线路长走完需要时间的地方，如峨眉山、九寨沟、张家界等。而文化类景观，则一般是通过加强游客的参与度来实现的；古镇通过民宿，迪斯尼通过游客参与娱乐活动留住游客。结合目前自贡旅游的形势来看，想要构建文旅深度融合的全新格局，我们还有大量工作急需展开。这里只从旅游产品的开发维度，分现有旅游产品的深度文化延伸和旅游新产品开发两个方面讨论。

（一）现有旅游产品的深度文化延伸

对于盐文化主题旅游；光有盐业历史博物馆的图片（文献/实物）展出，浅层次的互动，以及燊海井汲卤烧盐工艺活化石是还不够的。为了让游客体验凿井、提卤、烧盐、运盐的艰辛及所需要的时间积累，同时增加游客的参与度和游览过程的趣味性、科普性、仿真度，让盐文化得以落地传播，我们可不可以在文化遗址基础之上设置一些体验环节？如将盐文化的各个方面（开采、运输、管理、使用、美食等）与旅游及文创产品进行融合。例如一方面我们可以设置专门的井盐熬制体验区，设想一个家庭在制盐区游玩时，父亲推车，母亲接卤，孩子烧锅，最后用烧成的块盐，在大安烧牛肉起锅时，磨锅舷三转（叫吃三转咸）。多余的用古代运块盐的包装包好带回家。这个过程很漫长，但是游客无需等待，也不用再回来取劳动成果（盐）。熬制过程可以代管，等待卤水成盐的时间里，可以去地质公园进行科学之旅，也可去彩灯大世界体验自贡作为南国灯城的迷人。个人烧好的盐砖还可以用于运盐体验项目，通过“众包”让游客运到景区出口，到地方了记得去取就行了。另一方面，因为盐在古代是非常重要的生活必需品，但堆积成山的盐被提炼出来以后，是怎样被一步步运送到其他地方的呢？对此，我们是否可以这样设想，即利用现在还存在的河道（艾叶滩到张家沱）、古盐道（张家沱到汇柴口），打造一条集水运、挑夫、背夫一体的特色盐马古道；仿照云南“五尺道”的设置，甚至还有意识地设置食盐过境的关卡，为游客发放服装道具，来一个现实版的“剧本杀”；让来此旅游的人们生活在“戏”里，穿越到过去；拉一次歪脖船，放一次船闸，背挑一次盐砖，换取景区“粮票”，购买一切物品（含各种门票，特别是灯会门票），最重要的是游客把这些角色扮演的影像，在社交媒体上“打卡”亮相。通

---

① 井盐熬制完成时是块状，起锅前在铁锅上磨上不同的圈数，菜就会有不同的咸淡。

过这些互动，让游客既体验了盐在古代运送的艰难，水运船闸又具有科普性质，古石板路还具有审美价值。

再比如，稍微上了一点年纪的自贡人都在反复地告诉我们：近代历史上，自贡井盐了不起的表现——“川盐济楚”。但这些史实，至少在自贡现行版的旅游图景里却付之阙如。其实，我们完全可以在设立了上述盐马古道后，在古道边设立“荆楚客栈”，让游客用“挣到”的“粮票”“盐票”换购荆楚之地的特产、美食、纪念品等。

关于恐龙化石地质文化科普之旅，自贡目前做得相对较好；对恐龙这种只是听说有，但谁也没见过的特有物种，我们已经建立了自贡恐龙博物馆；而且根据考古研究发现，还建构还原出了种类众多的恐龙模型和文创衍生品；并在模型的基础上还建立了恐龙主题公园。但即便如此，这些努力离沉浸式体验和科普定位还有一定距离。为结合地质与科学探索的标签，我们不妨设立亲子化石考古发掘体验区；给孩子们锤子、手套、毛刷，让孩子们在这里“赌石”，敲出化石的免给门票。还有，电影《侏罗纪公园》上演时曾经那么火爆，我们可不可以在自贡选场地建一个类似《侏罗纪公园》那样的现实版本？而且，还不妨引导人们（尤其是儿童，青少年）探寻自贡这个地方的古代生态是怎样的。让他们思索为什么在这个地方以前会有恐龙存在？自贡有恐龙，为什么又没有恐龙的食物——蕨类植物（如桫椤树）？离自贡不很远的地方（譬如乐山）有桫椤树，为什么又没有恐龙等？舍大山铺的恐龙发掘现场以外，也思考自贡其他地方还有没有恐龙的遗迹和化石……如此等等，都可作为课题（甚至创作科幻片）引导人们去探索。这个探索过程可能在游览期间不能完成，但孩子完全有可能将它们带回家里甚至学校和同伴讨论这个问题；借此，旅游体验的时间跨度被拉长，恐龙化石文化的影响力被放大。

对于灯会，自贡在其中已经花了大力气了。灯会现已成了自贡的主要名片，是自贡人民的骄傲；并且已走出国门，远行到了加拿大、澳大利亚、智利等国展出，已成为国家文化出口展示的重要手段；在国内多省市的展出已屡见不鲜。然而这些展现在游客面前的都是成品，人们只是看看就好，参与度并不高。溯源自贡灯会，何以民间成为了彩灯制作高地？顺着这个思路，可否加入（亲子）制彩灯体验环节？将意中人、伴侣、闺蜜（全家福）剪纸图案糊成彩灯；挂在家里，不仅是自贡旅游记忆，更是具体的家庭成长史。然后是中国丰富的灯文化，舍掉彩灯公园的灯展就不能有其他内容了吗？俗语说“（正月）初一的火，十五的灯”，我们可不可以在自贡做一个尝试，参照西安“大唐不夜城”，结合荣县是辛亥革命首义点这一史实，做一个“1911 不夜城”？梳理近代自贡革命史，将自贡近代的革命英烈事迹集中展示，周边可以结合美食娱乐行业，但是消费者必须经过该区域才能到达消费场所，取其“所谓岁月静好，只因有人替你负重前行”之意？

通过对标成功案例，笔者对盐文化、恐龙化石考古、灯会旅游做了简单设想，设想过程中我们发现，在规划自贡的纵深式或融合式旅游时，想要做到旅游与文化两者的深度融合，其核心问题在于文化如何落地的问题，而不只是原始的展示。这再一次提醒我们，需要对它好好加以琢磨一番。

（二）旅游新产品开发

实现了上述这些优化，自贡文化旅游产品、品牌、类型似乎就有了划时代的改良；实际上还不完整，有两个重要的旅游品牌被漏掉了。那就是自贡近代历史上的思想文化名人和始于 20 世纪 60 年代的三线建设。自贡在地缘位置上，偏居川南腹地，在历史地理沿革上，包括了荣县和富顺两地。尽管自贡设市不久（迄今才九十年），但这并不影响自贡成为历史文化名人之都（第二批国家级历史文化名城[①]）。在地形上自贡以浅丘为主，因靠山隐蔽而成为三线建设重镇。曾有二十多个三线建设企事业单位内迁到这里，为自贡人民留下了非常宝贵的物质文化、非物质文化和精神文化。

说到历史文化名人，我们知道，自贡辖区内的富顺县除了以产盐著名外，还有另一个著名的称谓“才子之乡”。据统计，自隋代开科取士至清末，富顺总共出了 272 位进士，被人誉为“才俊蔚起，文物称最盛”[②]。这在农耕时代，是非常了不起的大事！譬如近代的宋育仁和刘光第两位思想家，就是对近代中国产生了巨大影响，非常值得重视的人物。但从笔者不久前去两位先贤故居的情况来看，情况并不乐观。按照鲁迅先生的观点，要有天才就要有天才的土壤[③]。同理，有才子之乡就应该有孕育才子的肥田沃土；如果富顺是这样的土壤，那么是什么样的特质让它成了这样的土壤呢？能否找到这些特质，再结合现存文化遗址（如文庙），通过定时举办类似成人礼一样的仪式，让游客互动进来，将所谓“文脉”代代相传，以求润物无声？

在辛亥革命首义地荣县，也有两位近现代著名前贤。一位是无产阶级革命前辈，语言文字学家，简体字和普通话推广人，曾任中国人民大学校长的“延安五老”之一的吴玉章；另一位是清末进士、大诗人、著名书法家，在当时四川被誉为“五老七贤”之一的赵熙。可惜的是对他们的生平、事迹、著作、思想等的整理研究工作，也没有全面展开（荣县已经有了打造两位名人的动作，但力度不够）。借着学界目前对近代中国如何现代化（如何走向今天）的热点关注，对目前想要打造深度文化旅游融合品牌的自贡来说，似乎应该对这些先贤们的研究做更大的动作。

除了上述两县外，自贡革命文化名人这块还有着大量文章可做。被孙中山誉为“左将军”的谢奉琦，孙中山革命时期的大秘书雷铁崖，第一次国内革命战争时期为革命而牺牲的秋收起义总指挥卢德铭，临近全国解放英勇牺牲的自贡革命先烈江姐——江竹筠[④]，以及在此工作过的大批可圈可点的近现代名人（例如，将教育救国作为毕生信念，

---

①《国务院批转建设部、文化部关于请公布第二批国家历史文化名城名单的报告》，《中华人民共和国国务院公报》，1986 年 7 月 30 日，第 1075-1086 页。

② 苏铁生：《富顺县志》，成都：四川大学出版社，1993 年，第 843 页。

③ 鲁迅：《鲁迅全集》（第一卷），北京：人民文学出版社，1973 年，第 28 页。

④ 江竹筠是地下党时期我党重庆地区组织的重要人物，1949 年 11 月 14 日牺牲于歌乐山电台岚垭刑场，时年仅 29 岁。革命历史小说《红岩》中的江姐便是以她为原型塑造的。

创立了著名的南开教育体系，抗战期间创办重庆南开中学，接办四川自贡蜀光中学的张伯苓，抗战时期来自贡演讲，为抗战募捐的冯玉祥将军）。

目前，对自贡近代思想文化名人的推崇，相关部门已经开始有了动作；蜀光中学及其周边的民国建筑群得到了修缮，能够初步彰显出当时的风貌。名人故居逐步得到修缮，一些纪念馆也陆续落成。但内容老旧、匮乏、单一、严肃，千馆一面的困境依然没有化解；并且较多用于十分钟以内的党史教育/红色教育，覆盖面和效果都有待大幅提升。要化解这一困境，实现深度文旅融合，须知故居修缮和纪念馆落成只是第一步，文化发掘工作还需深入，支持力度还有待加强。举个例子，满清末期以来，自贡盐业发达。差不多同一时期，宋育仁、刘光第、谢持、李宗吾、吴玉章等思想家集中出现于此，使这里成了近代思想家的中心（或者中心之一）绝非偶然。盐业发达与人才辈出之间究竟有怎样的联系，至今少有学者进行详细梳理。但有一点可以确定，盐的大量生产和输出，使盐商们有机会走南闯北因而眼界大开，带回了外面的物产、资讯、思想；带动了不少自贡人走出川南，走出四川，成就一番大事业；也带动了本地商业，经商成为很多人谋生的重要手段；商业的发达很大程度上带动了其他行业（特别是教育），这使当时这里的各个行业都走在了四川（或蜀中）的前列。也许正是这些内容才是盐文化或盐都精神的内核。

还需要注意的是，发掘出来的旅游文化内容需要卸下严肃面孔，并要考虑到文化的应用问题。我们完全可以设法将人物传奇与旅游勾连起来，形成一个有影响力的自贡历史文化名人旅游产品。例如，对于赵熙的书法、诗、文可以考虑用于主题民宿或者茶艺；根据宋育仁对报业的贡献，可以设立雕版/活字印刷、油印、电报、人工接线电话等印刷通讯等体验馆；根据刘光第和江竹筠两位英烈的光辉事迹，似乎可收集陈列晚清以来敌人的各种刑具（刑法）；让游客互动体验，感受敌人的残酷、先烈们的伟大，以及今天的来之不易。另可要求入馆者须先默哀三分钟，以示敬意。

说到三线建设与旅游的融合，对目前的自贡旅游来说，最合适的就是跟恐龙化石考古之旅结合起来，打造一条科普旅游路线，将废旧的机器设备集中到搬迁（或倒闭）后的三线工程遗址，设置亲子（尤其是对机械着迷的小孩）体验区，给游客发放扳手、锤子、焊机等工具，让他们去拆卸、安装、修理这些设备；引导青少年热爱科学，培养其探索精神和动手能力。而对于三线遗址则可以利用这些场地打造民宿或者主题公园。

四、余论

自贡的文旅资源非常丰富，但存在着分布不集中，单体规模较小，开发不深入，互动不足以至于游客参与度不够，出现了只需要“看”完就完了的局面。为此，要化解这一局面，除上文所述的现有旅游产品文化延伸和新旅游产品开发外，还应从整体上还划片区（消除因区而存在的条块分割）重新明确品牌定位；例如，盐文化体验可以从燊海井—北环路—艾叶滩到仙市沿河两岸，观灯制灯体验可以围绕彩灯大世界进行，红色革命系列可以围绕荣县建立“1911 不夜城”，三线建设科普体验（主题民宿）可在城东三线遗址展开，传统文化主题体验则可放到富顺文庙周边。其次，交通、配套设施、服务理念更新才是保证；例如，对不同的主题旅游片区应有通票旅游专线，片区内应有通票环线，保证发车频率，线路优化；古盐道的修复（复刻）；游客数据实时管理系统开发等。再次，要实现盐、灯、恐龙、名人及三线文化间的深度融合，需政府牵头，多元合作，统一规划，形成合力；做出综合全面的考量，通盘而又细致地在融合上做大文章；摒弃过去旅游开发时各自为政、互不兼顾、小打小闹造成的分散、不成规模、开发不深入等状况。如此，自贡旅游将大有可为。乐观的态度，我们便可以设想未来某天，游客甲中午到自贡高铁站，站内购买旅游通票一张，城东三线特色民宿下榻，民宿边上吃个“三转咸”的大安烧牛肉，乘旅游专线到燊海井汲卤制盐，卤水烧上后交给工作人员托管，他继续坐车去艾叶滩，换乘歪脖船前往张家沱，经过船闸放船，途中可通过做“运盐任务”换取“粮票”，把盐砖背上汇柴口后用“粮票”换取楚地特产（纪念品），继续往前到法藏寺坐船过河到盐业历史博物馆参观，然后坐船到仙市（或者坐车去灯会），灯会结束后到景区门口，领取手工制作的块盐回到民宿。第二天上午去化石考古发掘，下午去三线遗址体验机械 DIY，晚上去荣县“1911 不夜城”，住在附近的书法、诗、文主题民宿。第三天去富顺参加成人礼……而非现在这般匆匆地来去而不加停留。

◇参考文献◇

[1] 四川发布. 四川 21 市州 2020 年 GDP 排行[EB/OL].（2021-02-03）[2021-11-16].https://baijiahao.baidu.com/s?id=1690603389383526134&wfr=spider&for=pc.

[2] 中国社会科学院语言研究所编，现代汉语词典[M]. 北京：商务印书馆，1983.

[3] 国务院批转建设部、文化部关于请公布第二批国家历史文化名城名单的报告[J]. 中华人民共和国国务院公报，1986(35)1075-1086.

[4] 苏铁生. 富顺县志[M]. 成都：四川大学出版社，1993.

[5] 鲁迅. 鲁迅全集（第一卷）[M]. 北京：人民文学出版社，1973.

盐与文学艺术

歌功与哀泣

——古代盐业文学创作分析①

王绍之②

摘 要：行业文学往往伴随着某一行业的兴起而兴盛。我们通过行业文学，可从与史学不同的视野，去考察不同时代、不同阶层的创作者对某一行业的认知。盐业文学创作历史悠久，创作体裁广泛，作者所属阶层复杂。从创作主体、创作背景等方面入手，对中国古代盐业文学创作的特点进行深入探讨，不仅可以分析盐业文学创作的行业特性，也可以从文学的角度对盐业史的某些研究作有意义的补充。

关键词：盐业；诗文；功能文体学；作者阶层；创作语境

盐业文学创作历史悠久，随着盐的出现，以及盐在生产生活中的重要性逐渐被人们发觉，早在口头文学流传时期，有关盐业的文学作品就已出现。沈德潜《古诗源》收《孔子家语》中《南风》一首，相传正是帝舜巡视河东盐池所作。历朝历代盐业皆为民生之基、朝政之重，自管仲“官山海”以来，盐业逐步走上了官营之路。唐宋之后，盐铁官营地位日益巩固，文人群体对盐政关注度日渐升高，盐业文学创作逐渐形成规模。自元以来，随着灶籍的出现，盐业文学创作的主体也发生了扩充，创作形式、创作内容也产生了相应的变化。

一、古代盐业文学创作内容的两极化

古代盐业文学的创作内容随着创作群体扩充，逐渐凸显出两个极端，那就是歌颂盐政与执盐政者的歌功颂德类文学，和怜悯盐民灶丁悲惨生活的哀泣类文学。前者文学体裁以碑文杂记等应用文、散文为主，后者文学体裁则以歌诗为主。这两种文学内

① 基金项目：国家社科基金重大项目“渤海南岸地区盐业考古资料的整理与研究”项目批准号为19ZDA229的阶段性成果。

② 王绍之（1989— ），女，山东日照人，现为山东师范大学齐鲁文化研究院在读博士研究生，研究方向为区域文化与中国文学。

容的创作者，虽在各阶层皆有分布，但出身与履历不同，也造成了同阶层创作者观察视角与写作目的的差异。再加上时代背景，与作者创作语境的不同，最终形成了中国古代盐业文学创作内容的两极化趋势。

这种两极化的倾向，并非自始有之。张荣生将盐业文学的发展划分出了七个阶段，分别是上古至两汉的发端期，魏晋南北朝的成长期，唐宋金元的发展期，明代的兴盛期，清代的鼎盛期，民国的转型期与新中国成立后的衰减期。[①]抛开近现代的部分不谈，就前五个时期而言：发端期的盐业文学，多是对盐业政策的讨论以及说明，切实来讲，作品的文学性不强，且篇目较少，作者阶层单一。成长期的盐业文学的文学性逐渐加强，出现了以盐为题材的文赋，但其创作目的，仍以实用为主。从发展期开始，盐业文学作品无论是在数量上还是质量上都有显著的提升，盐官开始出现在盐业文学作者的队伍里，盐业文学特定的创作群体开始形成。直到明清时期，盐学成为显学，盐业文学的关注度与参与度达到顶峰。上到皇帝，下到各级官吏、野叟逸士，各个阶层都有盐业文学作品传世，尤其是盐民诗人的出现，不仅让盐业文学的创作群体得到了进一步的扩大，也使盐业文学创作的两极化进一步加深。可以说，盐业文学创作的两极化，并不单指文学创作内容的两极化，也包括了创作群体的两极化。

从明代盐区文士参与到清代盐民诗人的出现，使盐业文学创作群体得到了扩充，呈现出多阶层分布的特性，而这种特性，正是造成盐业文学创作两极化分布的主要原因。盐民阶层与盐官阶层所处的社会位置，决定了这两个集团的创作视角差异。如明清两代盐官阶层刻碑著文，或称“洪惟圣明兴利革弊”（艾俊《运使王臣去思碑》），或颂“公剔弊发奸，导利兴可，内自计台，外及场灶，综理筹划，巨细毕举，犁然宕然，百废一新，于兹凡五祀矣”（杨学礼《运使何其高去思碑》），皆是力赞主政盐官之德政，国朝盐政之通明。而几乎同一时期，出身盐民阶层或者盐区诗人，则有《盐丁苦》《盐夫叹》《赣榆妇女歌》等哀叹底层盐民苦痛之作。虽然在不同时代的盐业政策背景下，这两个阶层也会有共同性质的文学表达，但在阶层差异的背景下，这种共同表达的写作目的往往也存在差异。

除此之外，文体的功能也影响到了盐业文学创作。同一阶层的创作群体在进行不同体裁的创作时，也存在不同创作目的。这也就导致同一阶层创作者的创作内涵，甚至是同一创作者创作不同文学体裁的内涵也存在差异。而文体的使用，往往代表了某种创作语境的需要。当然，创作语境并不是影响盐业文学作品的唯一因素，最终创作结果的形成，往往还受到作者本人经历，以及作品面对的接受群体需要等因素的影响。这些因素相较时代背景、社会阶层等宏观因素来说，更具有特殊性和偶然性。这些因素影响下产生的盐业文学作品，虽然有些对于宏观因素影响下产生的盐业文学创作内容两极化有所缓和，但于整体趋势作用不大。

---

① 张荣生：《中国历代盐文学作品选注》，南京：凤凰出版社，2012 年，第 3 页。

总而言之，随着历代盐政的变化，盐业文学创作的参与度越来越高，创作阶层分布越来越广，盐业文学创作的两极化逐渐加深。当然，这不仅仅是宏观时代背景下的整体趋势改变，也与创作者身份、经历以及创作语境等等微观因素影响相关。

二、创作主体差异与盐业文学视角转换

从盐业文学创作历史看来，宋元时期是盐业文学创作的一道分水岭。无论从作品数量上，还是从创作者数量上来说，宋代及宋代以前与元代及元代以后的盐业文学不可同日而语。汉代和魏晋时期的盐业文学创作参与者，以史实记录的官员与专门书籍的编纂者为主，他们的作品主要是史书性质的文献与地志物产志等博物性文献。前者如桓宽所著《盐铁论》，即是对汉昭帝时期盐铁会议上，桑弘羊等官员“贤良”们关于盐铁政策的辩论过程及结果的记录。此外还有班固、裴松之等人在史书中对前代盐业政策的描写等。后者则如《华阳国志》《水经注》等文献中与盐业相关的文章。这些文章具有同样的一个特点，就是文学性不强。东晋郭璞所作《盐池赋》，是最早以盐为主题的赋。《盐池赋》篇幅虽短，却带有郭璞一贯的“游仙诗”的写作特点，通篇文辞绮丽玄奇，文学性极强，是作者对家乡盐池极具情感性的描写。从这以后，盐业文学开始步入有意识的文学性创作阶段。此后，虽然南朝张融在《海赋》中也对煮盐之法有所描述。但总体来说，虽然郭璞、张融等文人已经作为盐业文学的创作主体出现，魏晋文人阶层的目光，却尚未真正注视到盐业文学这一领域，有关盐业的文学性创作只是偶发性的，文人群体并没有真正地成为盐业文学创作群体。

隋唐前期，隋文帝开放盐业经营。直到唐肃宗时，第五琦提出“榷盐法”，朝廷始设盐铁转运使，盐官阶层开始出现在盐业文学作品中。杜甫曾有诗名为《李盐铁》，正是为充当盐铁使的盐官朋友所作。此外，杜甫还有《盐井》《负薪行》等描写家乡盐井及盐民生活的诗作，尤其是《负薪行》中对夔州妇女“筋力登危集市门，死生射利兼盐井”的描写，第一次将盐民的苦难生活以诗文的形式呈现出来。虽然这种关注很大程度上取决于杜甫的个人风格，但也说明了文人阶层创视角的灵活。唐代中期以后，盐官阶层除出现在他人诗文中外，也逐渐作为创作主体登上历史舞台。唐代诗人顾况在温州永嘉监盐官任上，曾作《嘉兴盐监记》，以散文的形式记载了嘉兴盐监设置由来以及盐官政绩，开创了盐官参与盐业文学创作的先河。有唐以来，文人群体对盐业的关注度越来越高，有意识的盐业文学创作篇目也越来越多，阎伯兴《盐池赋》、梁肃《盐池记》、白居易《盐商妇》《城盐州》、张颖《行盐赋》等诗文，皆是其中佳作。这说明，唐代文人阶层已经成为盐业文学的重要创作群体。而宋代则延续了唐代的这一情况，盐业文学创作、发展的模式与唐代类似。唐宋时期作为盐业文学的发展期，主要由文人群体构成了这一时期的主要创作主体。创作内容以应酬、物产描写以及景物描写为主，虽有怜贫惜弱之作，但文人群体的创作视角并未发生真正的下移。

元代“食盐法”施行后，将自五代设灶煎盐的灶户别为一籍，由国家指派，归盐运司管辖，不属于地方政府。灶户世代承袭，固定在指定的盐场，不能随意迁移。每户按不同财产状况向官府交纳数目不等的盐，称为额盐。然官府所发给的报酬工本钞则为数甚微。元中叶后，灶户被迫逃亡者甚多，灶户的苦难生活与盐官们树碑立传往来应酬的活动形成了鲜明对比。明清以来，随着灶户开始享有参加科举考试的政治待遇，各地盐场皆设学堂，府学亦有灶籍进学名额。这就使盐民阶层的受教育程度大大增加，涌现出了许多灶籍出身文人官吏，这些灶籍出身文人官吏大多能够以普通盐民的视角观察盐业活动，抒发底层盐民的真挚情感，进行有别于官阶层与普通文人阶层的盐业文学创作。比较有代表性的灶籍出身文人，有明末清初著名的盐民诗人吴嘉纪。吴嘉纪是泰州安丰场人，师从泰州学派的代表人物王艮，一生贫苦潦倒，可以说他的生活状态是当时绝大多数盐民生活的真实代表。因此他创作的诗作情感真挚、悱恻动人，他的作品《七歌》《后七歌》《海潮叹》《逋盐钱逃至六灶河作》等，展现了清初淮南盐区盐民们饱受贫贱的悲惨生活。

与此同时，普通文人群体与盐官群体的盐业文学创作主流，依然是以树碑立传、交友唱和、写景抒情为主。盐官在任修墙、立庙、通河皆有德政碑刻，如：《明长芦运使擢江西条政泰宁何公德政碑》《重建泺口批验所碑》《运使漆绍文善政碑》等。盐官去任则有去思碑，如《运使王臣去思碑》《运使向文玺去思碑》《运使何其高去思碑》等。碑文内容除却具体政绩，其余则如出一辙，不外乎数前代之疲敝，诵今任之德政。当然，这些碑文有些出自盐官同僚下属之手，有些出自盐商之手，但都在一定程度上反映了盐官阶层的盐业文学创作视角。盐官阶层外的普通文人群体，其创作视角依然局限于文人个人情感挥发上，多以交友应和、写景状物为主，前者如朱彝尊《骢马行送任御史玥视嵯长芦》、刘澄甫《齐讴行》、李攀龙《广齐讴行》等，后者如赵完璧《晚泊长芦》、甄敬《丰国荒田涨望喜贾县尹招垦》、张铨《永门竹枝词》等。这些诗词大都漠视民瘼，缺乏对灶民悲惨生活的同情。甚至有些文人的创作视角与盐官视角重合，如清代诗人安箕的《煮海叹》一诗：

煮海成盐属官家，豪猾盘踞为生涯。
白镪千亿归囊橐，隐如大吏坐排衙。
编氓不敢挟升合，私贩罪重遭箠挞。
安得百川化为卤，万民负载无忧嗟。

此诗虽名为《煮海叹》，却无一字对煮海的盐民的描写，全然以官家立场贬斥私盐贩卖行为，对背后的原因没有进行任何思考。

总而言之，由于创作群体阶层的分化，使盐业文学创作脱离了单一的文人视角。盐官视角和盐民视角的加入，使原本平和单一的盐业文学创作变得复杂了起来。阶层矛盾伴随着某些政策的改变与个体的凸显展现在了盐业文学创作中，歌功颂德的盐官文学与哀泣民瘼的盐民文学的出现，在某种程度上使盐业文学创作内容出两极化倾向。

但这种阶层带来的视角差异中，也不乏有突破阶层局限，将创作视角下移或上移的创作个体，这些创作个体往往受到自身经历与创作语境影响，对盐业文学创作两极化趋势起到了缓和作用。

三、影响盐业文学创作的宏观与微观

上述盐业文学创作的视角转换，究根结底是源于社会背景的变迁。随着一代代盐政、盐法更迭，加上随之而来的社会阶层分化，盐业文学的整体发展趋势逐步形成。这是宏观因素作用下形成的大势，是不因个人情好意志为转移的。但在这种整体的趋势中，也不乏因种种微观因素出现的有违一般性创作规律的个例。这些个例往往会因其与众不同的创作视角而独立于时代，为大众所推崇，成为人们传诵的名篇。

就盐官阶层和普通文人阶层来讲，虽然官场上的往来应和、歌功颂德才是他们的主流文学形式。但历朝历代也不乏将创作视角下移到普通民众，甚至是底层盐民的创作者。视角下移的原因，有的是源于历史背景下，某种极端政治状况带来的某一阶层的声音，有的却是独立个体因个人经历或创作语境造成的。前者如在元末严苛的盐政背景下，元代文人阶层创作了不少哀泣盐民生活，同情盐民处境的诗作。王冕《伤亭户》、杨维桢《盐车重》《盐商行》《海盐赋》、盛景年《哀歌行》等，都是在这个背景下创作的，描写元末盐政腐败，底层灶户盐贩生活悲惨，以至于不得不奋起反抗的真实遭遇。这些诗词从侧面反映了一个时代盐政的真实情况，《伤亭户》中描写："田关供给尽，鹾数屡不足。前夜总催骂，昨日场胥督。今朝分运来，鞭笞更残毒。"这正是元代盐户除缴纳盐额外还需缴纳田租，并且要受到总、场、分运司三级催逼压迫的真实经历。这种宏观上的政策的倾轧，引起了有社会责任感的文人阶层的普遍同情，因此元末盐业文学创作中，这种视角下移比较普遍。

除宏观政治背景下引起的视角改变，历朝历代也存在因创作者的个人经历而发生的视角下移。宋代曾在浙江定海的晓峰盐场做过盐官的著名词人柳永，目睹盐民的痛苦，写成名篇《煮海歌》。歌中有这样一些句子：

> 煮海之民何所营？妇无蚕织夫无耕。衣食之源太寥落，牢盆煮就汝输征。
>
> 年年春夏潮盈浦，潮退刮泥成岛屿。风干日曝咸味加，始灌潮波成盐卤。卤浓盐淡未得闲，采樵深入无穷山。豹踪虎迹不敢避，朝阳出去夕阳还。船载肩擎未遑歇，投入巨灶炎炎热。晨烧暮烁堆积高，才得波涛变成雪。驱妻逐子课工程，虽作人形俱菜色。煮海之民何苦辛，安得母富子不贫。本朝一物不失所，愿广皇仁到海滨。甲兵净洗征输辍，君有余财罢盐铁。太平相业尔惟盐，化作夏商周时节。

可以说柳永是对盐民的艰辛生活有了切实的了解后，才写出这样深刻动人的诗句。柳永的哀盐民诗与杜甫、白居易为民疾呼的传统一脉相承。与杜甫《负薪行》、白居易《盐商妇》不同的是，诗人是在盐官任上，近距离的同底层盐民接触一段时间后写就的作品，较之前两者更加真实细致，更能引起底层民众共鸣。同时诗人在篇末由盐民之苦生发一番大议论，卒章显志，体现了曲终奏雅的讽谏之意，表达了诗人的政治见解："甲兵净洗征输辍，君有余财罢盐铁。太平相业尔惟盐，化作夏商周时节。"虽然诗人去兵、辍征和罢盐铁的主张在政治上并不具备实施性，但这四句却点出了诗人写作此诗的真实诉求。由此来看，这首诗的形成，与诗人自身的仕宦经历与政治诉求息息相关。

此外，创作环境与文体功能也是影响盐业文学创作倾向的重要因素。这两者又是密不可分的，使用主体与施用对象二者之间的对话交流是文体功能生成的根本动因。不同的对话场合又会形成不同的文体，这种特定场合下的交流目的与话语方式所表现出来的就是文体的实用性功能。因此使用何种文体进行创作，往往取决于创作者所处的环境。纵观盐业文学史，散文类文体少有记叙盐民苦难之辞。那是因为散文类文体的产生环境一般是在官场应和的环境中产生的，如碑文、杂记、疏表等，施用对象大都是使用主体的同僚、上司等身份阶层一致的人群，这两者之间的对话不太可能涉及其他阶层人群。而诗词类文体的施用对象，显然要广泛得多，自宋朝便有"凡有井水处，皆能歌柳词"的说法，可见诗词传诵之广。因此创作者在使用诗词这类文体时，必然会考虑到作品的接受人群的情况，从而试图通过内容的贴合来引起最广泛的共鸣，以利于自己作品的传播。这种贴合，有的是向上奉迎的，有的是向下贴近的，这也就是盐业文学史上诗词类作品在歌功与哀泣两极中都分布广泛的原因。

综上所述，盐业文学创作在宏观的时代背景及微观的个人经历、创作环境的多重影响下，逐渐形成了歌功与哀泣两个截然相反的写作倾向。这两个写作倾向中，参与者并不局限于单一的阶层，而是形成了以某一阶层为主，杂糅其他阶层的复杂创作群体。这不仅为盐业文学创作增添了生机与活力，也为学界从盐业文学方面窥见历代盐业政策提供了多方位的视角，为盐业史研究提供了更多的素材。

◇参考文献◇

[1] 马荣生. 中国历代盐文学作品选注[M]. 南京：凤凰出版社，2012.
[2] 郭正忠. 中国盐业史（古代编）[M]. 北京：人民出版社，1997.
[3] 李春园. 元代的"食盐法"[J]. 中国经济史研究，2013（03）：34-46+175.

云南维西傈僳族民歌《寻盐祭盐》文化内涵研究

张银河[①]

摘　要：文章从云南傈僳族《寻盐祭盐》民歌产生的源头、《寻盐祭盐》产生的文化背景、《寻盐祭盐》文化内涵，三个大的方面，研究论证了维西傈僳族自治县民歌《寻盐祭盐》的文化内涵；研究论证了维西傈僳族因多民族聚居且和睦相处，各民族的自然神灵崇拜，基督教、藏传佛教、天主教、道教等多宗教共存的良好氛围奠定了雄厚的民族文化；研究论证了在漫长的历史长河中，勤劳、智慧的各族人民创造了光辉灿烂的民族文化；见证了食盐对于普通人民百姓生活乃至生命是不可或缺的喉粮。

关键词：云南；傈僳族；盐业民歌；内涵研究

一、傈僳族与维西傈僳族

傈僳族，中国少数民族之一。最早生活在四川、云南交界的金沙江流域一带，后逐步迁到滇西怒江地区定居下来。主要聚居于云南省怒江傈僳族自治州和维西傈僳族自治县两个自治地方，其余分布在丽江、迪庆、大理、保山、德宏、临沧、思茅、大理、楚雄、昆明等州、县和四川的西昌、盐源、木里、德昌等县。全世界傈僳族人口约120万，其中70余万居住在我国云、贵、川高原一带，50余万遍布在东南亚各国。

（一）傈僳族历史由来

傈僳族渊源于南迁的古氐羌人，与彝族同属一个族源。其族名称最早见于唐代著述。唐代史籍称“栗粟两姓蛮”或“栗蛮”及“施蛮”“顺蛮”，均属“乌蛮”，分布在今川、滇雅碧江、金沙江、澜沧江两岸等广阔地带。元明时多受丽江诸地纳西族封建领主等的统治。16世纪中叶，因不堪纳西族木府土司的奴役和战争的威胁，大批傈僳族在头人木必帕的率领下，向滇西北怒江等地区迁徙。17—19世纪，该族人在起义失败后

① 作者简介：张银河（1964—　），男，河南南召人，河南省盐业协会秘书长，博士学历。中国作家协会会员、中国文艺评论家协会会员、中国民间文艺家协会会员、中国盐文化研究中心客座研究员、文化学者。

又曾多次迁徙，一部分进入缅甸，一部分迁到老挝、泰国等。直至清代迁徙还在继续。

（二）傈僳族文化

傈僳族为氐羌族后裔，傈僳族操傈僳语，其语言属于汉藏语系藏缅语族彝语支。原有文字但很不完善，1957年创制了以拉丁字母为基础的新文字。

关于傈僳族为什么早期没有文字，看看他们的神话传说《傈僳族没有文字》：

在远古时代，大地上生活着人类，有语言，但没有文字，做什么事情都凭脑子硬记。有的过了的事情往往记不清楚。还有些人良心不好，相互欺骗，闹得人类很不好过。

为此，天神想了个办法，并定了吉日。在吉日里通知生活在大地上的各种民族，领取各自不同的文字，而且把字教会。于是，天神把文字写在不同的物体上，有的字写在石板上，有的字写在粑粑上，有的字写在皮子上，按顺序发给人类。

有些领着写了文字的石板，就一直流传至今，成为有文字的民族。有些领着写了文字的粑粑，在回来的路上因饿肚而在半路上吃掉了，就成了没有文字的民族。

傈僳族的祖宗克达布扒，就领到一本写了文字的獐皮书。他刚回到家，獐皮掉在地上，被狗吃掉了。克达布扒伤心不已，来不及传教给别人，因此傈僳族的獐皮书就失传了。

当然以上只是神话，但是傈僳族早期没有文字是真的。

傈僳族历史上曾在不同的地区，使用过三种不同类型的文字。第一种是大写拉丁字母的拼音文字；第二种是“格框式”的拼音文字；第三种是表音的音节文字。

中华人民共和国成立后，根据广大傈僳族人民群众的愿望和要求，国家又帮助傈僳族创造了一种以拉丁字母为基础的拼音文字。

（1）老傈僳文。这种文字大致在1908—1914年间，由缅甸克伦族讲道者塞耶巴多将罗马字改变了形状而创造。后来传教士富雷塞（J.O.Erazer）进一步完善了这种文字。其字母共有40个（辅音30个、元音10个），声调6个。

（2）“格框式”的拼音文字。这种文字是1913年英国传教士王慧仁以云南省武定县滔谷村傈坡话的语音为基础创制的。文字的辅音有30个、元音有25个、声调有3个。

（3）音节文字。这种文字是20世纪20年代初期，云南省维西县傈僳族农民汪忍波创造的。相同的音用相同的形体表示，没有字母，一个形体代表一个音节，因此，称之为表音的音节文字。创制文字时，多刻于竹片上，故又称之为“竹书”。据中国社会科学院民族研究所木玉璋先生等考证，这种文字共有1 030个字，可书写当地傈僳语。这种表音的音节文字，书写方式由左往右直行书写，不用标点符号，不分段提行。读时则按义停顿，笔顺规则一般是先上后下，从左到右，由里及外。

（4）新傈僳文。新傈僳文的文字方案是 1954 年拟定，1955 年经中华人民共和国民族事务委员会批准试行，1956 年经修订完善后，于 1957 年在云南少数民族语文科学讨论会上讨论确定的。文字以 26 个拉丁字母为基础，用双字母表示傈僳语中特有的浊音、浊塞音和浊擦音，声调用音节末尾加字母的方法表示，鼻化音在韵母后加[n]表示。

傈僳族的图腾始祖神话，主要讲述图腾物与氏族、部落的关系及氏族、部落祖先的神奇事迹。内容多姿多彩。傈僳族有虎、熊、猴、羊、鼠、鱼、蛇、鸡、蜂、荞、菜、麻、竹、柚木、犁、船、霜、火等 20 多种氏族。各个氏族名称中的动植物和事物，分别为各氏族的崇拜物，大都有自己的神话传说。例如：虎氏族有《虎氏族的来历》，荞氏族有《荞氏族的由来》，鸟氏族有《鸟氏族的传说》，熊氏族有《熊氏族的故事》，鱼氏族有《鱼氏族的由来》，蜂氏族有《蜂氏族的由来》，麻氏族有《麻氏族的由来》，竹氏族有《竹氏族的由来》，等等。

（三）维西傈僳族

维西是全国唯一傈僳族自治县，位于青藏高原南缘横断山脉的云岭、碧罗雪山亚高山带，是世界“三江并流”奇观的腹地，北依德钦县境，南接兰坪县，西沿碧罗雪山与福贡、贡山两县毗连。在这群山绵亘、江河纵横、林茂谷幽的 4 661 平方千米的土地上，自古生息繁衍着傈僳、汉、白、藏、普米、怒、独龙等 27 个民族。2020 年第七次全国人口普查统计，全县总人口 157 279 人，其中傈僳族人口 90 377 人，占总人口的 57.46%。

维西境内具有“一山分四季，隔里不同天”的自然地理气候。这片土地上生长着珍稀名贵的秃杉、银杏、珙桐、榧木、红豆杉、长苞冷杉等 2 530 多种树木，覆盖了 59.3% 的面积。巍峨的碧罗雪山群峰影映在碧波荡漾的高山湖泊群中。似银河落人间的一条条雪山清泉，潺潺环绕无际的草原奔流不息。山花烂漫的杜鹃、闻名于世的国花——珙桐、获金奖的“太白素”雪兰等 360 多种高山花卉四季香溢。能治跌打损伤的虫蝼、明目清肝的金虫草、补气滋脑的天麻、生津补血的当归等 990 多种药用植物产于山间。山中盛产的羊肚菌、松茸、木耳、牛肝菌、竹荪等 210 多种食用菌久负盛名。竹叶菜、山韭菜、树花、树头菜、龙爪菜等 20 多种山菜是桌上的美味佳肴。在茂密的原始森林中生存繁衍着近 30 种国家保护动物，萨马阁自然保护区就是被国际上认为与大熊猫齐名的珍稀动物“灵灵”——滇金丝猴的家园。

维西傈僳族是傈僳族的重要分支。其文化与其他维西族比有众多共性，但也有某些方面的个性。这种现象，应该是其民族在不断迁徙过程中，文化不断演进，特别是与新的地区民族文化结缘融合有极大的关系。比如《寻盐祭盐》中所反映的内容，在其他傈僳族居住地区，由于守着足够的盐泉，就不可能对获得盐水有如此的渴望和神圣。但有一个共同点不可否认，即对“乌萨”（也译作“娥萨”“俄萨”）——傈僳族崇拜诸神中地位最高神的崇拜，是完全一致的。

维西多个民族之间相融生息，民俗风情纯粹质朴。维西有着悠久的历史文化遗产，这里丰富多彩的自然资源，是古老与现代的相融地。

维西境内群峰连绵叠嶂，江河纵横交错，高原湖泊星罗棋布，能让人感受激情与梦想是如何发生触碰。维西是一个神奇而又美丽的地方，它是古滇西北“茶马互市”的汇集点，是滇西北疆边防要塞之地，是通往印、缅、康藏的驿运孔道之一。维西有着“兰花之乡”“药材之乡”的美誉，还有着“中国冰葡萄酒城”称号，它是“中国傈僳族文化的发祥地”，是“横断山中的绿宝石”，是“国宝滇金丝猴的乐园”。

（四）维西傈僳族民歌《寻盐祭盐》

《寻盐祭盐》（语意译，傈僳族音《擦色擦底》）是维西傈僳族民间艺人汪忍波，用他自己创造的傈僳族音节文字记录的包含 24 首创世民歌《祭天古歌》中的其中一首。《寻盐祭盐》是由《寻盐》《晒盐》两首民歌融合而成。歌谣流传于维西傈僳族聚居地区，首次翻译成汉文后，收录于云南民族出版社 1999 年出版的傈僳族《祭天古歌》一书。

乌萨——/簇拥着祭祀没有盐/还没有祭祀的盐/我要寻祭祀的盐/要找祭祀的盐/不寻祭祀的盐不行/不找祭祀的盐不行/古时寻的盐/的是不吉利的盐/先前找的盐/找的是不吉祥的盐。

乌萨——/去接盐不行了/请求赐盐来/要去寻盐巴/先到出盐处/翻山越岭朝北寻/爬山涉水往北找/突然见到盐水/这股盐水呀/这井盐水呀/出的是白盐水/这股白盐水呀/出的有手指粗/这是簇拥着祭祀的盐/可以祭神了/可以祭鬼了/人类生活有了盐/人类能繁衍/生产能发展了/粮食能丰收了。

乌萨——/盐不寻不行/盐不找不行/虽然寻到了盐/虽然找到了盐/但盐还要晒/还没有晒盐场/应当去找晒盐场/晒盐场没有找到/请来两个弟兄/叫来三个侄子/砍刀腰间挂/斧头肩上扛/扛着大板锄/来到平坝上/取石砌晒场坎/砌石的人密麻麻/铲地的人多又多/晒场平出了/平得很平坦/铲得很平整/拿来细竹帚/用来扫场子/扫到场坝下/场子扫净了/应当去夯场/夯场需要水/夯场没有水/一夜下了七阵雨/一日降了九阵雨/背阴面白云笼罩/向阳面乌云压顶/场地该干了/场地干不了/拿来竹扫帚/驱赶白云/驱赶到怒江/白云笼罩怒江/取来蒿枝扫帚/驱赶乌云/赶到独龙江/独龙江遮乌云/我们地方阳光照/我们家乡月亮明/该去夯晒场/还没有夯具/劈来栗木块/砍成栗木夯/用夯夯晒场/夯场叭叭响/夯的很平展/夯的很平滑/晒场夯出了/该去晒盐了/盐还晒不成/晒场应该干了/晒场还没有干/风啊呼呼吹潮气吹散了/晒场变硬了/场坎干裂了/该去晒盐了/但没有晒盐人/喊来两个兄弟/叫来三个侄子/拿来杉木桶/取来牛皮绳/背上木头碗/拿上羊皮垫/兄弟肩上挎/侄子头上背/高高兴兴地背/背到盐井旁/拿出来木碗/用来舀盐水/舀盐倒木桶/桶里装满盐/兄弟肩上背/侄子头上背/潮气吁吁冒/盐已晒干了/该去收盐巴/取来刮盐板/刮盐刮好了/该去背盐了/拿来麻布袋/取来鹿皮囊/麻布袋里装满盐/鹿皮囊里盛满盐/取来牛皮绳/用来背盐巴/背回屋装柜

中/柜里装满了盐/还没有祭给你/还没有供给你/拿来木头碗/舀上一碗盐/端到祭祀坪/新盐亮晶晶/新盐白晃晃。

乌萨——/你赐给的盐/祭祀你的人/拿来粟米团/来换作物种/拿来谷米团

米换谷物种/祈求粮食装满仓/祈求粮食装满柜/祭祀你的人/带来了祭品/换取生命力/求赐长命魂/像蜜蜂一样地合群/像蜜蜂一样地和睦/祈求人永平安/祈求人更长寿/祈求村大民兴盛/祈求寨大事业旺/祈求父系能掌权/祈求母系多理财/祈求弟兄伙伴多/祈求姐妹姊妹多。

乌萨——/得盐已有三年/得盐已有三月/祭给你的盐啊/已换得了粮种/供给你的盐啊/已换来了生命/真心祭祀你呀/诚心祭供你呀

乌萨——/祭祀你的人啊/我们地方不产盐/是藏区产的盐/我们家乡不出盐/是藏地出的盐/这盐找的很辛苦/这盐寻的很艰难/现在祭在这里了/现在供在这里了/七岁的厚皮猪肉/不放盐也香/九岁的腌猪肉/不装盐也香/你赐的祭盐/祭祀给你了/你赐的供盐/供奉给你了/请你全带走/请你都拿走。

二、《寻盐祭盐》产生的历史文化背景

任何文化艺术现象的产生，都有其历史文化背景。维西傈僳族民歌《擦盐祭盐》，也不例外。

（一）汪忍波与《寻盐祭盐》

述及维西傈僳族民歌《寻盐祭盐》，不能不述及一个人，他就是前面已经提及过的汪忍波，也有译音为“哇忍波”。

汪忍波（1900—1965）于20世纪20年代创造傈僳音节文字，30年代开始在社会上推行，逐渐引起了社会各方面的关注。中华人民共和国成立前，昆明《正义报》发表文章予以介绍。此后，《傈僳语语法纲要》《傈僳语简表》以及其他一些学术论著也对其音节文字有所评介，中央民族大学的一个调查组还于50年代到过维西进行调查研究。但是，直到20世纪80年代初，调查和研究者的注意力基本上都集中在对文字本身的考察上面，但是，无人知道汪忍波及其弟子们究竟用这种文字做过些什么内容记录。

随着20世纪80年代国家组织全国民间文学普查，筹备编辑《中国民间文学三套集成》（故事卷、歌谣卷、谚语卷），才引起调查和研究者发现维西县境的傈僳族中广泛存在着祭祀天神的习俗。其中尤以叶枝乡一带的祭天仪式最为隆重，每年夏历冬月（傈僳族的正月）举行一次，历时三天三夜，由仪式主持人吟唱《祭天古歌》。这一活动世代相沿，经久不衰。

汪忍波以其学识、人品、威望的出众，承袭担当了第20代祭天主持人，他曾用自己创造的文字将《祭天古歌》内容记录了下来。1982年联合调查组搜集到的文献中，

有《造日造月》《求雪》《寻盐》《晒盐》《造纸》《射日射月》《播树》《寻水》《驯养牲畜》《养狗驯狗》等9部。1983年夏，调查组再次前往叶枝乡一带，除了继续搜求音节文字的其他文献资料，还重点寻访《祭天古歌》的下落。结果找到面积约40厘米×15厘米的12块薄木板，上面写着24部古歌的提纲（每句开头的两个字）。据知情者讲，当年汪忍波就是手持这些木板吟唱《祭天古歌》的。

在维西傈僳族创世歌谣中，反复歌咏的尚有《造日造月》《洗日洗月》《射日射月》《驯养牲畜》《养狗驯狗》《迎祭司》《求雪》《寻水》《寻盐祭盐》《炼铁打铁》《开荒种地》等。

从所涉事物的性质来看，有的涉及自然，如《造日造月》《洗日洗月》《射日射月》；有的涉及社会，如《炼铁打铁》《驯养牲畜》《开荒种地》《造纸》《寻盐祭盐》，但都属于创世的范围。它们都是各个时代傈僳族先民对自然、人类社会的探讨，也是他们自身精神力量的表述。傈僳族民众视它们为神圣的歌谣，是祭天的隆重祭仪上歌咏的歌谣。这些创世歌谣后来翻译成汉文后收录于傈僳族《祭天古歌》中，《寻盐祭盐》即是一例。

（二）云南盐业与《寻盐祭盐》

《寻盐祭盐》是围绕着寻找食盐，结合维西傈僳族祭祀民俗而产生的一首民歌。因此，我们有必要了解一下云南的盐业相关信息。

云南盐属于海盐、湖盐、井矿（泉）盐三大体系中的最后一种。即井矿（岩泉）盐。岩盐矿床的形成，受地质构造条件决定。许多岩盐矿床出现在大的造山运动之后，由于造山运动后常常产生一些大的封闭、半封闭的坳陷（或盆地），这些坳陷（或盆地）为盐类沉积提供了良好的场所，当盐类物质来源丰富、气候干旱蒸发强烈时，便沉积了规模巨大的岩盐矿床，燕山运动后沉积了广布的白垩-古近纪岩盐矿床，云南绝大部分岩盐矿床即在这一地质时代沉积。其成因系成盐盆地周围岩石经风化淋滤，盐类物质被地表水或地下水携带，积聚于内陆盆地中，在干燥炎热的气候条件下，经蒸发沉积而成，其含盐岩系为沙泥岩建造。

根据岩盐矿床沉积环境、物质来源和岩相古地理等特点，我国已知的岩盐矿床可分为海相、陆相、海源陆相和次生淋滤充填四个成因类型。云南的岩盐矿床绝大部分属陆相沉积，仅有少部分属海源陆相沉积。

云南省矿盐区：

1. 滇中

（1）禄丰县元永井矿区。位于楚雄彝族自治州禄丰县一平浪镇的北方，距禄丰直线13.5千米。矿区海拔标高在2 300米左右，地形地貌南高北低，处于山间峡谷之中。

（2）禄丰县阿陋井矿区。位于禄丰县城北69度西，直线距离26千米，南距一平浪镇13千米，有简易道路至舍资乡与一平浪相接。矿体埋深在地表以下150～500米内。

（3）禄丰县黑井矿区。位于禄丰县城北58度西，距县城直线45千米，有公路经元永井与一平浪相接。矿区为高山峡谷地形，海拔高在1 472～2 070米之间，龙川江由南向北流经区内。

（4）安宁矿区。位于昆明市西郊20余千米安宁县境内。东西长18～22千米，南北宽11～15千米，面积约260平方千米。其中盐层保存条件较好地段60平方千米。

（5）富民者北矿区。位于昆明市西北郊40余千米，富民县城北15千米的者北区。矿床长约8千米，宽0.4～1.7千米，呈南北向。由于受沉积后期构造影响，矿体产状复杂，塑性变形大，倾角一般在20～50度间，由盐盆两翼向轴部倾斜，埋藏深度100～300米。

（6）大姚县境石羊矿区。位于滇中北部、楚雄彝族自治州大姚县境内，东南距县城35千米。石羊地区具典型的盐溶地貌，即坡陡、沟窄、切割深，全区海拔1600～1800米石羊河及安丰河流入鱼泡河，最后注入金沙江。据《姚安县志》记载，石羊汲卤煎盐可上溯到两汉时代。

以上共计4县，6个矿区。

2. 滇西

（1）洱源县乔后矿区。位于大理白族自治州洱源县以西70千米，地处黑穗江东岸罗坪山西麓的狭长河谷中，南距下关市140千米。矿区范围西起黑穗江，东经碘山达盐母庙，向南直抵黑寨，面积约为7平方千米。最大埋藏深度470米（在黑穗江水面以下120米），一般埋深150～300米。

（2）兰坪县拉鸡井矿区。位于怒江傈僳族自治州兰坪县拉鸡镇，南东至下关市281千米。矿区地处澜沧江东岸高上端地形陡峻、狭窄的拉井河谷间。矿厚一般为60～15米，平均约92米。近地表含盐层露头呈鲜红色泥砾岩，岩盐均被淋失，淋滤带深约50米。

以上共计2县，2个矿区。

3. 滇南

（1）普洱县磨黑矿区。位于思茅地区普洱县北东向，距县城直线20千米。矿体埋藏不深，盖层不厚，最浅距地表仅43.52米，最深大于275米，一般小于200米。

（2）景谷县风岗矿区。位于思茅地区景谷县城东南约8千米的风岗山。矿区盐层厚度26.18～65.9米，埋藏深度30～40米，风岗河沟下部淋滤带深度估计只有20余米。

（3）景谷县文卡矿区。位于景谷县城北东17千米，离风岗盐矿厂区20千米。区内地势西高东低，海拔1 000米左右。含盐层可分为上、下两个盐体，上盐体厚227～372米；下盐体厚23～122米；中夹层厚5～55米。盐体埋藏深度最浅者为29.87米，东西两翼急剧加大到383.27～559.44米。

（4）景谷县香盐、文晒矿区。位于景谷坝子南端，距县城南13千米。矿区地势北高南低呈低山丘陵地貌，海拔最低910米，最高1 065米。矿体为似层状透镜体分布，中间厚，边缘薄，长2千米，宽约1千米，面积2平方千米。香盐地区平均视厚度68.77米，文晒地区55.19米。矿体埋藏山包丘陵地带深，最浅为90.08米，最深为275.66米。

（5）镇沅县按板井矿区。位于思茅地区镇沅县城按板镇所在地四周，区内海拔最高1 358米，最低1 200米，为低山缓坡地貌。开于清雍正二年（1724）的按板井即在矿区内，迄今已有260余年历史。

（6）江城县整董矿区。位于思茅地区江城县南。为开阔低山丘陵地貌。盐体走向北西，长6.2千米，中间宽1.3千米，南、北两端宽600～700米，厚130～283米左右。埋藏深度最浅19～67米，沿倾向则大于500米。

除此之外，另有江城县勐野井矿区和勐腊含盐带。

以上是1993年《云南省志·盐业志》列入官方统计纳入史册的共计5县，9个矿区。如果算上后期新发现及未纳入史册的生产化工用的盐矿，应该更多。

当然，根据维西傈僳族民歌《寻盐祭盐》所述内容，上列盐矿显然与本民歌文中所涉及内容没有直接关系。"翻山越岭朝北寻/爬山涉水往北找/突然见到盐水/这股盐水呀/这井盐水呀/出的是白盐水/这股白盐水呀/出的有手指粗/这是簇拥着祭祀的盐"。因为《寻盐祭盐》民歌中描写的是寻找泉（井）盐过程和其生产程序的故事。真正有关系的是云南的盐井（泉）。

云南省井（泉）盐区：

1. 滇中盐井（泉）

（1）大姚石羊县：五福井、观音井、白石谷、安丰井、石羊东南；（2）武定县：白露；（3）禄丰县：横山井、黑井东北、黑井北复井、联升井、黑井万春井、黑井裕济井、黑井南硝井、东宝龙井、龙川江东岸、草溪井、葫芦塘、沙锅箐；（4）禄劝县：硝井；（5）大姚县：龙街糯那、龙树村（六苴）；（6）元谋县：江边盐水井。以上共计6个县，22个井（泉）。

2. 滇东北盐井（泉）

（1）盐津县：城北；（2）镇雄：罗坎温水；（3）威信：瓦石大号上、瓦石隔当井、瓦石竹林脚、长安余家井、四旺井、麟凤柴家井、盐井坝。以上共计3个县、9个井（泉）。

3. 滇西盐井（泉）

（1）兰坪县：期北井、顶南温井、金顶老母井；（2）云龙县：顺荡井、师井、文兴东南、诺邓、石门大井、宝丰东北。以上共计2个县，9个井（泉）。

4. 滇南盐井（泉）

（1）景东县：文道英；（2）镇沅县：里蒇、恩乐（3个）、小井、大井街、平掌、平掌、恩孔井、黄庄；（3）景谷县：抱母街、文海、文海、永平、茂短、徐孔井；（4）墨江县：茂铺；（5）勐腊县：大荒坝、象庄、沙仁、勐伴（2个）、钵蚌、曼当、曼江、回欠。以上共计5个县，27个井（泉）。

以上是1993年《云南省志·盐业志》列入官方统计纳入史册的16个县的45个盐井（泉）。如果算上后期新发现及未纳入史册的生产化工用的盐井（泉），应该更多。

（三）《寻盐祭盐》中的食盐生产

由上可以看到，云南的盐矿资源分布遍及全省。早在两汉时期，滇中的安宁、滇西的白井、云龙已成为重要的盐产地。唐、宋至元、明，各地新开井场，每代都有增加。计唐代新开 6 井，包括滇中的黑井和琅井，滇西的白井、丽江井、老母井及弥沙井（乔后小井）。明代新开 5 井，包括滇中的阿陋井、草溪井、枳旧井及元兴井，滇西的乔后井（由小井发展为大井）。足见由汉代至明代的 1800 年中，云南盐产地主要分布在开发较早的滇中和滇西地区。至于滇西南和滇东北广大地区，在清代以前，虽有当地居民自煎自食的土盐井（泉），但产量极少，未形成重要的食盐产地。

清代，云南垦地旷，人口增加，食盐不足，因而除增开滇中的永济井（今元永井）及滇西的拉鸡井（今兰坪盐矿）和安丰井（属白盐井）外，相继开发滇西南盐井，以增加盐产。其中康熙元年（1662）开滇南景东井。雍正初期，相继开景谷县的抱母、习孔、香盐、茂蔑，4 井；镇沅县的按板、恩耕 2 井；普洱县的磨黑、乌得 2 井；江城县的动野井。乾隆五十八年（1793）开普洱县石膏箐井。道光元年（1821）开景谷县益香井。宣统二年（1910），将向由乡民私煎的今动腊县磨歇井收归官办。清代滇南一共开了 13 个井区，下有盐井 50 多处（《新纂云南通志・盐务考三场产》）。

同治十三年（1874），云南主管盐务的三提举司之一的琅井提举司移驻石膏井，从而确立起滇中、滇西和滇南三大产盐区的格局，为现代全省产区布局奠定了基础。清代除积极开发滇南盐井外，在滇东北巧家县的汪家坪、盐津县的盐井坝、镇雄县的红花小溪和白果树、威信县的瓦石料、柴家井、余家寨和扎西等处都开有盐井（泉），但卤淡量少，晒煎费力，直到 80 年代末才形成重要产区。

维西傈僳族自治县位于云南西部，从历史地理位置上看矿、井（泉），资源都不是很奇缺。只是由于早期道路交通及开凿工具的不便，矿体盐没有被大规模开发，井（泉）盐资源被发现利用数量有限。另一方面，由于国家税收原因，食盐历代受政府控制，普通百姓难以取得，常常处于淡食困境。因此，带来“物以稀为贵”的社会现象。

《寻盐祭盐》分六个段落，共 180 多行。第一段落记述为什么要寻盐。“簇拥着祭祀没有盐”，而“不找祭祀的盐不行”而“古时寻的盐，是不吉利的盐。”寻盐的目的是祭祀傈僳族最高的神灵乌萨。第二段落记述寻盐的不易。需要“翻山越岭，爬山涉水往北找”。第三段落记述好不容易寻到了盐，是原生卤水，还需要去布置场地，寻找人力晒制。说明盐得来得不易。第四段落记述食盐不仅可以祭祀、食利，更可以以物易物。第五段落记述盐给傈僳族人们带来了丰衣足食、家庭幸福。记述由于得到了盐，换得了足够的良种，换得了人丁兴旺，增加了祭祀的信心。第六段落记述盐不是任何地方都出产，“我们地方不产盐”“我们家乡不产盐”“是藏区产的盐”。同时，与盐一起供奉傈僳族最高神灵的还有“七岁的厚皮猪肉……九岁的腌猪肉”。

三、《寻盐祭盐》文化内涵

云南产制食盐的资源，为地下固相的岩盐和液相的盐泉。出露地表的盐泉，成为各族人民最早获得食盐的来源。据《新纂云南通志·盐务考》记载安宁井开于唐武德元年（618），是年“有东川人牧牛舐出盐，遂开井”。又载：“唐有李阿召者，牧黑牛饮于池，水皆卤，报蒙召开黑井。”类似这种由牛、羊发现盐矿的例子还有不少。由是滇中和滇西陆续出现凿井汲卤的井场，以卤煎盐历时 1 000 多年。清初又相继开发滇南盐矿资源。据《新纂云南通志·盐务考》记载，开于清乾隆五十八年（1793）的石膏井，有“产井槽二口，用沙丁采挖”，“生卤系属矿礁（即盐矿石），先入釜溶化，炼去渣滓，再煎成盐”，当为云南最早开采地下岩盐溶矿制卤的井场。从此云南盐业由采汲卤水转变为开采地下盐矿石为主。中华人民共和国成立后，随着科学技术的进步，从70 年代起已发展为钻井水溶采矿和硐室水溶采矿。

（一）祭祀民俗

祭天文化是维西傈僳族古文化之正宗，是其最古老、最原始的部分，可以视其为维西傈僳族传统文化之源，它与民族的形成、发展根脉相连。维西傈僳族的祭天文化早已闻名于世，它的系统、完整、丰富以及深沉的文化积淀、与古汉民族的祭天文化的亲缘关系、对中华古文化的继承乃至对世界文化的某些因素的保存，在我国各民族中都是罕见的，显示着它的珍贵价值。

维西傈僳族祭天文化主要靠象形文经书保存、传承。直到中华人民共和国成立初期，各地维西傈僳族还保存着祭天古俗。现在，有的山区又恢复了一度中断的祭天礼仪。

傈僳族崇拜自然神灵，认为除山、川、林、石都有鬼神外，还有家神和社神，每年秋收以后，全村祭祀社神一次。

巫师有“尼扒”和“尼古扒”两种，每村都有一两个，前者主持祭祀和卜卦念经，后者专门杀牲驱鬼。过去，巫师在群众中有很高的地位，他们是民族历史传说的保存人。

祭天在维西傈僳族社会占有非同一般的地位，在古代社会尤其如此。祭祀天神、地祇、祖先是维西傈僳族祭天文化的核心内容。诚如司马迁所说：“天地者，生之本也；先祖者，类之本也；君师者，治之本也。”（《史记·八书·第一·礼》，中州古籍出版社，1994 年）。维傈僳族的祭天亦是古代祭天的“三本”之礼精神实质之体现。根据《满洲四礼集》解释“祭天”说：“在天者为神，在地者为祇，统言之曰祭天。”“这是簇拥着祭祀的盐/可以祭神了/可以祭鬼了/人类生活有了盐/人类能繁衍/生产能发展了/粮食能丰收了。”维西傈僳族的祭天也与中国古制相符合，祭天不仅仅是祭祀天上的神，也祭祀地上的神。而天上的神也不仅仅是祭天神，也包括了其他天界诸神。地上的神也不仅仅是祭地神，还有其他地祇之属的众神。祭天地诸神也祭祖先神。以上是祭天文化“三本”之礼的主要内容。

维西傈僳族为何如此重视祭祀天神、地祇祖先？行祭礼的目的是什？除了上述因素之外，维西傈僳族祭天还有一个与其他民族一样的原因，即人类在整个世界上及生物界，是再渺小和微弱不过的一个物种。在远古时代，人物为了生活和生存，面对大自然中的雷鸣电闪，风雨灾情等诸多现象不能理解，均认为是天地神鬼在作祟。于是，他们认为只要保持一颗虔诚信念并附之行动，就可以感动天地，确保一方、一年或一时、一家或一人平安。尤其是居住在偏远地区及族系人口稀少的民族，对此表现尤甚。

换言之，古代社会，特别是原始社会时代，人们的生产力和认识能力极其低下，对于自然力、自然现象人们无力控制和不能科学认识，人类生活与自然界之间存在着一定不可调和的矛盾。而祭天的根本目的就是为了解决人与自然之间的矛盾，解决这个矛盾除了人与自然斗争的一面，还有协调的一面，求得与自然和谐相处。包括各民族早期的神话，都是由此而产生的。

（二）其他民俗

维西傈僳族主要从事农业。家庭婚姻是一夫一妻制。傈僳族能歌善舞，每到收获、结婚、出猎和盖房等时节，他们都要尽情地歌舞。傈僳族相信万物有灵，崇拜祖先。

傈僳族每逢祭祀节日或婚丧等事，歌舞是不可少的组成部分。舞蹈有收割舞、洗麻舞、打场舞、盖房舞、瓦刷（互助生产）舞、喜庆舞、求爱舞、战争舞、长矛舞等 10 多种，这些舞蹈都是直接反映劳动生产和生活的。

舞蹈都是集体进行，一面弹唱、一面舞，没有单独伴奏的，每当秋收之后，煮酒请客，唱歌跳舞，尽情地欢乐。青年男女有社交自由，也常常在月夜集体歌舞。唱歌有两种调子：一种叫“木瓜哺”是一种带有告诫性的古调，唱的多半是中年以上的男人，在火塘旁饮酒对唱，一唱一答。调解纠纷时，也有采用这种唱答方式解决的；另一种叫“育仪仪”，男女对唱，音调幽雅，多是抒情的。他们还有很多口传的山歌和长调，著名的有“逃婚调”“生产调”等，神话传说也很多。

他们的服饰喜用黑色，有古语“打扮得像乌鸦一样美丽”。女性多着短衣长裙，头上喜戴红色料珠和贝壳串成的装饰品，颈上也挂着很多用彩色料珠串成的项圈。男子服饰简单朴素，一般为无领长裳，衣长至膝盖下，对襟无纽扣，穿时将左衣襟拉压在右襟上，系一条腰带，下穿短裤。一部分地区的男子，在小腿上打有绑腿。一般头上打红、黑、白色的包头，肩挎长刀，既做装饰，又做防身武器。富有的男子，左耳戴一串红珊瑚，显得英俊、威武。

中华人民共和国成立前，傈僳族内部交换很不发达，没有初级市场。人民所需的食盐及一些日用必需品，靠挖药材（天麻、虫楼、贝母、黄连等）向外部商人交换。后来各县城及一些区、乡，虽已建立了半月一次的“街子”（集市），但也很少有东西进行交换。人民还过着种地而食、种麻而衣的自然经济生活。

（三）文化价值

傈僳族的民间故事内容丰富多彩，其中，有讲述宇宙诞生、人类起源氏族来历的故事，如《天地分开》《天地人的来历》《木桶里出来的人》《傈熊氏族》等。有歌颂民族英雄、赞扬高尚品质的英雄人物故事和机智人物故事，如《木必帕》《恒绷》《光加桑》《密罗沙》等。有描绘傈僳族地区山川景色和地方风物的故事，如《怒江的传说》

《情人柱的传说》《九十九龙潭的传说》等。有记录民间风俗习惯与传统文化的故事，如《刀杆节》《葫芦笙的来历》等。

维西傈僳族创世歌谣，是维西傈僳族先民们以天真而又大胆、丰富的想象力，探求、解释天地的形成、人类的起源、万物的由来等歌谣。就其内容而言，它属于创世史诗之类，但就目前搜集到的创世歌谣，尚未有发展成为长篇巨著的创世史诗。也可以说维西傈僳族创世歌谣，是维西傈僳族神话歌谣，是维西傈僳族最初的韵文体神话。它是维西傈僳族文学之树的一朵鲜艳的花。

高远的苍天，广袤的大地，宇宙（世界），是怎样形成的？这是人类最初给自己提出的哲学命题之一，也是最早的哲学的主要内容之一。世界上各古老的民族都对此做出各种回答，维西傈僳族先民也不例外。他们生活在生机勃勃、气象万千、瞬息万变的大自然界中，生活于征服大自然的艰苦卓绝的斗争中。他们根据自己的认识，反反复复歌咏的对象，正是这一与人类的生存息息相关的问题。

傈僳族历史上是一个不断被迫迁徙的民族。越是如此，其民族生命力越强。傈僳族很晚才有自己的文字，但民族民间神话、传说、故事、歌谣、民俗生活极其丰富。其中维西傈僳族《祭天古歌》24 首中的《寻盐祭盐》，就是一例。

研究《寻盐祭盐》民歌，可以窥探其背后云南盐业的历史发展脉络，和食盐在云贵川高原民众生活中的历史地位极其重要作用。维西傈僳族民间文学丰富多彩。《创世纪》《我们的祖先》等神话传说，是研究傈僳族远古历史的宝贵资料，也是中国民间文学宝库中的珍品。其诗歌比较讲究韵律节奏和整齐仗。在一些双关语的诗句中，常巧妙地包含着意境清新的隐喻，这是傈僳族诗歌最突出的特点。

维西傈僳族创世歌谣是维西傈僳族社会发展和艺术发展初级阶段的文学现象，它对于自然现象所做的种种解释，不免天真、幼稚、不符科学常识。但是，从文学发展的角度来观察，这也正是傈僳族先民搏击天地的豪迈气魄、不屈不挠的斗争精神以及天真、丰富的想象力的直接展现，对本民族后世文学的发展有着深远的影响。

首先，从内容方面看，维西傈僳族创世歌谣表现了傈僳族先民对自己周围的自然现象和社会现象的密切关注和大胆探求。在自然界强大的威力下，他们积极地寻求着应对自然的方法，表现出了强烈的征服自然、改造自然的意志和决心，反映了傈僳族先民的思想、感情、愿望和理想。这些思想内容，与稍后的开辟神话、古歌乃至更后的传说故事、劳动生产歌，可以说是一脉相承，后者可视为某些创世歌谣在后世的延续和发展。

其次，从艺术形式和语言风格方面看，傈僳族创世歌谣对后世诗歌的影响是十分深远的。比如，诗句对仗和反复回环、复沓，是傈僳族诗歌表现手法上的一个突出特点。诗句分上句和下句，上句是主句，下句是副句，上句与下句要求对仗，名词与名词相对，动词与动词相对、形容词与形容词相对。

再次，诗歌语言风格也如此。我们看到，上节列举的《寻盐祭盐》歌谣，语言朴素，比喻形象，节奏感强，歌吟起来朗朗上口。

总之，从上述的思想内容和艺术形式、风格的简略分析介绍中，我们可以看出，傈僳族创世歌谣对后世文学的发展有着深远的影响。可以说，傈僳族创世歌谣和创世神话，是整个傈僳族文学发展的先导和土壤。

四、结束语

维西是傈僳族的故地，又是傈僳族历史上几次大迁徙的走廊。唐代就有“施蛮”“顺蛮”（傈僳族的先民）居住。因战乱被迫西移的傈僳族是经过维西源源不断地迁到怒江，再流向缅甸、泰国、印度等地。过程中也铸就了维西傈僳族自尊、自信、自立、自强的民族意识和英勇顽强、善于拼搏的民族精神。

维西的傈僳族又因该地多民族聚居且和睦相处，各民族的自然神灵崇拜、基督教、藏传佛教、天主教、道教等多宗教共存的良好氛围，奠定了雄厚的民族文化底蕴，这更是一块待挖掘的文化瑰宝。在漫长的历史长河中，勤劳、智慧的各族人民创造了光辉灿烂的民族文化。

汪忍波创造的傈僳音节文字刻于竹片上，使人瞠目结舌。《寻盐祭盐》仅仅是傈僳族文化沧海中的一粒，仅仅是傈僳族在悠悠岁月长河中积淀。与其说《寻盐祭盐》是维西傈僳族的一首民歌，不如说它是维西傈僳族的一段盐业开发使用历史；与其说《寻盐祭盐》是维西傈僳族的一段民风民俗传统缩影，不如说它是一幅维西傈僳族盐业生产利用的风俗画；与其说《寻盐祭盐》是一种现实，不如说它是维西傈僳族一场人间梦呓。它承载着维西傈僳族的梦寐以求，最终由自己民族的文化大师，以史诗的形式保留了下来，成为了维西傈僳族人民自己的文化范本和中华民族共同的文化遗产，更见证了食盐是对于普通人民百姓生活乃至生命是不可或缺的喉粮。

◇参考文献◇

[1] 戈阿干，陈烈，和开祥．东巴文学集成[M]．北京：中国民间文艺出版社，1988．
[2] 傈僳族文学史编写组．傈僳族文字史[M]．北京：民族出版社，2018．
[3] 陈列．中国祭天文化[M]．北京：宗教文化出版社，2000．
[4] 林继富．傈僳族民间故事[M]．成都：四川民族出版社，2018．
[5] 云南省地方志编纂委员会．云南省志·第十九卷·盐业志[M]．昆明：云南人民出版社，1993．
[6] 吉成名．中国古代食盐产地[M]．北京：中国书籍出版社，2013．
[7] “民族问题五种丛书”云南省编委会．傈僳族社会历史调查[M]．昆明：云南人民出版社，1981．

《全唐诗》中的盐文化语词探究①

何 娟 甄 洋②

摘　要：盐文化词语是一种具有行业特点的语言现象，同时也反映了语言与文化结合的特点，具有特色和研究价值。本文以《全唐诗》为语料基础，对其所涉盐文化词语进行梳理，并从结构、语义等角度进行考察，以期从语言学角度来探究盐文语词。

关键词：《全唐诗》；盐文化词语；语义

在甲骨文、金文中没有“盐”这个字形，只有“卤”。最早对“盐”进行阐释的是在《说文·监部》：“盐，咸也，从卤监声。古者，宿沙初作煮海盐。”传说宿沙氏将自然界的卤，加工成以盐的形式引入先民生活。段注：“盐，卤也。天生曰卤，人生曰盐。”“盐”和“卤”本是同一事物，只不过“卤”是自然蒸发形成，“盐”是人工加工形成，“盐”和“卤”二词反应的是从卤到盐的开发生产的过程，左树珍对此也有所论述：“于字从卤，卤从西省，下象盐形；卤字四点，实象盐粒，从西省者，卤出西方，所谓合体象形也。盐下从皿，皿为食用之具，则是合体而兼会意矣。”③由此可见，盐本义指一种咸味调味品（食盐），在长期使用中又不断赋予它们以特定的文化意义，这种文化反映在了语言文字上，语言与文化紧密相联，后世不断产生诸多与盐相关的词语，统称为“盐文化词语”，范崇高指出，盐文化词语是“指在产生之初即表达与盐有关联的物质文化、精神文化和制度文化意义的词语”④，反映了语言与文化的紧密结合。本文以《全唐诗》为材料基础，从语言学角度探讨其中的有“盐”构成的盐文化语词的特点。

据我们统计，《全唐诗》中盐文化词语体主要体现在由“盐”这一语言成分所构成的词，累计出现 144 次。其中，单音节词“盐”出现 15 次，占总数的 10%，复合式结构的盐文化语词（联合 47 次，偏正 75 次，动宾 6 次，主谓 1 次）出现 129 次，占总数的 90%，下面分别从结构、词义上来看这些盐文化语词的类型。

---

① 基金项目：“四川省高校人文社会科学重点研究基地——中国盐文化研究中心资助项目（编号：YWHQ17-05）”之阶段性成果。

② 作者简介：何娟（1988—　），女，四川平昌人，四川轻化工大学人文学院，博士，主要研究方向为汉语词汇。

甄洋（1997—　），河北唐山人，河北师范大学文学院，硕士研究生，主要研究方向为文字学。

③ 转引自赵启林主编：《中国盐文化史》，郑州：大象出版社，2009 年第 58 页。

④ 范崇高：《盐文化词语研究刍论》，《中华文化论坛》，2015 年第 2 期，第 99-102 页。

一、单音节词

“盐”作为名词，常做主语或宾语，但语义上除了本义，大多用的是引申义：

（一）咸味调味品

盐损添常诫，姜宜著更夸。（薛能《蜀州郑史君寄鸟觜茶，因以赠答八韵》）
撒盐如可拟，愿糁和羹梅。（孟浩然《和张丞相春朝对雪》）
贪食以忘躯，鲜不调盐醯。（韩愈《南内朝贺归呈同官》）
用其本义，食盐。

（二）喻指“雪”

腊月草根甜，天街雪似盐。（李贺《马诗二十三首》）
颠狂楚客歌成雪，媚赖吴娘笑是盐。（施肩吾《句》）

盐（鹽），形符是“鹵”，像盛水的容器内沾满颗粒物。雪，形符“雨”，像锅盖似的天空飘下洋洋洒洒的雨滴。盐在煎煮过程中附着在容器上的白色颗粒，和天空中飘落的雪花在视觉上相似，故以盐喻雪，这类用法有6处，占单音节词“盐”总数的40%。南朝宋刘义庆的《世说新语·言语》中也有类似的：“俄而雪骤，公欣然曰：‘白雪纷纷何所似？’兄子胡儿曰：‘撒盐空中差可拟。’”

（三）指称主食

青箬裹盐归峒客，绿荷包饭趁虚人。（柳宗元《柳州峒氓》）
持盐把酒但饮之，莫学夷齐事高洁。（李白《梁园吟》）

上述的“盐”，并不实指具体的“盐”，而是借用盐常用于饭菜的制作、酒的酿造、蔬果杀菌过程的情况，以此来指代盐。

（四）指代等级制度

措大吃酒点盐，将军吃酒点酱。（佚名《方干、李主簿改令》）

由此可见，“盐”除了其本义，后又从本义引申出来诸多意义在诗歌中使用十分普遍，体现了语义的发展。

二、复合式结构

上古汉语是以单音节词为主，两汉之后，复音词涌现，逐渐替代单音节词，而且都是以双音节词为主。《全唐诗》中的盐文化词语也是以双音节形式为主，占总数的

91%，只有极少数三音节（如白盐山、盐城令）。这些语词，根据其组合成分之间的关系，有以下几种：

（一）联合式

指两个构词成分在结构上平等并列、不分主次，有的最初也可能是联合式词组，后来语法化，凝结成一个词。《全唐诗》中联合式盐文化语词累计出现 47 次，占 36%：

1. 两个表示具体事物的语言单位合在一起，具体表总称

风烟渺吴蜀，舟楫通盐麻。（杜甫《柴门》）

鱼盐满市井，布帛如云烟。（李白《赠宣城宇文太守兼呈崔侍御》）

盐麻，即四川苎麻与淮南吴盐；鱼盐，即鱼和盐。都是指当时市场上常出现的用来交易的货品，诗词中多用此并列形式来表达当时市场上交易的繁荣景象。《沧州百姓歌》中的“新河得通舟楫利，直达沧海鱼盐至”，记录了唐朝大运河通航后万船竞发运输货物的盛况，带动了沿海商业贸易的往来，“鱼盐”后常成为海产集市上贸易交换的主要产品，“白傍千家邑，清秋万估船”（杜甫《白盐山》）展现了淮南地区万船运盐的画面，“鱼盐聚为市，烟火起成村”（白居易《东楼南望八韵》）、“鱼盐桥上市，灯火雨中船”（温庭筠《送淮阴孙令之官》）等诗句，描绘的是渔夫和盐贩在集市上买卖货物的场景。

2. 两个语言单位意义本相同，合在一起表示总称

小儿贩盐卤，不入州县征。（元稹《相和歌辞 · 估客乐》）

盐卤，《说文 · 监部》：“天生曰卤，人生曰盐。”意思是天然卤经人力加工煮沸提炼为盐，《太平寰宇记》：“（卤）可用者，始贮于卤漕，载入灶屋……旋以石灰封盘角，散皂角，于盘内起火煮卤。一溜之卤，分三盘至五盘，每盘成盐三石至五石。”制卤是制成盐的最后一道工序，后来“盐卤”合称指盐。

鱼鲙芥酱调，水葵盐豉絮。（白居易《和微之诗二十三首 · 和三月三十日四十韵》）

盐豉：豆豉旧时称敊或嗜。《说文 · 尗部》：“敊，配鹽幽尗也。”《释名 · 释饮食》：“豉，嗜也。五位调和。”豉有咸、淡两种味道，咸豆豉和盐一样，用于调味，而淡豆豉则用来入药。

3. 两个表示具体事物的语言单位合在一起，语义上发生转化

为生鄙计算，盐米告屡罄。（韩愈《东都遇春》）

盐米，盐，白色结晶；米，谷类或其他植物的子去了皮的名称，二者形态上皆呈微小颗粒状。但在诗句中用来喻指琐碎事物。

吕尚封国邑，傅说已盐梅。（杜甫《昔游》）

盐梅，盐和梅子，盐味咸，梅味酸，均为调味所需，亦喻指国家所需的贤才。《书 · 说命下》：“若作和羹，尔惟盐梅。”孔传：“盐咸梅醋，羹须咸醋以和之。”

《全唐诗》中的联合式盐文化语词由两个语言单位构成，但这个盐文化语词的意义并非两个语言单位意义的直接相加，大多是有一个语义转换的过程。

（二）偏正式

偏正式语词在词法上体现为几个语言成分之间具有修饰、限制关系，《全唐诗》中，该类偏正式盐文化语词共出现79次，占59%，有“盐～”和“～盐”两种表现形式。我们把确定该词本质的成分叫定性成分，确定该词程度和范围的成分为定量成分。“盐～”式中，“盐”作为定量成分，限定了该语言形式的性质与范围，起着重要的示意作用；“～盐”式中，“盐”作为定性成分，决定了成员所构成的语言形式与“盐”属于同一概念域。

1.“盐～”式

“盐～”式词汇累计出现61次，占偏正式的81%，占复音式盐文化词语的47%，这些词语中作为定量成分的“盐”与定性成分的内部语义关系，有如下分类：

（1）因盐得名的地域

马首见盐亭，高山拥县青。（杜甫《行盐亭县聊题四韵奉简严遂州蓬州两使君咨议诸昆季》）

盐亭，古称“潺亭”“秦亭”，因境内多盐井，盐卤出产丰富得名盐亭。

城盐州，城盐州，城在五原原上头。自筑盐州十余载，左衽毡裘不犯塞。城盐州，盐州未城天子忧。（白居易《城盐州—美圣谟而诮边将也（贞元壬申岁，特诏城之）》）

盐州，塞上五原的盐州是唐代池盐产区之一。盐州，又称五原郡，以其北有盐池，故改为盐州。与这类形式同类的还有盐城令、盐泽、盐田、盐池、白盐山、盐海等，表示的意义或因该地靠近盐产地而起名，或因山上颜色如盐一样白而得名（如：白盐山）等。

（2）说明所指人的身份、地位或职业

婿作盐商十五年，不属州县属天子。每年盐利入官时，少入官家多入私。（白居易《盐商妇一恶幸人也》）

盐商：获得政府运销经营许可的食盐专卖商人。

盐官虽绊骥，名是汉庭来。（杜甫《李盐铁二首（一首题作李监宅，已见第九卷中）》）

盐官：掌管盐事的官吏。

乾元元年，盐铁、铸钱使第五琦初变盐法，《新唐书·食货志》载：“乾元元年，盐铁、铸钱使第五琦初变盐法……及琦为诸州榷盐铁使，尽榷天下盐。”国家垄断盐的运营与销售，食盐由民制民销到民制官销。但税收难以供应前线战事，“自兵起，流庸未复，税赋不足供费。”刘晏在此基础上改革盐法，使盐官数量缩减，盐商走向体系化。“以盐吏多则州县扰，出盐乡因旧监置吏，亭户粜商人，纵其所之。”只在产盐量大的地方设置盐官，从亭户收购食盐，再加价卖给盐商，通过盐商实现各地的运输与销售。

“自淮北置巡院十三，……捕私盐者，奸盗为之衰息。”在淮北重要地区设置巡院，核实购得食盐数量与单据，防止商人在贩卖途中夹带私盐，从而保证官府的盐税。

（3）说明事物的用途

若见红儿此中住，不劳盐筱洒宫廊。（罗虬《比红儿诗》）

盐筱：洒盐水用的竹刷子。

盐车上峻坂，倒行逆施畏日晚。伯乐翦拂中道遗，少尽其力老弃之。（李白《天马歌》）

盐车：运盐的马车。与此同类的还有：盐井、盐灶等。

（4）说明事物来源

每年盐利入官时，少入官家多入私。（白居易《盐商妇—恶幸人也》）

盐利：卖盐的利益。因为刘晏改革盐法由官销变为商销后，由官府专利变为官商分得利润，官府对市场进行宏观调控，以保证盐税。一是通过各地商人销售减少政府运输成本，“亭户粜商人，纵其所之”，二是为防止盐商垄断，设置常平盐仓，作为后备供应站，稳定物价。“江、岭去盐远者，有常平盐，每商人不至，则减价以粜民，官收厚利而人不知贵。”“建中初，宰相杨炎用事，尤恶刘晏。炎乃夺其权。”建中初，刘晏被贬为忠州刺史，不再总理财政。“贞元四年，淮南节度使陈少游奏加民赋，自此江淮盐每斗亦增二百，为钱三百一十，其后复增六十，河中两池盐每斗为钱三百七十。江淮豪贾射利，或时倍之，官收不能过半，民始怨矣。”官府大幅度加价收购食盐，盐商却直接从亭户低价买入私盐销售，垄断市场，获利颇丰。

（5）说明事物形态

人衣披蜃气，马迹印盐花。（章孝标《归海上旧居》）

盐花，细盐粒，虫类灶马留下的痕迹像盐粒一般微小。此类复音词有的是通过隐喻连缀成义的，如“盐虎”：

刻兽摧盐虎，为山倒玉人。（李商隐《四年冬以退居蒲之永乐渴然有农夫望岁之志遂作忆雪又作残雪诗各一百言以寄情于游旧·残雪》）

盐虎：将雪比作盐，指用雪堆出的兽。盐～式偏正式复合词中，以双音节为主。语义上定量语素“盐”与定性语素是说明地域特点，说明所指人的身份、地位或职业，说明事物的用途，说明事物形态，其中，说明地域特点这一用法最多，《全唐诗》中就出现 31 次，占盐～式偏正式复合词的 48%。

2. ～盐式

～盐式复合词累计出现 14 次，占全书复合词的 11%。定性成分“盐”，作为盐文化语词的结构中心，决定了这个语词的意义指向，据此可以将这类盐文化语词内部语义关系分为以下几类：

（1）定量性成分表明盐的形态

形盐非近进，玉豆为潜英。（陈至《荐冰》）

形盐：特制成虎形的盐。供祭祀用。《周礼·天官·笾人》：“朝事之笾，其实麷、蕡、白、黑、形盐，膴、鲍、鱼、鱐。”郑玄注：“形盐，盐之似虎者。”

（2）定量性成分表明盐的颜色

客到但知留一醉，盘中只有水晶盐。（李白《题宛溪馆》）

水晶盐：如水晶般纯净的盐。《金楼子》：“胡中白盐，产于山崖，映日光明如精。定量性成分“水晶”，突出盐的晶莹剔透，表明比普通食盐纯度更高。

赤盐扑红雾，白华飞素烟。（皮日休《太湖诗·以毛公泉一瓶献上谏议因寄》）

赤盐：古代西域等地出产的一种红盐，同类的还有玉盐、红盐。

（3）定量性成分表明盐的产地

向悟海盐客，已而梁木摧。（苏颋《蜀城哭台州乐安少府》）

海盐，因盐产于海滨故名海盐，后将从海中提取的盐称为海盐，形成固定的组合关系。这里指地名。

玉盘杨梅为君设，吴盐如花皎白雪。（李白《梁园吟》）

吴盐：古时江淮一带所晒制的散末盐，杜甫的夔州诗组中多次将吴盐蜀麻并举，指代繁华的贸易往来。

（4）定量性成分表明盐的领属。

卤中草木白，青者官盐烟。（杜甫《盐井》）

官盐：由政府收购的盐。因为唐初继承隋制，仅对盐进行征税制，百姓自由生产销售，肃宗乾元元年，盐铁专卖制的实行后，国家对食盐统一收购，即为官盐。

禁盐调上味，麦穗结秋花。（无可《送灵武李侍御》）

禁盐：被官府垄断的盐。

3. 动宾式

前一个成分表示动作，后一成分表示前一语素支配的对象，构成动宾式盐文化语词。《全唐诗》中动宾复合式语词出现 6 次，占全书复合词的 5%，这些盐文化语词意义上可分为如下几种情况：

（1）表示人的境况

负盐出井此溪女，打鼓发船何郡郎。（杜甫《十二月一日三首》）

负盐：背着盐，指溪女独自出乡卖盐。《旧唐书·南平僚传》记载：“土多女少男，为婚之法，女氏必先贷求男族，贫者无以嫁女，多卖与富人为婢，俗皆妇人执役。”僚人分布在今川南以及川、黔、桂三省交界处一带的多民族聚居者。当地女子需要陪嫁才能成家，贫苦人家只得卖女成为富人的奴婢行劳役。“夔州处女发半华，四十五十无夫家，更逼丧乱嫁不售，一生抱恨长咨嗟。土风坐男使女立，男当门户女出入。十有八九负薪归，卖薪得钱应供给。至老双鬟只垂颈，野花山叶银钗并，筋力登危集市门，生死射利兼盐井。面妆首饰杂啼痕，地褊衣寒困石根。闻道巫山女粗丑，何得此有昭君村。”夔州处女指夔地僚女，杜甫的《负薪行》真实描绘了当地女子的境况。女子出入承担养家的任务，或是“卖薪得钱应供给”或是在盐井劳作后“登危集市门”贩盐，所以有女子“负盐”之说。

（2）与生产方式有关

煮盐沧海曲，种稻长淮边。（高適《涟上题樊氏水亭》）

煮盐：古代提高卤水浓度的方法之一，杜甫在《盐井》中描述了井盐的生产方式，“卤中草木白，青者官盐烟。官作既有程，煮盐烟在川。汲井岁榾榾，出车日连连”。通过天车转动轮盘或人工拉云盘装置从井中提取卤水，用掏空的竹子或木桶将卤水输送到盐场，将卤水淋到盐灶中的草木灰上，进行煎熬提高盐水浓度。

（3）表示所从事的工作

骏骨正牵盐，玄文终覆酱。（陆龟蒙《记事》）

牵盐：《战国策·楚策四》载：汗明向春申君讲述：有匹年老的骏马，“服盐车而上大行”，结果是“蹄申膝折”，“白汗交流”，仍上不了山。伯乐见之，为它卸下车辕而哭，马亦“仰而鸣，声达于天”。后来常以“牵盐”比喻怀才不遇。

相对而言，动宾式复合式结构的盐文化语词出现频率相对较低。

4. 主谓式

前一个成分是陈述对象，后一个成分是对前一个成分进行陈述，这样的盐文化语词是主谓式（仅一例），如：

海岛无邻里，盐居少物华。（皎然《送卢仲舒移家海陵》）

盐居：指因盐聚居的村落。史料记载，最早发现有原始居民聚居的河东地带，以河东盐池为中心四周分布部落，后来唐代盐法“山海井灶近利之地”划分盐院产盐，都体现了盐多之地多人家。

根据我们对《全唐诗》中盐文化语词的考察，诗中有明确记载的反映盐的物质、精神和制度文化的词语，涉及范围从生活调料到国家法令。由“盐”构成的语词主要是名词性质的，占复合式总数的95%，动词性的数量较少，形容词完全没有。而名词中，偏正式复合名词占全书复合词总数的58%。语义上，由“盐”参构的盐文化语词，需要结合历史典故、文化背景才能准确理解，如根据盐的颜色、形态和在生产生活中的作用等的不同出现不同的词汇意义。

由此可以窥见《全唐诗》中盐文化词语的特点：由“盐”构成的盐文化语词中，单音节词“盐”在句中作主语或宾语，在食盐的本义上通过与类属的词出现在同一语句实现词义泛指或虚化义，如“盐饭”并举泛指主食，“盐酱”并举抽象为等级制度。在复合式结构中，词义不只是两个成分之间的简单相加，而是成分之间紧密融合，形成与盐相关的意义，如：“盐商”中，“盐”表明所指人的身份或职业范围；“盐筱”中，“盐”则表示用途。通过单字词和复合词数量的对比，我们可以看出：自汉代以来的单字词复合化从日常生活的常见事物最先体现，也印证了词汇系统较之语音和语法能最快反映社会生活的变化。

盐的开采是先民智慧的结晶，使大自然的盐成为日常生活中必不可少的事物，并且在长期使用中延伸出丰富灿烂的盐文化，产生了不少的盐文化语词。本文只是从《全唐诗》中进行小规模的梳理，对盐文化词语的阶段发展进行构词和语义分析，从语言学角度对盐文化语词的发展有个初步的概述，为日后更为详尽的研究奠定基础。

◇参考文献◇

[1] 朱德熙．现代汉语语法研究[M]．北京：商务印书馆，1980：15．
[2] 彭定求．全唐诗（共25册）[M]．北京：中华书局，1979．
[3] 白九江．考古学视野下的四川盆地古代制盐技术——以出土遗迹、遗物为中心[J]．盐业史研究，2014（03）：15-35．
[4] 范崇高．《汉语大词典》盐文化词语商补名[C]．曾凡英主编．盐文化研究论丛（第四辑）——回顾与展望：中国盐业体制改革学术研讨会论文集，成都：巴蜀书社，2010：202-206．
[5] 范崇高，陈家春．《汉语大词典》盐文化词语补释[C]．曾凡英主编．盐文化研究论丛（第五辑），成都：巴蜀书社，2010：137-141．
[6] 汉语大词典编辑委员会．汉语大词典（缩印本）[Z]．上海：汉语大词典出版社，1997．
[7] 汉语大字典编辑委员会．汉语大字典[Z]．成都：四川辞书出版社；武汉：湖北辞书出版社，1988．
[8] 宗福邦．故训汇纂[Z]．北京：商务印书馆，2003．

盐业教育

民国时期富荣盐场盐工子弟学校教育

石　帅　张多勇[①]

摘　要：学术界近来对盐工问题关注逐渐增多，但对其子女有关方面关注较少。通过对自贡市档案馆所藏民国盐业档案的梳理发现，民国时期富荣盐场盐工子弟学校教育已经初具规模。民国中后期，川康盐务管理局在富荣盐场以专项资金设立了多所盐工子弟学校接纳盐工子弟入学，以校董事会管理学校日常。子弟学校最初为识字班，后设简易小学，最后改组为完全小学，学生多达数百。学校严格按照教师聘用要求，对教师资历审查和管理严格。教师待遇较好，除工资、补贴外，有年假，女教师有产假。学校学制六年，教授国语、常识、算术等科目，并组织各种考试，辅之以操行等级，以此作为升降学依据。盐工子弟学校在解决盐工子女求学难题上做出巨大贡献，对中国普及教育有着十分重要的意义。

关键词：富荣盐场；盐工子弟；学校教育

近百年来学术界关于自贡盐业档案的整理与研究取得了可喜的成绩，主要体现在两个方面：其一，资料汇编。早在 1985 年，自贡市档案馆联合北京经济学院、四川大学等单位，编撰出版了《自贡盐业契约档案选辑（1732—1949）》[②]，此后陆续出版了一系列盐业历史资料[③]。这些资料为盐业史、盐文化的研究者、学习者提供了便捷的基础性史料，以后自贡盐业研究诸多学术成果皆得益于上述档案资料。其二，盐契研究。

---

① 作者简介：石帅（1998—　），男，北方民族大学硕士研究生，主要从事历史地理学的学习与研究；张多勇（1966—　），男，汉族，甘肃华池县人，历史学博士，北方民族大学教授，主要从事历史地理学、历史文献学的教学和研究。

基金项目：北方民族大学中央高校基本科研业务费专项资金项目“鄂尔多斯盆地历史地理研究中心”（项目编号 PT-S-2019-02），“陕甘宁蒙毗邻地区历史地理专题研究”（项目编号 2019KYQD24）。

② 自贡市档案馆、北京经济学院、四川大学编：《自贡盐业契约档案选辑（1732—1946）》，北京：中国社会科学出版社，1985 年。

③ 这些盐业历史资料以工人运动和盐业契约为主，详见：自贡市档案馆、自贡市总工会合编：《自贡盐业工人斗争史资料选编》，自贡总工会、工运史办公室，1984 年；自贡市档案局：《辛亥革命与川盐变革：档案实录》，北京：人民出版社出版，2011 年；自贡市档案馆编《自贡盐业历史档案 · 契约卷》，南京：凤凰出版社，2017 年。

关于自贡盐业档案，学术界较倾向于盐契研究[①]，且取得了较为丰硕的成果。但对民国时期公文档案中关于盐工及其子弟学校教育问题较为薄弱。就笔者所见，自贡市档案馆藏有数量甚巨的民国盐业档案尚未整理，其中包括大量关于盐工子弟学校教育的档案。这些盐工子弟学校教育档案主要集中于档案卷宗 3-3、卷宗 5-2，约 360 卷之多，囊括富荣四个盐工子弟学校建制、经费、管理、教学等多方面全面记载。学术界对该时期自贡盐工及其子弟教育方面的研究成果也仅见于《自贡市自流井区志》《抗战时期的“盐工管理”》《抗战时期国民政府盐务政策研究》《自贡市盐业志》等著作[②]，其中多为概述盐工子弟学校情况，并无系统细致的研究。

工人福利问题，是劳工问题的中心问题。而工人教育是首要的工人福利，除了工人本身应有受教育机会以外，其子女同样也应有这种权利[③]。据笔者多方求证[④]，盐工子弟鲜有小学时期直接在外求学者。虽不排除盐工子弟外出求学的可能，但缺乏相关的直接证据，更多资料指向为盐工子弟学校教育。有鉴于此，本文以民国四川自贡盐工子弟学校为主体，在阅读与综合分析收集的档案基础上，力图将民国时期富荣盐场盐工子弟学校教育面貌重新展现出来，以期更全面展示自贡盐业曾经的辉煌。

一、教育机构

（一）学校沿革

自贡盐场置富荣东、西两场，两场各有两所盐工子弟学校，据查自流井场（富荣东场）在 1940 年成立大区盐工子弟识字班，1942 年 2 月并入大区改名曰“第一盐工子弟识字班”，九月成立“自流井盐场公署第一盐工子弟小学校”。学校设校长、主任教员，下辖教导处、辅导处、事务处。额定学生 200 人，职员 5 人，校役 1 人。民国 33 年（1944）4 月校内有学生男 80 名，女 69 名，共四个年级，职员 4 名，校役 1 名。[⑤]

① 目前对其研究多从法学、语言学、经济学、历史学的经济史等角度，详见：吴斌、支果、曾凡英等：《中国盐业契约论：以四川近现代盐业契约为中心》，成都：西南交通大学出版社，2007 年；徐文：《自贡盐业契约研究》，北京：法律出版社，2016 年；刘云生：《自贡盐业契约语汇辑释》，北京：法律出版社，2014；彭久松：《中国契约股份制》，成都：成都科技大学出版社，1994 年。

② 目前笔者收集到有关盐工子弟学校教育方面有：自贡市自流井区志自贡市自流井区地方志编纂委员会编：《自贡市自流井区志》，成都：巴蜀书社，1993 年；蒙德铨：《抗战时期的“盐工管理”》，中国盐业史国际学术研讨会论文集，1991 年；董振平：《抗战时期国民政府盐务政策研究》，济南：齐鲁书社，2004 年；自贡市盐务管理局编《自贡市盐业志》，成都：四川人民出版社，1995 年。

③ 史美章：《职工福利问题》，《铁路职工》，1933 年第 126 期，第 11 页。

④ 笔者在收集资料过程中仅在自贡市档案馆藏盐业公文卷宗号：5-3-212-215 中，发现数份就读于省外的盐工子弟申请奖学金档案说明有少量盐工子弟在外求学，除此外并未发现直接文献说明盐工子弟在外求学。

⑤ 自贡市档案馆藏：《呈报子弟校各项表册仰祈鉴核由》，卷宗号：3-3-222-001，第 37 页。

自流井第二盐工子弟学校名为“自流井盐场公署第二盐工子弟小学校”，校址为自贡市郭家坳口云村，成立于民国31年（1942）9月1日。民国29年（1940）5月成立富荣东场郭区盐工子弟识字班；民国31年（1942）2月，东区识字班并入郭区改名为“富荣东场第二盐工子弟识字班”，同年9月成立“自流井盐场公署第二盐工子弟小学校”。学校设校长、主任教员下辖教导处、训导处、事务处。额定学生男140名，女121名，职员5名，校役1名，现有学生男137名，女105名，职员4名，校员（校役）1名。[①]

此外，还有“贡井第三校”，校址位于艾叶乡积富井，“贡井第四校”，校址位于张家山停办的庆余井。

在民国32年（1943）四校分别更名为“私立自贡市第一、第二（自流井）、第三、第四（贡井）盐工子弟学校”，各场分别改组了校董会。

（二）学校建设

为避免频繁迁校，川康盐务管理局要求每校所觅校舍使用期在5年或10年以上。每校各觅校舍具体包含：教职员办公室一间，号房一间，大礼堂一间（最低容纳600人），教室12间（每间须容纳50人），教职员宿舍3至8间（视环境而定），校役宿舍一间，厨房一间，以及男女职教员及学生厕所便池，并有大操场一所（包括儿童运动场）。[②]与民国同时期地方教育比较，学校基础建设还是较为完善的，能满足学校日常课程活动。

二、教育管理

（一）行政管理

四所子弟学校自成立后，各校所在场署有关子弟学校事务管理逐渐复杂，公文日渐增多，为使子弟学校管理更加便捷，川康盐务管理局分会令各场盐工子弟学校两校组建一个校董事会。贡井盐场第一、二盐工子弟学校于民国33年（1944）一月末成立以“发展社会文化、扶助盐工子弟实施抗建教育”为目的的校董会，并拟定其章程草案，两校名奉令订为“私立贡井场第一、二盐工子弟学校”，校董会事务所设于贡井场公署处。其成员由盐务公益费管理委员会川康区分会、川康盐务管理局各派一人，贡井盐场公署、场长、秘书、各课课长、分场长、场务所主任，以及该场盐商及社会人士共计十五人组成，盐务公益费管理委员会川康区分会专员为董事长，有副董事、会计、秘书各一人。聘期为两年，可以续聘连任。校董会活动经费依靠盐务公益费管委

① 自贡市档案馆藏：《呈报子弟校各项表册仰祈鉴核由》，卷宗号：3-3-222-001，第38页。
② 自贡市档案馆藏：《呈报子弟校各项表册仰祈鉴核由》，卷宗号：3-3-222-001，第39页。

会筹措，也接受社会热心教育人士的捐款。校董事会有呈请经费、监督学校收支、校长教员任免诸权[①]。

但因自流井和贡井两场均系川康盐管分局所辖，为不使政令重复，更因富荣两场的盐工子弟学校愈发完善，尤其在改组为完全小学以后，原来的学校行政系统已不能很好地满足学校的管理，故在民国 33 年（1944）2 月据川康管委会指令，两场的盐工子弟学校合组了校董事会，并选出了谢正新、章焕晟和场长何国儁等八人为董事会董事，呈报川康管委会审核[②]。

（二）教育经费管理

经费是学校正常运作的基础。学校虽冠以“私立”，但其经费主要来自财政公益费用和场署上其他费用中拨付，如川康盐管局邓关分局处就在拨船公会经费（后改为拨船运费）内扣收[③]。其后盐工子弟校经费来源于盐工福利补助费拨入和业务收入[④]。学校取得管理局开具的经费来源证明书后可申报经费。和其他私立小学不同的是，盐工子弟学校经费来自盐业活动，而自贡盐产值在抗战时期因实际需要持续走高，所以子弟学校经费供给有保障，学校运营比其他私立学校更好。

经费主要用于学校的各项开支，保证学校正常运作。以自流井盐场第一、二两盐工子弟小学校民国 33 年度（1944）预算表为例，预算包含款、项、目三级，设学校经费一款，款下设俸给费、办公费、教导费三项，各项下分别设目，共计十二目，包含了学校日常支出、职员薪津、学校维修等各项费用。

学校每学期伊始都需要做经费概算上报审核批准，学年结束由场长上报经费决算表，如有余款则或上报缴还或留作下学期文具、图书、报销等费用。在学期过程中，在月末或次月申报本月或上月的经费，并附数份详细报表备查，但在次年才得以报销的经费亦不在少数。流程先由校报给所属场署，盐场署再报川康盐务管理委员会。但由于其填报多不符规定而被发还，公文往返之时耗时较长，使经费办理困难，故自流井盐场公署民国 33 年（1944）申请两校经费由管委会直接办理支付，以方便学校申请经费。

经费发放先由分局配发部分，其余部分由场署内的盐工福利金项目借垫，待后进行申报补发。如遇经费的申请在审核过程中耽搁（文件在运输途中、报表列支数字不符等原因）不能及时下放，就可向本场场署申请先于周转金内借垫，俟审核通过后进

---

① 自贡市档案馆藏:《为拟呈本场第一、二盐工子弟学校校董事会章程草案，仰祈核示祈遵由》，卷宗号：3-3-212-49，第 1-11 页。

② 自贡市档案馆藏:《为拟呈本场第一、二盐工子弟学校校董事会章程草案，仰祈核示祈遵由》，卷宗号：3-3-212-49，第 1-11 页。

③ 自贡市档案馆藏:《为关于征收拟办盐工子弟学校经费一案复请鉴核转报由》，卷宗号：3-3-212-119，第 1、2 页。

④ 自贡市档案馆藏:《仰将子弟校应送卅四年经费及业务等报表于奉电五日内呈局核转由》，卷宗号：5-2-298-311，第 656 页。

行补发缴回。

由于民国时期物价高涨，预算与实际开支往往有差，学校如遇不逮，急需用钱时可在盐工福利款中先行借垫，再行报销。不急需的资金可暂时申请周转金或是申请追加概算。下表为第一二盐工子弟校1943年度经费报表：

表1　自流井场公署第一二盐工子弟学校1943年度经费情况①

月份	核实经费预算数	实支数		本会拨发数	备考
		经费（日常学校支出）	生活津贴		
1	2 180.00	1 079.00	7 319.00	8 398.00	
2	2 180.00	1 079.00	7 691.00	8 770.00	
3	2 180.00	1 160.00	9 930.00	11 090.00	
4	2 180.00	1 127.00	10 195.00	11 322.00	
5	2 180.00	1 127.00	14 615.00	15 742.00	
6	2 180.00	1 127.00	19 615.00	20 747.00	
7	2 180.00	1 127.00	22 615.00	23 742.00	
8	2 180.00	1 127.90	24 317.71	25 445.61	
9	2 180.00	1 073.00	24 529.00	25 102.00	
10	2 180.00	1 133.00	28 000.00	29 133.00	
11	2 180.00	2 180.00	26 600.00	28 780.00	
12	2 180.00	2 180.00	尚未案清	2 180.00	
合计	26 160.00	15 513.90	195 426.71	210 940.61	

注：上列拨款中尚有1943年上期书籍费81 199.30元，两校期终考试奖金8 200.00元，□□□□□送药费8 145.00元，介绍费83 406.60元等款未计入。

据表1，可略见受物价高涨的影响，两子弟学校预算与实际开销的巨大差距。该年度子弟校经费预算每月2 180元，但在实际支出中，经费实支数月均1 293.25元，生活津贴实支数月均35 525.5元，总支出远超预算经费，其还不包括未纳入计算的书籍费、

① 自贡市档案馆藏：《呈请迅赐拨发盐工子弟校九、十月份办公文具费盐款一案由》，卷宗①自贡市档案馆藏：《为拟呈本场第一、二盐工子弟学校校董事会章程草案，仰祈核示祈遵由》，卷宗号：3-3-212-49，第1-11页。

① 自贡市档案馆藏：《为关于征收拟办盐工子弟学校经费一案复请鉴核转报由》，卷宗号：3-3-212-119，第1、2页。

① 自贡市档案馆藏：《仰将子弟校应送卅四年经费及业务等报表于奉电五日内呈局核转由》，卷宗号：5-2-298-311，第656页。

① 自贡市档案馆藏：《呈请迅赐拨发盐工子弟校九、十月份办公文具费盐款一案由》，卷宗号：3-3-212-99，第1-3页。

考试奖学金、送药费、介绍费共十八余万元开支。按预算，两校一年内每月经费均不变，但随时间推移，经费的涨幅只在 11、12 月份有较大变化，据查在民国 33 年（1944）3 月铅笔单价 50 元，到 7 月时铅笔单价已为 100 元。而生活津贴则逐月递增，前后涨幅最高达到四倍，由此可见年内物价尤其是生活类涨幅巨大，物价高涨下的实际开支使自流井场署有点不堪重负，场署此时可向分局发文要求拨发周转金。除此外，如有其他临时情况也可在预算外动支福利费项下先行拨用，如贡井场署的第三、第四子弟学校房屋需款修整，其先行在福利费下动支，待修缮完毕后再行报销[①]。

如果出现经费预算和结算差距较大，场署可于次年申请增加经费。下表是贡井盐场因子弟校经费不足而拟定的每月经费追加概标书：

表 2　贡井盐场公署造呈私立自贡盐区第三盐工子弟学校 1944 年度每月追加经费概标书[②]

						1	款	科目	经常门公益费部份
	5	4	3	2	1		项		
合计	特别费	设备费	教导费	办公费	俸给费	经常费		名称	
1 100	50	50	700	300		1 100		原奉准每月预标数	
00	00	00	00	00		00			
4 000	200	300	1 500	2 000		4 000		请追加每月概标数	
00	00	00	00	00		00			
5 100	250	350	2 200	2 300		5 100		合计	
00	00	00	00	00		00			
				查原预标数系奉钧会公（卅三）字第 999 号训令核准				备考	

除原有预算外，追加的经费概算在学期伊始便要做好呈报。表 2 所示为每月追加的经常门公益费部分，每月翻倍地追加各项概算，总数近原奉准数的四倍，其中又以教导费和办公费为巨。其后更有临时门公益费（包括学校房屋修缮和图书购买、杂件等），其追加更甚于此。此项举措说明此时期物价变动剧烈，但从侧面反映此时期盐工子弟学校的经费来源较为充足。

盐工子弟学校虽是由政府的机构组办，自开校后规模愈大，学校的开销也日渐剧增。据自贡市档案馆所藏民国盐业档案中“盐工子弟学校”部分可知，子弟学校自开办以后规模不断扩大，虽有利盐工及其子女，但规模愈大其耗资愈甚，子弟学校曾多

① 自贡市档案馆藏:《呈报第三第四盐工子弟小学校房屋需款修整，已在收存福利费（即原资方补助盐工会费）项下拨用，俟修整完竣，再行报销，仰祈鉴核备查由》，卷宗号：3-3-214-33，第 1、2 页。

② 自贡市档案馆藏:《为编具追加两盐工子弟小学办公各费预示暨附实物清单，电请核转饬遵由》，卷宗号：3-3-215-49，第 5 页。

次因经费不足而申请停办。经费虽有公益费为支撑，加之抽取地方事务费用，且预算亦作学校所必需的最低开支，无可再减，但在办学过程中仍是资金筹措困难，经费短缺问题多有出现。学校除使用上述办法以外，更以裁减学校工友省办公费来惨淡经营。在一份自流井盐场公署快邮代电的公文中出现了："两校开学已久，所有应报之各种表报均因无款购买纸笔，无法办理。现两校每月均向大郭两分署借款用维现状。"①更甚时因公益费经费困难，有建议将子弟学校停办之声。

教育经费短缺的问题是民国时期的通病，国民政府虽然将保障教育经费独立作为一项重要国策，为此多次颁发保障教育经费充足的政令，如民国 20 年（1931），公布《中华民国训政时期约法》，其中第五章 52 条规定："中央及地方应宽筹教育上必须之经费，其依法独立之经费，并予以保障。"此外自民国 37 年（1948）后，行政院又公布并通令各省遵照《地方国民教育经费整理及增筹办法》依法增筹教育经费。但由于各级政府腐败无能，贪污腐败之风盛行，这些办法颁布后，并没有起到稳定国民教育的作用，使许多地方的国民学校因经费困难而停办。②

但就经费支给这一项来说，挂靠在川康盐务管理局的四所盐工子弟校际遇却是比上述学校好得多。我们应该明白，盐工子弟校后来虽办学困难，但绝非因为经费被私自挪用，而是物价高涨，法币贬值，导致其预算无法满足学校日常运作需求。

三、教育师资

（一）教师资历

小学教育是国民教育基础，是立国精神所在，小学教员则肩负着"教育救国"的重任，根据档案所载，盐工子弟学校的教员遴选严格，对教师要求较高。

据贡井场署简明呈文及其附件可知，该场于民国 33 年（1944）年春季招生之际，遴得曾辉、朱里用、陈玉良、刘婉章四教员，各系在光华大学、川南师范、富顺高中、国立第二中学高中部毕业，四人平均年龄仅为二十六岁，正处风华正茂之际。除光华大学毕业的曾辉，其余三人皆有任教经历③。可见其校所招教员均系有较高知识水平之人，且多数已有丰富的任教经验，如此可迅速提高学校教学水平，以利盐工学校教育。与同时期四川各县小学教师资历相比，盐工子弟学校教师合格率更高。1935—1936 年四川各县教育状况视察报告显示合格小学教师严重缺乏，此为川内各县普遍现象④。30

① 自贡市档案馆藏：《本场第一、二盐工子弟校经费困难无法推进，电请迅赐设法救济以维校务由》，卷宗号：3-3-223-1，第 146 页。

② 熊明安：《中华民国教育史》，重庆：重庆出版社，1997 年，第 50 页。

③ 自贡市档案馆藏：《呈报遴选第一二盐工子弟学校员役，恳准分别派补一案，仰祈鉴核饬遵由》，卷宗号：3-3-212-8，第 1-2 页。

④ 曾崇碧：《20 世纪 30 年代四川小学教师状况研究》，成都：四川大学，硕士学位论文，2003 年，第 19 页。

年代后期，四川省教育厅又作了一次较为全面的小学师资调查，其中富顺县“教育尚称发达”，“惟查该县师资不合格者，尚居 75%”，荣县“小学教师曾受师范训练者占 10.9%”[①]。根据民国 20 年（1931）《四川教育厅检定小学教员暂行规程》[②]，以下三者之一具有检定资格：中学毕业或修业满三年以上者；在小学任职满三年以上者；研究专科学术兼明教育原理而有相当证明者。而盐工子弟学校能一次招聘四个皆具有检定资格的教师，足以彰显盐工子弟学校师资较为优质。

下表为第一盐工子弟校民国 35 年（1946）教职员表，可稍知此时期盐工子弟校师资情况。

表 3　自流井场署福工小学 1946 年度上期教职员一览[③]

<table>
<tr><td rowspan="9">兼校长
胡永康
（胡永康印）</td><td>蓝灼良</td><td>吴文礼</td><td>曾俊坤</td><td>颜荣先</td><td>胡永康</td><td>姓名</td><td rowspan="9">自流井场署福工小学三十五年度上期教职员一览表</td></tr>
<tr><td>女</td><td>女</td><td>女</td><td>女</td><td>男</td><td>性别</td></tr>
<tr><td>32</td><td>34</td><td>29</td><td>25</td><td>38</td><td>年龄</td></tr>
<tr><td>荣县</td><td>新繁</td><td>自贡市</td><td>自贡市</td><td>四川华阳</td><td>籍贯</td></tr>
<tr><td>级任教员</td><td>级任教员</td><td>级任教员</td><td>教导主任</td><td>兼校长</td><td>职别</td></tr>
<tr><td>协和师范毕业</td><td>省立第一女子师范学校毕业</td><td>培德中学毕业护士校修业</td><td>省立泸县师范小学毕业</td><td>旧制中学</td><td>学历</td></tr>
<tr><td>曾任小学教员十三年</td><td>曾任成都省立小学及市立小学教员、剑阁县立小学校长、剑阁乡师附小教员、本市保育院教员及本市附小教员</td><td>曾任小学教员五年</td><td>曾任自贡市国民教育巡回辅导团指导员及公私立小学教员、本校教员三年</td><td>大文堡分场长</td><td>经历</td></tr>
<tr><td></td><td></td><td></td><td></td><td></td><td>备考</td></tr>
</table>

据表 3 可知，此时第一盐工子弟校仅四名老师和一位校长。校长为旧制中学毕业，但是并无任教或学校管理经验，不符合民国小学校长聘任要求。四位老师不仅符合民国小学教师聘任要求，而且也都具有相当的教龄，教学经验较为丰富。

但是该校教师到民国 38 年（1949）时教师变动较大，下表为该校当年教职员表：

① 曾崇碧：《20 世纪 30 年代四川小学教师状况研究》，成都：四川大学，硕士学位论文，2003 年，第 20 页。

②《四川教育厅检定小学教员暂行规程》，《富顺县教育月刊》，1931 年，第 33-37 页。

③ 自贡市档案馆藏：《自流井场署福工盐务小学三十五年度上期教职员一览表》，卷宗号：5-2-298-311，第 1115 页。

表 4　自贡市私立福工小学校 1949 年下期教职员一览[①]

	级任教员	级任教员	级任教员	级任教员	级任教员	级任教员	教导主任	兼校长	职别	自贡市私立福工小学校一九四九年下期教职员一览表
	金玉芳	胡志筠	何英域	蓝则儒	王典焜	陈志清	吴文礼	杨铄百	姓名	
	女	女	男	男	男	女	女	男	性别	
	23	24	22	23	20	21	37	39	年龄	
	重庆	自贡市	富顺	自贡市	富顺	自贡市	新繁	遂宁	籍贯	
	蜀光高中毕业	蜀光高中毕业	富顺高中毕业	国立东北中山中学高中毕业	四川省立泸县师范毕业	自贡市私立旭川高中毕业	四川省立成都第一女子师范毕业	成公高中毕业志成法学院修业	学历	
	曾任小学教员五年	曾任小学教员三年半	曾任小学教员二年	曾任小学教员二年任小学教员一年半	曾任小学教员七年半	曾任小学教员一年半	曾任小学教员一二年	曾任小学校长、中学教员、盐务秘书，现任大区分场长	经历	
	国语 算术 公民 唱游	国语 算术 自然 常识	国语 算术 童体 常识	国语 算术常识 美术	国语 算术 劳作 工作	国语 算术 地理 音乐	历史 美术 劳作 故事	公民	担任课程	
									备考	

表 3 和表 4 都是福工盐务小学校教职员表，从表中我们可以直接看出，经过多年发展，盐工学校师资有较大提升。

首先是校长的任用上。民国 25 年（1936）校长胡永康受教于旧制中学，根据民国教育法规定，胡永康并不符合任用要求。而在民国 38 年（1949）的教职员表中校长杨鍊百不仅是高中毕业兼修法学，也任职过小学校长、中学教员，在学校管理和教学管理方面更有经验。

再看两表中的教师，表 3 教师数量仅为表 4 的 1/2，且表 4 教师平均年龄为 27 岁，而表 3 教师平均年龄 30 岁。这说明子弟学校教师整体趋年轻化，更年轻的教师收到旧学影响更少，更易接受新思想教育。而且表 4 教师最低受教程度为新式高中，表 3 教师有护士专业的老师。这体现出教师更加专业化。

最后综合两表来看，仅四年时间，除教师吴文礼晋升教导主任，其他教师皆被替

① 自贡市档案馆藏：《自贡市私立福工小学校一九四九年下期教职员一览表》，卷宗号：5-2-281-291，第 37 页。

换。而笔者从数张报表中获悉，学校每年至少对教师有三次情况考察，一是上级对教师的调查，调查包括学历、经历、职务、月薪、工作心得、改进校务意见、业余活动经济负担等内容①。二是视导报告表，对教师的教授方式、课程进度、管理方式、辞章能力、品格、学识诸多方面进行细致考察②。三是每学期一次的教职员工作成绩考核表，考核项目分工作、操行、学识三大类，并做出考核意见③。对教师的诸多考核体现出学校对师资力量建设的重视程度，且是子弟学校教师变动较大的原因。

（二）教师待遇

教员月薪 20 至 50 元不等，工友（校役）无月薪。除月薪以外，每月员司要补发生活津贴。据贡井场请领贡井一二校（四校改名之前）民国 33 年（1944）1 月关于员工生活津贴④的公文可知，其教员除每月除领薪资 20 至 50 元不等外，更有津贴补助费、更有战时薪给加成生活补助费、膳食补助费、含米代金共计 2 796—3 006 元不等的生活津贴。校役享有膳食补助费、含米代金 1 512 元。由此可见，虽然其职员本身薪资不高，但是结合每月生活津贴，其月收入就较诸一般学校为高⑤。多项生活津贴亦体现出民国时期政府对教职人员的重视。但因学校资金问题，津贴发放亦如经费报销，常须待次月学校向管委会呈文后方能补发。

至民国 38 年（1949）3 月时，两场部分学校可根据职员的年资及上年考绩在本年分别予以加薪，如考核分数不达 80 分或全年请假达 1 月者免予加薪。且主任教员以 120 元，教员以 100 元为最高加薪，加满最高薪且累计两年者更加年功与薪俸。该校工友（校役）待遇以最低教员薪俸折半发给。

教员在年内可请假（事假、病假）十日，学校须对请假职员的姓名、机关、职缺、薪级、假别、请假时间、已请假时间做详细登记，造具假期报告表一份。如有请假时长逾十日，则须照章扣发全数薪津⑥。如有教员不假不到，则可上报分会予以解职。

由上诸条可见，子弟学校对教员的学历与资历有较高要求，且因待遇高于一般学校，故而对其管理甚严，如有教员违章或不合资格，皆照章处理，以郑重教育。

（三）师资管理

民国时期，小学师资大多实行校长聘任制，四所盐工子弟学校亦同。但由于此四

---

① 自贡市档案馆藏：《呈学生名册校具清册等仰祈鉴核由》，卷宗号：5-2-298-311，第 394 页。

② 自贡市档案馆藏：《呈学生名册校具清册等仰祈鉴核由》，卷宗号：5-2-298-311，第 438 页。

③ 自贡市档案馆藏：《自流井盐场公署第二盐工子弟校造报三十四年度下期教员工作成绩考核表》，卷宗号：5-2（298-311），第 1086 页。

④ 自贡市档案馆藏：《呈送本场第一二盐工子弟学校三十三年一月份经费印领及生活津贴清册印领，仰祈核鉴拨发由》，卷宗号：3-3-212-38，第 1-4 页。

⑤ 自贡市档案馆藏：《财政部盐务公益费管理委员会通令》，卷宗号：3-3-213-103，第 3 页。

⑥ 自贡市档案馆藏：《呈报教员黄品端请逾期事假五日半，照章扣罚全数薪津，仰祈鉴核备查由》，卷宗号：3-3-213-80，第 1-4 页。

校设立的特殊性，子弟校的教师先由校长遴选，再由该盐场公署上报川康盐务管理局审核，或者由川康盐务管理局直接指派教师。这样的审核方式避免了“六腊战争[①]”乱象在盐工子弟校出现。校长直接聘任或由他人介绍之教师，首先要由校董会审核其证件真伪，然后上报川康区分会核准其参加笔试。如果此时不能立缴证件，场署则会另择他人上报。笔试通过之后方可到校任职。值得注意的是，如果教师是由人介绍，则须由介绍人出具保证书如下：

保证书

保证人 XXX 今愿保 XX 在贵 XX 服务期内保证该员操行廉洁，思想纯正，服务忠实并能恪遵一切规章命令。如该员将来有营私舞弊，侵吞款项情事，保证人负完全责任。特具证明书。

中华民国 XX 年 XX 月 XX 日

保证人 XX

保证人职业：XX（XX 职务）

住址：XXX

与保证人之关系：XX[②]

以此保证由介绍而来的教师品（职员）行，减少师德有失之事件发生。假使有瑕，亦可以保证书使保证人负完全责任，减小学校损失。如此才可以进到教师聘任的下一个环节。

下呈一文为自流井盐场公署民国 33 年（1944）请求管理局聘任教师公文：

自流井盐场公署简明呈文[③]：

机关：管理局

号次：管工字第 350 号

发出日期：33 年 2 月 10 日

简明事由：本场一二盐工子弟校教员凃少儒等他调遗缺，拟请以关梅侠等分别补充，呈履历，请鉴核由。

附件：附件随文

一、查本场第一二盐工子弟学校大区教员……

二、现值本期新生入学，两校教员人选问题，兹查有品学优良之关梅侠、吴泽瑶、罗继伯、陈英才等四员堪以分别补充。现因工作需要，除分饬该员等于本（二）月十六日先行到校，以便办理新生手试验外，至各员月薪，拟请各支四十元。

---

① 民国时期，每年六月和腊月（新学期始）各小学教师为谋得教师聘书而奔走寻求各种关系的事件。

② 自贡市档案馆藏：《保证书》，卷宗号：3-3-214-4，第 3 页。

③ 自贡市档案馆藏：《本场一二盐工子弟校教员凃少儒等他调遗缺，拟请以关梅侠等分别补充，呈履历，请鉴核由》，卷宗号：3-3-212-29，第 85 页。

三、理合检同该员等履历随文賫请钧局俯赐追准并乞鑑核示遵！

谨呈

场长 郑福楠

附件：四份履历表。

可知子弟校在选任教师时，须由该场署将预选教师及其履历上报管理局，由管理局做出任职决定。此举有两个好处：一是避免了“六腊战争”的乱象在子弟校出现，保障子弟校教师聘任的正常秩序；二是严格了教师选拔程序，有助于挑选合格教师入职子弟校，避免教师质量下降，影响正常教学。此二者点尤为重要。笔者在一民国 33 年（1944）9 月 16 日贡井盐场公署呈文见“查本年……私立自贡盐区盐工子弟小学校董会第四次会议……提请贡井场上期子弟校教员请全体留用案……”[①]及“兹查本场长期子弟校教员……等八员，均属品学兼优，成绩卓著，堪以留用；……转请总会赐予核准……”可见其并未出现“六腊战争”乱象。且民国时期师范教育落后，教师培养极为欠缺，四川省各县小学教师不合格者居多。上述四位教师皆符合该时期的任用条件，且笔者目前在档案中众多的教师履历排查表中发现，子弟校教师绝多数符合教师资格，这一点难能可贵。子弟校教师被聘任之后，还要经过三个月的试用期，期满后，由校董事会写考核评语并再向川康区管委会呈文请示该教师是否留用。如上文报请留校教员黄品端，是民国 32 年（1943）7 月 16 日到差，试用到该年 10 月 15 日，品绩俱佳，故被拟请留用[②]。可见子弟校在教师聘任程序上的严格。

虽有如此严格之程序，但仍有任用不合格教师之乱象。为此，在民国 33 年（1944）8 月 26 日财政部盐务公益费管理委员会通令[③]中有：“查本会所办……盐工子弟校所有职员待遇较诸一般学校为高……查各院校仍有……任用亲知或因瞻徇情面，遂以不合资格或证件虚伪之人呈请任用。……似此上下敷衍，有法不守，殊非郑重教育之道。嗣令以后务各痛改积习，慎选师资……破除情面，以事业之成绩卓著为公共之鹄的。”管委会严令各场子弟学校不可任用不合资格的教师。遗憾的是笔者未在后续公文中看到有关此通令的回文，但当时能对教师选拔这方面有如此尽力之行动亦难能可贵，足以彰显上级对子弟校的重视。

在任教师每学期除正常教学，须有品绩考核，作为是否延聘之依据。下列一表为自贡市私立惠工盐务小学校造报民国 35 年度下期教员工作成绩考核表：

---

① 自贡市档案馆藏：《为根据议案呈请留用本场上期子弟校教员黄品端等八员以宏教育，仰祈核转饬遵由》，卷宗号：3-3-213-12，第 2 页。

② 自贡市档案馆藏：《呈报教员黄品端试用期满，品绩俱佳，拟请留用，仰祈鉴核示遵由》，卷宗号：3-3-212-33，第 1、2 页。

③ 自贡市档案馆藏：《财政部盐务公益费管理委员会通令》，卷宗号：3-3-213-103，第 3 页。

表 5　自贡市私立惠工盐务小学校造报 1946 年度下期教员工作成绩考核表[①]

<table>
<tr><td colspan="2">被考核人姓名</td><td>职位</td><td>薪额</td><td colspan="2">教授班级</td><td colspan="3">教授科目</td><td>到差日期</td><td>请假次数</td><td colspan="2">缺席次数</td></tr>
<tr><td colspan="2"></td><td></td><td></td><td colspan="2"></td><td colspan="3"></td><td></td><td></td><td colspan="2"></td></tr>
<tr><td colspan="13">考核时间：自××年××月××日至××年××月××日</td></tr>
<tr><td colspan="3" rowspan="2">考核项目</td><td colspan="4">考核级别</td><td colspan="2">分数</td><td rowspan="2">按比率核算后应得分</td><td rowspan="2">各项总分</td><td rowspan="2">考核意见</td><td rowspan="2">附注</td></tr>
<tr><td>最优</td><td>优良</td><td>平常</td><td>劣</td><td>初核</td><td>复核</td></tr>
<tr><td rowspan="6">工作</td><td rowspan="2">成绩</td><td>1.学生考试及格人数</td><td></td><td></td><td></td><td></td><td></td><td></td><td></td><td rowspan="6"></td><td rowspan="14"></td><td rowspan="15"></td></tr>
<tr><td>2.学生考试不及格人数</td><td></td><td></td><td></td><td></td><td></td><td></td><td></td></tr>
<tr><td rowspan="2">精神</td><td>1.能否尽责及努力</td><td></td><td></td><td></td><td></td><td></td><td></td><td></td></tr>
<tr><td>2.提个健全与否</td><td></td><td></td><td></td><td></td><td></td><td></td><td></td></tr>
<tr><td rowspan="2">能力</td><td>1.教授方法</td><td></td><td></td><td></td><td></td><td></td><td></td><td></td></tr>
<tr><td>2.教授经验</td><td></td><td></td><td></td><td></td><td></td><td></td><td></td></tr>
<tr><td rowspan="5">操行</td><td colspan="2">1.能否按时到退</td><td></td><td></td><td></td><td></td><td></td><td></td><td></td><td rowspan="5"></td></tr>
<tr><td colspan="2">2.公私生活是否有序</td><td></td><td></td><td></td><td></td><td></td><td></td><td></td></tr>
<tr><td colspan="2">3.诚意与和平</td><td></td><td></td><td></td><td></td><td></td><td></td><td></td></tr>
<tr><td colspan="2">4.合作精神</td><td></td><td></td><td></td><td></td><td></td><td></td><td></td></tr>
<tr><td colspan="2">5.公正意识</td><td></td><td></td><td></td><td></td><td></td><td></td><td></td></tr>
<tr><td rowspan="3">学识</td><td colspan="2">1.常识是否丰富</td><td></td><td></td><td></td><td></td><td></td><td></td><td></td><td rowspan="3"></td></tr>
<tr><td colspan="2">2.有无特长</td><td></td><td></td><td></td><td></td><td></td><td></td><td></td></tr>
<tr><td colspan="2">3.研究精神及心得</td><td></td><td></td><td></td><td></td><td></td><td></td><td></td></tr>
<tr><td colspan="3">考核总分数</td><td colspan="9"></td></tr>
<tr><td colspan="3">考核长官姓名</td><td colspan="3"></td><td colspan="3">职位</td><td colspan="4"></td></tr>
</table>

① 自贡市档案馆藏：《呈福工盐务小学校教员期终考绩表三份敬祈鉴核由》，卷宗号：5-2-298-311，第 1156 页。

由表5可知，教员考核内容分为工作、操行、学识三大类，其中工作又分为成绩、精神、能力三项。该表从教师教学能力、教学知识、教师品德三大方面考核在校教师，表中的“考核意见”则是教师是否延聘的很大影响因素。如笔者所见意见有“成绩优良，请准继续聘用”“胜任现职”“已奉饬解聘”等语。可见此意见能初步决定教师是否延聘。据笔者如下统计，考核中最重要的学生考试成绩。

表6　自贡市私立惠工盐务小学校1946年度下期教员班级成绩及格率①

教师	蓝灼良	谭玉琼	吴文礼	刘玉华	曾侯坤	王慕维	林作念
教授班级	一上	一下	二上	二下	三上	三下	四下
学生考试及格人数	最优	42	最优	27	最优	19	11
不及格人数	最优	9	最优	4	最优	1	7
及格率		82.3%		87%		95%	61.1%
其他各项最低分/平均分	80/85.3	80/86.8	80/82.9	80/86.6	80/84.1	80/82.9	80/82
考核意见	成绩优良，请准继续聘用	胜任现职	成绩优良，请准继续聘用	胜任现职	成绩优良，请准继续聘用	胜任现职	已奉饬解聘

据表6可见，教师除学生考试及格人数和不及格人数两项打分以外，各教师的最低分都为八十，唯一的差别在于考试成绩部分。由上表可以推测学生考试及格率是教师是否延聘的决定因素，遗憾的是笔者目前仅收集到几条教师成绩考核表，不能清晰辨明学生考试及格率和教师延聘的具体关系，但可以肯定的是，其正相关性较强。

综上所述，教师作为盐工子弟学校教育的中坚力量，川康盐务管理局在此方面的管理和待遇可谓是煞费苦心。在教师选择方面，教师资历要求符合民国时期小学教师资格要求，过程中虽有私聘不合格教师，但是上级亦能多次通令使之改正，而在档案中笔者发现更多的是任职教师符合规程。在教师薪资方面，子弟校的教师薪资较之一般学校要高。这也是其教师选择严格的原因之一，其福利待遇不仅更多，且能落实，如产假、事假等都能核准。由此在教师管理方面，子弟校管理严格，推荐需要保证书，入职需要考试，正式老师每学期有成绩考核作为下学期延聘依据。所以我们有理由认为子弟校教师资历和待遇是高于一般小学的，且更加稳定。

四、教育活动及效果

（一）学制

两校尚为简易小学时计划招生为4个年级，每级1班，每班50人，共计400人。

① 自贡市档案馆藏：《呈福工盐务小学校教员期终考绩表三份，敬祈鉴核由》，卷宗号：3-3-222-1，第23页。

民国32年（1943）开始组建完全小学后，民国33年（1944）年上学期每校计划招收9个班，每班50人，两校共计招生900人。

因此时子弟学校仅为简易小学，只开办了一至四年级，但就读学生多出身贫苦，毕业之后，无力升其他学校，经诸多考虑后，自流井场署两盐工子弟学校于民国33年（1944）1月开始改组为完全小学，每学期增设高级一班，直至民国34年（1945）下学期完成六年学年制。那时每校计初级8班，高级4班，共12班，每班50人，两校共可容纳1 200名盐工子弟。

据《盐业志》记载，盐工子弟学校自民国31年招生以来，学生人数总体如下：民国31年（1942）识字班招生328名，34年（1945）在校子弟423人，35年（1946）536人，36年（1947）609人，37年（1948）881人，38年（1949）957人。可以看出学生人数总体虽同计划招生人数有较大出入，但总体呈上升趋势，在民国末年子弟校有近千名学生就读。

（二）课程

根据子弟学校学则，子弟学校以每年8月1日为学年开始，次年7月31日为学年结束。

一年分为上下两学期，上半年为上学期，至7月初期终考试，7月中旬放假；下半年为下学期，开学时间在8月底（28号左右）结束于次年1月底，共行课22周，每周上课6天。

学校每学期伊始必先举行开学典礼，随后各级举行升级补考并收阅暑假作业，后编订座次，发放文具及教科书，周三正式上课。所学科目包括国语、常识、算术、音乐、美术、劳作、体育、童军。

下援引自流井一校民国33年（1944）度授课表，可悉当时学生之作息。

由表7可知，盐场子弟学校每周上课6天，每天10节课，正式上课为早上3节课，下午3节课，其余4节分别为：公民训练与升旗、课间操、课外活动、降旗，每节课时长15～40分钟不等。时间自早上8:00到下午4:20，中午有三个小时休息时间，课间休息10分钟。另表中值得关注的有以下几点：① 上课期间，每日上课前每班都有公民训练与升旗活动，下午放学后亦有降旗活动。每日的此类活动，既培养了学生的近代国民意识，又加强了学生的国家观念，使中华民国及其旗帜深入诸多学生之心，使盐工子弟学校的教育发挥其正向作用，这符合盐工子弟校开办初衷。② 一、二年级每周有国语课六节、算术课五节、常识课五节、工作课四节、唱游课七节；三四年级每周有国语课六节、算术课七节、常识课七节、劳作课两节、音乐课一节、体育课两节、童军课两节。仅从可见学校对一、二年级的学生更偏重于学生自生的学习以外的素质的培养，而对三、四年级的学生更注重学生的学科学习，以及学生体魄的锻炼。此时正值抗战时期，故而更加入军事训练，为日后之抗战积蓄新生力量。

表 7　自流井场第一盐工子弟学校 33 年度（1944）授课总表[1]

午别	星期				1				2				3				4				5				6			
	节数 时间（时长） 课程 年级				一上	二上	三上	四上	一上	二上	三上	四上	一上	二上	三上	四上	一上	二上	三上	四上	一上	二上	三上	四上	一上	二上	三上	四上
午前	1	8 8	00 20	20	公民训练 升旗				公民训练 升旗				公民训练 升旗				公民训练 升旗				公民训练 升旗				公民训练 升旗			
	2	8 9	30 10	40	纪念周				国语	国语	国语	国语	国语	国语	国语	国语	国语	国语	国语	国语	国语	国语	国语	国语	国语	国语	国语	国语
	3	9 10	20 00	40	算术	算术	算术	算术	算术	算术	算术	算术	唱游	唱游	音乐	音乐	算术	算术	算术	算术	算术	算术	算术	算术	唱游	唱游	体育	体育
	4	10 10	10 25	15	课间操																							
	5	10 11	30 00	30	工作	工作	算术	算术	常识	常识	常识	常识	常识	常识	常识	常识	工作	工作	算术	算术	常识	常识	常识	常识	常识	常识	常识	常识
午后	6	2 2	00 25	25	习字	习字	习字	习字	习字	习字	习字	习字	习字	习字	习字	习字	习字	习字	习字	习字	习字	习字	习字	习字	习字	习字	习字	习字
	7	2 3	35 05	30	国语	国语	国语	国语	工作	工作	劳作	劳作	唱游	唱游	□□	□□	算术	算术	算术	算术	工作	工作	劳作	劳作	周会			
	8	3 3	15 45	30	唱游	唱游	体育	体育	唱游	唱游	童军	童军	唱游	唱游	□□	□□	常识	常识	常识	常识	唱游	唱游	童军	童军				
	9	3 4	45 00	15	课外活动																							
	10	4 4	00 20	20	降旗																							

① 自贡市档案馆藏：《呈子弟校各项表册，祈仰鉴核由》，卷宗号：3-3-222-1，第 23 页。

且从另一份该校的当年的学期日程表来看，学校注重学生个人素养的发展，即训育，包括但不限于卫生、健康、艺术等方面。如在行课期间共有 6 次检查个人卫生清洁，要求各班按划分区对公共场所进行打扫并每月一次大扫除，成立篮球队，组织各级篮球赛，成立歌咏队，组织各级演说赛，举行音乐比赛及演奏会，出版壁报等。每月更有单独的训练要目：忠勇、孝顺、仁爱、信义、和平、礼节、服从、勤俭、整洁、助人、学问等。[①]如第二盐工子弟学校 11 月份工作指导中就规定第 92 周周训分别为：仁爱、信义、和平、礼节。从这些方面去培养儿童健康体格、陶冶儿童良好品质、发展儿童审美兴趣、增加儿童生活知能、训练儿童劳动习惯、启发儿童科学思想、培养儿童户主团结精神、养成儿童爱国爱群观念。

（三）对学生的评价机制

盐工子弟校根据学则要求一学期有多次月考和 1 次期终考试。一共考试 3 科（正科：国语、算术、常识，均于一张试卷之上），每科按百分制计算，期终考试须加上剩余五科（音乐、美术、劳作、体育、童军），总分 800，然后按平均成绩排名，并以甲乙丙级评定学生操行（品行）。

下呈第一、二子弟学校民国 33 年（1944）四年级学生毕业会考试题[②]，可概览当时学校的授课内容及授课重点。

每题十分
国语
（一）在下面句里填入适当的连词
1.我怕是很有准备（ ）考试时一点也不着慌
2.我的爹爹既不饮酒（ ）不吸烟
3.就是先生没有看见我（ ）很守规矩
4.我初小毕业打算（ ）
5.读书要（ ）做事要（ ）
（二）把下列助动词填在各句的括号里
了、的、吗、罢
1.九点钟到了，我要去睡（ ）？
2.这话是对（ ）。
3.小朋友你的爹爹在家（ ）。
4.你有机会读书是多么幸福（)!
5.唉！我很喜欢读书，可惜没有时间（)!

① 自贡市档案馆藏：《为拟定本年下学期教导股工作预定历，呈请鉴核备查由》，卷宗号：3-3-213-62，第 2-5 页。

② 自贡市档案馆藏：《第一二子弟学校民国 33 年（1944）四年级学生毕业会考试题》，卷宗号：5-2（298-311），第 538 页。

常识题
（一）填空
1.总裁姓□，名□□，字□□，民国纪元前□□□年诞生在□□省□□县的□□镇。
2.国民政府的组织分□□院、□□院、□□院、□□院、□□院等五院及□□□□□□会。
3.人民有四政权，□□权、□□权、□□权、□□权来管理政府。
4.三民主义是□□主义、□□主义、□□主义的总称。
（二）选择
1.戚继光是（元朝）（宋朝）（明朝）（清朝）的人。
2.茶的益处是（刺激神经）（解渴助消化）
3.开发南洋十岛者是（美侨）（英侨）（华侨）（法侨）（俄侨）。
4.朝鲜原来是（英国）（俄国）（日本）（意国）（中国）（美国）的属国
（三）问答
1.三种益虫
2.四种病虫
算术
1.3535÷45
2.7888÷34
3.23.43+7.26+3.8+3.3+12.57
4.6.287−0.748
5.厂中职员和 2 人共有 58 人，每月薪工共 828 元，平均每人若干？
6.平平和安安到纱厂里去参观，有一个农人卖棉 28 斤，平均每斤可卖三角二分四厘，共卖得___元___角___分___厘。
7.轻机关枪每分钟放 480 发，每秒放多少发？
8.光光和明明坐船，每分钟前进 30 丈，95 分钟前进了___丈。
9.（无）
10.（无）

由上可知，试卷分为 3 部分即国语、常识、算术 3 科，共 30 道题。国语部分注重日常交流用语；常识部分涉及面最广，包括政治、历史和生活常识；数学部分包含小数到四位数的加减乘除，也包括平均数、总数计算。总的来说，考试内容丰富涉及生活多方面，契合了当时的小学教育规程，而且常识题目紧跟时政，有助于这些毕业的学生了解国家现状。

成绩作为衡量学生学习效果的重要标准，历来被子弟学校重视。下呈表 8 可略观自流井盐场两子弟学校学生考试成绩分布情况。

表 8　自流井一二盐工子弟学校 32 年（1943）下期学生期终考试成绩统计[①]

总计	四下		三下		二下		一下		年级	自流井一二盐工子弟学校三十二年下期学生期终考试成绩统计表
	二校	一校	二校	一校	二校	一校	二校	一校	学校分段	
15	3	1	4	1	0	3	1	2	90 ~ 100	
59	8	2	2	1	21	5	16	4	80 ~ 89	
66	7	3	6	2	15	8	16	9	70 ~ 79	
41	1	3	9	6	5	3	9	5	60 ~ 69	
23	1	0	2	1	4	8	0	7	50 ~ 59	
22	0	0	2	4	0	6	1	9	0 ~ 49	
226	20	9	25	15	45	33	43	36	合计	
本期四下班学生毕业成绩如上表。									备考	

由表 8 可知，本次一校参考 93 人，二校参考 133 人，两校共参考学生 226 人。从其成绩分布来看，一校学生高分（≥90）人数 7 人，高分率 7.5%，不及格 35 人，不及格率 37.6%；二校学生高分 8 人，高分率 6%，不及格 10 人，不及格率 7.5%，由此可见一校学生成绩落后不少。照规定，凡均分 60 分以上升班（升级）；均分 60 分以上，而正科（国语、算术、常识）有 2 科以上在 40 分以下留班（留级）；各科有不及格者 50 分以下，下期开学补考[②]。由此可见，民国学制下，每升一级必须经过考试，合格方可升级，反之则补考或留级，并非现在的一年读一级。此项举措能促进学生努力学习，使学生不会在同一级读书时间过长。

值得注意的是，每名学生都有操行等级，但每个年级的考试科目可能有所不同，不同学校成绩亦不相同。据查自流井一校开设国语、常识、算术、音乐、美术、劳作、体育、童军 8 门课，但是在民国 33 年（1944）自流井一校上期的学生期终成绩各级却不相同。三、四年级成绩囊括此 8 门课，一、二年级成绩有 5 门，其中只有 8 门中的 3 门正科（国语、算术、常识），另 2 科为唱游和工作。不仅如此，在一校二校的四年级成绩中，一校有童军 1 科，而二校未有。

学生虽以成绩为主，辅之以操行，但是从诸多成绩清单中不难看出，成绩优异之学生操行多为甲等，少有乙等，而成绩挂尾的学生操行多有丙等，说明学生成绩和其自身操行有相当的正相关。

① 自贡市档案馆藏：《呈报盐工子弟校期终考试成绩册，仰祈鉴核由》，卷宗号：3-3-215-15，第 4 页。
② 自贡市档案馆藏：《呈报盐工子弟校期终考试成绩册，仰祈鉴核由》，卷宗号：3-3-215-15，第 4 页。

五、四川省自贡地区盐工子弟学校发展的原因分析

自贡地区盐工子弟学校发展迅速，规模庞大，为自贡盐业史增添了一抹靓丽色彩。笔者认为盐工子弟学校能如此发展是有多方面原因的。

首先自贡地区的自然条件给当地带来丰硕的盐业资源。自贡地区的地下储存着巨量的卤水、岩盐以及浅层天然气，丰富的盐业资源和智慧的劳动人民使得该地区有悠久又重要的产盐历史。历史上自贡又凭借两次“川盐济楚”使当地盐业发展步入辉煌。丰饶的资源、精湛的技术、广阔的市场、高额的利润为自贡带来巨额财富，时其经济地位处四川前列。其盐税收入亦为四川盐税之大宗。如抗战爆发的1937年，自贡盐税收入为15 451 000元，占全川盐税收入的58%，在1937—1945年中，自贡盐税总收入达206 318万元，占全省盐税总收入的41.67%。①

庞大的盐税收入使自贡地区盐业颇受民国政府重视，尤其第二次川盐济楚时，自贡承担起了供应军需民食的重任。民国政府为提高井盐产量，亦为保障盐工生活水平，对盐工福利建设极为重视。建设盐区医院（诊疗所）、举办盐工俱乐部、开设盐工子弟学校是当时的三大盐工福利项目。除此外另有食堂、宿舍、图书馆、浴室、理发室、体育场、紧急贷款、托儿所等多项福利事业②。可见当时政府对自贡盐业生产的重视程度。

川康盐务管理局对贫苦盐工子女发展前途的担忧亦促进盐工子弟校开办。盐工虽在井盐生产中承担极为重要的角色，但“一般盐工多系赤贫，家徒四壁，无立锥者，又兼以目前米珠薪桂日常生活已感不敷之际，焉有余资以育儿童？谁家父母不望子女受良好之教育以出人头地？”③盐工子弟校正是在此背景下由川康盐务管理局提出设立的，并迅速由识字班发展到初级班，最后成为一个完全小学，成为当时三大盐工福利项目之一。此举既解决了盐工子女求学难题，又可使盐工更尽心于产盐工作。

四川良好的教育风气也促使四川教育发展。西汉景帝时派“仁爱好教化”的文翁任蜀郡太守后，“学徒鳞萃，蜀学比于齐鲁”④，成都成为西南地区甚至古代中国的学术和文化中心之一。盛唐时期四川民间乡里之学大为发展，其学所及在校生相当于全国的9%。⑤宋代时，由于北方战乱，经济重心南移，北方文人南迁，成都府路成为当时人才最多、密度最大的三个文化区之一，成都成为全国教育中心，盛极一时，史有两宋“人文之盛，莫盛于蜀”之称。明清时期四川地区还出现了在全国知名的教育家，如明代的杨廷和、杨升庵和来知德，清代的费密、彭端淑、唐甄等。

---

① 张国钢：《自贡盐产税收在抗日战争中的历史贡献》，《四川档案》2005年第3期：第9页。

② 自贡市档案馆藏：《贡井场（富荣西场）现有职工福利事业之设施》，卷宗号：3-3-164，第11页。

③ 自贡市档案馆藏：《为呈请转请增设盐工子弟学校高级班并发给初中补助费，以免盐工子弟失学危机由》，卷宗号：5-2-298-311，第214、215页。

④《华阳国志》卷3《蜀志》。

⑤ 四川省地方志编纂委员会：《四川省志 教育志》（上），北京：方志出版社，2000年版，第2页。

及至民国，尤其抗战时期大量文化机构和学校内迁四川，为四川的教育发展提供丰厚的资源，文化教育事业迅猛发展。[①]抗战时期，中学增加了107所，中等师范学校增加了14所，中等职业学校增加了27所，小学增加了29 575所。抗战前，四川在部备案的高校仅3所，抗战时达到68所，其中内迁四川的高校48所。[②]随着教育文化机构的内迁，著名的教育思想家如陶行知、晏阳初、梁漱溟等人带着他们的教育理想，在四川进行了切实的教育实践活动。

可见四川不仅拥有良好的教育传统，且在民国时期教育资源迅速增加，教育环境大为改善。[③]而自贡地区的自贡、富顺、荣县为四川教育东部中心区域之一，有丰富的教育资源支撑小学教育的发展。

结语

民国时期四川省自贡地区盐工子弟学校教育规模较大，计划大纲所定额定学生人数，在1945年下半年仅自流井两盐工子弟学校学生就达1 200人。如加上贡井两校及富荣两场下辖的各分盐场所设子弟学校，规模将更大。盐工子弟学校各机构运行无碍，校长领校董会总一校之务，涉及钱物和教师管理则上报管委会定夺，教导主任领各级任教员负责学校教学工作。学校学制完整，教学设施充足，师资雄厚，尤得上级重视，使得子弟校发展迅速。后期虽时因物价飞涨而经费困难，但难掩其光芒。

且当时开办盐工子弟学校教育意义非凡。首先，对于盐工子女而言，盐工子弟学校的建立改变了以往盐工子女大量失学的状况，使其能进入学校学习科学文化知识，增长知识与自身素养。盐工子弟学校亦成为盐工子女寻求更高发展之垫脚石，是那些想子女依靠读书出人头地却又经济窘迫的盐工的希望之光。

其次，对于盐工而言，盐工子弟学校的开办减轻了他们的生活负担，使其能更好地投入工作，提高工作效率。盐工子弟教育是劳工福利设施的重要组成部分，“工人福利问题，是劳工问题的中心问题，而工人教育问题是首要的工人福利，除了工人本身应有受教育机会以外，其子女同样也应有这种权利。”盐工子弟学校较好地解决了复杂的盐工福利和其子女教育的问题。

最后，就社会普及教育而言，使盐工子女接受良好的教育，对于国家普及教育事业来说意义非常重大。盐工子弟学校教育为国家普及教育事业提供了一种有效形式。

盐工子弟学校教育作为盐工教育体系的重要组成部分，在民国中后期显得十分耀眼。盐工子弟学校的办学，不仅提高了工人福利，也给贫苦盐工子弟以接受教育的机会，其功绩不容忽视。虽其发展屡经挫折，但盐工子弟教育作为一种有效的教育形式

① 袁从秀：《民国时期四川教育地理研究》，重庆：西南大学，博士学位论文，2014年，第198页。

② 涂文涛：《四川教育史》（上），成都：四川教育出版社，2007年版，第482页。

③ 袁从秀：《民国时期四川教育地理研究》，重庆：西南大学，博士学位论文，2014年，第190页。

确有其存在的价值，为国民素质的提高做出了较为突出的贡献。对盐工子弟学校教育的研究，可以再现民国四川局部教育，呈现教育在中国近代化的道路上做出的贡献。

根据笔者查阅档案资料，发现四川自贡盐工子弟学校教育，还有不限于以上的研究。还有盐工子弟学校解放后的沿革问题、学校经费具体来源及其变化问题、自贡地区其他盐工子弟校问题，留待以后进一步发掘、整理自贡市档案馆藏盐业档案后，才能解决。

◇参考文献◇

[1] 自贡市档案馆，北京经济学院，四川大学．自贡盐业契约档案选辑（1732—1946）[G]．北京：中国社会科学出版社，1985．

[2] 熊明安．中华民国教育史[M]．重庆：重庆出版社，1997．

[3] 自贡市档案局．自贡市盐业志[M]．成都：四川人民出版社，1995．

[4] 中国农民银行四川省农村经济调查委员会．四川农村物价[M]．重庆：重庆出版社，1932．

[5] 自贡市教育委员会．自贡市教育志[M]．成都：四川人民出版社，1993．

[6] 自贡市自流井区纂委员会．自贡市自流井区志[M]．北京：方志出版社，2013．

[7] 熊明安，许仲林，李定开．四川教育史稿[M]．成都：四川教育出版社，1993．

[8] 四川省地方志编纂委员会．四川省志教育志上[M]．北京：方志出版社，2000．

[9] 徐文涛．四川教育史上[M]．成都：四川教育出版社，2007．

[10] 张杰．南京国民政府时期高校学生组织经费探析[D]．高教探索，2014．

[11] 任晓刚．民国南京市教育行政机构研究（1927—1937）[D]．南京：南京大学，2016．

[12] 周文静．朱家骅教育改革思想与实践研究[D]．南京：江苏大学，2018．

[13] 吴天颖．富荣盐场年限井-子孙井嬗替考——兼说“地脉日份”广义土地资本[D]．北京：首都经济贸易大学，2017．

[14] 袁从秀．民国时期四川教育地理研究[D]．重庆：西南大学，2014．

[15] 曾崇碧．20 世纪 30 年代四川小学教师状况研究[D]．成都：四川大学，2003．

[16] 贾祥瑞．民国时期义务教育经费筹措研究[D]．长春：东北师范大学，2008．

[17] 四川教育厅检定小学教员暂行规程．富顺县教育月刊[J]．1931（2）：33-37．

[18] 戴中梁，张强．试论自贡盐业档案中的民国公文[J]．昌吉学院学报，2019（2）：22-29．

[19] 刘春涛．民国时期铁路职工子弟教育的变迁[J]．河南科技学院学报，2011（12）：62-66．

[20] 王聪颖．1932 年中国教育考察团赴欧洲考察述评[J]．郑州师范教育，2014（1）：15-18．

[21] 史美章．职工福利问题[J]．铁路职工，1936（126）：11．

[22] 张国钢．自贡盐产税收在抗日战争中的历史贡献[J]．四川档案．2005（3）：28-30．

基于新课标视角的高校师范类历史教学因应

——以清代盐业的讲解为例

陈 倩[①]

摘 要： 2020年教育部对普通高中历史课程标准进行了修改和调整。为中学培养师资的高校师范类历史专业理当顺应改革动向，并在师范生专业培养过程中从教学内容、史料运用方法、历史解释力以及看历史的视角四个维度，对高中新课标调整做出教学因应。盐业自汉代以来就是古代中国为国家垄断的重要经济命脉，晚清时期更与国运紧紧相连。它不仅在新课标的必修课中有所涉及，在选择性必修课各板块中也是具有代表性的讲述对象。因此，本文以清代盐业的讲解为例，试图为高校师范类历史教学与高中历史教学的关系链接提供一种途径。

关键词： 普高；新课标；高校师范类；历史教学；清代盐业

2020年，在以马克思列宁主义、毛泽东思想、邓小平理论、“三个代表”重要思想、科学发展观、习近平新时代中国特色社会主义思想为指导，以坚持正确的政治方向、坚持反映时代要求、坚持科学论证、坚持继承发展为基本原则的前提下，普通高中历史课程标准在2017年版的基础上进行了修改和调整。

而高校历史教学尤其是旨在培养中学历史教师的师范类历史专业教学，理当顺应这一改变，在教学内容、教学方法、教学能力及目的方面与中学历史教育紧密接轨。同时，随着国家对高校人文社科领域各种版本教材的规范，为巩固马克思主义在高校意识形态领域的指导地位，马克思主义理论研究和建设工程重点教材（以下简称“马工程教材”）在高校历史学科逐渐推出，历史学科在高中阶段和大学阶段的衔接愈发紧密，了解国情、激发爱国热情、坚持正确的思想导向和价值判断等根本旨归使二者高度契合。因此，本文针对2020年版普通高中历史课程标准（以后简称“新课标”）的出台，以清代盐业的讲解为例，讨论高校师范类历史专业在教学中的因应。

① 作者简介：陈倩（1979— ），贵州民族大学民族学与历史文化学院副教授，博士，硕士生导师，主要从事社会史、文化史研究。

一、深化教学内容：针对性的深化与拓展

高校历史专业的教学体系是对高中历史知识体系的细化、完善与延伸，在教学内容上是进一步深化与拓展。学生所学内容，不再是如同高中阶段对某一历史时期或某一事件泛泛整体的了解，而是根据专业的不同指向与培养方案的不同需求，学习侧重点不同且更加翔实而丰富的内容。同时，还要根据所学课程，了解最前沿的学术动态，具备初步的研究能力。更重要的师范类历史专业以为中学培养历史学科师资队伍为主要目标，因此，面对高中历史教学课标改革，该专业应当在教学内容上同步做出相应调整，即更加有针对性地对教学内容进行深化和拓展。

针对性主要体现在对应新课标的必修课及选择性必修课。新课标的教学内容由 24 个[①]专题的必修课和 6 个[②]专题的选择性必修课组成。高校师范类历史专业的教学内容除了根据教学目标和研究新动向进行延伸外，还需要根据这 30 个板块在教学过程中进行有的放矢的深化与拓展。

“晚清时期的内忧外患与救亡图存”是必修课中的专题七，在人教版普通高中教材《中外历史纲要（上）》第五单元[③]，对应目前国家要求高校使用的马工程教材《中国近代史》（第二版）上册[④]中第一至五章的内容。其中，在高中教材第 18 课《挽救民族危亡的斗争》“民族危机的加深”部分，对《辛丑条约》的主要内容描述如下：

惩办“首祸诸臣”，涉及中央和地方大臣百余人；向各国赔款白银 4.5 亿两，分 39 年还清，年息 4 厘，本息共计白银约 9.82 亿两；将北京东交民巷划定为使馆区，中国人不得居住，各国可派兵驻守；拆除大沽及有碍北京至海通道的所有炮台，各国可在自北京至山海关沿铁路 12 个重要地区驻扎军队；禁止华北科举考试 5 年，禁止中国人成立或加入任何“与诸国仇敌之会”等。[⑤]

而高教社出版的马工程近代史教材，则用较长篇幅对正约 12 款、附件 19 条中的主要内容做了较为详尽的描述，仅以赔款为例，在第三部分中描述为：

清政府向各国赔款白银 4.5 亿两，以关税、盐税和常关税作担保，分 39 年付清，年息 4 厘，本息共达 9.8 亿多两。除了条约内的赔款外，还有部分没有包括在上述款项之类的地方教案赔款，加上汇率损失，清政府需要赔款总数在 10 亿两以上。各国所得

① 中华人民共和国教育部：《普通高中历史课程标准》（2017 年版 2020 年修订），北京：人民教育出版社，2020 年，第 5-22 页。

② 中华人民共和国教育部：《普通高中历史课程标准》（2017 年版 2020 年修订），北京：人民教育出版社，2020 年，第 5-22 页。

③ 教育部组织编写：《中外历史纲要》（上），北京：人民教育出版社，2019 年，第 89-105 页。

④《中国近代史》编写组：《中国近代史》（第二版 上册），北京：高等教育出版社、人民出版社，2020 年，第 14-203 页。

⑤ 教育部组织编写：《中外历史纲要》（上），北京：人民教育出版社，2019 年，第 89-105 页。

赔款，以俄国和德国最多，几乎占到总数的一半。[①]

通过教材不难看出，高中生了解《辛丑条约》赔款部分的教材内容，即“向各国赔款白银 4.5 亿两，分 39 年还清，年息 4 厘，本息共计白银约 9.82 亿两”一句话阐明。但对于未来需要游刃有余驾驭高中历史教学的师范生而言，则需具备更多的知识储备和阐释能力。针对这种能力与知识的获得，高校教师应当围绕新教材和新课标，对师范生有针对性地进行相关知识的深化和拓展。

例如上述内容中表明了清政府的赔偿金额，并提到以关税、盐税、常关税为担保。教学中，除了可以进行常规的“为何赔款数量巨额”“如何使中国社会从《南京条约》签订以来沉沦到谷底”等教学分析，还可以关税、盐税、常关税为担保来切入，锻炼师范生的知识链接能力、综合分析能力，避免学生所学知识孤立而非系统。以关税和以妥协后的常关税为担保很好理解，这是与外国侵略者自身休戚相关并容易掌控的直接手段，但在众多税收中为何单以盐税为担保？则需要学生了解中国的经济制度史，知晓盐业是中国古代社会的重要经济来源，是除土地税以外的第二大税收来源。相比尚需靠天安排的土地税，盐税不仅有保障且盐业一直以来为历代政府专营，以盐税为担保是中国主权进一步沦丧的有力表现，也因此增强学生的家国情怀。

同时，以盐税为切入点，对经济制度的拓展讲解，无疑又与新课标中选择性必修课 2《经济与社会生活》[②]的学业要求相挂钩，学生在教师启发下通过相关课外阅读，可以了解不同地域的盐税征收情况，进而了解海盐、池盐、井盐的自然地理分布和生产方式等的差异性特征及其原因，为日后从事中学教育工作，储备丰厚知识、打通学习路径。知识上的融会贯通，使历史专业的师范生外在表现为知识获取更具系统性，实则内化为思维能力的提升。这种通过高校教师深化拓展教学内容而使历史专业师范生达成的学习能力，有助于他们在未来教学过程中训练高中生“认识历史解释的重要性，学会从历史表象中发现问题，对历史事物之间的因果关系作出解释”[③]。

二、教会史料运用方法：以文献史料法为基础的多种方法融合

史料是通向历史认识的桥梁，是历史学习的基础。以文献为基础研究历史，无论是高中阶段或者是大学甚至硕博阶段，都是学习历史的必备方法。历史专业的师范生自然需要驾轻就熟掌握这项技能，以备日后教学所用。

但史料并非都是历史真实客观的反映，需要通过对史料的辨析和对史料作者意图

① 《中国近代史》编写组：《中国近代史》（第二版　上册），北京：高等教育出版社、人民出版社，2020 年，第 14-203 页。

② 教育部组织编写：《经济与社会生活》（上），北京：人民教育出版社，2020 年，第 18-61 页。

③ 中华人民共和国教育部：《普通高中历史课程标准》（2017 年版 2020 年修订），北京：人民教育出版社，2020 年，第 5-22 页。

的认知，去提取有效信息并判断史料的真伪与价值，这就需要运用多种史料来研究历史。对于高中生而言，要求他们了解史料的多种类型，初步学习史料搜集的途径与方法即可。而对于师范类历史专业学生而言，不仅要熟练掌握史料类型和搜集方法，还要学会运用多种类型史料开启历史研究之旅，从而构建自己对历史的认知以达到无限接近历史本真的目的。

贯穿普高选择性必修课“国家制度与社会治理”“经济与社会生活”内容的拓展讲解材料较多，为更好培育将来与中学历史教学接轨的师范类历史专业学生，在多种史料的运用方面，中国古代盐业便是高校课堂中将其能较好衔接的讲解对象之一。以探究清代四川盐政为例，就文献史料而言，可教会师范生从《清盐法志》《中国盐政纪要》《四川盐法志》《川盐纪要》《四川盐政史》《四川盐政史图册》《四川官运盐案类编》以及《清代巴县衙门档案》等史料中探寻。

通过对这些史料的阅读，可知违背国家盐法中所规定的产运销政策之盐叫私盐，贩私者则要根据相应盐法受到严厉处罚。尽管盐法严厉，但四川私盐问题依然较为突出，尤其是“担私”。“担私”是一种食盐走私形式，即肩挑背驮的贩私形式，该贩私形式不仅在史书里有记载，在档案史料中也有相关记载，如道光六年三月的巴县档案——《居义里差役樊贵等禀送盐犯周二并缴私花盐案》①中，差役在呈报案件中称“本月十七日早饭后见一人肩挑私盐一包进城”。

虽然文献资料记载了担私问题突出，但事实是否真如史料所描述，可引导学生利用其他类型史料加以佐证。当今史学界，在王国维、陈寅恪等前辈二重证据法的基础上，提出了多重证据法②，口述史料也是学界热衷的史料类型之一，可利用此教学契机为师范生们介绍口述史料的搜集与运用。

利用学界通过访谈法搜集的已有相关口述史料，选取较有代表性的进行研读和甄别。以“重走巫盐古道”③活动中采访的陈谋善④、惠昌富⑤等老人为例，在介绍调查的背景以及史料搜集的过程与方法以外，还要让学生对他们所提供的口述史料进行分析。陈谋善老人承认自己：“背过私盐，私盐是质量差点的盐，从王家滩爬上山，下猫儿滩，拿去卖，偷点税钱，为逃避稽查，从晚上 11 点爬到第二天天亮。”惠昌富老人则提供了另一段有价值的口述：“到檀木坪后起脚，走白鹿溪、鸡心岭、瓦子坪、石砦河、九湾子回竹溪……路上很凶（险）啊，到处都有棒老二（劫匪），有的盐被他们抢了，人被杀了……”。透过这些口述史料，再结合史实，让师范生对四川地区“担私”现象屡

① 四川省档案馆藏清代巴县衙门档案：《居义里差役梵贵等禀送盐犯周二并缴私花盐案》，档号 06-03-00520。

② 或称三重证据法，代表人物有黄现璠、徐中舒、叶舒宪等人，虽未明确由谁具体提出，核心思想就是打破利用文献史料作为唯一研究历史的证据。

③ 该采访活动由重庆市巫溪县委宣传部等单位联合举办，在 2012-2013 年间陆续进行。

④ 陈谋善，1931 年生，重庆巫溪县宁厂人，十多岁开始背盐，2013 年 5 月 27 日采访该人。

⑤ 惠昌富，1920 年生，湖北竹溪县中蜂镇朝阳村人，新中国成立前常年由四川背盐至湖北，2012 年 10 月采访该人。

禁不止加以证明，并由此进一步分析屡禁不止的原因，即是四川地区由于山高路远、地陡坡多、官府稽查不便有关，总结起来，就是四川地区“担私”的出现，受地理位置影响较大。

此外，还能运用此类史料教会师范生进行对比研究。该贩私形式在两淮、两浙、长芦等盐区皆有，除了教会学生弄清该贩私形式是作为社会底层人员用以养家糊口之需的共性原因以外，还需要引导他们思考四川地区“担私”的存在是否具备个性。通过惠昌富老人的口述史料，可以分析出，由于地理原因，四川“担私”还存在随时面临被劫匪打劫危险的个性，进而再探寻为何“担私”还要一味铤而走险的背后动机和社会成因。

这一史料搜集方法也能与当下史学界较为认同的田野调查方式相映证，通过对学术界在该领域利用访谈法进行田野调查的成果进行研究，能得出文本史料中所没有的观点。虽然采访的老人都是民国时期出生的人，但在没有历经生产方式、生活方式剧烈变革的民国初期，他们的经历在一定程度上是清朝晚期生活的延续，具有一定的研究参考价值。

正所谓授人鱼不如授人渔，从新课标可以窥探出教授方法比教授知识更重要。因此，师范类历史专业的学生在大学期间接受相关研究方法的训练，教师从大处着眼小处着手，训练学生以文献史料为基础，运用实物史料、图像史料、口述史料等多种史料相融合的学习方法，有益于师范生日后在普高历史教学中，把必修课、选择性必修课整体把控融会贯通，润物细无声地教会中学生相关学习方法，打开中学生的历史研究之门，以进一步提升中学历史教育水平。

三、提升历史解释力：理性、客观、全面地看待问题

高校历史教学与学校本身的专业办学方针、学科方向引导、教师研究专长等诸多因素相关，并因此而百花齐放各有侧重。但无论何种专业方向，历史解释力都是培养的核心，通过笔者的调研，部分高校的师范类历史专业更加侧重师范技能教育和知识深化，培养学生分析历史史料、解析历史问题、得出历史结论的能力则相对较弱。

新课标清晰而明确地指出“历史解释”是学科的核心素养，即“以史料为依据，对历史事物进行理性分析和客观评判的态度、能力和方法”[①]。这一能力的培养即是解决“培养什么样的人”的问题。理性分析问题、客观评判问题，不仅是历史学科的要求，也是一个社会人理应具备的基本品质。具备如此品质，对国家和社会而言，能促进国家健康有序的高质量发展，能使社会更加文明和谐。对个人而言，理性客观地看

① 中华人民共和国教育部：《普通高中历史课程标准》（2017 年版 2020 年修订），北京：人民教育出版社，2020 年，第 5-22 页。

待问题，处事方能不偏颇不激进，胸襟更开阔而包容，于人于己皆有益无害。

在普高历史选择性必修 1“国家制度与社会治理”中，第 17 课为《中国古代的户籍制度与社会治理》[①]。之所以专题讲解该问题，因为赋役是国家财政的根本，户籍是赋役征发的依据，为历代王朝所重视。教材中，在讲元明清户籍制度时，谈到元朝的户籍制度较为复杂，按照职业划分为“诸色户计”，明在袭元职业定户籍的基础上，分民籍、军籍、匠籍等，清朝普通户籍又基本沿袭明朝。对于普高学生，掌握相关户籍制度基本发展脉络的同时，教师可稍作拓展讲解。但教师的这些拓展知识则需在大学阶段得到对应学习。师范类历史专业学生，在大学学习元明清户籍制度时，与盐业相关的户籍制度是一定会涉及，元朝“盐户又称灶户，为官府生产食盐。固定在某处盐场，不得随便移动，由官方盐运司、提举司之类机构管理。数量约 6 万到 10 万户”[②]。

前文已述及师范生在学习内容上需深化，除对已定户籍制度系统的掌握，对于制度的执行及基层社会治理效果则需通过史料进行阐释。通过高中阶段学习，已知晓清朝对基层的社会治理，是在明朝里甲制度基础上演化而来的保甲制度。师范生在大学阶段的学习，则需在以史料为依据的基础上，通过对史料的整理和甄别，对这些制度及其社会治理进行深入的历史解释。

清朝的保甲制度，也运用到对盐户的管理上，构成清代盐政的组成部分。《重修两淮盐法志》《四川盐法志》等志书中均对盐保甲制度有所阐述。盐保甲制度是灶户自我管理的制度，是基层民众的自我管理与相互监督机制的体现，该制度的创设初衷是使盐业有序运转，但该制度是否有效实施而达到初衷，则需要利用史料进一步考证并作出推理判断。

同一制度，通过对不同史料的论证，会得出不同结论。如，清代两淮的盐保甲法，吴海波通过对史料的分析，还原当时的实施场景，得出了“清政府所推行的这种灶户自我管理的保甲制，对于加强灶丁管理、防范杜私确实起到了一定的作用”[③]这一结论。同为盐保甲制度，笔者通过对四川盐保甲制度从编甲到管理的分析得出：“盐业保甲制度在四川地方政府的盐务管理中所起作用不如当初预设。井灶户自治以促进四川盐务管理的设想固然是好，但制度制定者缺乏对四川盐业特殊性的考量和对该制度的基本判断，且该制度本身缺乏系统的具体的操作措施。从已有史料来看，四川盐业保甲制度只有大的框架，其结果是制度形同虚设，井灶户以私查私，相互包庇，私盐贩卖更加泛滥。”[④]

可见，同为一个制度，需要放置于不同场域和背景进行全面而客观地分析，并从表象上升到对本质的认识，而不是就史书的记载而贸然得出相关结论。唯有如此训练，并结合普高新课标，不断提升师范类历史专业学生的历史解释能力，培养学生理性、

---

① 教育部组织编写：《国家制度与社会治理》，北京：人民教育出版社，2020 年，第 98 页。
② 郭成康、王天有、成崇德主编：《中国历史（元明清卷）》，北京：高等教育出版社，2001 年，第 52 页。
③ 吴海波：《两淮私盐与地方社会：1736-1861》，北京：中华书局，2018 年，第 186 页。
④ 陈倩：《清代四川盐业保甲制度与私盐治理》，《盐业史研究》，2019 年第 3 期，第 63-69 页。

全面、客观评判问题的能力，方能培育他们养成日后在中学教育中教会中学生正确分析问题的素养。

四、看待历史的多维视角：学科间的交叉与融合

由于过去很长一段时间内，中学历史课程设计长期受大学专业历史教育的影响，往往是大学专业历史教育课程的浓缩，课程内容围绕政治史、经济史、文化史构成，尤以政治史为主体和基线，教学内容远离学生的生活经验和现代社会。①虽然2000年以后，国家教育部在世界范围内基础教育改革的潮流冲击下，也开启了我国21世纪基础教育改革项目，但这是一个不断更新迭代不能一蹴而就的过程，因为从事中学教育的师资大多是传统历史教育模式下的承袭者。

利用不同学科多维视角地看待历史，虽未在2020版高中新课标中专项指出，但该思想内核已融入其中。在新课标“三、课程结构”的设计依据中，提出课程结构设计的依据之一是“历史学科发展的前沿成果”，在该依据中要求“为学生提供认识历史的多个角度，注重引导学生对历史的探究”。②同时，在与其他课程的关联中，也非常清晰地指出：“历史课程的设计，既要注意与思想政治、语文、艺术（或音乐、美术）、地理、信息技术等课程的关联，又要有助于学生对其他课程的学习，力图使其与相关课程发挥整体作用，共同促进学生人文素养的发展。”③其实质是谈历史学科与其他学科的交叉融合性。

反观高校历史教学改革，培养学生多维视角看问题的能力是当下的重要趋势。根据目前学界所普遍认同的观点来看：学科的发展在于不断创新，而创新则需打破学科边界。因此，包括历史学科在内的知识体系的建设应当从“学科中心”转向“问题导向”，历史专业人才培养的模式也要逐渐从“专业教育”向“多学科教育”转变。目前，世界许多一流大学都将多学科的教学方式视为培养创新型人才的重要途径，多学科视野的教学改革成为学科发展的必然要求。因此，高校历史的教学和研究，不能再仅以政治史为中心，社会史、生活史、科技史、宗教史、伦理史等需要齐头并进，相关的社会学、人类学、宗教学等理论都要在大学历史教育中有所涉猎，以促进用多学科来多角度地全面看待历史问题。要从根本上推动中学历史教育，除了课标的重新修订、教材的重新编写以外，师范类历史专业教学改革的先行也迫在眉睫。

基于盐在古代中国的重要性，放下按生产关系的变化来展现人类历史的传统，多维视角研究包括清代在内的盐业也是当下盐业史研究的趋势。盐业作为国家运用政治

---

① 姬秉新：《21世纪我国中学历史课程改革趋势研究》，《历史教学》，2005年第7期。

② 中华人民共和国教育部：《普通高中历史课程标准》（2017年版2020年修订），北京：人民教育出版社，2020年，第5-22页。

③ 中华人民共和国教育部：《普通高中历史课程标准》（2017年版2020年修订），北京：人民教育出版社，2020年，第5-22页。

权力干预经济，为国家财政服务的传统行业，内涵丰富，一直为史学界所关注。武汉大学陈锋[①]教授、中山大学黄国信[②]教授等分别从经济学角度研究清代的盐税和销区问题，中国政法大学张洪林[③]和人民大学李坤刚[④]从法学角度窥探清代盐政制度中所涵盖的盐法，杜珞珈[⑤]从政治学角度研究巡盐御史制度，笔者也从社会学的视角研究清代四川盐政问题，撰写有《社会分层理论视野下的清代私盐分类思考》[⑥]等文。正是研究内容和角度的多样化，才使中国清代盐业问题研究得以深入，盐业史研究内容更加丰富，让所谓的“盐糊涂”现象逐渐去除。同时，也说明多维视角看待历史问题的重要性，唯有如此，才能更加全面、客观地了解历史。

综上所述，中学历史教育和大学师范类历史教育应当具有一定的嵌入性，尤其是在新课标的制订和马工程教材的编纂之后，其间关系更加紧密不应剥离。师范类历史专业教育作为中学教育的延伸，应主动因应我国当下中学历史教育改革，除在学习内容上进一步深化、史料运用方法上进一步娴熟外，要密切关注改革的底层逻辑和根本目的。对师范类历史专业的教学，不能只是采用现行普遍的教学内容和方法，要最终达成培养合格师范生的教学目标。让他们从业之时，能帮助中学生跳出过去很长时间内，脱离学生接收能力和兴趣、以政治史为主线的教学模式，激发中学生对历史学科的热爱。同时，引导中学生在中学学习阶段尝试多维视角看问题，提升历史解释力，实现教育的根本旨归。

◇参考文献◇

[1] 中华人民共和国教育部．普通高中历史课程标准（2017年版2020年修订）[M]．北京：人民教育出版社，2020：5-22．

[2] 教育部组织编写．中外历史纲要（上）[M]．北京：人民教育出版社，2019：89-105．

[3]《中国近代史》编写组．中国近代史（第二版）上册[M]．北京：高等教育出版社、人民出版社，2020：14-203．

[4] 教育部组织编写．经济与社会生活[M]．北京：人民教育出版社，2020：18-61．

[5] 居义里差役梵贵等禀送盐犯周二并缴私花盐案[Z]．四川省档案馆藏清代巴县衙门档案，档号06-03-00520．

[6] 教育部组织编写．国家制度与社会治理[M]．北京：人民教育出版社，2020：98．

[7] 郭成康，等．中国历史（元明清卷）[M]．北京：高等教育出版社，2001：52．

---

① 陈锋：《清代盐政与盐税》，湖北：武汉大学出版社，2013年。

② 黄国信：《区与界：清代湘粤赣界邻地区食盐专卖研究》，北京：生活·读书·新知三联书店，2006年。

③ 张洪林：《清代四川盐法研究》，北京：中国政法大学出版社，2012年。

④ 李坤刚：《清代盐业犯罪研究》，中国人民大学博士论文，2006年。

⑤ 杜珞珈：《食盐专卖与明清巡盐御史制度研究》，四川师范大学硕士论文，2012。

⑥ 陈倩：《社会分层理论视野下的清代私盐分类思考》，《东南学术》，2013年第6期，第296-300页。

[8] 吴海波．两淮私盐与地方社会：1736-1861[M]．北京：中华书局，2018：186．
[9] 陈倩．清代四川盐业保甲制度与私盐治理[J]．盐业史研究，2019（3）：63-69．
[10] 姬秉新．21 世纪我国中学历史课程改革趋势研究[J]．历史教学，2005（7）．
[11] 陈锋．清代盐政与盐税[M]．湖北：武汉大学出版社，2013．
[12] 黄国信．区与界：清代湘粤赣界邻地区食盐专卖研究[M]．北京：生活·读书·新知三联书店，2006．
[13] 张洪林．清代四川盐法研究[M]．北京：中国政法大学出版社，2012．
[14] 李坤刚．清代盐业犯罪研究[D]．北京：中国人民大学，2006．
[15] 杜珞珈．食盐专卖与明清巡盐御史制度研究[D]．成都：四川师范大学，2012．
[16] 陈倩．社会分层理论视野下的清代私盐分类思考[J]．东南学术，2013（6）：296-300．